JN085476

メディア・オーディエンスの社会心理学

改訂版

李 光鎬・渋谷明子 編著
鈴木万希枝・李 津娥・志岐裕子 著

新曜社

改訂版まえがき

　本書は、社会心理学の視点で行われたメディア・コミュニケーションに関するこれまでの研究成果を、主に学部の大学生に、幅広く学んでもらうための教科書として企画されたものである。ジャーナリズムをはじめとするメディアの送り手に関する研究分野に比べ、メディアのオーディエンスに関する社会心理学的な研究分野の網羅的な教科書は相対的に少なく、長年、授業を担当しながらその必要性を痛感してきたことが、本書の執筆に際して私たちが抱いていた共通の思いである。その思いから練られた最初の構想を、全面的に実現することは叶わなかったが、この研究分野の全体像がつかめると同時に、個別テーマについても十分な知識を習得できる内容にしたいという当面の目標は、ある程度、達成できたのではないかと思っている。学生および一般の読者の皆さんが、様々なメディア・コミュニケーションの問題に関心をもち、自ら探究し、実証し、考察する活動を行ううえで、この本が一つのきっかけになり、手引となることを願っている。

　章によって少し異なる部分もあるが、私たちはおおむね次のような方針を念頭に、執筆を行った。各テーマ領域における研究状況を概観するだけでなく、研究のリアリティが理解できるよう、具体的な方法や手続きを含め、詳細な研究紹介を行うこと、学生の自主的な学習を促すアクティブ・ラーニングを後押しできるよう構成を工夫すること、予備知識なしに読み始めても、ある程度理解できるよう、わかりやすい記述を心がけること、などがそれである。例えば、実験例の紹介においては、用いられた素材や実験のデザイン、測定尺度などについても、詳しく解説しようとした。各章の章末には、自主的な発展学習を助けるための文献・資料紹介と演習問題を用意しておいた。また「コラム」という形で、いくつかの主要理論の解説に加え、学生たちがよくぶつかる方法論上の疑問にも答えようと努力した。演習や卒業論文の執筆に役立つよう、よく利用される測定尺度もいくつかコラムに載せた。

　本書はⅣ部構成になっている。第Ⅰ部（第1～5章）では、まず様々なメディアコンテンツの利用実態を確認し、主に「利用と満足」のアプローチから、それ

ぞれのメディアコンテンツの利用を導く私たちの欲求、そしてその利用が私たちの現実認識や信念、意見や態度にもたらす影響の諸相に目を向ける。

第1章では、私たちにとってニュースとはどのようなものなのかについて、その社会的機能に注目して考える。そして劇変するメディア環境の中で、人々がどのようにニュースを利用しているのか、ニュース報道のあり方によって人々はどのような影響を受けているのかについて検討する。

第2章では、ドラマや映画、音楽、ゲームなど、娯楽のために利用されることの多いメディア・エンタテインメントの利用状況と利用動機、そしてそれらを楽しむ人々の心理に関する理論を、実験例とともに紹介している。

第3章では、スポーツ観戦行動に焦点を当てる。私たちはなぜスポーツを観戦するのか、メディアによって媒介されるスポーツは、試合内容やアスリート、さらには、ジェンダーや人種のような社会的属性についての認識をどのように変えていくのかについて検討する。

第4章では、広告について考える。私たちの生活空間は様々な広告であふれている。そしてメディアの利用は、広告と密接に関連している。マスメディア時代の広告効果モデルを検討するとともに、インターネット時代において大きく変化しはじめた、広告と消費者の関わりについて考える。

第5章では、ゲームがおもしろい理由、ゲーム市場の変化などを解説し、利用動機やパーソナリティの違いによって、ゲームプレイがどのように変わるのかに関する、これまでの研究を整理する。さらに、近年、話題になっているゲーム実況、ゲーム障害、社会的不適応についても取り上げる。

第II部（第6～8章）は、メディアの内容における「表象」を問題にしている。メディアの内容は、様々な記号を用いて行われる表現活動の結果および産物であり、その表現の中で、あらゆる対象やカテゴリー、概念が、ある特定の意味をもつものとしてオーディエンスに受け取られ、オーディエンスの認識に、感情に、意味世界に、少なからず影響を与えることになる。

第6章では、エスニシティに焦点を当て、ステレオタイプになりやすい理由を、ニュースやエンタテインメントなどに登場する外国、外国人の特徴、そしてそれらに対して人々が抱くイメージなどを具体的に紹介しながら、まとめる。さらに、直接体験や間接体験が偏見の解消につながる可能性についても、今後の展望を含め検討する。

第7章では、ジェンダーとセクシュアリティの問題に目を向けている。性別の役割や身体（特に女性の身体）が、メディア上でどのように描写されているのか、

そしてそれらの描写は、私たちにどのような影響を与えているのかについてまとめた。主流メディアのみならず、性的少数者向けのメディアやソーシャルメディアにおけるセクシュアリティの表象についても取り上げている。

第8章では、対立・紛争・戦争などの「コンフリクト」の表象に注目した。特に、ニュース報道において頻繁に取り上げられるコンフリクトが、どのようなフレームを適用され、どのような事象として築き上げられるのかに関する研究を重点的に紹介した。さらに、様々な事象が「コンフリクト」として表象されることの影響についても検討を加えている。

第Ⅲ部（第9〜14章）は、異なる発達段階、異なる社会領域や文脈における、オーディエンスとメディアの関わりに焦点を当てる。メディアのオーディエンスとして「子ども」や「青少年」を捉えた場合、そこではどのようなことが問題とされるのか、「消費者」、「有権者」、「生活者」という役割は、どのようなメディア利用に支えられ、遂行されているのか、ある対象を応援し、愛好し、崇める「ファン」行動を、メディアはどのように媒介し、実現させているのかに関する研究成果を、6つの章でまとめている。

第9章では、「子ども」というオーディエンスに注目し、主に、メディア教育の意義や歴史、メディア教育の効果、効果がみられる理由と今後の課題を整理する。また、メディアリテラシー教育についても、現状と課題をまとめる。

第10章では、青少年との関連に重点をおきながら、メディア研究の中心的なテーマである、暴力シーン、性的シーンについての研究を整理する。影響の有無に関する理論や実証研究の紹介だけでなく、その影響が、メディア表現の内容や個人の視点・態度によって異なることについても検討する。また、喫煙、飲酒、自殺、恐怖シーンの影響についても解説する。

第11章では、消費行動とメディア利用の問題、特にその中でも、オンライン口コミの利用に注目する。なぜオンライン口コミは消費者の購買意思決定を大きく左右するのか、その影響力の源泉について考える。また、オンライン口コミを促進する社会心理学的要因に関する研究を紹介する。

第12章では、政治情報源として、政治報道、政治広告、選挙キャンペーンの特徴について検討し、政治情報が、有権者の政治意識や投票行動に及ぼす影響に関する研究を紹介する。さらに、女性政治家に関する政治報道の問題、多様化する政治情報メディアの影響について考える。

第13章では、私たちが「生活者」として直面するリスクとして、環境と健康に関する問題を取り上げ、このようなリスクに関する情報が、報道や広告を通じ

て、どのように提示され、どのような影響を与えているかについて検討していく。

第14章では、「ファン」というオーディエンスについて考える。ファン心理の構造やファンのメディア利用行動に関する研究を紹介するとともに、近年におけるメディアの発達によってファンと有名人、あるいはファン同士の関係性がどのように変化してきているのかについても考察する。

第Ⅳ部（第15〜17章）では、インターネット上で起きている新しい情報行動や相互作用に関する問題を取り上げる。さらに、スマートフォンの普及に伴って進んでいるデバイスの統合とモビリティの増大が、私たちのコミュニケーション実践にもたらしている変化を展望する。

第15章では、インターネット上の情報共有・情報検索がもたらす社会的影響について考える。SNSにおける「炎上」や社会的告発、Wikipediaなど知識共有コミュニティでの協働の背景にある社会心理学的要因を検討するとともに、オンライン情報の信頼性評価やフェイクニュースなど、社会的課題についても取り上げる。

第16章では、オンライン・コミュニケーションの特性を整理し、その利用動機を「利用と満足」研究の枠組みを用いて解明した諸研究を紹介する。また、オンライン・コミュニケーションによってもたらされる社会的ネットワークの変化や、オンライン特有の問題点についても検討する。

第17章では、メディアデバイスの発達が著しい近年、人々のメディア利用行動がどのように変化してきているのかを考える。また、いまや一人一台所持しているともいわれるモバイルメディアの存在によって、私たちのコミュケーションがどのように変わってきているのか、ネット依存の問題も含めて考察している。

本書の初版を出してから早くも4年が過ぎた。その間、メディアをめぐる変化は依然激しく、新しいテクノロジーや新しいサービス、新しいコンテンツが次から次へと登場した。それに応じて人々のメディア利用行動も日々変わっていく。昨年から続く新型コロナウイルス感染症の大流行は、日常の過ごし方や働き方に大きな影響を与え、オンライン・メディアへの依存はさらに高まり、室内におけるメディア・エンタテインメントの消費が拡大した。

このような状況の中、古くなった内容をアップデートしたいという思いは日増しに強くなっていったが、すでに一応の形になっているものに手を入れることは意外と難しく、改訂版を出すまでにはかなりの時間を要することになった。入稿の延期を繰り返す著者たちを励ましながら、内容面のアドバイスや丁寧な編集で

助けてくださった新曜社の田中由美子氏に、この紙面を借りて御礼を申し上げたい。

　この春から、久しぶりの対面授業が始まる。1年間のオンライン授業を経験し、メディアの作用に敏感になったはずの学生たちが、この本の内容をどのように理解し、どのように活かしてくれるのか、とても楽しみにしている。そして本書が、教科書として使われる範囲を超え、メディア・コミュニケーション現象に関心をもつ多くの方々に読まれ、メディア・オーディエンス一般の心理や行動についての理解を助けるとともに、自らのメディア利用を振り返る機会を提供することに少しでも貢献できれば、私たちにとっては大きな喜びである。

　末筆ながら、私たちをこの研究分野に導いてくださり、長年ご指導くださった慶應義塾大学名誉教授の故青池愼一先生と萩原滋先生に、この紙面を借りて感謝の意を表したい。

2021年2月

著者一同

著者紹介（＊は編者）

李　光鎬＊（イー　ゴアンホ）
【第2章、3章、8章／コラム 4, 6, 13, 16, 26, 29 担当】
慶應義塾大学文学部教授。
専門はコミュニケーション学、普及学、社会心理学。主な著書に『テレビニュースの世界像』（共著、勁草書房、2007）、『「領土」としてのメディア』（慶應義塾大学出版会、2016）、主な論文に「ツイッター上におけるニュースの普及——どのようなニュースを誰がリツイートするのか」（『メディア・コミュニケーション』第 65 号、2015）、「メディアシニシズムの要因と結果——敵対的メディア認知および『ポスト真実主義的態度』との関連」（『メディア・コミュニケーション』第 71 号、2021）ほか。

渋谷明子＊（シブヤ　アキコ）
【第5章、6章、9章、10章／コラム 5, 10, 11, 12, 19, 20, 21, 33, 34 担当】
成城大学文芸学部教授。
専門はメディア心理学と社会心理学。主な著書に『メディアとパーソナリティ』（共著、ナカニシヤ出版、2011）、『テレビという記憶——テレビ視聴の社会史』（共著、新曜社、2013）、*Transnational Contexts of Development History, Sociality, and Society of Play*（共著、Palgrave Macmillan, 2016）、*Mobile Gaming in Asia : Politics, Culture and Emerging Technologies*（共著、Springer, 2017）ほか。

鈴木万希枝（スズキ　マキエ）
【第1章、11章、15章／コラム 1, 2, 15, 17, 22, 23 担当】
東京工科大学教養学環教授。
専門はメディア研究と社会心理学。主な論文に「『6 歳未満脳死臓器提供』ニュースの普及に関する研究」（『政策情報学会誌』第 6 巻、2012）、「メディア環境の変化とニュース普及過程の変容」（共著、『メディア・コミュニケーション』第 63 号、2013）、訳書に『マス・コミュニケーション理論——メディア・文化・社会（上・下）』（共訳、新曜社、2007）ほか。

李　津娥（イー　ジーナ）
【第4章、7章、12章、13章／コラム 7, 8, 9, 14, 18, 24, 25, 27, 31 担当】
慶應義塾大学メディア・コミュニケーション研究所教授。
専門はコミュニケーション学と社会心理学。主な著書に『政治広告の研究』（新曜社、2011）、『メディアとジェンダー』（共著、勁草書房、2012）、*Routledge Handbook of Political Advertising*（共著、Routledge, 2017）、*The International Encyclopedia of Gender, Media, and Communication*（共著、WILEY Blackwell, 2020）ほか。

志岐裕子（シキ　ユウコ）
【第14章、16章、17章／コラム 3, 28, 30, 32, 35 担当】
慶應義塾大学メディア・コミュニケーション研究所研究員。
専門はコミュニケーション学と社会心理学。著書に『テレビという記憶——テレビ視聴の社会史』（共著、新曜社、2013）、主な論文に「テレビ番組を話題とした Twitter 上のコミュニケーションに関する検討」（『メディア・コミュニケーション』第 65 号、2015）、「他者への同調とタレントへの役割期待が笑い反応に及ぼす効果」（『社会心理学研究』第 22 巻第 2 号、2006）ほか。

装丁・新曜社デザイン室

第1部

ジャンル別の
利用行動と心理

第1章 ニュース

　ニュースは、マスメディアが登場して以来常に最も重要なコンテンツの一つであり続け、人々の生活に欠かせないものである。普段、当たり前のように多くのニュースが様々なメディアを通じて私たちに届けられているために改めて考えたことはないかもしれないが、もしニュースがなかったらどうなるだろうか。私たち個人が直接見聞きできることは、非常に限られている。だからこそ、メディアを通じてどのようにニュースが報道されるかは、私たちに大きな影響を及ぼすのではないかと考えられ、検証されてきた。

　加えて、近年のメディア環境の変化が、ニュースとその影響のあり方を大きく変えようとしている。かつて毎朝宅配された新聞を家庭で読み、毎晩テレビニュースを観る人は大勢いたが、今や、ニュースはスマートフォンのニュースアプリや Twitter などの SNS で読むという人が急増している。この変化は私たちに何をもたらすのだろうか。

　本章では、まず私たちにとってニュースとはどのようなものなのか、その社会的機能に注目して学ぼう。そして劇的に変化しつつあるメディア環境の中で、人々がどのようにニュースを利用しているのか、ニュース報道のあり方によって人々はどのような影響を受けているのかについて理解を深めてゆこう。

1．ニュースとは何か

　約20年前、日本を離れて米国に住んでいたことがある。テレビで毎朝、ニュース番組を観る。日本の出来事が報道されることは、まずなかった。その一方で、米国内の出来事はもちろん、中南米の出来事が頻繁に報道されていた。そうなると、日本にいるころにはほとんど知らなかった中南米の国々について詳しくなり、親しみを感じるようになった。日本にいるときよりも、中南米の国々を「より重要な国」と感じていたかもしれない。

　このように、外国にでも行かなければ普段なかなか気づくことはないが、私たちは社会的出来事に関する情報のほとんどを、メディアが報じるニュースに依存している。「ニュース」とはいったいどのようなものなのか。まず、その社会的

役割や特性について考えてみよう。

ニュースの機能

ニュースは社会においてどのような役割を果たしているのだろうか。大石ら（2000）は、ニュースには環境監視機能、世論喚起・形成の機能、教育と社会化の機能があると述べている。**環境監視機能**とは、ラスウェル（Lasswell, 1948）が指摘した社会レベルでのコミュニケーション機能の一つで、社会システム内（例えば日本国内）で生じた重要な事態や変化をシステム成員（例えば日本国民）に伝えるという働きを指す。今日では、この機能の大部分はニュース報道が担っている。私たちは、ニュースを観たり読んだりすることによって、自分たちが直接体験できる範囲をはるかに超えた世の中の重要な出来事について知り、共通のイメージをもつことができる。

また、ニュースは単に情報を伝えるだけでなく、**世論**を喚起し、形成する働きをする。後述するように、社会的出来事がニュースとしてどのように報道されるか、各ニュースがもつ様々な要素が、世論のあり方に影響を及ぼすと考えられている。

さらに、ニュースは私たちに様々なことを教えたり、行動指針を与える働きをする。例えば犯罪報道によって、人は社会規範やとるべき行動様式などについて確認させられる。それは、単に知識を得るというだけにとどまらず、社会の成員として「適切な」振る舞いをするために必要な社会規範や価値などを身につける**社会化**の過程とも深くかかわっているのである。

ゲートキーピング

世の中で起こった無数の社会的出来事のうち、テレビや新聞などを通じて世の中に伝えられ、「ニュース」となるものはごくわずかである。どの社会的出来事を報道して、どの出来事は報道しないのかを決めるのは、「ゲートキーパー（gatekeeper ＝門番）」と呼ばれる報道機関である。つまり、私たちが知ることができる社会的出来事は、個人が直接に経験するものを除けば、報道機関が選び、報道したことである。

先述したように、国が変われば報道されるニュースも大きく変わるが、例えば日本国内で報道されるニュースはある程度の共通性をもっている。日本にとって重大な事件や政治的動向があったときには、国内のどの新聞でも、どのテレビ局でも報道される。それは、**ニュース価値**（news value）によって**ゲートキーピン**

グがなされるからである。ニュース価値は、出来事の重要度、特定の人物に対する興味、対立や紛争、異常性、タイムリー性、地理的な近接性によって決まる（Shoemaker & Reese, 1996）。日本国内では、どの報道機関にとっても一つの社会的出来事のニュース価値は同程度に判断されるため、結果として同じようなゲートキーピングがなされ、同じ出来事が報道されがちになる。一方、同じ社会的出来事であっても、国が変わればその重要度や出来事が生じた場所の近さなどがまちまちになるため、ゲートキーピングの結果は必然的に異なってくる。

疑似環境

　人々は、様々な情報によって頭の中に世の中に関するイメージ、環境イメージを形成する。人々が直接経験して得ることができる情報はごくわずかであるが、メディアがニュースとして報道した情報によって、人々は広く世界のことについての環境イメージを構成することができる。こうして頭の中に作り上げられたものを**疑似環境**という。疑似環境は、個人の頭の中に構成されるだけでなく、マスメディアによって広く伝えられた情報によって、社会的に共有されるものである。

　この疑似環境について、初めて本格的に論じたのはリップマン（Lippmann, 1922=1987）である。現代人は、マスメディアによってグローバルな環境イメージをもつに至った。しかし、マスメディアによって伝えられる情報は、本来複雑な現実から得られるものとは異なり、様々なものがそぎ落とされている危険性がある。したがって、人々が現実の環境ではなく疑似環境に基づいて行動したり、感情的な反応をすること、すなわち**疑似環境の環境化**が生じることには注意が必要だとリップマンは指摘している。現実環境と疑似環境は全く別のものであり、時にその隔たりは非常に大きいからである。

メディアイベント

　ニュースは、社会的出来事を切り出して伝え、人々の環境イメージの形成に影響を与えるというだけでなく、時には積極的に社会的出来事を作り出すこともある。皇太子や英国ウィリアム王子の結婚式、オリンピックの報道などがよい例である。ダヤーンとカッツ（Dayan & Katz, 1992=1996）は、このようにメディア（特にテレビ）によって大きく報じられる、事前に計画された、多数の人の関心を集める大行事を**メディアイベント**と呼んだ。

　メディアイベントには、オリンピックやサッカーのワールドカップ、大統領選挙のテレビ討論会などの「競技型」、宇宙飛行士の月面着陸や中東和平につな

がったエジプトのサダト大統領のエルサレム訪問などの「制覇型」、元首や皇室・王室の葬儀、結婚式、戴冠式やアカデミー賞授賞式などの「戴冠型」がある。これらメディアイベントの視聴は通常とは異なる祭礼的視聴行為であり、しかも多くの場合、すべての報道が特定のイベント一色になる。ダヤーンとカッツは、メディアイベントによって疑似的に体験された社会的現実は、世論や外交、宗教、集団的記憶などに対して大きな影響を及ぼすと論じている。

2．メディア環境の変化とニュース利用

　ひと昔前までは「ニュースメディア」といえば新聞であり、テレビであった。しかし、インターネットの普及やモバイル化の進展により、人々がニュース情報に接触する環境は大きく変化しつつある。メディア環境の変化は、人々のニュース利用をどのように変えたのだろうか。ニュース情報の出口が変わることによって、ニュースが果たす役割や影響は変わってゆくのだろうか。本節では、メディア環境の変化とニュース利用についてみてみよう。

ニュースとメディア

　総務省情報通信政策研究所が毎年実施している「情報通信メディアの利用時間と情報行動に関する調査」によると、「いち早く世の中のできごとや動きを知る」ために最も利用するメディアは、2017年度までは「テレビ」であったが、2018年度に初めて「インターネット」が5割を超えて「テレビ」を上回った（総務省情報通信政策研究所，2020）。2019年度は「インターネット」が49.9%とわずかに5割を切ったが、46.2%の「テレビ」を上回る傾向は変わらない。年代別では、10代から40代までにおいて「インターネット」が「テレビ」を上回っている。一方、「世の中のできごとや動きについて信頼できる情報を得る」では、1位「テレビ」（55.9%）、2位「インターネット」（24.0%）、3位「新聞」（16.7%）であった。信頼できる時事情報を得るメディアに関しては、すべての年代で「テレビ」が「インターネット」を上回っており、インターネットの信頼性評価には課題があることが示されている。また、50代、60代では「信頼できる情報を得る」ために「新聞」が「インターネット」より利用されており、高い年齢層は新聞に根強い信頼を寄せていることがわかる。

　こうした調査データは年代によってメディア利用のあり方が異なることを示しており、今後のニュース利用行動が全体として大きく変化していく可能性を示唆

するものである。また、ニュース報道がオーディエンスに及ぼす影響について検討する際には、年代差などを慎重に考慮する必要があるだろう。

存在感を増すニュースサイトとニュースアプリ

「時事ニュース」の情報源として最も利用したメディアは、1位「テレビ」（54.7%）、2位「インターネットニュースサイト」（22.4%）、3位は「ソーシャルメディア」（7.6%）であった（総務省情報通信政策研究所，2020）。「新聞」は7.5%で、わずかではあるが「ソーシャルメディア」が「新聞」を上回った。また、「インターネットニュースサイト」は同研究所の2014年調査では12.6%となっており、この6年でほぼ10ポイント増加している。「インターネットサイト」は「スポーツニュース」（19.1%）、「気象情報、天気予報」（25.9%）でも「テレビ」の次に最も情報を得たメディアとして利用されており、存在感を増している。

さらに、スマートフォンなどモバイル端末からのニュース利用が増えている。2019年における個人のモバイル端末の保有率は81.1%、スマートフォン保有者の割合は67.6%に上っている（総務省，2020）。そうした中、モバイル端末からのニュース利用者数[1]は2016年度7,334万人から2019年度8,796万人へと大幅に増加した（ICT総研，2020）。特に伸びが大きいのがモバイルニュースアプリの利用者数で、2016年度4,093万人に対して2019年度5,422万人であった。

モバイル端末によるニュース利用は、ニュース接触に利用するメディアの移行にとどまらず、ニュース消費に大きな変化をもたらす。例えば、スマートフォン購入後のニュース利用が「増えた」人は36.3%にも達している（総務省，2014）。情報機器のモバイル化によってニュースを利用する場所や時間の制約がPCよりも大幅に小さくなり、ニュースへの接触機会が増えたのである。そして、インターネットによるコミュニケーションがもつ随時性、速報性という特性が最大限に生かされ、常に最新のニュースに接触することが可能になった。新聞社やテレビ局のTwitterアカウントをフォローすることで最新ニュースを知ったり、モバイルニュースアプリのプッシュ通知によって主要ニュースが画面に表示されるなど、ニュースメディアを利用しようと意識しなくても、ニュース情報の方から私たちの目に飛び込んでくるしくみが日常的に利用されるようになってきたのである。

しかし、スマートフォン用のニュースアプリが急速に普及しつつあることで、

---

[1]　年度末時限での利用者数（アクティブユーザー数）。アクティブユーザーの定義は「月に1回以上利用する」利用者。

新たな課題も指摘されている。例えば、「Yahoo! ニュース」や「SmartNews」「LINE NEWS」などを利用している人は、その利用によって政治や経済、国際情勢についてのニュースをいち早く読み、それらについて関心をもったり、理解が深まったと感じているだろうか。むしろ、自分の関心が高い IT ニュースやスポーツニュース、あるいは芸能ニュースばかり読むようになったという人はいないだろうか。実は、テレビのニュース報道番組の視聴によってある程度保たれていた「かたい」ニュースへの接触機会が減ってしまったのではないかと懸念されている。こうした問題については、第 4 節で詳しくみてみよう。

ニュースの普及過程

ニュース情報はどのように人々に広がってゆくのだろうか。アメリカ合衆国第 32 代大統領であるフランクリン・ルーズベルト死亡ニュースの普及を検討した先駆的研究（Miller, 1945）以来、北米を中心に一連の**ニュース普及研究**が行われてきた。報道されたニュースがどれくらいの速さで人々に普及していったか、あるいはニュースを最初に知った情報源は何かなどを調査することによって、新聞やラジオ、テレビが「重要なニュースを人々に知らせる」ために果たす役割やしくみを明らかにしようとしたのである。実際、多くのニュース普及において、マスメディア、特にテレビは重要な役割を担っていた。音声や動画を駆使して多くのオーディエンスに一度に情報を伝えることができるテレビがニュース情報の普及に大きな影響を及ぼすことは容易に理解できるだろう。

しかし、マスメディアと同様に、場合によってはそれ以上にニュースを人々に広めていたのは対人コミュニケーションであった。例えば、ニュース発生後 1 時間以内に 9 割以上が知るに至ったというケネディ大統領暗殺ニュースでは、他の人々からこのニュースを知ったという人が最も多かったことが報告されている（Greenberg, 1964 など）。青池（2012）が指摘するように、ニュースの普及過程は 2 つの下位過程から成っていると考えられる。すなわち、報道機関から人々へニュースが伝えられるマス・コミュニケーション過程と、報道によってニュースを知った人が他の人々へニュースを知らせる対人コミュニケーション過程である。大きな事件や事故に関するニュースを新聞社やテレビ局などの報道によって知るだけではなく、いち早くそのニュースを知った家族や友だちから教えられたという経験が誰にでもあるだろう。また、自分がたまたま早く知ったニュースを、家族や友人に伝えたこともあるのではないだろうか。ニュースの普及研究は、マスメディアがニュース情報をオーディエンスに伝える過程の研究であると同時に、

マスメディアがオーディエンスの対人コミュニケーションを刺激する過程の研究であり、また、家族からニュースを伝えられた人がテレビをつけてニュース報道を観るといった、対人コミュニケーションがマスメディア接触を促す過程の研究でもあるのだ。

インターネットとニュース普及

　これらマスメディアによる報道とニュースを身近な人々に伝える対人コミュニケーションの関係は、メディア環境の変化や人々のメディア習慣の変化に伴ってどのように変わったのだろうか。2000 年以降に行われたニュース普及研究では、インターネットがどのようにニュース普及過程に影響を及ぼすのかが焦点となってきた。特に 2010 年代に入ってからのモバイル化の進展、ソーシャルメディアやニュースアプリの利用拡大は、ニュースメディア接触への時間的・空間的制約を著しく縮小したうえ、プッシュ通知によって報道機関が「介入的に」人々へニュースを知らせる可能性も高まった。そこで、インターネットが普及していない 1990 年代とインターネット普及後である 2000 年代、2010 年代に報じられた日本のニュースのうち、**普及速度**や**普及率**が近い 3 つのニュースの情報源を比較してみよう。「全日空機乗っ取り事件」（1995 年）と「秋葉原無差別殺傷事件」（2008 年）のニュースは、共にニュース発生から 2 時間後の普及率を示す**初期到達率**が 30% 台で、4 時間後には過半数の人々にニュースが伝わり、10 時間後の普及率は 90% 近い（川浦，2009）。一方、「金正日死亡」（2011 年）のニュースは初期到達率が 50% を超え、最初の 2 時間で半数以上がこのニュースを知るという驚異的なスピードで普及したが、6 時間後から 10 時間後にかけての**普及曲線**は他の 2 つのニュースとほぼ重なっている（図 1-1）。

　注目してほしいのは、3 つのニュースを最初に知った情報源の割合が大きく異なっていることである。まず、「全日空機乗っ取り」では、テレビとラジオという放送メディアが大きな役割を果たしており、対人コミュニケーションによって知った人も 3 割近い。これに対して「秋葉原無差別殺傷」ではインターネットを通じて知った人が約 2 割を占め、その分ラジオや対人情報源が相対的に低い割合にとどまっている。そして 2011 年の「金正日死亡」は、インターネットを通じて知った人が 4 割近くを占めている。この中にはインターネットを利用した報道とオンライン上のパーソナルなコミュニケーションが含まれているが、オンラインの報道だけでも約 3 割に達し、テレビに次ぐ重要な役割を果たしていたことが報告されている（李・鈴木，2013）。その反面、対面的な対人コミュニ

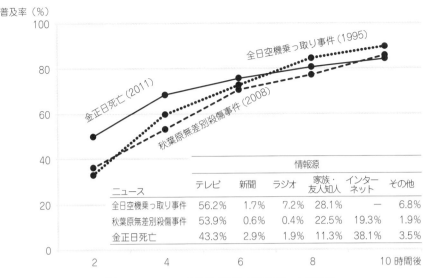

図 1-1　ニュースの普及曲線と最初に知った情報源
（李・鈴木, 2013；川浦, 2009 をもとに作成）

ケーションで知った人はわずか 11.3% にとどまっており、ニュースを最初に知る情報源が大きくインターネットへシフトしていることが読み取れる。こうしたニュースを知る情報源のシフトが「金正日死亡」ニュースの初期到達率を大きく押し上げていると考えられる。時や場所を選ばずに人々にニュース情報を伝えることが可能なインターネットメディアの利用は、マスメディア報道を中継するという対人コミュニケーションの果たしてきた役割を大きく変えようとしている。

3．ニュース報道がもたらす認知的影響

ニュースが人々や社会に及ぼす影響は、前述したようにリップマンの疑似環境論（Lippmann, 1922=1987）やラスウェルによるマスメディアの社会的機能論（Lasswell, 1948）など、マスメディアが発達した 20 世紀前半から論じられてきた。しかし、当時の主な社会的関心は、世界恐慌や戦時下における国威発揚、国民の説得のためにいかにマスメディアを効果的に利用するか、ということにあった。態度変容を目的とした説得的パラダイムの研究から、マスメディアの情報提供機能や環境認知へ注目したニュース研究へとその関心が移行したのは 20 世紀後半に入ってからのことである。

ここでは、20 世紀前半からのマス・コミュニケーション効果研究の歴史を簡

単に振り返った後、テレビというメディアの普及とともに盛んに行われるようになったニュースの影響に関する実証的研究の成果を学んでゆこう。

強力効果論から限定効果論、新強力効果論へ

印刷技術が進歩し、ラジオ放送が始まった19世紀後半から20世紀前半までは、マスメディアのもつ強大な情報伝播力や大衆に働きかける力を強調したマス・コミュニケーションの「強力効果論」が主流であった。先述したように、この時代のマス・コミュニケーション研究の最大の関心は、マスメディアを利用していかに人々の態度や行動を変えるか、という点にあり、戦時下における国威発揚や国民の説得、動員の必要性という社会的要請と深く結びついていた。

そうした中、ラザースフェルドたちは米国大統領選挙における人々の態度を変えたのはマスメディアではなく、身近な他者であったという「予想外の」調査結果を得る（Lazarsfeld et al., 1944＝1987）。その研究の中で提唱された**コミュニケーションの二段階流れ仮説**（コラム1参照）は、名著『パーソナル・インフルエンス』（Katz & Lazarsfeld, 1955＝1965）などにおいて検証され、マスメディアは人々の態度を変えることにおいては限られた影響力しかもっていないという「**限定効果論**」の時代を開いた。ラザースフェルドたちの優れた研究は以降のマス・コミュニケーション研究を方向づけ、マスメディアによる態度変化は限定的なものにすぎないという主張は1950年代から1960年代にかけて広く支持されることとなった。

しかし1970年代になってテレビが家庭に広く普及してくると、本当にマスメディアの影響は限定的なものなのだろうか、と考えるメディア研究者が出てきた。私たちは、世の中で起こるほとんどの出来事をメディアを通じて知るではないか。国会で議論されていること、離れた地域で起こった犯罪、海外で起こった災害や紛争など、ニュースとしてマスメディアが報じなければ知り得ないことばかりである。確かに、マスメディアによって人々を説得して態度を変えさせることは難しく、その影響力は限定的なものかもしれない。しかし、そもそもテレビをはじめとしたマスメディアの主たる役割は、人々が世の中で起こった様々な出来事を知り、様々な社会問題について考え、選択をするために必要な情報を提供することにあるのではないか。そうだとしたら、やはりマスメディアの影響力は大きいのではないか、というのである。

1970年代以降、こうしたマスメディアの情報提供機能や人々の知識獲得、環境認知に着目したニュース研究が次々と登場し、「**新強力効果論**」と呼ばれるよ

コミュニケーションの二段階流れ仮説

　コミュニケーションの二段階流れ仮説とは、「観念はしばしば、ラジオや印刷物からオピニオン・リーダーに流れて、そしてオピニオン・リーダーからより能動性の低い層に流れる」（Lazarsfeld et al., 1968=1987, p.222）というもので、1940 年米大統領選挙における投票行動の調査で得られた結果から、ラザースフェルドらによって導き出された仮説である。この知見によって、マス・コミュニケーション研究は「強力効果論」から「限定効果論」へと大きく舵を切ることになった。

　マスメディアは強大な影響力をもち、人々の態度や行動を変えることができると考えられていた「強力効果論」の時代、ラザースフェルドらは米国オハイオ州エリー郡で 1940 年 5 月から 11 月にかけてパネル調査を実施し、新聞、雑誌、ラジオといったマスメディアによる選挙キャンペーンが、人々の投票意思決定にどれだけ大きな影響を及ぼすのかを検証しようと考えていた。しかし、大々的な選挙キャンペーンがなされたにもかかわらず、選挙期間中に投票意図を変えた人々はわずか 8% しかいないという予想外の結果が得られた。その後、調査結果を詳しく分析してみると、①投票意図を変更した人々は、自分の意思決定に役立ったものとして身近な他者をあげる傾向が強い、②他の人々の投票意図に影響を与える人々、すなわちオピニオンリーダーは、すべての階級や職業に広く分布しており、影響を受ける人々と類似性が高い、③オピニオンリーダーは非リーダーよりもマスメディア接触が高い、ということが見出された。これらの分析結果から、マスメディアが人々へ直接働きかけるというより、まずマスメディアからオピニオンリーダーへ情報が流れ、そしてオピニオンリーダーからフォロワーへ伝わり、その意思決定に影響を及ぼす、というコミュニケーションの二段階流れ仮説が生まれたのである。

　この仮説はその後、カッツとラザースフェルド（Katz & Lazarsfeld, 1955=1965）をはじめとして多くの検証がなされ、投票行動に限らず意思決定への影響力はマスメディアよりも対人的な影響の方が大きいことが確認されることとなった。一方で、意思決定過程の初期の段階ではマスメディアも重要な役割を果たす（Rogers, 1983=1990）、複数領域にまたがるよりも単一領域でのみ影響力を発揮するオピニオンリーダーが多く、彼らもその意思決定において対人的影響を受けている（Katz & Lazarsfeld, 1955=1965）、オピニオンリーダーからフォロワーへの影響を検証するためには、その両者が調査対象者として含まれる調査設計が必要である（Katz, 1957）などの指摘がなされている。

うになる。その端緒となったのが、**議題設定機能**（agenda-setting function）論である。

議題設定機能論

マコームズとショー（McCombs & Shaw, 1972）はニュース報道に注目し、マスメディアには社会における議題（agenda＝何が重要な課題か）に対する人々の認識に多大な影響を及ぼす力がある、と考えた。こうした考え方はリップマンの疑似環境論をはじめとして以前から存在していたが、マコームズたちの功績は、次のような優れた方法によってマスメディアの強力効果を実証的に検証したことにある。

まず、マコームズらは「マスメディアである争点が強調されればされるほど、その争点に対する人々の重要性の認識も高まる」という仮説を立てた。この仮説を検証するため、1968年のアメリカ大統領選挙秋期キャンペーンの期間に、ノースカロライナ州チャペルヒルで面接による意識調査を実施した。面接の対象となったのは、チャペルヒル在住の有権者のうち、無作為に抽出された100人の投票意図が決まっていない人々であった。意識調査では、今政府が取り組むべき重要な課題は何かについて回答を求め、回答比率が高いものから順位をつけた。上位にランクされた課題は、人々が「重要な争点だ」と認識する度合いが高いとみなされた。一方、マスメディアによる争点強調の度合いは次のように測定された。面接開始6日前からの25日間にチャペルヒルの新聞、週刊誌、テレビで報道されたニュースの内容分析（コラム14参照）を実施し、報道された争点の出現頻度によってメディアが強調した度合いが順位づけられた。

そして、仮説を検証するため、メディアが強調した争点の順位と有権者が重要だと考える争点の順位（**争点重要性**、あるいは**顕出性**：salience と呼ばれる）を比較し、それらが非常に高い相関を示すことが明らかにされた。マスメディアがニュース報道の中である争点をくり返し取り上げて強調するほど、その争点に対する受け手の重要性の認識が高まる、という議題設定機能仮説は支持されたというわけである。まさにコーエンが指摘したように、「報道機関は何を考えるべきか（what to think）、について人々に伝えることにはあまり成功していないかもしれないが、何について考えるべきか（what to think *about*）を伝えることにおいては驚くほど成功している」（Cohen, 1963, p.13）ことが、マコームズらの調査によって実証的に示されたのである。

竹下（2008）は、議題設定機能論の登場によってマスメディア効果研究の潮流

は大きく変化した、と指摘する。まず、メディア効果測定の次元が態度レベルから認知レベルへと移行した。そしてそのことによって、宣伝や広告といった説得的活動から、ニュースを制作し提供する活動へと研究者の目を向けさせることになった。チェイフィー（Chaffee, 1980）が「説得的パラダイム」から「ジャーナリズム的パラダイム」への転換と表現したように、メディアが果たすべき役割は人々の効率的な動員ではなく、様々な社会的問題について考え、選択するために必要なニュース情報を提供することにある。だからこそ、そのニュース情報の提供の仕方が人々に与える影響を検討することが重要だと考えられるようになったのである。

プライミング効果とフレーミング効果

1980 年代後半に入ると、人間の知識や理解のしくみに関する認知心理学の視点を導入し、オーディエンスの情報処理過程に注目したニュース研究が展開される。新聞やテレビなどのニュース報道による**プライミング効果**や**フレーミング効果**に関する研究である。これらの研究は 1990 年代以降精力的に進められ、ニュース影響研究の新しい潮流となった。

ニュース研究におけるプライミング効果とは、報道されたニュースによって人々が政府や大統領、政策、大統領候補などを評価する際に用いていた基準が変わることである。ニュース番組で大きく取り上げられることによって特定の社会問題（issues）が際立ち、政治的評価における判断基準として用いられやすくなるという（Iyengar & Kinder, 1987）。例えば、アイエンガーとシモン（Iyengar & Simon, 1993）は、ジョージ H. W. ブッシュ（父ブッシュ）への評価の変化を、大統領選挙のあった 1988 年、そして大統領就任後の 1990 年と 1991 年に実施された ANES（American National Election Studies；アメリカ国政選挙調査）のデータを用いて検証している。1988 年には高いとはいえなかったブッシュへの評価は、クウェート侵攻のあった 1990 年、そして湾岸戦争が勃発した 1991 年と高まり、しかも評価基準として経済政策よりも外交政策が占めるウエイトが大きくなっていることが重回帰分析によって明らかにされている。すなわち、クウェート侵攻時や湾岸戦争時には外交政策が重点的に報道され、人々はそれらのニュース報道に接して情報処理したことによって、無意識のうちに経済政策よりも戦争や外交政策という点からブッシュ大統領を評価することになったというのである。

フレーミング効果とは、もともと認知心理学におけるカーネマンとツベルスキの実験（Kahneman & Tversky, 1979）によって有名になった概念であるが、ニュー

ス研究においては「ニュース・メディアがある公共的問題を取り上げる際、その切り口（ニュースフレーム）が異なれば、同じ問題に対する視聴者の認識の仕方も異なるという現象」（斉藤，2001，p.183）を指す。

　フレーミング効果研究には、ある特定の争点報道におけるニュースフレーム（issue-specific news frames）を明らかにしようとするものと、テーマの違い、時には時代や文化の違いを越えて適用できる一般的なニュースフレーム（generic news frames）を見出そうとするものがある。争点型のニュースフレーム研究としては、ネルソンら（Nelson et al., 1997）のクー・クラックス・クラン（アメリカの白人至上主義団体）の問題を対象としたものやシャーたち（Shah et al., 2002）のクリントン大統領の任期終了間際のスキャンダル問題を扱ったものなどがある。これらの研究は、特定の争点に関する報道やその影響に深く切り込むことができる一方で、その結果を他の争点に応用することは難しい面がある。

　より一般的なニュースフレームを見出そうとした研究としては、テレビニュース報道を対象としたアイエンガーの研究（Iyengar, 1991）がよく知られている。彼は、貧困や犯罪、失業率といった社会問題に関するニュース報道を「テーマ型（thematic）」対「エピソード型（episodic）」フレームから検討した。テーマ型フレームとは一般的で抽象的な視点からの描写であり、エピソード型フレームとは個別の事例やエピソードからその問題を描写することである。テレビニュース報道は、「絵になりやすい」エピソード型フレームが用いられやすく、そのことによって種々の社会問題の原因や責任が社会構造にあるというよりも、ニュース報道で取り上げられた事例に登場する個人にある、と認識される傾向が見出された。

　また、ニューマンら（Neuman et al., 1992＝2008）は、南アフリカのアパルトヘイト問題、アメリカの戦略防衛構想（スターウォーズ計画）、1987年の株式市場暴落、コカインと薬物の乱用、そしてエイズ問題という5つの社会問題を取り上げて、それらのイシューに共通するフレームを見出すことで、ニュースがどのように理解されているのかについて検討している。その結果、人々はマスメディアのニュース報道が用いるフレームに隷属的に従う、認知的に受動的な存在というわけでは決してなく、自分たちにとって意味のあるやり方で能動的にニュースについて理解する存在だということが示された。

ニュース情報の提示形態が及ぼす影響

　人の情報処理過程に注目したニュース研究には、メディア特性や情報の提示形態など、より形式的な要素が人々のニュース理解や記憶に及ぼす影響を検討する

イグゼンプラー効果

　ニュース報道では街頭インタビューや識者のコメントが付加されることがよくある。こうした人々の生の声が具体的に例示されたものはイグゼンプラー（exemplar）と呼ばれ、イグゼンプラーの意見が人々の世論認知や態度に影響を与えることをイグゼンプラー効果（exemplar effect）という。世論調査の結果を報道することが受け手の世論認知や態度に影響を及ぼすことは古くから知られていたが、むしろ個人的意見の紹介の方が影響は大きいとブロシウスとバテルト（Brosius & Bathelt, 1994）は述べている。

　ギブソンとジルマン（Gibson & Zillmann, 1994）は雑誌記事、ブロシウスとバテルト（Brosius & Bathelt, 1994）はラジオニュースを素材とした実験を行い、正確だが平坦な説明よりも、生々しく描写された個人の声の方が人々の世論認知に影響を及ぼすことを見出している。また、橋元ら（1997）はテレビニュースにおける街頭インタビューにおいて、「夫婦別姓問題」や「PKO派遣問題」に関する賛成意見と反対意見の割合を変えたテレビニュース素材を作成し、イグゼンプラー効果を検証する実験を行っている。その結果、イグゼンプラーの意見の方向性やその数の構成が被験者の世論認知に影響を与えることが示された。すなわち、イグゼンプラーの意見として賛成意見が多く紹介されたテレビニュースを視聴した実験群は「世の大勢は賛成に傾いている」と認知し、反対意見が多く紹介されたニュースを視聴した実験群は「世の大勢は反対に傾いている」と認知をしたのである。

　福田（2001）は、ニュース報道内で紹介されるイグゼンプラーの意見分布が、人々の世論認知に影響を与えているのであれば、報道の中立・公正、客観報道の点から報道機関はいっそうの配慮をする必要があると指摘している。

ものもある。例えば、新聞はテキストベースのメディアであり、見出し、記事本文、写真、キャプションなどから構成されている。これに対して、テレビは映像と音声からなる視聴覚に訴えるメディアであり、タイトル、アナウンス、映像、テロップなどから構成されている。これらメディアの形式的な各要素が、人々の記憶や理解にどのような影響を及ぼすかを実験により明らかにしようとする研究である。

　例えば、福田（1995）は活字メディアにおける**オーガナイザー効果**（organizer effect）を実験によって検証している。オーガナイザー効果とは、「見出しや写真

といった文脈情報が後続するテクストに対する読み手の理解や記憶に影響を与える」（福田，1995, p.127）ことである。効果の方向は 2 つあり、一つはテクストの理解や記憶を高める学習促進効果で、もう一つはテクストの解釈や記憶をある一定の方向に誘導する操作・誘導効果である。複数の実験の結果、新聞の見出しは見出しに指示された記事内容の記憶を高める学習促進効果があること、新聞記事と写真の意味内容が一致していない場合は記事や写真の記憶が変容する操作・誘導効果がみられたが、写真が記事の記憶に干渉する場合と、記事が写真の記憶に干渉する場合があることが示された。

　また、テレビニュースにおける認知的効果に関する研究としては、マクダニエル（McDaniel, 1973）やガンター（Gunter, 1979）がある。彼らは、映像を提示する方が視聴者のニュースに関する記憶を高めることを示した。しかし、このニュース映像の学習促進効果については必ずしも支持されていない。例えばカッツら（Katz et al., 1977）は、同じ内容のニュースをテレビで伝える場合とラジオで伝える場合の記憶量について検証した。実験の結果、映像の有無で記憶に差が出るとはいえなかった。

4．ニュースによる政治的知識の学習

テレビニュースが果たす役割

　ニュースによって社会問題に関する人々の知識を高め、政治参加を促すことは、民主主義の根幹に関わる問題として重要視されてきた。テレビが普及すると、その映像の力で人々を惹きつけ、リテラシーに関係なく多くの人々にニュース情報を伝え、政治的知識を学習させることに成功するように思えた。実際に、映像の音や動きなどが人々の注意を引き、高い学習効果をもたらすことが多くの実験研究によって示された。しかし、その一方で、放送ジャーナリズムは二流であり、テレビは人々の政治的知識や態度を減退させるものだという根強い主張もあった。多くの内容分析研究やメディア利用に関する調査研究がこうした主張を裏づけ、テレビニュースの視聴では社会問題に関する知識は増えない、政治的知識を得るには新聞や雑誌などの活字メディアを読むことが不可欠だと結論づけている。例えばロビンソンとレヴィ（Robinson & Levy, 1986）は、ヨーロッパとアメリカの広範囲におよぶ調査データの分析によって、テレビはニュースの「主な情報源」ではないことを示した。テレビニュースを情報源とする人々は、新聞や雑誌を情報源とする人々よりも政治的知識のレベルが低かったのである。

こうしたテレビのニュース報道と政治的知識の獲得に関する議論に対して、ニューマンら（Neuman et al., 1992=2008）は、テレビと新聞、雑誌は相互に補完的な役割を果たすニュースメディアであり、人々の政治的知識の獲得のためにはそれぞれの相乗効果にこそ注目すべきだと主張した。彼らはまず、テレビは新聞よりも高い学習効果をもたらすことを明らかにする。テレビニュースを観ることによって政治的知識が低くなるのではなく、政治的知識をもたない人、認知スキルの低い人が好んでテレビニュースを観るだけだというのである。そのうえで、より身近でわかりやすい問題はテレビ向きで、抽象的で専門的な問題は新聞向きという社会通念は間違っていると指摘した。すなわち、テレビは、「南アフリカ共和国のアパルトヘイト問題」や「アメリカの戦略防衛構想（スターウォーズ計画）」といった、より抽象的で日常生活から距離がある問題を伝えるのに非常に有効であることが実験によって示された。テレビがもつ人々の注意を引きつける特性が、もともと社会的関心が低い問題についての知識を増やすことに貢献していたという。一方、活字メディア、特に新聞は、「コカインと薬物の乱用」や「エイズ問題」といった、具体的で人々の関心が高い問題について詳細情報を提供することに役立っていたのである。

ハードニュースとソフトニュース

　バウム（Baum, 2003）は、**ハードニュースとソフトニュース**という別の視点から、テレビニュースがもつ影響力について研究した。ニュース情報番組（ハードニュース番組）を制作していた米国のテレビ局は、1980年代以降、ケーブルテレビ、衛星放送、そしてインターネットの登場によって競争が激しくなり、より低コストで視聴者を獲得する必要に迫られた。そこで登場したのが、娯楽志向の強いニュース情報番組、すなわちソフトニュース番組である。ソフトニュース番組は、政策議論の内容やその政治的背景よりも、その出来事に関わる個人の人間ドラマや政策決定者の個性や動機に注目して報道するとバウムは指摘している。ソフトニュースがもつこうした娯楽性は、これまで政治的関心が低かった人々を政治に惹きつけ、外交政策のような従来明確な意見をもちにくかった分野でも、はっきりとした意見をもつ傾向が強まったという。

　もう少し具体的にバウムの研究をみてみよう。ベトナム戦争（1965-73）、湾岸戦争（1990-91）、イラク戦争（2003-05）に対する大統領の決断を支持するか否かという質問に対して、「わからない」「どちらとも言えない」と答えた回答者の割合の年平均を検討してみると、ベトナム戦争、湾岸戦争、イラク戦争の順で減

少する傾向が読み取れるという。このことから、戦争に対してなんらかの意見を
もつ人は年を追うごとに増加傾向にあることがわかる。こうした傾向は、ソフト
ニュース視聴者層の中核をなす教育程度や政治的知識の低い層で最も顕著にみら
れた。政治への関心や知識をもたないソフトニュースの視聴者層の意見化
（opinionation）が高まることは、政府の外交政策を誤らせ、戦争へと向かって行
く危険があるとバウムは主張した（Baum, 2003, 2007）。

　日本のテレビニュース研究では、ハード、ソフトというテレビニュースの内
容[2]およびテロップや BGM などのニュース形式に注目してニュース番組の娯楽
化傾向を検証した萩原（2001）や、伝統的なハードニュース番組である『NHK
ニュース』とわかりやすさ、おもしろさを追求した『ニュースステーション』を
比較したクラウス（Krauss, 2000）などがある。また、稲増・池田（2009）は、
2001 年小泉純一郎が総理大臣になったことをきっかけにワイドショーが政治ネ
タを扱うようになったことに注目し、バウムのいうハードニュース、ソフト
ニュースへの接触が人々の選挙への関心や政治への関与へ及ぼす影響を検討して
いる。その結果、政治的知識の低い人たちにおいては、ソフトニュースの視聴が
多いほど選挙への関心が高いことが示されている。

地上波テレビによる偶発的なニュース接触の減少

　バウムの主張に対してプライアー（Prior, 2003）は、ソフトニュースは政治的
知識の獲得にあまり貢献しておらず、人々を政治に惹きつける力は小さいと反論
した。それでも、地上波テレビの視聴によって何らかのニュースに接触していれ
ばよいが、むしろ問題なのはケーブルテレビやインターネットの普及によって
ニュースをほとんど、あるいはまったく観ない人が増えたことだと主張する
（Prior, 2007）。

　プライアーの主張をもう少し詳しくみてみよう。地上波テレビが中心の時代に
は、いったんテレビのスイッチを入れれば、たとえ政治的関心がない人でもお目
当ての番組が始まるまで、あるいは終わった後に付随的にニュース番組を観てい
た。そうした偶発的なニュース接触によって、政治に関心をもたない層でも最低
限の政治的知識を得ることができていた。つまり、**副産物的政治学習**が成立して
いたというのである。しかし今日では、ケーブルテレビやインターネットが普及
し、人々の選択肢は劇的に増加した。選択肢がほとんどない（low-choice）メディ

---

[2]　日本では、政治、経済、社会などのニュースをハードニュース、文化、芸能、スポーツ、気象
　　などのニュースをソフトニュースと呼ぶことが多く、バウムの定義とは異なっている。

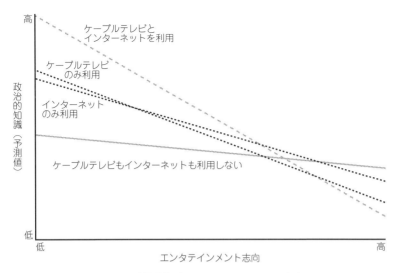

図1-2　政治的知識とエンタテインメント志向
(Prior, 2007, p.115 をもとに作成)

ア環境から、多くの選択肢がある（high-choice）メディア環境へと移行した現代
でも、政治的関心が高い人々は能動的にニュースに接触して政治情報を得続ける。
インターネットの存在は、むしろ彼らの政治的知識を高めることになるだろう。
しかし、エンタテインメント志向が強い人々は政治ニュースを観なくなり、芸能
情報やスポーツニュースなど自らの好みに合致する情報にのみ選択的に接触する。
その結果、政治的関心や政治的知識の格差が拡大するのではないかというのであ
る。

　プライアー（Prior, 2007）はパネル調査によってこれらの仮説を検証し、ケー
ブルテレビにもインターネットにも接触しない人々にはエンタテインメント志向
はほとんど影響しないが、ケーブルテレビとインターネットの両方を利用する
人々に対してはエンタテインメント志向の影響力はかなり大きいことを明らかに
した。すなわち、ケーブルテレビもインターネットも利用する人々は、エンタテ
インメント志向が高いほど政治知識レベルが低くなる傾向が見出されたのである
（図1-2）。

　一方、小林・稲増（Kobayashi & Inamas, 2015）は、日本のメディア状況は米国
と異なり、圧倒的な利用率をもつ Yahoo! が地上波テレビニュースと同じような
役割を果たしているのではないかと指摘する。ポータルサイト Yahoo! のトップ
ページの中央にはニュース情報が提示され、スポーツや芸能ニュースとともにそ

の時々の政治、経済、国際ニュースのヘッドラインが並んで表示されている。2012年2月の訪問者数が5,000万人を超えていること、2007年時点で60%以上のインターネット利用者がYahoo! JAPANをブラウザのホームページにしていることを考えあわせると、エンタテインメント志向が強く政治に関心がない人々であっても、Yahoo!のトップページを見ることによって偶発的なニュース接触が生じているのではないかというのである。2009年衆議院議員総選挙時に実施した調査の結果、ポータルサイトの利用者はエンタテインメント志向が強くなっても政治的知識の落ち方が緩やかであることが明らかにされている。すなわち、日本においては、ポータルサイトを利用することによって政治ニュースへの接触が確保され、副産物的学習が生じていると考えられるのである。

　しかしながら、ニュースキュレーションアプリの普及やソーシャルメディア上のニュース共有などが進むと、日本においても偶発的なニュース接触の機会が減少し、政治的知識をはじめとする様々な知識レベルの格差が生じる可能性も残されている。今後のニュース研究にとって重要テーマの一つとなるだろう。

演習問題

1．自分たちが普段どのようにニュース情報に接触しているか、3日間、記録してみよう。接触日時・場所、情報源、ニュース内容などから、自分たちのニュース接触における傾向について分析してみよう。自分の家族や親戚など、自分たちより上の世代が身近にいる場合は、同じように記録をとってもらい、比較してみよう。

2．自分たちの政治的関心の高さとニュース接触行動について分析してみよう。政治的関心の高い人と低い人では、ニュース接触行動はどのように違うだろうか。もしあなたの政治的関心がそれほど高くないのであれば、自分のニュース接触行動では副産物的政治学習が成立しているかについて考えてみよう。どのようなメディアを利用してニュース情報へ接触しているか、接触しているニュースの娯楽性や信頼性から検討を加えよう。

さらに学ぶための文献・資料案内

池田謙一（2000）．社会科学の理論とモデル5　コミュニケーション　東京大学出版会
萩原滋（編著）（2001）．変容するメディアとニュース報道：テレビニュースの社会心理学　丸善
竹下俊郎（2008）．増補版　メディアの議題設定機能：マスコミ効果研究における理論と実証　学文社

引用文献

青池愼一（2012）．ニュースの普及過程分析　慶應義塾出版会

Baum, M. A.（2003）. *Soft news goes to war: Public opinion and American foreign policy in the new media age*. Princeton, NJ: Princeton University Press.

Baum, M. A.（2007）. Soft news and foreign policy: How expanding the audience changes the policies. *Japanese Journal of Political Science*, *8*(1), 115-145.

Brosius, H. B., & Bathelt, A.（1994）. The utility of exemplars in persuasive communications. *Communication Research*, *21*(1), 48-78.

Chaffee, S. H.（1980）. Comments on the Weaver-Gray paper. In G. C. Wilhoit & H. de Bock（Eds.）, *Mass communication review yearbook*, *1*. Beberly Hills, CA: Sage.

Cohen, B. C.（1963）. *Press and foreign policy*. Princeton, NJ: Princeton University Press.

Dayan, D., & Katz, E.（1992）. *Media events: The live broadcasting of history*. Cambridge, MA: Harvard University Press.（浅見克彦（訳）（1996）．メディア・イベント：歴史を作るメディア・セレモニー　青弓社）

福田充（1995）．活字メディアにおけるオーガナイザー効果に関する実証的研究：見出し，写真が読み手に与える影響についての認知心理学的再検討　マス・コミュニケーション研究, *47*, 127-139.

福田充（2001）．ニュースの情報提示形態と認知的効果　萩原滋（編著）変容するメディアとニュース報道：テレビニュースの社会心理学（pp.145-167）丸善

Gibson, R., & Zillmann, D.（1994）. Exaggerated versus representative exemplification in news reports: Perception of issues and personal consequences. *Communication Research*, *21*(5), 603-624.

Greenberg, B. S.（1964）. Diffusion of news of the Kennedy assassination. *Public Opinion Quarterly*, *28*(2), 225-232.

Gunter, B.（1979）. Recall of brief television news items: Effects of presentation mode, picture content and serial position. *Journal of Educational Television and Other Media*, *5*(2), 57-61.

萩原滋（2001）．ニュース番組の内容と形式：娯楽化傾向の検証と番組の類型化　萩原滋（編著）変容するメディアとニュース報道：テレビニュースの社会心理学（pp.67-114）丸善

橋元良明・福田充・森康俊（1997）．慎重を期すべき「街頭の声」の紹介　テレビ報道番組におけるイグゼンプラー効果に関する実証的研究　新聞研究, *553*, 62-65.

ICT総研（2020）．2020年モバイルニュースアプリ市場動向調査 https://ictr.co.jp/report/20200424.html（2020年11月20日アクセス）

李光鎬・鈴木万希枝（2013）．メディア環境の変化とニュース普及過程の変容：金正日死亡のニュースはどのように拡まったか（特集 萩原滋教授 退職記念号）メディア・コミュニケーション：慶應義塾大学メディア・コミュニケーション研究所紀要, *63*, 63-75.

稲増一憲・池田謙一（2009）．多様化するテレビ報道と，有権者の選挙への関心および政治への関与との関連：選挙報道の内容分析と大規模社会調査の融合を通して　社会心理学研究, *25*(1), 42-52.

Iyengar, S.（1991）. *Is anyone responsible?: How television frames political issues*. Chicago: University of Chicago Press.

Iyengar, S., & Kinder, D.（1987）. *News that matters: Television and American opinion*. Chicago: University of Chicago Press.

Iyengar, S., & Simon, A. (1993). News coverage of the gulf crisis and public opinion a study of agenda-setting, priming, and framing. *Communication Research, 20*(3), 365-383.

Kahneman, D., & Tversky, A. (1979). Prospect theory: An analysis of decision under risk. *Econometrica: Journal of the Econometric Society, 47*(2), 263-291.

Katz, E. (1957). The two-step flow of communicateon: An up-to-date report on a hypothesis. *Public Opinion Quarterly, 21*(1), 61-78.

Katz, E., Adoni, H., & Parness, P. (1977). Remembering the news: What the picture adds to recall. *Journalism and Mass Communication Quarterly, 54*(2), 231.

Katz, E., & Lazarsfeld, P. F. (1955). *Personal influence: The part played by people in the flow of mass communication.* New York: Free Press of Glencoe. (竹内郁郎 (訳) (1965). パーソナル・インフルエンス 培風館)

川浦康至 (2009). 秋葉原連続殺傷事件ニュース伝播に関する学生調査 コミュニケーション科学, *29*, 191-210.

Kobayashi, T., & Inamasu, K. (2015). The knowledge leveling effect of portal sites. *Communication Research, 42*(4), 482-502.

Krauss, E. S. (2000). *Broadcasting politics in Japan: NHK and television news.* Ithaca, NY: Cornell University Press. (村松岐夫 (監訳) (2006). NHK vs 日本政治 東洋経済新報社)

Lasswell, H. D. (1948). The structure and function of communication in society. *The Communication of Ideas, 37*, 215-228.

Lazarsfeld, P. F., Berelson, B., & Gaudet, H. (1968). *The people's choice: How the voter makes up his mind in a presidential campaign* (3rd ed.). New York: Columbia University Press. (有吉広介 (監訳) (1987). ピープルズ・チョイス 芦書房)

Lippmann, W. (1922). *Public opinion.* New York: Macmillan. (掛川トミ子 (訳) (1987). 世論 (上・下) 岩波書店 (岩波文庫))

McCombs, M. E., & Shaw, D. L. (1972). The agenda-setting function of mass media. *Public Opinion Quarterly, 36*(2), 176-187.

McDaniel, D. (1973). Film's presumed advantage in presenting television news. *Journalism and Mass Communication Quarterly, 50*(1), 146.

Miller, D. C. (1945). A research note on mass communication. *American Sociological Review, 10* (1), 691-694.

Nelson, T. E., Clawson, R. A., & Oxley, Z. M. (1997). Media framing of a civil liberties conflict and its effect on tolerance. *American Political Science Review, 91*(3), 567-583.

Neuman, W. R., Just, M. R., & Crigler, A. N. (1992). *Common knowledge: News and the construction of political meaning.* Chicago: University of Chicago Press. (川端美樹・山田一成 (監訳) (2008). ニュースはどのように理解されるか:メディアフレームと政治的意味の構築 慶應義塾大学出版会)

大石裕・岩田温・藤田真文 (2000). 現代ニュース論 有斐閣

Prior, M. (2003). Any good news in soft news? The impact of soft news preference on political knowledge. *Political Communication, 20*(2), 149-171.

Prior, M. (2007). *Post-broadcast democracy: How media choice increases inequality in political involvement and polarizes elections.* Cambridge, UK: Cambridge University Press.

Robinson, J. P., & Levy, M. R. (1986). *The main source: Learning from television news* (People and communication, Vol. 17). Beverly Hills, CA: Sage.

Rogers, E. M. (1983). *Diffusion of Innovation* (3rd ed.). NY: Free Press. (青池愼一・宇野善康 (監訳) (1990). イノベーション普及学 産能大学出版部)

斉藤慎一（2001）．ニュース報道の機能分析　萩原滋（編著）変容するメディアとニュース報道：テレビニュースの社会心理学（pp.169-199）丸善.

Shah, D. V., Watts, M. D., Domke, D., & Fan, D. P.（2002）. News framing and cueing of issue regimes: Explaining Clinton's public approval in spite of scandal. *Public Opinion Quarterly*, 66（3）, 339-370.

Shoemaker, P. J., & Reese, S. D.（1996）. *Mediating the message : Theories of influences on mass media content*（2nd ed.）. NY: Longman.

総務省（2014）．平成 26 年版情報通信白書 ICT 白書　ICT がもたらす世界規模でのパラダイムシフト　https://www.soumu.go.jp/johotsusintokei/whitepaper/ja/h26/pdf/index.html（2020 年 11 月 20 日アクセス）

総務省（2020）．令和 2 年版情報通信白書 ICT 白書　5G が促すデジタル変革と新たな日常の構築　https://www.soumu.go.jp/johotsusintokei/whitepaper/r02.html（2020 年 11 月 20 日アクセス）

総務省情報通信政策研究所（2020）．令和元年度情報通信メディアの利用時間と情報行動に関する調査報告書　https://www.soumu.go.jp/main_content/000708016.pdf（2020 年 11 月 20 日アクセス）

竹下俊郎（2008）．増補版 メディアの議題設定機能：マスコミ効果研究における理論と実証　学文社

第2章 メディア・エンタテインメント

　テレビでドラマやお笑い番組を視聴し、スマートフォンで音楽を聴き、映画を観に行き、マンガを読み、ゲームアプリで遊ぶ……。ほとんどの人が日常的に行っていることの一部である。私たちが様々なメディアを用いて行っている活動の大きな部分は、いうまでもなくこのような娯楽のためのものである。そして我々の娯楽は、ますますメディアへの依存を強めている。

　この章ではまず、メディア利用においてエンタテインメントの占める部分の大きさを確認した後、私たちがメディア・エンタテインメントを利用する様々な動機について、実証的な研究を参照しながら、検討する。そこでは「楽しいから」という快楽的な動機の他にも、様々な動機があることが明らかにされるであろう。第3節では、メディア・エンタテインメントを楽しむ人間の心理的メカニズムに関する理論を、実験例とともに詳しく紹介する。

1. メディア・エンタテインメントの利用状況

　あえて数値を挙げるまでもないかもしれないが、いくつかの統計データから、メディア・エンタテインメントの利用状況をみてみよう。

　総務省（2020b）がまとめた主なメディアの平均利用時間をみると、最も利用時間が長いメディアはやはりテレビで、2020年1月の調査で確認された全年齢層の1日平均利用時間は2時間41分（リアルタイム視聴）であった。ある1日にその行動を行った人の比率を意味する行為者率も81.6％に上っている。次いで、インターネットの1日平均利用時間は2時間6分であったが、行為者率はテレビより多く、85.5％で1位である。ただ、若い世代では、テレビよりもインターネットの利用時間が長く、10代は69分対167.9分、20代は101.8分対177.7分、30代でも124.2分対154.1分の利用時間を示している。行為者率では、40代までにおいてテレビ（リアルタイム視聴）よりインターネットのほうが多くなっている。

普段の視聴率ランキング上位はエンタテインメント

　テレビというメディア上で、私たちは何を見ているのか。2019 年 11 月 11 日（月）から 17 日（日）までの 1 週間を対象に行われた NHK 放送文化研究所の個人視聴率調査（2020）の結果をみると、NHK と民放合わせて、最も視聴率の高かった上位 3 位までの番組は、NHK の連続テレビ小説『スカーレット』（13.0%）、テレビ朝日の木曜ドラマ『ドクター X』（11.6%）、TBS 日曜劇場『グランメゾン東京』（11.3%）で、すべてドラマが上位を独占している。そして第 4 位にやっと朝のニュース番組である『おはよう日本』（10.9%）が入っている。

　ビデオリサーチ（n.d.）が公表している「年間高世帯視聴率番組 30」のランキングでは、最近はもっぱらサッカーやラグビーのワールドカップなど大型のスポーツイベントやニュース番組が上位に入っているが、普段の週間視聴率ランキングをみると、例えばドラマは、世帯視聴率でも個人視聴率でも報道と 1、2 位を争うコンテンツであることがわかる。また、音楽、ドラマ、アニメ、映画、その他の娯楽番組で 1 位になっている番組の平均世帯視聴率を単純に合計してみると、多くの場合 60% を超える値になる。すなわち、延べ視聴者のシェアを考えると、エンタテインメントは最も多くのオーディエンスに日常的に楽しまれているコンテンツであるといえる。

サブスクリプション型配信サービスの躍進

　メディア・エンタテインメントの中で最近大きく利用が増えているのは、サブスクリプション型の有料動画配信サービスである。ある調査によれば、普段よく視聴する映像・動画として最も多くの回答者が挙げたものはやはり「リアルタイムの TV 番組」（69.6%）で、2 番目に多かったのは「録画した TV 番組」（54.4%）であったが、YouTube などの動画共有サービス（41.9%）や TVer などの無料の動画配信サービス（28.6%）もかなりの視聴者を確保していることが明らかになっている。そして Amazon プライム・ビデオや Netflix などの有料動画配信サービスを視聴していると回答した人も 21.1% に上っているのである（インプレス総合研究所，2020）。

　また、日本映像ソフト協会（2020）の調査によれば、2019 年の有料動画配信サービスの利用率は 19.6% で、2014 年の 5.9% から 3 倍以上も増えている。また定額見放題サービスの利用者のうち約 30% は、複数のサービスを利用していることもわかった。利用している映像のジャンルとしては、日本の映画（48.8%）、海外の映画（47.4%）、日本のアニメ（42.8%）を挙げる人が多かったが、視聴本

数のシェアでは、複数のエピソードで制作される日本のアニメや海外のテレビドラマが多くなっている。

2020年は特に、新型コロナウイルスの大流行により自宅で過ごす時間が増えたため、有料の動画配信サービスの利用がさらに増えている。ある調査によれば、緊急事態宣言による自粛期間中に利用の増えたメディアとして、「無料テレビ放送」（46.9％）、「無料動画配信」（28.3％）に続いて、有料映像メディアの中では「定額制見放題の有料動画配信」を挙げた人が11.5％で最も多かった（フィールドワークス，2020）。

また、このサブスクリプション型動画配信サービスの利用によって「イッキ見」（binge watching）という視聴行動が広がっている。連続ドラマなどの複数のエピソードを一気に見続ける視聴行動のことである。Netflixが行った調査によれば、アメリカの動画配信サービス利用者の61％が日常的にイッキ見をしており、73％はそれを肯定的に思っている。日本でもNetflix利用者の54％がゴールデンウィーク中にイッキ見をしようと計画していたという調査結果がある（日経クロステック，2018年4月25日付）。

一方、劇場映画は、2019年の1年間1,278本（邦画689、洋画589）公開され、延べ約1億9,491万人が映画館に足を運んでおり、前年比で115.2％の増加であった。ちなみに、2019年の興行収入第1位の映画は『天気の子』（140.6億円）、第2位は『アナと雪の女王2』（127.9億円）でともにアニメ映画である（日本映画製作者連盟，2020）。

主要なメディア・エンタテインメントの一つである音楽コンテンツの利用においても注目すべき変化が起きている。日本レコード協会（2020）が行った調査によれば、全体的にCD経由の音楽聴取行動は減少傾向にある一方で、インターネット経由の聴取行動が増えている（図2-1参照）。音楽聴取方法として最も多く利用されているメディアはYouTubeで回答者全体の54.9％が利用していた。若年層においてはさらにその利用率が高く、20代では63.9％、10代では75.4％に上る。また、急速に利用者が増えているのがSpotifyなどのサブスクリプション型音楽配信サービス（26.1％）で4人に1人が使うまでに成長した。これも若年層で特に人気が高く、20代の40.5％、10代の30.1％が利用している。サブスクリプション型音楽配信サービスの利用は、これまでの音楽聴取習慣および音楽趣味の形成に大きな変化をもたらす可能性がある。一方で、「無料音楽アプリ」を利用して音楽を聴いている人も全体の15％ほどに上っている。

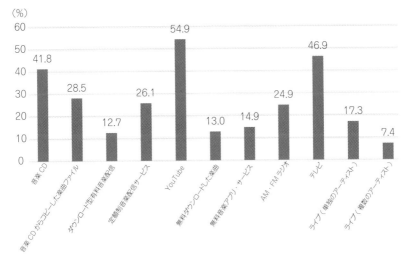

図2-1　音楽聴取方法（日本レコード協会，2020から抜粋して作成）

インターネットでもエンタテインメント利用が主流

　インターネットではどういうコンテンツに接触しているのか。2020年の1月から2月にかけて青少年を対象に内閣府（2020）が行った調査によれば、高校生は、コミュニケーション（90.5%）、動画視聴（85.7%）、音楽視聴（82.6%）、ゲーム（74.8%）、中学生は、動画視聴（80.5%）、コミュニケーション（80.3%）、ゲーム（70.6%）、音楽視聴（66.2%）、小学生は、ゲーム（70.9%）、動画視聴（60.8%）、コミュニケーション（43.6%）、音楽聴取（37.9%）の順で、エンタテインメント目的の利用が上位を占めている。

　図2-2は、総務省が2019年に実施した通信利用動向調査（総務省，2020a）で、インターネットの利用目的および用途を調べた結果を、10代・20代と全年齢層で比較したものである。若年層で最も多いのは「ソーシャルメディアの利用」で、10代では77%、20代では81.8%になっている。10代では次に「動画共有サイトの利用」が多く70.7%、20代でも順位こそ5番目になるが70.7%と全年齢層の平均である47.6%よりかなり高くなっている。「オンラインゲームの利用」も10代の51.8%、20代の48.3%が利用目的として選んでおり、エンタテインメントはインターネット利用の主要な目的になっている。

生活の中のメディア・エンタテインメント

　日本生産性本部がまとめている『レジャー白書2020』によれば、余暇活動参

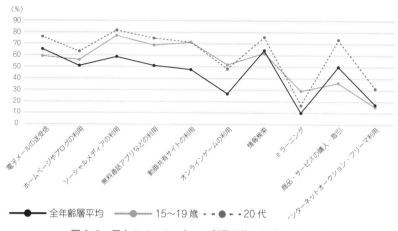

図2-2　個人のインターネット利用目的・用途（複数回答）
（総務省，2014年および2019年のデータから作成）

加人口の多い上位活動20位の中に、メディア・エンタテインメントに関連する活動としては、第5位に映画（テレビは除く）、第7位に音楽鑑賞、第8位に動画鑑賞、第11位にカラオケ、第20位にテレビゲーム（家庭での）がランクインしている（日本生産性本部，2020）。この5つの活動は、順位の変動はあっても、2010年以降おおむね毎年20位以内に入っている。これに加えて、2012年からは「SNS・ツイッターなどのデジタルコミュニケーション」が20位以内に入ってきている。また、総務省が5年に1度行っている社会生活基本調査の2016年の結果によると、前回の2011年に比べ、1年間にスポーツを行った人は68.8%で5.8ポイント上昇、旅行・行楽は行動者率73.5%で5年前より0.3ポイント上昇であるのに対し、趣味・娯楽は行動者率87.0%で2.2ポイント上昇しており、その具体的な活動内容は、行動者率の多い順に、第1位「映画館以外での映画鑑賞」、第2位「CD・スマートフォンなどによる音楽鑑賞」、第3位「映画館での映画鑑賞」、第4位「趣味としての読書」、第5位「テレビゲーム、パソコンゲーム」のようになっている（総務省，2017）。

　以上、様々な調査のデータから、私たちの日常生活において様々なメディアを利用したエンタテインメントがいかに大きな比重を占めているのかを確認した。それでは、「なぜ」私たちは、こんなにもメディア・エンタテインメントを多く利用しているのであろうか。その利用の動機や理由について考えてみよう。

2. メディア・エンタテインメントを利用する動機

　なぜ私たちは、音楽を聴いたり、ドラマや映画を観たり、テレビゲームをすることに大切な時間を費やしているのだろうか。「それは楽しいからに決まっている」と思うかもしれない。しかし、メディア・エンタテインメントを利用する動機は、「楽しいから」という理由だけで片付けられるほど単純ではない。他にも様々な動機や理由があることが明らかにされているのである。

報酬的感情

　バーチ（Bartsch, 2012）は、エンタテインメントを利用することがどのような動機に基づいているのかを、インタビュー調査および質問紙調査によって幅広く調べている。彼女が調査で集めたデータを因子分析した結果によれば、エンタテインメントを利用する動機は、大きく2つのカテゴリーに分けられる。一つは、「報酬的感情」に関するもの、そしてもう一つは「社会的・認知的欲求」に関するものである。まず報酬的感情に関する動機としては、やはり「楽しさ（fun）」というものが第1因子になっている。2つ目の因子として抽出された動機は、少し意外に思われるかもしれないが「スリル（thrill）」である。私たちは、ハラハラ、ドキドキ感を得るためにエンタテインメントを利用しているというのである。3つ目の因子は、「共感的悲しさ」である。悲しみは、不快な感情の一つとされ、ジルマン（Zillmann）の**気分管理理論**（mood management theory）によれば、メディアの利用によってむしろ解消されるべきものであるが、実際には多くの人々が、自ら進んで、悲しい物語を読んだり、悲しい映画を観たり、悲しい音楽を聴いたりしているのである。なぜ人々は積極的に悲しみの感情を経験しようとするのか。これについては次節で詳しく紹介をしたい。

社会的・認知的欲求

　バーチ（2012）が明らかにした、「社会的・認知的欲求」に基づいたエンタテインメントの利用動機は4つある。それは、「観照的な経験」、「登場人物に対する関与」、「感情の社会的共有」、「感情の代理発散」である。まず、「観照的経験」という動機は、重要なことや意味のあることについて考えさせられるからとか、自分自身のことについて考えるきっかけを与えてくれるからといったものである。バーチとオリバー（Bartsch & Oliver, 2017）は、特にこのような動機をエンタテ

研究テーマの見つけ方

　まず、研究テーマは自分の好きなことや興味のあることの中から探してみることが基本である。「研究」だからといって、肩肘張る必要はないし、「研究っぽい」ということだけを理由にたいして興味のないテーマを選択してしまうと、途中で頓挫する可能性が高くなる。自分が心から興味をもてること、日々夢中になっていることに関して、疑問に感じていることや知りたいと思ったことを日頃から記録に残しておこう。そういったメモが、研究テーマを決定する際に大きな力を発揮する。

　アイデアが浮かんだら、テーマに関連する先行研究を読んでみよう。これまで、どのようなことが明らかにされており、どのような問題がまだ未解決のままなのか、確認しながら読み進め、自分の研究テーマをより具体的なものに洗練させていこう。その際、研究テーマが学問的意義や社会的意義があるものかどうかについても精査しなければならない。すでに結論が明らかにされているテーマは、全く同じことをくり返しやったとしても、その研究価値は高いとはいえない。自分の研究テーマに「オリジナリティ（独創性）」があるかどうかを見極めなければならない。

　先行研究を読み進めながら、自分の研究の具体的な方法についても考えてみよう。自分の研究に適しているのは量的調査だろうか、あるいは質的調査だろ

インメント利用の快楽的（hedonic）動機に対立するものとして位置づけ、「善霊的（eudaimonic）」動機と呼んでいる。彼らは、このようなエンタテインメント体験の影響が、個人の幸福だけでなく、他者や社会全体の幸福にも及ぶ可能性があることに注目している。2つ目の「登場人物に対する関与」という動機は、登場人物の立場や経験、または感情を共有できるからという利用動機である。3つ目の「感情の社会的共有」という動機は、視聴したドラマや娯楽番組、映画などについて、家族や友だちに感想を述べたり、他の人々はその番組や映画についてどのように思ったかを知るきっかけになるからというものである。そして、自分は経験することのできない感情や、避けていたり、隠していた気持ちを、登場人物を通じて間接的に、代理的に経験できるからというのが、4つ目の「感情の代理発散」という利用動機である。おそらく読者の皆さんも、あまり意識して考えたりはしていないかもしれないが、ドラマや映画を観たり、小説やマンガを読んだ

うか。量的調査では、どのような人がどれくらいいるのか、ある事柄と他の事柄との間に有意な関連性はあるのか、などといったことを統計的な分析を用いながら客観的に把握することができる。一方、質的調査では、インタビュー調査や参与観察などを用いて、人々の生活や行動、態度、考えなどについての情報を集めたり、そこに至るまでの過程や他の事柄との関連などについて検討を行う。量的調査と異なり、多くのサンプルを集めることが困難なため、少数のきわめて個人的なデータをもとに考察を行うことになる。しかし、量的調査では捉えられない調査参加者の詳細な心理的過程を追うことが可能であり、ときには調査者が想定していなかった知見が得られることもある。

　設定したテーマが研究可能なものであるかどうかも考慮に入れる必要がある。研究に必要となる時間、費用、ゼミの教員から指導を受けることができる領域であるかどうかなどを確認し、研究計画を立てていこう。

　テーマが見つからないときは、先輩たちの卒業論文や日本社会心理学会発行の雑誌『社会心理学研究』などに掲載されている論文を読んでみよう。様々な論文を読むうちに、自分の興味関心に引っかかるものが見つかるはずである。読んだ論文のテーマをアレンジしたり、既存論文を読んで新たに感じた疑問などを自らの研究テーマに発展させるのもよい。研究テーマが決まったら、指導教員や周りの友だちなどに意見を聞いてみよう。

り、または歌を聴いているときに、以上のような動機や理由をもっていたことがあるのではないだろうか。

　さて、バーチ（2012）がこのようなエンタテインメント利用の動機を確認する際に用いた方法についても、少し詳しく紹介しておこう。メディアやメディアコンテンツの利用動機を調べる際にとても参考になる標準的な方法だからである。

利用動機の調べ方

　彼女はまず、多様な動機、理由を集めるために、多様な人々にインタビューを行う必要があると考え、**最大分散サンプリング**（Maximum Variation Sampling）という方法を用いてインタビュー対象者を選んでいる。若者とお年寄りでは、ドラマを視聴する理由が異なる可能性があるから、若者だけにインタビューをしたり、お年寄りだけにインタビューをするよりは、その両方に話を聴いた方が、よ

り多様な視聴理由を収集できる。そういうことから彼女は、25歳未満、25歳以上50歳以下、51歳以上の3つの年齢集団に分け、それぞれの集団にインタビューを行っている。インタビューは映画に関して行われたが、映画のジャンルによっても視聴理由は異なるだろうと考え、コメディ、ドラマ、アクション、ホラーの4つのジャンルについて視聴動機を聞いたのである。

このようにして、バーチは、異なる年齢集団の、異なるジャンルの映画に対する視聴動機を詳しく聞き、そこで語られた様々な視聴動機を共通するもの同士でまとめ、28個の動機項目を作成した。そして次に、この28個の動機項目を、より多くの人々に提示し、それぞれの動機項目が自分自身にどれくらい当てはまるかを、調査によって答えてもらったのである。この調査では、学生や学生の家族・親戚で50歳以上の者、そしてレンタルビデオ店にポスターを貼って募集したレンタルビデオの利用者を合わせた525名が対象となった。上述した7つのエンタテインメント利用動機は、この調査から得られた回答を因子分析して得られたものである。

テレビゲームで遊ぶ動機

もちろんメディア・エンタテインメントの種類によって、その利用動機の内容も異なる。例えば、テレビゲームのように、ただ単に観たり、聴いたりするだけではなく、自分から行動的に参加し、関与していくエンタテインメントの場合、他のエンタテインメントとは異なる利用動機が関係してくることになる。モーロックら（Morlock et al., 1985）は、1985年に発表した論文の中で、大学1年生の男女117名を対象に行った調査から、ゲームをマスターしたいという動機と、競争動機が、テレビゲームの利用にかかわっていることを明らかにしている。

またオルソン（Olson, 2010）は、1,254名に上るアメリカの中学生を対象に調査を行い、テレビゲームをプレイする動機を広範に調べている。その調査からは、テレビゲームが子どもたちにとって高い「社会的効用」をもっており、それがテレビゲームで遊ぶ動機になっていることが明らかにされている。友だちと群れることや競争することの楽しみ、教え合うこと、友だち作り、またリーダーシップを身につけられることも、テレビゲームをプレイする動機になっていることがわかったのである。「感情的な動機」としては、リラックスできる、怒りを発散することができる、問題を忘れることができる、寂しさを紛らわすことができる、没入することができるなどが挙げられている。「知的・表出的動機」としては、挑戦と征服、想像力の表現、アイデンティティの実験、好奇心の充足、新しいこ

との学習などが含まれている。ゲームの利用行動については、第5章でさらに詳しく取り上げる。

「リアリティ番組」の視聴動機

多くのメディア・エンタテインメントは、ドラマや映画のように、架空の物語に基づいて作られるフィクションである。また、フィクションではないものでも、事前に練られた台本を元に演出されることがほとんどである。それに対し、あたかも演出なしに、実際に起きている状況の中で、職業的な演技者ではない一般の参加者が、自発的に取る行動をそのまま見せるという趣向の「リアリティ番組」が1990年代以降人気を集めている。

我々はなぜ、リアリティ番組に魅了されるのか。この問題についてもメディア心理学の研究者たちは、いち早く関心を寄せてきた。ライスとウィルツ（Reiss & Wiltz, 2004）は、**16の基本的欲求**（権力欲、知識欲、独立欲、地位欲、社会的交流欲、勝利欲、名誉欲、世直し欲、運動欲、性欲、家族欲、秩序欲、食欲、承認欲、平静欲、収集欲）を設定し、リアリティ番組の視聴がどの欲求とより関連しているのかを239名の成人を対象にした調査で調べている。その結果によれば、リアリティ番組をより多く視聴する集団は、地位欲、勝利欲、社会的交流欲、秩序欲、性欲が有意に高く、名誉欲が有意に低かった。パパチャリッシとメンデルソン（Papacharissi & Mendelson, 2007）は、利用と満足研究（コラム4参照）の視点から157名の大学生に調査を行い、作り話ではない（ように見える）「リアルな娯楽感」と、「リラックス」、「習慣的時間つぶし」、「孤独感の緩和」、「社会的効用」、「覗き趣味」の6つの視聴動機を見つけている。リラックスや時間つぶしなどは他のメディア・エンタテインメントに共通する利用動機であるが、覗き趣味などはリアリティ番組というジャンルに独特な利用動機なのかもしれない。

3. メディア・エンタテインメントを楽しむ心理

メディア・エンタテインメントには、様々なジャンルがあり、一つのジャンルにもまた様々なフォーマットが存在する。そしてその多様性はさらに増え続けている。それらのすべてを包括し、メディア・エンタテインメントを楽しむ人間の心理を説明できる理論はまだ存在しないが、一部のメディアコンテンツに対しては、その楽しみの源にどのような心理的メカニズムが潜んでいるのかについて、いくつかの理論が提唱され、その検証が試みられてきている。ここでは、それら

の理論について詳しく紹介しよう。

(1)　ハッピーエンドが多い理由——ディスポジション理論

　ジルマン（Zillmann, 1994）は、メディアコンテンツから得られる楽しみ（enjoyment）は、①登場人物に対するディスポジション（disposition）と、②登場人物の行いに対する結果（応報）の適切性の関数である、と主張する。**ディスポジション**という概念は、ここでは「ある対象に対する好き嫌いの感情」を意味するものである。ドラマや映画、小説などの物語には必ず登場人物があるが、これらの登場人物に対する好き嫌いの感情が生まれること、これがまず、そのコンテンツを楽しむための第1条件である。登場人物が好きでも嫌いでもないという状況よりは、好きな登場人物と嫌いな登場人物がはっきりしている方が、より楽しめるということである。

　そして、メディアコンテンツから楽しみを得るための第2の条件は、それぞれの登場人物が迎える結末の適切性である。好きな登場人物が幸せな結末を迎えること、これが「**適切な結末**」である。嫌いな登場人物が痛い目にあうこと、これも適切な結末である。反対に、好きな登場人物が不幸になることは、「**不適切な結末**」になる。以上のことをまとめると、次のような3つの命題に整理できる。

　メディア・エンタテインメントから得られるオーディエンスの楽しみは、
① 好きな登場人物が幸せな結末を迎え、嫌いな登場人物が不幸せな結末を迎えるときに高くなり、
② 嫌いな登場人物が幸せな結末を迎え、好きな登場人物が不幸せな結末を迎えるときに低くなる。
③ 登場人物に対するディスポジションが形成されないと得られない。

「疲れを知らない道徳評定者」

　それでは、登場人物に対するディスポジションはどのようにして形成されるのであろうか。ジルマンは次のような言葉でそのメカニズムを表している。オーディエンスは、「**疲れを知らない道徳評定者**（untiring moral monitor）」であると。視聴者や読者は、登場人物の行いを注意深く観察し、「道徳的に」正しい登場人物を好きになり、そうでない登場人物を嫌いになる。すなわち、登場人物の行動に対する道徳的評価、これがディスポジション形成のメカニズムであるとジルマンは考えているのである。物語の進展に伴い、善玉が好きになり、悪玉が嫌いに

なった我々は、善玉には幸せが、悪玉には懲罰が下されることを願いつつ、物語の展開を見守り、願いどおりの結末になれば満足し喜んで、楽しみを感じるのであると、ディスポジション理論は説明しているのである。

「善い王子」と「悪い王子」の物語を用いた実験

　それでは、このような理論を実証した実験についてみてみよう。ここで紹介するのは、ジルマン本人が行った実験である。実験参加者は、アメリカのある大学の夫婦寮に住んでいる家族の子どもたち（4歳児30名、7〜8歳児30名）である。子どもたちは、4歳児グループと7〜8歳児グループそれぞれ、さらに3つのグループに分けられ、結末の異なる、長さ10分くらいの「2人の王子の物語」を視聴する。物語は、静止画の絵に女性のナレーションを入れて作ったスライドをスクリーンに映し出す方法で上映された。

　物語の筋書きは、次のようなものである。ある王国に兄弟の王子がいた。一人は善い王子で、一人は悪い王子なのだが、悪い王子が善い王子をお城から追い出そうとする。

悪い王子：「この城には二度と戻って来れない。お前はもう王子ではないし、決してこの国の王になれない。一生を硬いパンと水だけで、北の沼地の暗い地下の牢獄で過ごすことになる。お前はそこでネズミの国を統治しろ。この国は俺一人で治める。」
善い王子：「私はあなたに何も悪いことはしていない。母上が望んだとおり、二人で一緒にやっていこう！」
悪い王子：「こいつを連れ出せ！　二度と見たくない。俺が王だ！」

3つの異なる結末

　そこで戦いとなり、激戦の末、善い王子の親衛隊が悪い王子の兵士を制圧して、悪い王子に対する復讐が始まるのだが、この最後の30秒間の復讐シーンに3つの異なる結末が用意された。1つ目は、「過小復讐」バージョンで、善い王子が悪い王子をただ許す結末である（「許してあげる。この城にとどまってもいい。東と西に分け、それぞれを統治しよう」）。2つ目は、悪い王子と同じことをして復讐をする「公平復讐」バージョンである（「北の沼地に送る。戻ってきた日には、地下の牢獄で一生を過ごすことになろう」）。そして3つ目は、悪い王子に対して酷い仕打ちをする「過剰復讐」のバージョンである（「この反逆者どもを家畜のように縛り、

表 2-1　物語表現に対する評価と登場人物に対する態度の平均値

| | 4 歳児 | | | 7〜8 歳児 | | |
| | 復讐のバージョン | | | 復讐のバージョン | | |
	過小	公平	過剰	過小	公平	過剰
ポジティブな感情の現れ	5.50[a]	17.50[ab]	35.50[c]	2.50[a]	28.45[bc]	2.20[a]
ポジティブな感情の強度	5.50[a]	12.50[ab]	20.00[b]	3.00[a]	24.00[b]	2.00[a]
物語全体の満足度	5.05[a]	6.45[a]	20.70[a]	26.05[a]	61.90[b]	20.65[a]
善い王子好き度	25.25[a]	23.35[a]	51.80[bc]	44.30[ab]	65.25[c]	23.15[a]
悪い王子嫌い度	46.90[bc]	42.65[bc]	63.35[cd]	77.75[d]	24.90[ab]	7.25[a]

共通のアルファベットをもたない組合せは $p < .05$ 水準で有意である。
出典：Zillmann & Bryant, 1975 より一部の結果のみ抜粋して作成。

引きずり回して恥を晒し、国の外に追放しろ。二度とこの国に戻ってくるな」)。

　この 3 つの異なる復讐シーンを見た子どもたちは、それぞれどのような反応を示したのであろうか。ディスポジション理論の予測によれば、子どもたちは、善い王子が好きになり、悪い王子が嫌いになるはずである。そして、「結果の適切性」が楽しみを高めるだろうから、「過小復讐」や「過剰復讐」より「公平復讐」バージョンを見たグループにおいて楽しみが最も高くなると予想される。実際に得られた実験の結果はどうだったのであろうか。表 2-1 にその結果がまとめられている。

　子どもたちの反応は 3 つの方法で測定された。一つは評定者による観察で、スライドを観ている間に子どもたちの顔の表情を見て、どれくらい喜んでいるかを点数化している。2 つ目は子どもたちに対するインタビューで、物語全体に対してどれくらい満足したのかなどを聞き、点数化している。そして 3 つ目の方法は、子どもたち自らが、善い王子と悪い王子に対して、どれくらい好きか、嫌いかを点数で答えるものであった。

結末ごとに異なる反応

　それでは実験の結果をみてみよう。まず異なる復讐シーンの間で、子どもたちの反応が異なっていたことがわかる。また年齢集団別にも反応のパターンが違っていた。4 歳児グループにおいては、過剰復讐の結末が最も喜ばれたのに対し、7〜8 歳児グループにおいては、公平復讐の結末が最も喜ばれたのである。物語全体に対する満足度の平均値も、4 歳児は過剰復讐のバージョンが、7〜8 歳児は公平復讐のバージョンが最も高く出ている。ディスポジション理論の予想通り、

嫌いになったはずの悪い王子に対する懲罰は物語から得られる楽しみを高め、より大きな満足を与えてくれたのである。しかし一方で、7〜8歳児にとっては、行き過ぎた懲罰はむしろ楽しみを低下させ、物語の満足度を落としていたのである。また、善い王子と悪い王子に対するディスポジションも同様のパターンをみせていた。

道徳性の発達と物語への反応

　この点についてジルマンらは、子どもたちの道徳性の発達が関係していると考察する。7〜8歳児は4歳児に比べ、道徳性の発達が進んでいるため、悪い王子と善い王子が、それぞれどれくらいの悪いことをし、どれくらいの善いことをしたのか、そしてそれぞれの行いに対する応報は、果たして道徳的に適切なものだったのかということに対して、4歳児とは異なる反応を示したとみるのである。道徳性の発達の違いが「結末の適切性」に対する評価の違いをもたらしたという説明である。

　さて、このディスポジション理論によれば、物語の登場人物に対するディスポジションが形成されるためには、その素性が明かされるまで待たなければならない。しかし、すでに多くの物語を見てきたオーディエンスであれば、事情が違ってくるかもしれない。レイニー（Raney, 2004）は、パターン化された物語への反復的な接触により**スキーマ**（過去の経験や知識にもとづいて形成されている解釈の枠組み）が形成され、ストーリー展開やキャラクターの特性をすばやく把握できるオーディエンスがむしろ多いかもしれないと指摘する。すなわち、登場人物の行いを観察し、それに対する評価の集積としてディスポジションが形成されるのではなく、様々な手がかりをスキーマで処理し、誰が善玉で応援すべき人物なのか、誰がその善玉の主人公をいじめ、問題を引き起こす、憎むべき悪玉なのかを最初の段階からすでに看破している可能性が高いというのである。したがって、登場人物に対するディスポジションの形成過程は、「登場人物の行いに対する道徳性評価→ディスポジションの形成」というジルマンのモデルとは違って、「ディスポジションの形成→登場人物の行いに対する**道徳的正当化**」の過程になっている可能性があるとレイニーは主張する。アイアンマンやアベンジャーズが都市を丸ごとめちゃくちゃにするほどの極限の暴力を振るっても、正義のためには仕方ないと思うような善玉に対する道徳的正当化の過程が、エンタテインメントを楽しむ心理の現実の姿かもしれないのである。

⑵ メディア・エンタテインメントの利用と快楽の追求──気分管理理論

　皆さんは気分転換のために、家具の配置を変えたり、カーテンやクッションカバーを新しいものに取り替えたりしたことはないだろうか。人間は、物理的環境を再配置することによって、気分をよくしようとする行動をとる傾向がある。そしてこのような行動が及ぶ対象は、物理的環境だけに限らない。様々なメディアによって作り上げることのできる「**象徴的環境**」もまた、その対象になり得るのである。軽快なコメディ映画を観たり、アップビートな BGM をかけたり、美しい景色の映像を眺めたりすることで、快感を得、気分をよくしようとすることもあるのである。これが、ジルマン（Zillmann, 1988）によって提唱された「**気分管理理論（mood management theory）**」の基本的な考え方である。

快楽の追求とメディア利用

　ここで、「気分をよくする」ということは、具体的には、次の 2 つのことを意味する。一つは、適正な喚起水準になること、そしてもう一つは、快楽的な内容の感情を感じることである。すなわち、喚起の側面では、退屈（喚起水準が低い状態）もせず、興奮（喚起水準が高い状態）もしない、心地よい状態になること、そして、感情の側面では、悲しみ、恐怖、心配、怒りなどの不快な感情ではなく、喜び、嬉しさ、楽しさ、幸せなどの快楽的な感情を感じること、これがこの理論でいう「気分をよくする」ということの意味である。

　もう少し理論的な命題としてきちんとその主張をまとめると次のようになる。
① 　人々は、現在の状態が、不快感をもたらす過喚起または低喚起である場合には、現在の喚起状態とは逆の方向への移行をもたらすメディアコンテンツを利用しようとする。
② 　人々は、現在の快楽レベルを上回る快楽性をもったメディアコンテンツを利用しようとする。
③ 　人々は、現在の状態が不快な気分である場合には、意味的にその不快な気分の内容と関連をもたないメディアコンテンツを利用しようとする。
　とても難しそうに見えるが、実は単純な話である。わかりやすくいえば、①は、退屈しているときには盛り上げてくれそうなものを、緊張したり、興奮しているときにはそれを鎮めてくれそうなメディアコンテンツを利用するということである。②は、常に今の気分をより楽しく、幸せにしてくれるものが選ばれるという

表 2-2　実験条件による異なる番組への選択的接触 （数値は平均視聴秒数）

番組のタイプ	実験条件	
	退屈	ストレス
刺激的な番組	793[b]	441[a]
穏やかな番組	74[a]	427[b]
合計	867	868

有意差の検定は実験条件間での比較のみ。異なるアルファベットが付いている値は $p < .001$ 水準
で有意。
出典：Bryant & Zillmann, 1984

予測である。そして③は、いま感じている不快な気分の内容が、例えば期末試験
だとか就活の面接だとか、失恋の記憶であるとしたら、そういうものを連想させ
る可能性のあるメディアコンテンツは避けられるということである。

映像を用いた実験

　ブライアントとジルマン（Bryant & Zillmann, 1984）は、①の命題を実証する実
験を行っている。この実験では、実験参加者を２つの集団に分け、一方の参加
者には、単調で退屈な作業を１時間やらせる（退屈条件）。ボルトを締めたり緩
めたりする作業や点を結んで単純な絵を完成させたりする作業である。もう一方
の参加者には、難しい問題を解くテストを１時間やらせるのであるが、問の数
を多くし、いい点数を上げるよう要求することで、焦りや緊張を経験させる（ス
トレス条件）。このような実験処置を与えた後、次の実験までに少し時間がある
からと言い、よかったらテレビでも見ながら待機してほしいと伝え、実験者は実
験室を出る。視聴できるテレビ番組は、実験者によってあらかじめ用意されたも
ので、魚が泳いでいる海の中の映像、クラシックの子守唄のコンサート映像など
の穏やかな番組と、アクション冒険ドラマや激しくぶつかり合うアメフトの試合
映像などの刺激的な番組がそれぞれ３本ずつ用意されていた。

　実験の結果は、完璧にとはいかないまでも、気分管理理論の予測を裏づけるも
のであった。退屈条件の参加者は、ストレス条件の参加者に比べ、刺激的な番組
をより長い時間視聴し、穏やかな番組はあまり見なかったのである。一方、スト
レス条件の参加者は、退屈条件の参加者に比べ、穏やかな番組をより長い時間視
聴していたのである（表2-2）。

　直前に行った作業やテストによって喚起水準が下がったり上がったりした結果、
それを最適な水準に戻そうとして、つまり「気分を管理しよう」として、テレビ
番組を利用したことが明らかにされたのである。テスト成績で参加者の気分を操

「利用と満足」のアプローチ

　本書の多くの章では、人々があるメディア（コンテンツ）を「なぜ」利用するのかという**利用動機**について述べている。このようになぜテレビを見るのか、なぜ映画を観るのか、なぜFacebookを利用するのかなど、様々なメディアおよびメディアコンテンツ、メディアサービスの「選択」の背後にある欲求に目を向ける研究視座のことを**利用と満足**（uses and gratifications）のアプローチという。人間には様々な欲求があり、それらを満たすために何らかの行動をとるよう動機づけられる。退屈な作業から抜け出し、気晴らしをしたいときに、私たちは近くの公園に行き、散歩をすることもできれば、スイーツを食べに行くこともできるし、映画を観に行くこともできるのである。このようにある欲求を満たす行動の選択肢にはいろいろなものがあり、メディアを利用するという行動はそのような選択肢の一つなのである。様々にある選択肢の中から、オーディエンスがメディアを「選ぶ」という見方は、メディアとオーディエンスの関係において、オーディエンスに主導権があるということを意味する。またここでは、自身の欲求充足のために能動的に動く、行動主体としてのオーディエンスのイメージが強調されることになる。一方で、メディアは、ある目的達成（欲求充足）のための道具・手段として位置づけられることから、利用と満足のアプローチは**機能主義的**なメディア分析であるといわれる。

　これまで、様々なメディアの利用動機、すなわち、どのような欲求を満たすためにある特定のメディアの利用が動機づけられているのかを明らかにする研究が数多く行われている。例えば、ルビン（Rubin, 1983）は、テレビを利用する9つの動機を発見している。それは、「休息（relaxation）」、「同伴（companionship）」、「習慣（habit）」、「時間つぶし（to pass time）」、「娯楽（entertainment）」、「社会的交流（social interaction）」、「情報（information）」、「興

作し、テレビ番組の代わりにポップミュージックを用いて同様の実験を行ったノブロフとジルマン（Knobloch & Zillmann, 2002）の研究でも、テスト成績が悪いと言われて気分を害された参加者が、いい成績を挙げたと褒められた参加者に比べ、楽しく力強い曲をより長い時間聴いていたことが報告されている。

気分管理理論の失敗？
しかし一方で、この気分管理理論とは明らかに矛盾するような現象も頻繁に起

奮（arousal）」、「逃避（escape）」である。どのような動機からテレビを見ているかによって、テレビの視聴時間、視聴番組、テレビに対する態度、テレビへの満足、テレビから受ける影響などが異なってくることが、その後の様々な研究によってわかっている。

新しいメディアが登場するたび、その利用動機を調べる研究が行われてきた。例えば小寺（2012）は大学生に対する調査から、動画共有サイト YouTube の利用によって満たされる効用には、「利便性」、「情報性」、「再現性」、「社交性」の4つが含まれることを見出している。Facebook の利用動機を調べた研究はいくつもあるが、カナダの大学生に調査を行ったクアン゠ハッセとヤング（Quan-Haase & Young, 2010）は、「時間つぶし」、「いたわり（affection）」、「ファッション（fashion）」、「問題の共有（share problems）」、「交際（sociability）」、「近況情報（social information）」という利用動機を見つけている。Twitter については、柏原（2011）が10〜40歳の利用者300人を対象に調査を行い、「交流／自己表現」、「既存関係維持」、「実況／情報探索」、「賞賛獲得」、「気晴らし」などの利用動機があることを発見している。

利用と満足のアプローチからメディアの利用動機を分析する研究には、「求められる効用」、すなわちメディアを利用しようとする際に「満たそうとする欲求」と、「満たされた効用」、すなわちメディアを利用したことによって実際に「満たされた欲求」という、2つの異なる観点から利用動機を捉えているものが混在している。理論的には、「求められる効用」、すなわち「満たそうとする欲求」から利用動機を捉えることが妥当であろう。また、「求められる効用」と実際に「満たされた効用」とは一致しないことも多い。一方で、くり返されるメディア利用においては、「満たされた効用」が次の「求められる効用」になる可能性もあり、現実における両者の区別は難しいこともある。

きている。彼氏や彼女と別れ、落ち込んでいるときに、物悲しい曲調や失恋をテーマにした歌詞の曲を聴いたりした経験を、皆さんはしていないだろうか。ロミオとジュリエットやレ・ミゼラブルのような悲劇が多くの人々に愛され、『13日の金曜日』や『リング』のような**ホラー映画**がシリーズになるくらいの成功を収めることは、どのように説明すればいいのだろうか。なぜ人々は悲しみや恐怖のような不快な感情をもたらすメディアコンテンツにわざわざ接触しているのか。これは、気分管理理論の立場からすると、なかなか説明しにくい難問であるよう

に思えるのである。

　悲しいときに悲しみを誘うメディアコンテンツに接触することについては、**カタルシス効果**（catharsis effect）による説明がまず考えられるが、これについては実証例があまり見当たらない。いつか「涙活」なるものについてテレビで紹介するのを見たことがあるが、涙を流すことによって悲しい気持ちを「浄化」することができるのだろうか。アリストテレスの時代から、悲劇の効用として認識されていたように、科学的な実証例は乏しくとも、大衆的な信念は根強いようである。

下方社会的比較

　下方社会的比較（downward social comparison）という観点からの説明もおもしろい。下方社会的比較とは、自分より劣等な状況にいる他者と自分を比較することによって自己評価を高めようとすることをいう。可哀想な境遇の人々を見れば、それに比べて自分は恵まれているし、幸せなのだという感覚が得られるから、悲しい内容のメディアコンテンツは、実は悲しみの感情ではなく喜びの感情をもたらすものだという説明である。マレスとカント（Mares & Cantor, 1992）は、70歳以上の高齢者94名に参加してもらい、ドキュメンタリー番組に対する選択的接触の実験を行っているが、それによると、孤独感の高い老人は、他人の不幸な状況を描いたドキュメンタリー映画、それも若者の話よりは高齢者の話に対して強い視聴欲求を示し、43の形容詞で測定した気分の尺度得点によれば、視聴前に比べ視聴後に気分が改善されていたことが明らかになっている。

メタ感情

　メタ感情（meta-emotion）という概念からこの問題を考えてみることもできる。**メタ感情**とは、「自身の感情反応に対する認知的評価」のことである。例えば、些細なことに腹を立てる自分の感情反応を振り返り、自分は短気な性格かもしれないと思ったりすることである。悲しい物語を読んで、可哀想な主人公に同情し、涙を流したり、ニュースで見た難民の子どもの悲惨な状況に心を痛めたりする自分のことを、心優しい、善い人だと思ったりすることがあるのではないか。すなわち、悲しみの経験が、他者に対する共感や気遣いという望ましい性格特性の表れとして知覚されることがあり得るのである。自己評価を高めることにつながるこのようなメタ感情が得られることも、私たちが悲しみをもたらすメディアコンテンツにあえて接触する理由の一つになっているのかもしれない。

ホラーはなぜ「楽しい」のか

　ホラーに対する接触はどういうふうに説明できるのか。殺人鬼に追いかけられ、登場人物が一人ずつ殺されていく、主人公も幾度となく殺されそうになる、こういった恐怖や不安をなぜ人々は自ら求めるのか。一つの回答は、最後の最後でもたらされる「**安全の回復**」が与えてくれる強い安心感、そしてそれに伴う喜悦であるとジルマンは答える。ホラーは、殺されそうになりながらも最終的には殺されずに生き残る主人公の物語が典型であるが、この最後に訪れる、悪夢の終わり、恐怖からの解放、安全の回復から、非常に強いポジティブな感情を経験できることが、ホラー接触の「魅力」であるという主張である。一理あるおもしろい説明ではあるが、しかしもしそうだとすると、非常に強い快感とはいえ、それは最後の一瞬にしか味わえないものだから、ホラー接触のほとんどの部分は、不気味、グロテスク、恐怖、不安などのありとあらゆる不快感に耐え、我慢しつづけることになってしまう。

ホラーに対する反応とジェンダー社会化

　ジルマンとウィーバー（Zillmann & Weaver, 1996）は、また別の視点からホラーへの接触について説明を試みる。それは、ホラー（特にホラー映画）が、深刻な危険に対して「適切な」感情反応を試すことのできる、現代社会における最も便利な試験台であるという着想に基づいている。ホラーに対する「適切な」感情反応とはどういうものか。それは、**ジェンダー社会化**の結果として、男性と女性との間で異なってくる。ジェンダー社会化の過程において、男の子は恐怖心がないことを示すことが、女の子は恐怖心があることを示すことが「適切な」行動として内面化されるのだが、ホラー映画は、少年には勇敢さや保護能力を示すスキルを、練習し、獲得できる場を提供し、少女に対しては、恐怖心と保護要求を示すスキルを、練習し、獲得できる場を提供する。そして、スクリーン上の恐怖に直面し、「適切な」感情をうまく示すことは、「快」の経験になり、それをうまく示せないことは、「不快」な経験になるというのである。

　さらに、このような快・不快の経験は、目撃者の存在によって、特に仲間に目撃されることによってさらに強められると彼らは予測する。「他者、特に仲間の存在は、ホラー映画から得られる楽しみに影響を与える可能性がある。恐怖心のなさや保護能力を示すスキルを獲得した男子は、怖がる同伴者が多ければ多いほど、ホラー映画をより楽しむ。対照的に、恐怖心や保護要求を示すスキルを獲得した女子は、怖がる同伴者が多ければ多いほど、ホラー映画を楽しめない」

（p.86）と。そして、適切な感情反応をうまく示すことから得られる満足は、ホラー映画から得られる楽しみとして「誤解され」、ホラー映画への接触を助長し、適切な感情反応を示すことに失敗することは、ホラー映画に対する嫌悪を強めたり、興味を失わせる可能性があると考えられているのである。

　つまり、人々は、ホラーのほとんどの部分を占める「怖い部分」を、最後の結末に訪れる一時の喜びのために、ただ嫌々我慢しつづけ、耐え忍んでいるのではなく、その怖さをうまく耐え忍んだことに「男としての」自信感を強めたり、うまく怖がったことに「女としての」魅力を高められたと思いながら、楽しんでいるというのである。怖さに対する適切な対処は、周りの知り合いに認められれば、社会的な評価をさらに高められる可能性も出てくるので、ホラー接触はより楽しい経験になろう。

異性パートナーとのホラー視聴

　ホラー映画に対するこのような男女の反応の違いを検証したジルマンら（Zillmann et al., 1986）の実験を一つ紹介しよう。男女大学生36名ずつを参加者にして、どのような異性のパートナーと一緒に観た方が、ホラー映画により楽しみを感じるのかを調べた実験である。実験参加者は、初めて会った異性のパートナーと『13日の金曜日』という映画の一部を観るよう求められるが、この異性のパートナーは、実はサクラ（実験協力者）で、実験者の指示にしたがって演技をするよう仕組まれていた。参加者は3つのグループに分かれ、それぞれ「ホラーマスターパートナー」、「無反応パートナー」、「怖がりパートナー」と一緒に『13日の金曜日』を観た後、その映画視聴がどれくらい楽しかったのか、パートナーはどれくらい魅力のある人だったのかなどについて回答した。実験の結果は表2-3のように現れた。

　平均値の検定結果から、男性は、女性のパートナーが怖がりのときに最もホラー映画の視聴を楽しみ、女性は逆に、男性のパートナーが「ホラーマスター」であったときにホラー視聴の楽しさが相対的に増していることがわかる。ちなみに、異性パートナーの外見的な魅力に対する評価も測定されたが、「客観的にみて」（実験参加者とは別の人々に写真を見せ、容姿を評定させたときの評価）「かっこいい」男性パートナーと「かわいい」女性パートナーに対しては、ホラーマスターなのか、怖がりなのかによる外見的魅力の評価に差がなかったが、「客観的にみて」容姿が見劣りする男性パートナーは、ホラーマスターのときが怖がりのときより、女性参加者に外見的魅力を高く評価される傾向があった。

表 2-3　異性パートナーの反応別にみたホラー映画視聴の楽しさの平均値

参加者の性別	異性パートナー（サクラ）の反応		
	ホラーマスター	無反応	怖がり
男性	3.17^{Aa}	4.00^{Bb}	6.92^{Bc}
女性	3.08^{Ab}	3.00^{Ab}	1.08^{Aa}

有意差の検定は縦方向か横方向のみ。大文字は縦方向、小文字は横方向の検定結果を表しており、
共通のアルファベットをもたない組合せは $p < .05$ 水準で有意である。
出典：Zillmann et al., 1986 より一部の結果のみ抜粋して作成。

　怖がらないところ、怖がるところを人に見せ、自分がいかに男として、または
女として、魅力ある存在なのかをアピールすること、または自分自身でそう思い
込むことが、ホラーを見る「楽しみ」の一つになっているのかもしれない。

気分調整理論

　現在の気分がどうなのかではなく、これから起きることに合わせてどういう気
分にもっていきたいかが、メディアコンテンツの利用に影響を与えることもある。
試合に臨むアスリートたちが、本番直前まで音楽を聴いていることをよく見かけ
るが、それもそういうメディア利用の一つであろう。心を落ち着かせようとして
ソフトな音楽を聴いている選手もいれば、激しい曲で興奮状態にもっていこうと
している選手もいるだろう。いずれにしても音楽を利用して気分を調整しようと
しているのである。こういうふうに、これから起きるであろうことに合わせてあ
る気分状態に入ろうとする欲求が、メディアコンテンツへの選択的接触をもたら
すと主張する理論が**気分調整理論**（mood adjustment theory）である。

音楽を用いた実験

　ノブロフ（Knobloch, 2003）は、大学生 64 名を 4 つの集団に分け、「神経衰弱」
を 1 回プレイしてもらった後、2 回目のプレイが始まるまでの休憩時間にどれく
らい長く音楽（明るく力強い曲調）を聴くのかを調べる形で、気分調整理論の検
証を試みた。実験の結果、「神経衰弱」を楽しいゲームとしてではなく、味気な
い課題としてこなすように操作されたうえに、カードの図柄を確認できる時間が
短く設定され、神経を尖らせ緊張しながらプレイした学生たちは、2 回目のプレ
イが近づいてくるに従って、音楽をあまり聴かなくなる傾向が確認された。2 回
目のプレイに備えて気分を落ち着かせようとしたからだと、ノブロフはこの結果
を気分調整理論の予測を裏づける結果として解釈している。楽しい雰囲気の中で

「神経衰弱」をプレイした学生たちは、カードの図柄を確認できる時間が長いか短いかの条件に関係なく、2回目のプレイが近づいてくるに従って、音楽を聴く時間が長くなっていた。これも2回目のプレイの楽しい雰囲気に気分を合わせようとしたことだと解釈すれば、気分調整理論を部分的に支持する結果である。

　気分調整のためのメディア利用には、性差が存在することも示された。実験参加者を怒らせた後、怒らせた実験者への仕返しができることを予期させると、男性の実験参加者は怒りの感情を維持するために否定的な内容の記事を選んで読んでいたのに対し、女性は逆に、怒りの感情を解消しようとして、明るい内容の記事を読むことが観察されたのである（Knobloch-Westerwick & Alter, 2006）。

　人間は、ただ快楽を追求する動物なのではなく、様々な感情状態を「楽しむ」、多様な感情経験を追い求める存在かもしれない。そして、人々がメディア・エンタテインメントに求め、その消費から引き出している楽しみには、感覚的、感情的なものばかりでなく、認知的、評価的、そして社会的な広がりをもつものも多く含まれていることを認識することが必要であろう。

演習問題

1．映画が好きな人10人とゲームが好きな人10人に、なぜ映画を観るのか、なぜゲームをプレイするのか、それぞれの理由をできるだけ多く聞いて集めてみよう。それは本章で紹介した研究（例えば Bartsch, 2012 の研究）に基づいて、どのように分類、整理することができるか。映画を観る理由とゲームをプレイする理由の間にはどのような違いがあるか。

2．悪人が主人公のドラマや映画を調べてみよう。それらの作品はジルマンのディスポジション理論を反証する事例になり得るか。なり得るとしたらそれはなぜか。悪人が主人公であってもディスポジション理論の説明が当てはまるとしたら、それはどのようにしてそうなのか説明してみよう。

3．いま流行っているメディア・エンタテインメントは何であろうか。それを楽しむ人々の心理を、本章で紹介した理論からどのように説明できるか。また、本章で紹介した理論よりも説得力のある説明を考えてみよう。

さらに学ぶための文献・資料案内

Bryant, J., Roskos-Ewoldsen, D. R., & Cantor, J.（Eds.）(2003). *Communication and emotion: Essays in honor of Dolf Zillmann.* New York: Routledge.
メディア・サイコロジー・レビュー（Media Psychology Review）
　http://mprcenter.org/review/

サイコロジー・トゥデイ（Psychology Today）のメディア・セクション
https://www.psychologytoday.com/topics/media

引用文献

Bartsch, A. (2012). Emotional gratification in entertainment experience. Why viewers of movies and television series find it rewarding to experience emotions. *Media Psychology, 15*(3), 267-302.

Bartsch, A., & Oliver, M. B. (2017). Appreciation of meaningful enter-tainment experiences and eudaimonic well-being. In L. Reinecke & M. B. Oliver (Eds.), *The Routledge handbook of media use and well-being: International perspectives on theory and research on positive media effects* (pp.80-92). New York: Routledge.

Bryant, J., & Zillmann, D. (1984). Using television to alleviate boredom and stress: Selective exposure as a function of induced excitational states. *Journal of Broadcasting & Electronic Media, 28*(1), 1-20.

フィールドワークス (2020). コロナ禍の影響も受け、有料動画配信サービスの利用率が急伸／SVODがついにDVD・ブルーレイのレンタルを超える、PR TIMES、2020年8月17日付 https://prtimes.jp/main/html/rd/p/000000005.000037309.html（2020年11月27日アクセス）

インプレス総合研究所 (2020). 動画配信ビジネス調査報告書 2020 https://research.impress.co.jp/report/list/video/500975（2020年11月27日アクセス）

柏原勤 (2011). Twitter の利用動機と利用頻度の関連性：「利用と満足」研究アプローチからの検討　慶應義塾大学大学院社会学研究科紀要：社会学・心理学・教育学：人間と社会の探究，72, 89-107.

Knobloch, S. (2003). Mood adjustment via mass communication. *Journal of communication, 53*(2), 233-250.

Knobloch, S., & Zillmann, D. (2002). Mood management via the digital jukebox. *Journal of Communication, 52*(2), 351-366.

Knobloch-Westerwick, S., & Alter, S. (2006). Mood adjustment to social situations through mass media use: How men ruminate and women dissipate angry moods. *Human Communication Research, 32*(1), 58-73.

小寺敦之 (2012). 動画共有サイトの「利用と満足」：「YouTube」がテレビ等の既存メディア利用に与える影響　社会情報学研究，16(1), 1-14.

Mares, M. L., & Cantor, J. (1992). Elderly viewers' responses to televised portrayals of old age empathy and mood management versus social comparison. *Communication Research, 19*(4), 459-478.

Morlock, H., Yando, T., & Nigolean, K. (1985). Motivation of video game players. *Psycho-logical Reports, 57*(1), 247-250.

内閣府 (2020). 令和元年度 青少年のインターネット利用環境実態調査　https://www8.cao.go.jp/youth/youth-harm/chousa/r01/net-jittai/pdf-index.html（2020年11月27日アクセス）

NHK放送文化研究所 (2020). テレビ・ラジオ視聴の現況：2019年11月全国個人視聴率調査から、2020年3月1日 https://www.nhk.or.jp/bunken/research/yoron/pdf/20200301_11.pdf（2020年11月27日アクセス）

日本映画製作者連盟 (2020). 2019年（令和元年）全国映画概況 http://www.eiren.org/

toukei/img/eiren_kosyu/data_2019.pdf（2020 年 11 月 27 日アクセス）

日本映像ソフト協会（2020）．映像ソフト市場規模及びユーザー動向調査 2019 http://jva-net. or.jp/report/annual_2020_5-27.pdf（2020 年 11 月 27 日アクセス）

日本生産性本部（2020）．レジャー白書 2020 プレスリリース　https://www.jpc-net.jp/ research/assets/pdf/Leisure20200824_release.pdf（2020 年 11 月 27 日アクセス）

日本レコード協会（2020）．2019 年度音楽メディアユーザー実態調査報告書 https://www. riaj.or.jp/f/report/mediauser/2019.html（2020 年 11 月 27 日アクセス）

日経クロステック（2018 年 4 月 25 日掲載）．GW に番組イッキ見予定、ネットフリックスが調査 https://www.nikkei.com/article/DGXMZO29864890W8A420C1000000/（2020 年 11 月 28 日アクセス）

Olson, C. K. (2010). Children's motivations for video game play in the context of normal development. *Review of General Psychology, 14*(2), 180.

Papacharissi, Z., & Mendelson, A. L. (2007). An exploratory study of reality appeal: Uses and gratifications of reality TV shows. *Journal of Broadcasting & Electronic Media, 51*(2), 355-370.

Quan-Haase, A., & Young, A. L. (2010). Uses and gratifications of social media: A comparison of Facebook and instant messaging. *Bulletin of Science, Technology & Society, 30*(5), 350-361.

Raney, A. A. (2004). Expanding disposition theory: Reconsidering character liking, moral evaluations, and enjoyment. *Communication Theory, 14*(4), 348-369.

Reiss, S., & Wiltz, J. (2004). Why people watch reality TV. *Media Psychology, 6*(4), 363-378.

Rubin, A. M. (1983). Television uses and gratifications: The interactions of viewing patterns and motivations. *Journal of Broadcasting & Electronic Media, 27*(1), 37-51.

総務省（2014）．平成 26 年通信利用動向調査（世帯編）の概要　http://www.soumu.go.jp/ johotsusintokei/statistics/pdf/HR201400_001.pdf（2016 年 11 月 28 日アクセス）

総務省（2017）．平成 28 年度社会生活基本調査：生活行動に関する結果　https://www.stat. go.jp/data/shakai/2016/pdf/gaiyou.pdf（2020 年 11 月 27 日アクセス）

総務省（2020a）．令和元年通信利用動向調査報告書（世帯編）https://www.soumu.go.jp/ johotsusintokei/statistics/pdf/HR201900_001.pdf（2020 年 11 月 27 日アクセス）

総務省（2020b）．令和 2 年版情報通信白書 https://www.soumu.go.jp/johotsusintokei/ whitepaper/ja/r02/pdf/index.html（2020 年 11 月 27 日アクセス）

ビデオリサーチ（n.d.）．2019 年 年間高世帯視聴率番組 30（関東地区）　https://www.videor. co.jp/tvrating/past_tvrating/top30/201930.html（2020 年 11 月 27 日アクセス）

Zillmann, D. (1988). Mood Management: Using entertainment to full advantage. In L. Donohew, H. E. Sypher, & E. T. Higgins (Eds.), *Communication, social cognition, and affect* (pp.147-171). Hillsdale, NJ: Lawrence Erlbaum.

Zillmann, D. (1994). Mechanisms of emotional involvement with drama. *Poetics, 23*(1-2), 33-51.

Zillmann, D., & Bryant, J. (1975). Viewer's moral sanction of retribution in the appreciation of dramatic presentations. *Journal of Experimental Social Psychology, 11*(6), 572-582.

Zillmann, D., & Weaver, J. B. (1996). Gender-socialization theory of reactions to horror. In J. B. Weaver & R. Tamborini (Eds.), *Horror films: Current research on audience preferences and reactions* (pp.81-101). Mahwah, NJ: Lawrence Erlbaum Associates.

Zillmann, D., Weaver, J. B., Mundorf, N., & Aust, C. F. (1986). Effects of an oppositegender companion's affect to horror on distress, delight, and attraction. *Journal of Personality and Social Psychology, 51*(3), 586.

この章で言及した映画

『13 日の金曜日』（Friday the 13th），Sean S. Cunningham, Paramount Pictures/Warner Bros./
　　Georgetown Productions Inc./Sean S. Cunningham Films, 1980.
出所：www.imdb.com
＊上記の情報は、作品名、監督名、制作会社名、初公開年の順である。

第3章 スポーツ

　スポーツは人気の高いメディアコンテンツの一つである。野球、サッカー、ゴルフ、バレーボール、フィギュアスケートなど、メディアでは常に何らかのスポーツを見ることができる。そしてスポーツのニュースもまた、人気コンテンツである。スポーツのこのような人気ゆえに、オリンピックやワールドカップのようなスポーツイベントになると、天文学的な金額の放送権料がやりとりされる。逆にスポーツの人気はその多くの部分をメディアに依存している。メディアが注目し取り上げるスポーツは、認知度が上がり、参加人口が増え、メジャーな種目として発展していける。まさにメディアとスポーツは、相互依存関係にあるといえよう。

　次節では、まず簡単に、スポーツコンテンツの人気を視聴率データなどから確認しておこう。そして第2節では、私たちがスポーツを見る理由、すなわちスポーツの観戦動機について詳細にみてみることにしたい。最後に第3節では、スポーツがメディアに媒介されることで、オーディエンスにどのような影響が現れるのかを、実験の事例などを参照しながら検討していく。

1. スポーツコンテンツの人気

　ビデオリサーチ（2020）の調査によれば、2019年に放送された番組の中で最も視聴率が高かったものは、日本で開催されたラグビーワールドカップの日本×南アフリカの試合で、視聴率は41.6％であった。また、視聴率第2位も、同じくラグビーワールドカップの日本×スコットランドの試合（視聴率39.2％）が占めた。サッカーのワールドカップと冬季オリンピックが開催された2018年は、1位から3位までをすべてワールドカップの日本代表戦が占めている。第1位だった対コロンビア戦の視聴率は48.7％に上った。4位と5位にはNHKの紅白歌合戦が入ったが、6位から20位までは13位の『24時間テレビ』と20位の『連続テレビ小説・半分、青い』を除き、すべてがスポーツの中継放送である。

　ロンドンオリンピックの視聴行動を調べた深田（2012）によれば、週に1日でもオリンピックの中継を見るか聴くかした人は、回答が得られた1,964人の

93％に上り、「ほとんど毎日」と答えた人も63％に達していた。

ワールドカップやオリンピックなどの大型イベントが開催されない年は事情が違うのかというと、そうでもない。例えば2015年には、箱根駅伝の復路と往路の中継放送が年間視聴率の3位と4位、世界野球プレミア12の日韓戦が8位、NHK杯フィギュアが12位にランクインしている。2017年にも、箱根駅伝やワールド・ベースボール・クラシック、プロボクシングの中継放送など30位までの10個がスポーツ番組である。

高い視聴率を挙げる人気スポーツのほかにも、日常的にテレビでは非常に多くのスポーツ番組が放送されている。番組表から検索をしてみると、この文章を書いている2020年11月の時点で、地上波だけで1週間に約200本が放送されており、衛星放送では1,000に近い本数のスポーツ番組が編成されている。

ただ、スポーツ番組の視聴には大きな性差が存在していることを指摘しなければならないだろう。萩原（2014）による大学生のメディア利用調査をみると、2001年から2012年までの平均で、スポーツ番組をよく視聴すると回答したのは、男性では50.0％もいたが、女性では14.8％しかいなかった。ビデオリサーチのデータを分析した緒方（2015）によれば、1990年代以降、全体的にテレビ番組嗜好における男女差は小さくなってきているが、依然としてスポーツ番組に対する男性の視聴率は女性のそれよりかなり高い水準にある。2016年にはスポーツ専門の有料チャンネルDAZNがサービスを開始し、話題となったが、スポーツの有料動画コンテンツに対する関心度を調べた調査（AZrena編集部，2017）でも、男性（32％）は女性（14％）の2倍近い関心を示した。

いずれにしても、メディアにとってスポーツは、多くのオーディエンスを惹きつける、なくてはならない必須のコンテンツである。それでは次に、なぜこれほどまでに私たちがスポーツを見るのかについて考えてみよう。

2．スポーツの観戦動機

私たちは、なぜスポーツを見るのか。その観戦動機についてレイニー（Raney, 2006）が詳しく検討を行っているので、ここではまず彼の枠組みを参照しながら、関連する研究を紹介することにしよう。私たちがスポーツを観戦する状況は、大きく2つに分けることができる。一つは、スポーツが行われている現場で直接その様子を目撃することであり、もう一つは、メディアによって中継されるもの、または編集されたものを見ることである。もちろんこの両者の観戦経験は、質的

に大きく異なり、メディアによって媒介されたスポーツ観戦が、直接観戦とどのように異なるかは、メディア心理学の重要な研究テーマの一つになっている。ただ、スポーツ観戦の動機という点では、競技場での観戦とメディアによる観戦の間に、共通する部分も多い。したがってここではまず、観戦形式にかかわらず、スポーツを見る動機としてどういうものがあるかに注目する[1]。

メディアによるスポーツの媒介

球場でしか味わえない臨場感や開放感、またはメディア観戦でより豊富に得られる情報やメディア観戦でのみ可能になる様々な観戦経験が、それぞれの観戦形式によるスポーツ観戦の動機になることもあるだろう。メディアによる媒介の様々な側面、例えば、多視点からの撮影や遠近の移動による空間の操作、スローモーションや早回し、リプレイなどによる時間軸の操作、試合中継や解説による表象的、物語的文脈づけが、スポーツ観戦の経験をどのように変化させているのか、さらにはスポーツを超えたより広い次元の問題に対する我々の認識（例えば、ジェンダー、人種、国家などに対する認識）にどのような影響を与えるかは、メディアスポーツに関連する非常に重要な問題である。これらに関する内容は、節を改めて取り上げることにしたい。

(1) 感情的動機

レイニー（2006）は、スポーツの観戦動機を、まず大きく感情的動機、認知的動機、行動的・社会的動機に分類している。**感情的動機**から順にその内容をみていこう。感情的動機としてまず考えられる観戦動機は、やはり「**娯楽動機**」である。楽しい気分になりたいから、私たちはスポーツを見るのである。どういうときに、スポーツ観戦は楽しい経験になるのか？　それはもちろん、自分が応援している選手やチームがいい成績を挙げたり、勝利したりしたときであるに決まっている。逆に、応援している選手やチームが不振だったり、負けたりすると、悔しくて嘆いたり怒ったりすることだろう。フーリガンと呼ばれる一部のサッカーファンたちが、試合に負けて暴動騒ぎを起こしたというニュースはよく聞く話である。応援する気持ちが強ければ強いほど、相手の選手やチームが嫌いであれば

---

[1]　レイニー（2006）自身は、スポーツ観戦全般の動機ではなく、メディアによるスポーツ観戦の動機について考察をしているが、彼が挙げている動機の多くは必ずしもメディア観戦にのみ限られるものではない。したがってここでは彼の動機リストをメディア観戦の動機として紹介するより、スポーツ観戦全般に共通する動機として取り扱うことにした。

あるほど、勝利の喜びと敗北の悔しさはより大きいものになるだろう。したがって、スポーツ観戦のこういう側面には、第2章で紹介した**ディスポジション理論**がそのまま当てはまるといえる。すなわち、スポーツ観戦の楽しみは、選手やチームに対するディスポジション（チームに対する好き・嫌いの態度）の関数である。勝利した側が好きであればあるほど、負けた側が嫌いであればあるほど、そのスポーツ観戦の楽しみは大きくなる。勝敗の結果だけでなく、観戦中の楽しみもディスポジションに影響される。ディスポジションが形成されていないと、スポーツ観戦は、少なくとも「娯楽」という側面では、あまり楽しいものではなくなるのである。

2つ目の感情的動機は、「**興奮動機**」である。観戦中または勝敗が決まった後に経験する喚起水準の上昇、または興奮を味わうために、私たちはスポーツを見るというのである。この喚起水準の上昇や興奮というのも、選手やチームに対するディスポジションと関連している。好きでも嫌いでもない、つまりディスポジションが形成されていない選手やチームであれば、勝とうが負けようが関係ないから、ドキドキしたりハラハラしたりすることもなければ、興奮することもないのである。

サスペンスとスポーツ観戦の楽しみ

ジルマン（Zillmann, 1996）は、こういった興奮や喚起の源の一つは、結果の不確定性からくる**サスペンス**、すなわち否定的結果が訪れるかもしれないという不安感や懸念であると指摘し、ディスポジションが強いほどサスペンスも強くなると予測した。ただ、勝つのか負けるのか全く先が読めない、五分五分の状況という最大の不確定性が、最も強いサスペンスをもたらすのかというと、そうではないと指摘する研究者もいる。コミスキとブライアント（Comisky & Bryant, 1982）は、観衆の恐れる結果が現れる確率が高まるに連れサスペンスも強くなり、それが確実になる直前で最高潮に達するということ、そしてそれが登場人物に対するディスポジションによって強く影響されるということを、ドラマを題材にして証明している。もしそうであれば、応援している選手やチームが負けている状況で、試合の残り時間が少なくなるほどサスペンスは高まると予測できる。一方で、一進一退の僅差での勝負の方がより強いサスペンスをもたらし、より楽しい観戦経験につながることを実証した研究もある。ただ、サスペンスの度合が高すぎると女性はむしろ楽しみのレベルが低下していた（Gan et al., 1997）。

質問紙調査

100人、200人など、比較的多数の人たちを対象に、選択肢などを設けた質問をすることを、質問紙調査という。質問「紙」ということから、従来は、紙に書かれた質問に答えてもらうことを意味したが、現在では、メールやソーシャル・ネットワーキング・サービス（SNS）などを通して、インターネット上で質問に答えてもらうインターネット調査（またはWeb調査）も実施されている。

質問紙調査の調査票を、以下のような手順で、作成してみよう。

① まず、調査票の例をいくつか探してみよう

関心があるテーマで、質問紙調査を実施した先行研究を探してみよう。論文の説明や資料として、質問や選択肢が説明されている場合もある。あるいは、「質問紙法にもとづく社会調査データベース：SRDQ（Social Research Database on Questionnaires）」〈http://srdq.hus.osaka-u.ac.jp/〉でも探してみよう。

② 関心のあるテーマの研究課題や仮説に答えられる質問を作ってみよう

・独立変数（説明変数）となる質問を考える（例：メディア利用状況、教育環境、友人関係をたずねる）。

・従属変数（被説明変数）となる質問を考える（例：性格、嗜好、外国への興味など）。

・独立変数と強く関連する変数をたずねる質問を考える（性別、年齢、学歴、社会経済的地位、居住地など）。

③ どのような選択肢が最もよいかを考えよう

・二者択一式回答：2つから1つを選んでもらう（例：賛成／反対、支持／不支持、はい／いいえ）。

・多肢択一式回答：多数の選択肢から1つを選ぶ。

ディスポジションとサスペンス

ノブロフ＝ヴェスタヴィックら（Knobloch-Westerwick et al., 2009）がスポーツ観戦におけるディスポジションとサスペンスの関係について実験を行っているので紹介しよう。彼女は大学生113名の参加者に、オハイオ州立大学対ミシガン大学のアメリカンフットボールの試合を観てもらい、観戦中に感じる感情の変化を測定した。観戦中にCMが入るたび（全24回）、Web調査の形式で、勝敗の予想、ポジティブな感情（「わくわく」、「幸せ」、「楽しい」など）とネガティブな感

- 多項目選択式回答：多数の項目の中から、複数個を選んで回答（3つまで、いくつでも、順位をつける、など）。
- 評定尺度法：評定／段階の間隔がなるべく等間隔になるような言葉を並べる（例：よくあてはまる／ややあてはまる／どちらともいえない／ややあてはまらない／まったくあてはまらない）。
- 自由回答：文章や数字で自由に回答してもらう（例：番組名、趣味など）。
④　質問項目を作るうえでの注意点（小林ら，2005；大谷ら，2013）
- あいまいな言葉、難しい言葉は、なるべく避ける（悪い例：環境問題に関心がありますか。ユニバーサルデザインは必要だと思いますか。SNSを使っていますか）。
- ステレオタイプに基づいた言葉を含んではならない。プラス／マイナスのイメージのある言葉をなるべく避け、中立な言葉を選ぶ（悪い例：お子さんに暴力的なゲームで遊んでほしいと思いますか。キャリアウーマン／OLになりたいと思いますか）。
- 誘導的な質問になってはいけない。過剰な説明は避ける（悪い例：男女の機会均等が叫ばれていますが、あなたは男性も育児に参加すべきだと思いますか）。
- 回答者には、「はい」と答えやすい傾向（黙従傾向）があることを想定して、質問を考える。
- キャリーオーバー効果に気をつける。前の質問の内容が、後の質問に影響を及ぼすこともある（悪い例：○○内閣の政策のネガティブな／ポジティブな部分を列挙したあとで、「○○内閣を支持しますか？」とたずねる）。
- ダブル・バーレル（double-barreled）質問は避ける。1つの文中に、2つ以上の論点は避ける（例：犬や猫は好きですか、とたずねるより、犬、猫について、別々にたずねた方がよい）。

情（「むかつく」、「悔しい」、「緊張」など）、サスペンスの度合を7点尺度で回答してもらったのである。実験参加者はオハイオ州立大学とミシガン大学、ミシガン州立大学の学生たちで、試合が始まる前に、どのチームを応援するのか、どれくらいファンとしてのアイデンティティを強くもっているのか質問された。

　表3-1に示された結果をみると、どちらも応援しない参加者に比べ、どちらかを応援している参加者の方が、ポジティブ感情の平均値とサスペンス感情の平均値が高くなっていることがわかる。ただ、どちらも応援しない人とミシガン大

表3-1 応援するチームの違いによる観戦中の感情反応の違い（数値は平均値）

	オハイオ州立大学 サポーター (N=56)	ミシガン大学 サポーター (N=23)	どちらも 応援しない (N=34)
勝敗の予想 *	75.00%	64.70%	71.40%
ポジティブ感情	4.9[a]	4.7	4.0[b]
ネガティブ感情	3.1	3.3	2.7
サスペンス	5.3[a]	5.2	4.4[b]

異なるアルファベットのついた値は $p < .05$ 水準で有意。
* 勝敗の予想は、CM のたびに回答してもらったオハイオ州立大学の勝利確率の予想値の平均値である。
出典：Knobloch-Westerwick et al., 2009 より一部抜粋して作成。

学サポーターとの間では有意な差がみられず、ディスポジションによってサスペンスの感情が高まるという仮説は、部分的に支持された結果となっている。勝敗の予想に関しては、オハイオ州立大学のサポーターにおいて、勝利の確率を低く見積もっていた人ほど、すなわち、応援するチームが負けてしまう可能性が高いと思っていた人ほど、サスペンスを強く感じていたという結果が得られた。しかし、ミシガン大学のサポーターにおいては、そういう関連はみられず、恐れる結果の生起に関する主観的確率とサスペンスの関係についても部分的にだけ証明される結果となった。

　レイニーとデパルマ（Raney & Depalma, 2006）は、もしサスペンスがスポーツ観戦の楽しみを高めるのであれば、筋書のない競技の方がより楽しいと感じられるはずであるという仮説を立て、188 名の大学生にプロレスの試合（筋書あり条件）とプロボクシングの試合（筋書なし条件）を観てもらう実験を行っている。結果は予想通りで、男女ともに、プロボクシングの試合を見た集団の「試合を楽しんだ度合」が有意に高かったのである。元々プロレスとプロボクシングが好きな人同士の比較でも、あまり好きでない人同士の比較でも、結果は同じだった。

自尊感情動機

　レイニー（2006）が指摘するスポーツ観戦の感情的動機の3つ目は、「**自尊感情動機**」である。自分の大学や国の代表選手の活躍を見て、誇り高く感じたり、感動した経験を、多くの人々がしているはずである。そういうスポーツ観戦の経験は、自分の所属する集団の能力や才能に対する自信感を高め、個人の自尊心の向上をもたらす。もちろん試合に負けたり、成績が悪かったりすれば、逆に自尊心の低下を避けられない。

チャルディーニら（Cialdini et al., 1976）は、自分の大学のスポーツチームが勝利した翌日に、大学のロゴが入った服を着る学生が増えることを報告しているが、このような行動も自分の**集団所属感**を確認、強化、公表することで**自尊感情**の向上を図ろうとしているものと理解することができるであろう。

　ハートら（Hirt et al., 1992）は、応援するチームの勝敗が、ファン個人の様々な課題に対する遂行能力の評価に影響していることを発見した。アメリカのインディアナ大学の学部生 167 名を参加者にして行われた彼の実験では、インディアナ大学のバスケットボールチームの勝利試合を視聴した集団と負け試合を視聴した集団の間で、知能課題とソーシャルスキル課題における自己評価に有意な差がみられたことが報告されている。5 つの文字で単語を作る課題と魅力的な異性をデートに誘う課題でどれくらいいい成績を上げることができるかを予想させた結果、勝利試合を視聴した集団の方が負け試合を視聴した集団よりも、高い点数を回答していたということである。また、このような違いは、大学の代表チームに対する応援の気持ちが強い学生においてよりはっきりと現れていたのである。課題のタイプによって自尊感情の影響が異なるせいか、知能課題とソーシャルスキル課題でみられたこのような違いは、ダーツ投げやサイコロ投げで測定した運動課題ではみられなかった。

逃避動機

　スポーツ観戦における 4 つ目の感情的動機は「**逃避動機**」である。日常の嫌なこと、例えば〆切が迫っている課題のことや友人関係のトラブル、将来への不安などなど、ストレスを感じる様々なことを忘れ、しばらくの間、快楽的な状況に身をおきたいという欲求からくる動機である。女性よりも男性に、このような動機からのスポーツ観戦が多く、個人種目よりはチームスポーツが好きな人に逃避動機が強い傾向がみられるとの報告もある（Wann et al., 1999）。より暴力的なスポーツが逃避動機と関連しているかを調べた研究もあるが、そういう関連は見つからなかったようである（Wann et al., 2001）。

　娯楽や自尊感情動機からのスポーツ観戦は、ある意味「リスキーな選択」であるともいえる。自分の好きな選手やチームが負けた場合には楽しくないし、自尊感情が低下してしまう可能性があるからである。ドラマや映画などのコンテンツにも、後味の悪い結末や悲劇がないわけではないが、多くは、オーディエンスに好かれるはずの主人公に幸せが訪れるハッピーエンドのものである。しかしスポーツは、もちろん過去の戦績を参考にして、勝敗をある程度予測し、観戦する

ものを選択するということも可能ではあるが、ドラマや映画に比べると、後味の悪い結末や悲劇を見てしまう確率は高いといえる。そういう意味で、スポーツ観戦は、「リスキー・エンタテインメント」とも呼ばれている。

⑵ 認知的動機

学習動機

　私たちは様々な情報や知識を得るための「**学習動機**」からスポーツを観戦したり、スポーツニュースや関連情報番組を見たりすることがある。応援しているチームの成績は何勝何敗で、ライバルチームとのゲーム差はどれくらいあるのか、投手の防御率や打者の打率はどうなのかといった統計的なデータから、ある日の試合でそれぞれの選手がどういうプレーをしたのかに関するエピソード的な情報にいたるまで、様々な情報を得てそのスポーツに詳しくなりたいから私たちはスポーツを見るのである。特にあるスポーツのファンである自覚が強ければ強いほど、より多くの情報や知識を求め、広範なメディア接触を図り、またその情報や知識を最新の状態にしておくためにより頻繁にアップデートしようとする。そしてファン同士の間で、そのような情報を披露したり、共有したりするコミュニケーションも多く発生しているのである。

　ガンツとウェナー（Gantz & Wenner, 1995）がアメリカのロサンゼルス市（400名）とインディアナポリス市（307名）で無作為抽出した707名に電話調査した結果によると、テレビでスポーツを観戦する動機として「好きなチームのプレーを見たいから」（10点満点中平均6.9点）、「ドラマや緊張感が好きだから」（5.7点）に次いで「選手やそのスポーツについてより知ることができる」（5.3点）という学習動機が挙げられていた。また、スポーツに対する一般的な関心度、好きなスポーツについての主観的知識量、平日と週末におけるスポーツ番組の視聴度を合成尺度にして、得点の上位25%と下位25%の人々をそれぞれ「ファン」と「ファンでない人」に分けて比較したところ、「ファン」はそうでない人より学習動機の平均値が高かったのである。

　試合や選手についての情報のほかに、スポーツそのものについての情報や知識、例えば競技のルールやマナー、様々な動作の手順やテクニックを学び、そのスポーツにより詳しくなりたい、うまくなりたいという学習動機からのスポーツ観戦もある。

審美的評価

レイニー（2006）はさらに、スポーツの「**審美的価値**」に対する評価が観戦を導く一つの動機になると指摘する。例えば、フィギュアスケートやリズム体操などは審判の評価自体にいわゆる芸術点というものが含まれているが、そのようなパフォーマンスの美しさを楽しむことがスポーツ観戦動機の一つになっているということである。ただ、これは一部の表現的なスポーツだけでなく、スポーツ全般に広げて考えてみてもいいのかもしれない。エリートアスリートやプロのスポーツ選手の高度なパフォーマンス、並外れた身体能力などに審美的な（aesthetic）魅力を感じてスポーツを観戦することも、よくあることだからである。サッカーファンでなくとも、プロサッカーチーム FC バルセロナ所属のメッシ選手の華麗なボールさばきや意外性に富んだパス、正確なシュートを見て、驚き、感嘆し、美しいと感じた人は多いだろう。100 メートルという短い距離をただ力いっぱい走るだけの、ある意味最も単純で見どころのない競技でも、ウサイン・ボルトの走りは多くの人々を魅了するのである。こういう「美しさ」に対する満足は、むしろ感情的動機として考えた方が妥当だともいえるだろう。しかしレイニー（2006）は、パフォーマンスの実践に対する評価——それがいかに難しいことであり、高い身体的能力や不断の練習を必要としているものなのかなどについての評価——がその審美的評価の元になっているという観点から認知的動機の一つに数えている。

佐野（2008）は、2005 年度中に日本で開かれたハンドボール、ソフトボール、卓球、テニス、柔道の国際大会を見るために会場に来た人々に調査を行い、その観戦動機を調べているが、彼の調査において最も多くの人々が挙げていた観戦動機は、鑑賞動機、すなわち「選手のスピードやすばらしい個人技が見たい」というもので、すべてのイベントで 65% 以上に上っていた。そして「見ることによって自分の技能や知識を高めたい」という学習動機が 2 番目に多かったのである。

井上と竹内（2012）は、フィギュアスケート大会の来場者 302 名の回答に基づき、観戦動機の分析を行っているが、そこでは「競技においてありのままの美しさが見たい」、「美しくて華麗な競技が見たい」などのパフォーマンス動機（5 点尺度における平均値 4.25）が、「競技から感じられるワクワク・ドキドキ感を楽しんでいる」、「競技が作り出す興奮を楽しんでいる」などの興奮動機（同平均値 4.27）と並んで、最も強い観戦動機となっていた。

⑶　行動的・社会的動機

　よく考えてみると、日常生活の中で、大きな声を出したり、喜びや落胆の気持ちを露わにできる場面は、スポーツ観戦くらいかもしれない。現代社会は、なるべく音を出さないこと、感情表現を抑制することを私たちに求めている。しかし球場では、太鼓を叩いたり、ラッパを吹いたり、一斉に拍手をしたり、足踏みをしたりして、また他の観戦者と声を合わせて大きな声で選手のコールをしたり、何か応援のスローガンを連呼したりして、大きな騒音を発生させてもあまり問題にならない。むしろそれがサポーターとしての「正しい」観戦マナーとされている。応援するチームの勝利を手放しで喜び、不当だと思う判定に怒り、野次を飛ばすこともよく見られる行動である。このようにスポーツ観戦は、観戦の場面で許される様々な行動を通じて、感情を表出し、発散できる機会を提供しており、これがスポーツを観戦する動機の一部を成しているのである。

スポーツをめぐる会話と交遊

　またスポーツは、格好の話題を提供してくれる。政治について話すより、Jリーグについて話した方が無難だし、盛り上がるだろう。同じ趣味の仲間を見つけることもできるかもしれない。スポーツは仲間同士のコミュニケーションを促進する効果をもっているのである。

　友だちと一緒の時間を過ごすうえでもスポーツ観戦は外せない選択肢の一つである。応援する選手やチームが同じであればなおさらである。ワールドカップやオリンピックの試合を友だちと一緒にスポーツバーで観戦したり、**パブリックビューイング**を行う広場や球場で観たり、または誰かの家に集まって一緒にテレビで観戦したりすることは、それ自体とても盛り上がる交遊の経験であり、また仲間同士の親密感や連帯感を強めてくれるものでもある。場合によっては、その場で会った見知らぬ他人とも言葉を交わしたり意気投合することさえある。このような交遊・仲間づきあいもスポーツ観戦の重要な動機の一つである。

　家族と一緒の時間を過ごすためというのもスポーツ観戦の動機となっている。視聴者ターゲットの細分化により、家族みんなで楽しめるメディアコンテンツが以前より少なくなっている状況において、スポーツは、一部の暴力性の高い種目はそうでもないかもしれないが、異なる世代間で楽しみを共有できる数少ないコンテンツの一つになっている。このような視聴動機は年齢と相関が高く、男性よりも女性においてより強いとされる（Wann et al., 1999）。

経済的動機

レイニー（2006）は最後に、「経済的動機」からのスポーツ観戦についても言及している。競馬や競輪、またはサッカーくじなど、勝敗の予想を的中させたときに賞金がもらえるスポーツを観戦することがこれに含まれる。特定のスポーツに対する選好や関与とそのスポーツを経済的動機から観戦することの間には相関がないようである。ギャンブル性の強いスポーツ番組の視聴と経済的動機によるスポーツ観戦の間には弱い相関があり、男性、暴力的スポーツを好む視聴者、高収入の人において経済的動機からのスポーツ観戦傾向がより現れているとの報告もある（Wann et al., 1999）。

3．メディアの媒介による影響

スポーツがメディアによって媒介される仕方は、当然そのメディアによって異なる。新聞、雑誌、ラジオ、テレビ、インターネット、そしてゲーム機が可能にするスポーツ（観戦）経験は、それぞれ質的に、感覚的に違うものである。したがってメディアの媒介による影響もメディアごとに検討する必要があるが、ここでは紙幅の制限もあるので、最も中心的なスポーツ観戦のメディアであるテレビによる媒介についてのみ関連研究をいくつか紹介したい。

言葉と映像による媒介

テレビで見るスポーツが競技場で直接観戦するスポーツと異なる部分は様々にあるが、最も大きな違いは、中継や解説などの**「言葉による描写」**と競技場にいる一人の観衆としては体験することのできない**「メディア技術を駆使した映像表現」**であるといえよう。筆者が初めて野球場に行ったときに感じた違和感もまさにこの2つのことに関連していた。今終わったばかりのあのプレーをもう一度見ることができないという衝撃！（最近の球場にはスコアボードに大きなスクリーンが付いていてリプレイの映像を見ることができる）、そして選手やチームに関する様々なデータやプレーに関する情報を得られず、試合がとても淡々としていてつまらなかったという感想がそれである（周りにいた何人かはラジオ中継を聴きながら試合を見ていた）。

テレビのスポーツ媒介における言葉による描写と映像表現が、オーディエンスのスポーツ経験にどういう影響を与えるかについては、早くから研究者たちも注目しており、実証的な研究もいくつか行われている。それではまず言葉による**実**

況中継の影響からみてみよう。

(1) 実況中継の影響

コミスキら（Comisky et al., 1977）が行った実験は、オーディエンスに対するスポーツ中継の影響を検証した先駆的な研究の一つである。彼らは、「スポーツ中継の音声部分は、観衆がいま目で見たもの（試合に行っていれば見たであろうもの）を言葉で言い直すこと以上のものを提供する傾向がある。現代のスポーツ・コメンテーターの役割は、スポーツイベントをドラマ化し、サスペンスを作り出し、緊張を維持し、視聴者がとても重要なイベント、プレーの最後の瞬間に結果が決まるような激しく競り合うイベントに参加していると感じさせるところまで拡大している」（pp.150-151）と述べ、スポーツの実況中継がオーディエンスのメディアスポーツ経験に重要な影響を与えている可能性を指摘している。

実況中継で試合の見え方が変わる

彼らは、プロのアイスホッケー試合映像を題材として選び、それに異なるパターンの実況中継を加えることで、その影響を検証しようと試みた。ラフで攻撃的なやり合いが多く含まれている試合映像と普通のプレー映像の2種類の映像を用意し、ラフプレーの映像に対しては、それについて何も言及しない実況中継を、普通のプレー映像に対してはラフなプレーだと煽る実況中継をつけ、それぞれの試合映像がオーディエンスの知覚に与える影響を調べたのである。大学生3名に事前にチェックさせたところ、3名とも一致して、ラフプレーの映像には11回のラフプレーが、普通の映像には3回のラフプレーが含まれていることを確認できたとしている。

実験は、139名の大学生を対象に行われた。実験参加者たちは、4つの条件に無作為に配置され、どれか一つの試合映像を視聴した後、調査票に回答した。表3-2は、その結果をまとめたものである。

普通のプレー映像でも、ラフプレーの映像でも、実況中継の影響が現れていることが確認できる。各項目は10点刻みの100点満点の尺度で測定されたものであるが、まずプレーのラフさに対する知覚では、ラフさを強調する中継をつけた、しかし実際にはラフではないプレー映像を見た実験参加者が、最もプレーのラフさを高く知覚する結果になったのである。また、実際にはラフなプレーなのに、それについて言及しない中継を聴きながら試合映像を見た実験参加者は、中継なしの映像を見た実験参加者よりも、プレーのラフさを低く知覚していた。ラフな

表 3-2　ラフプレーと観戦の楽しさに対する実況中継の影響

	普通のプレー映像		ラフプレーの映像	
	ラフさを強調する中継	中継なし	ラフさに言及しない中継	中継なし
プレーのラフさ	67[d]	39[a]	47[b]	61[c]
プレーの暴力性	62[c]	28[a]	41[b]	58[c]
観戦の楽しさ	54[c]	35[a]	38[a]	44[b]

異なるアルファベットの平均値の間には $p < .05$ での有意差があった。
出典：Comisky et al., 1977, p.153, Table 1 より抜粋引用。

プレーだと思っても実況アナウンサーがそれについて何も言及しないことで、「ああいうプレーは別に大丈夫なんだ」と思ったのかもしれない。「プレーがどれくらい暴力的だと感じたか」という質問で測定したプレーの暴力性知覚に関しても、全く同じパターンの結果が得られた。

実況中継で観戦の楽しさは上昇するか

　試合がどれくらい楽しかったのかについての反応も中継の影響を受けていることが判明した。ラフさを強調する中継が最も観戦の楽しさを高めていたのである。ラフプレーの試合であってもそういうプレーに言及しない映像では、観戦の楽しさがむしろ低下してしまうことも示された。

　サリバン（Sullivan, 1991）も、実況中継がオーディエンスの試合内容の知覚に与える影響を検証している。実験の素材として使われたスポーツ中継は、アメリカのジョージタウン大学（以下 G 大学）とシラキュース大学（以下 S 大学）のバスケットボール試合である。15 分間のテレビ中継映像を、事前に 5 名の大学生に見てもらい、どちらがよりラフなプレーをしているか、また敵意のあるファウルをしているか判断してもらったところ、ラフプレーの数、敵意のあるファウルの数、そしてそれぞれのプレーとファウルをした選手について、5 人の評定者の間に完璧な判断の一致がみられた。G 大の選手は 4 件のラフプレーと 4 件のファウルをしたのに対し、S 大学の選手はそれぞれ 3 件と 1 件のみをしたと判断されたのである。

　明らかに、G 大学の選手たちが S 大学の選手より暴力的なプレーをしていると評定されたこの試合映像に対し、サリバンは 2 つの異なる実況中継をつけた。一つは、G 大学選手がファウルを犯した場面で、G 大学の選手ではなく S 大学の選手に非があるように描写する中継である（ドラマチック中継条件）。例えば、ルーズボールを争う場面で G 大学の選手が S 大学選手の首に巧妙に肘を入れる

サンプリング

　調査の対象となる事例のすべてを**母集団**（population）という。例えば、東京都民のテレビ視聴について何らかの調査を行う場合、母集団は東京都民「全員」ということになる。この母集団を調べる全数調査（census）を行えば、東京都民のテレビ視聴について確実なことがわかる。しかし、母集団の規模が大きくなればなるほど、全数調査を行うことは難しくなる。1,300万人もある東京都民の全員に調査を行うことなど、時間や労力、費用の面で、ほぼ不可能に近いだろう。人数の多さだけではない。東京都民という母集団を構成する個別事例は、出生と死亡、転入と転出によって刻々と変化しているという難しさもある。したがって、社会調査ではほとんどの場合、母集団全体を調べる代わりに、その一部だけを調べる方法がとられている。

　母集団の一部として選び出された事例を**標本**（sample）といい、標本を選び出す手続きを**標本抽出**（sampling）という。標本調査の目的は、標本について知ることではない。母集団について知ることである。母集団のことを知りたいが、母集団を全部調べることはできないから、または効率が悪いから、標本を調べるのである。したがって、標本調査において重要なことは、母集団全体の特性（parameter）を「反映する」、母集団を「代表する」標本を選び出して調べているのかどうかである。偏った標本では、母集団全体の特性を正しく把握することができないからである。

　それでは、母集団全体の特性を反映する偏りのない標本を抽出するにはどうすればよいのか？　確実にそれを保証できる方法はない。ただ、母集団を代表する「可能性」（「確率」）が高い標本を抽出する方法はある。**無作為抽出**（random sampling）というのがその方法である。無作為抽出とは、母集団のすべての事例が標本として選ばれる確率を同一にして行う標本抽出法のことである。東京都民が1,300万人でそこから1,000人の標本を抽出する場合を例にとると、一人ひとりの東京都民が1,300万分の1,000の確率で標本に選ばれるよ

ファウルをした場面に、「G大学の選手は取ったボールを守ろうとしただけなのに、S大学の選手がファウルであるかのように見せかけるトリックをしてますねー。信じられないですねー。」といったコメントをつけたのである。もう一つの中継は、選手の意図や動機についての言及は全くせず、行われているプレーをただ伝えるだけの中立的なものであった（中立的中継条件）。

うな手続きを用いて標本抽出を行うことが無作為抽出なのである。このようにして抽出された標本は、母集団全体の特性を反映している確率が高くなり、偏った標本になる確率は小さくなっていく。さらに、無作為抽出を行えば、標本の特性が、母集団全体の特性から「平均して」どれくらいズレている可能性があるかを計算することもできる。

　無作為抽出を行うためには、母集団の名簿が必要である。例えば、その名簿に一連番号を振り、必要な標本の数だけ、乱数を発生させ、その番号に該当する人を標本として選べばいい。または母集団の全員に集まってもらい、くじ引きで標本を選んでもいい。しかし、母集団の名簿を入手することも、全員に集まってもらうことも簡単なことではない。母集団の属性や規模によっては、不可能であることもあろう。したがって、完全な無作為抽出（単純無作為抽出）ではなく、多段抽出法などの簡便化した無作為抽出法が用いられることが多い。新聞社や放送局が行う世論調査では、無作為に発生させた電話番号の利用者を標本として抽出する **RDD**（Random Digit Dialing）という方法がよく利用されている。

　無作為標本に対する調査の結果は、どれくらいの確率で母集団に一般化できるかを計算することができる。無作為標本の調査結果を母集団に一般化した際、それが間違いである確率を**有意確率**（コラム 13 参照）という。

　母集団のすべての事例が、標本として選ばれる確率を同一にせず行われる標本抽出は**有意抽出法**といい、便宜的抽出法、割当法、雪だるま式サンプリングなど様々な種類がある。有意抽出標本に対する分析結果を母集団に一般化した際、それが間違いである確率を計算することはできない。すなわち、その「一般化」は単なる当てずっぽうにすぎないということである。しかし、無作為標本を得ることはなかなか難しく、学術的な目的で行われる多くの調査でも、有意抽出標本を無作為抽出標本とみなして、その分析結果の有意確率を計算し、母集団への一般化を検討することがよくある。

　実験参加者は無作為に 3 つのグループに分かれ、それぞれ、この 2 つのパターンの中継をつけた試合映像と、何も中継をつけていない試合映像を視聴した後、G 大学と S 大学の選手がどれくらい攻撃的であったか、そしてこの試合をどれくらい楽しんだのかについて評定する調査票に回答した。

　まず、両大学の選手がどれくらい攻撃的に見えたかについての結果であるが、

表 3-3　選手の攻撃性知覚と試合の楽しみに対する実況中継の影響

従属変数	実験条件		
	ドラマチック中継 （N=60）	中立的中継 （N=60）	中継音声なし （N=60）
G 大学選手の攻撃性	3.40[a]	3.45[a]	4.00[b]
S 大学選手の攻撃性	3.90[b]	3.07[a]	3.20[a]
事前のチーム攻撃性知覚	21.02	21.43	21.19
試合は楽しめたか	3.50	3.23	3.28
試合を見て興奮したか	3.83[b]	3.28[a]	3.65[ab]

異なるアルファベットの平均値の間には $p < .05$ での有意差があった。
出典：Sullivan, 1991, p.495, Table 1 より抜粋。

　興味深いのは S 大学の選手たちに対する実験参加者たちの反応である（表 3-3）。S 大学の選手を攻撃的に描写していたドラマチック中継条件の試合映像を見た実験参加者は、他の条件の実験参加者よりも、S 大学の選手をより攻撃的だと知覚していた。G 大学の選手に対しては、中継なし条件、つまり試合映像のみを見た参加者たちが最も攻撃的だと知覚していた。それに比べ、ドラマチック中継条件の参加者たちの G 大学選手の攻撃性知覚は有意に低くなっている。S 大学の選手を攻撃的に描写した中継内容が実験参加者の知覚に明らかに影響を与えていることがわかる。中継内容の違いによって観戦の楽しさにも影響が現れるだろうと推論した仮説は支持されなかったが、試合を見て興奮したかを測定した項目では、ドラマチック中継条件が中立的中継条件より、有意に平均値が高かった。

　中継放送に含まれる観衆の歓呼やどよめきの音声が観戦の興奮度に与える影響も明らかにされている（Cummins et al., 2019）。ロンドンオリンピックの女子サッカー試合の映像を用いて行われた実験で、観衆の歓声を聞かされた実験参加者は、試合の観戦が進むほどより興奮度が高まっていた。特にこのような影響は、音声だけで試合の様子を聴かされた集団において顕著に現れていた。

　このような研究の結果は、スポーツが**メディア固有のフォーマット**によって媒介されることで一つの「コンテンツ」に変化していることを示している。そしてオーディエンスは、そのスポーツコンテンツをとおして、直接観戦とは明らかに異なるスポーツ経験を得ているのかもしれない。

⑵　リプレイ映像、カメラアングルの影響

　スポーツ中継は、新しい映像技術が積極的に開発され、適用されるコンテンツ

ジャンルの一つである。オリンピックやワールドカップなどの大型スポーツイベントが開催されるたびに、これまで見たことのないダイナミックなアングルからの映像が映し出されたり、一瞬のプレーを超スロー再生でつぶさに分解して見せてくれたり、CGで合成された様々な情報が画面に映し出されたりと、その発展ぶりにはいつも驚かされる。このような**映像技術による媒介**は、メディア観戦を直接観戦とは質的に異なったスポーツ体験に変える重要な要素の一つであると考えられるが、その影響を実証的に捉えようとする研究は、それほど活発には行われていない。

リプレイ映像の例証効果

その中で、カミンスとハーン（Cummins & Hahn, 2013）の研究は、リプレイ映像がオーディエンスの認知に与える影響を検証した数少ない実証研究の一つになっている。彼らは**例証効果**（exemplification effect）の理論に依拠し、スポーツ中継において用いられるリプレイ映像が、そのスポーツイベント全体に対する認知に影響を与える可能性があると推論する。

例証効果はこれまで、ニュース報道の中で具体的に取り上げられる事例（の分布）が、そのニュース報道が伝える出来事やイシューの認知に与える影響として研究されてきたものであるが、それと同じようなメカニズムが、リプレイ映像とスポーツイベントの認知にも適用できると彼らは考えたのである。リプレイ映像も結局スポーツイベント全体の映像の中で、ある特定の部分を（事例のように）取り出して見せるものなので、どのようなリプレイを多く見せるかによって、そのスポーツイベント全体に対する認知が影響を受ける可能性があるという論理である。

リプレイ映像で試合の印象は変わるか

彼らは、実際に放送された大学アメフト試合の映像を題材に選び、「Skycam」というグラウンドの上空を移動しながら撮影できるカメラからのリプレイ映像を加えたクリップ（リプレイあり条件）と加えていないクリップ（リプレイなし条件）を作成し、実験刺激として用いた。さらに、興奮させるプレーと退屈なプレーの間で、リプレイの効果がどのように異なるのかをみるために、24のプレーを対象に34名の大学生から事前にプレーの興奮度を評定してもらい、興奮度の平均値が高かったプレーと低かったプレーをそれぞれ10個ずつ選んで実験を行っている。

実験では、便宜的抽出法で募集した 214 名の大学生が、2（リプレイ映像ありなし）× 2（プレー興奮度の高低）の条件に分かれ、一人ずつパソコンの前に座ってヘッドホンをつけて 10 個のクリップを視聴しながら、それぞれのプレーのラフさ、激しさ、興奮度、楽しさなどについて回答した[2]。

　この実験の問題関心の一つは、スポーツにおけるプレーの激しさの知覚が観戦の楽しさを高めるのかというものであったが、どの条件のプレーを視聴したかに関係なく、プレーの激しさの知覚が高まると観戦の楽しさも有意に増していくことが確認された。しかし、リプレイの影響はどうだったのかというと、予想とは違って統計的に有意な影響は検出されなかった。プレーしている選手たちの上空を動きまわりながら捉えたダイナミックな映像をリプレイ映像として加えることで、プレーの激しさに対する知覚がさらに強まると予想していたのであるが、一貫した影響は検出されなかった。

　スポーツニュースではよく試合の**ハイライト映像**が使われるが、ハーンとカミンス（Hahn & Cummins, 2018）は、優れたプレーの場面と普通のプレーの場面をそれぞれ多めに用いて作ったハイライト映像で実験を行い、選手に対する視聴者の評価が異なるかを検証している。ただし、両バージョンのハイライト映像に、選手の成績についてのデータは全く同じ情報が挿入されていた。149 名の大学生を対象に行われたこの実験で、優れたプレーのハイライト映像が選手に対する評価を有意に高めることが明らかにされたが、その効果はこのスポーツ（アメリカンフットボール）に対する主観的知識が少ない集団においてより顕著に現れていた。

選手目線映像の効果

　カミンス（Cummins, 2009）は別の実験で、同じように大学のアメフト試合の映像を用いて、選手の目線から見た試合映像が、試合の臨場感や没入感、そして観戦の楽しさに与える影響についても実証を試みている。ある試合から抽出した 16 の様々なプレー（ボールを持って走るプレー、パスが通るプレーなど）を、サイドラインの外側から全体を捉えるカメラ（客観的カメラ条件）とグラウンドの上空で移動しながら選手（主にクォータバック）の視点から捉えるカメラ（主観的カメラ条件）からの 2 種類の映像で用意し、それらの映像を実験参加者にランダムに見てもらいながら、一つのプレーごとに従属変数について回答してもらう形で

---

[2]　実際には、順序効果を確認するために、視聴するプレーの順番を入れ替えて 2 つの条件にさらに分けていたが、順序効果はみられなかったため分析においてはその条件を除外している。

表3-4　プレー映像の違いによるプレーの知覚と観戦の楽しさの差

	実験条件	
	主観的カメラ条件	客観的カメラ条件
臨場感	3.48[a]	2.43[b]
関与	4.01[a]	3.76[b]
観戦の楽しさ	3.84[a]	3.91[a]
プレーの激しさ	2.68[a]	2.74[a]

異なるアルファベットの平均値の間には $p < .01$ での有意差があった。
出典：Cummins, 2009, p.386, Table 1 より抜粋。

実験が行われた。

　実験の結果、選手の目線からの映像は、プレーに対する臨場感の知覚を有意に高めることが確認された。表3-4にあるように、4項目で測定し合成した臨場感の平均値は、主観的カメラ条件の方が有意に高かったのである。5項目で測定し合成した関与の平均値も、主観的カメラ条件において有意に高くなっていた。一方、観戦の楽しさおよびプレーの激しさに対する知覚は、カメラアングルの違いによる影響は受けていなかった。

　この分野に関する研究はまだ始まったばかりといってもいいのかもしれない。スポーツコンテンツの制作者たちは、オーディエンスによりアピールするため様々なメディアテクノロジーを駆使しており、スポーツの媒介におけるメディアの介入はさらに強まっている。今後、様々なスポーツの場面において、そのようなメディアの介入がどのように私たちのスポーツ経験を変化させているか、明らかにしていく必要がある。

(3)　メディアスポーツと社会的認知

　メディアによって媒介されるスポーツは、プレーや試合そのものに対する知覚だけでなく、ジェンダーや人種など、より社会的な認知に対しても影響を与えている。現実のスポーツそのものが性別の境界を厳格に守り、持続的に再確認させる形で成立している側面もあるが、メディア上ではさらに男性と女性のスポーツ、男性と女性のアスリートが異なる形で表象されつづけており、それがオーディエンスのジェンダー認知に影響を与えているのである。

スポーツ選手のジェンダー表象

　メディアスポーツにおける**ジェンダー表象**は、まず量的な点で大きく異なる。

飯田（2004）によれば、2003年には世界陸上、世界水泳、柔道とバレーボールのワールドカップなど多くのスポーツイベントが行われたが、地上波と衛星放送で報道されたスポーツのほとんどは男性の試合であり、女性の試合は、テニスとゴルフを合わせてわずか全体の7%にすぎなかった。こうした傾向は、日本のメディアに限ったことではない。アメリカのスポーツ専門チャンネルESPNとロサンゼルスにある3大ネットワーク系列局のスポーツニュース番組とハイライト番組を20年間にわたって分析した研究（Messner & Cooky, 2010）からは、放送時間の96.3%が男性スポーツに割り当てられており、女性スポーツは放送時間のわずか1.6%にすぎなかったことが報告されているのである。女性のスポーツ参加の拡大、女性スポーツの人気上昇によって、このようなメディアにおける表象の量的不平等状況は改善に向かってはいるものの、依然としてメディアの関心が男性スポーツ中心であることに変わりはない。

外見的魅力を強調する報道の影響

さらに、女性アスリートの**外見的魅力**を強調したり、恋愛、結婚、出産のことに焦点を当てたり、女性アスリートを性的な対象として描写することなども早くから問題として指摘されてきた。

ナイトとグイリアノ（Knight & Giuliano, 2001）は、外見の魅力を強調する報道が、女性アスリートと男性アスリートに対する人々の知覚に影響を与えていることを実験によって検証している。彼らはまず、事前調査を通じて、男性または女性のどちらか一方のスポーツというイメージが薄い、ジェンダー的に「中立的」なスポーツとして水泳を選び、選手の性別（男性 vs. 女性）×記事の焦点（外見的魅力強調 vs. 選手としての実力強調）の4つの条件を設け、架空の新聞記事を作った。記事には選手の写真も載せる必要があったため、男女それぞれ12名の候補の顔写真を対象に事前調査を行い、知覚された魅力度と年齢がほぼ同じ程度と評定された男女一人ずつの写真を選んだ。記事の中で用いた選手の名前も、なるべく同じ印象のものにするため、女性はニコール・グリーソン、男性選手の名前はニック・グリーソンにしたそうである。

外見的魅力を強調する記事は、この選手が、信じられない（ほど美しい）体と力強いストロークで有名で、ある雑誌の「世界で最も美しい50人」に選ばれたこと、そしてSPEEDOという水着メーカーの「濡れた野性」というカレンダーのモデル契約を結んだという内容にした。一方、スポーツ選手としての実力を強調する記事は、信じられないスピードと力強いストロークで有名で、スポーツ専

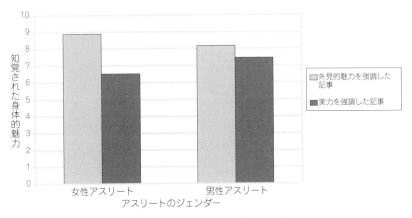

図 3-1 選手の性別と記事の焦点による選手の知覚された魅力の差

門誌の「いま来ているアスリート 50 人」に選ばれたこと、そして SPEEDO の商品広告カレンダーのモデル契約を結んだという内容にしたのである。

実験参加者は、記事を読んだ後、10 点尺度の複数項目で作られた、選手の魅力度、女性性、攻撃性、尊敬度などを測る質問と、同じく 10 点尺度の複数項目で構成された記事に対する好感度を測る質問に回答した。

実験の結果、外見的魅力を強調した記事を読んだ実験参加者は、実力を強調した記事を読んだ実験参加者よりも、選手の才能を有意に低く評価していた。選手の積極性、ヒーロー度なども低く評価されていた。記事に対する好感度は実力を強調した記事の方が高かった。

身体的魅力に対する評価においては、選手の性別と記事内容の間に交互作用が存在していた。図 3-1 はその結果を示しているものであるが、女性アスリートは、外見的魅力を強調する記事を読んだ実験参加者において有意に身体的魅力を高く評価されていたが（M=8.90 vs. 6.54, p < .001）、男性アスリートの場合は、外見的魅力を強調した記事を読んでも、実力を強調した記事を読んでも、その身体的魅力に対する評価に差がなかったのである（M=8.18 vs. 7.46, n.s.）。

ジェンダースキーマの関わり

選手の性別によって記事の影響にこのような違いが現れたことについて、ナイトとグイリアノ（2001）は、スキーマが影響している可能性について考察している。男性アスリートに比べ、女性アスリートに対する私たちのスキーマは、それほど中身が固まっていないため、実験刺激の記事に影響されやすかった可能性が

あるというのである。メディアにおいて女性アスリートが相対的に取り上げられないという「象徴的無視」のせいで、女性アスリートに十分な接触ができず、その結果、女性アスリートに対しては認知的空白ができているという推論なのである。

しかし、女性アスリートの外見的魅力に焦点をおいた報道がくり返されてきた状況を考えると、むしろ、そのような目線で女性アスリートを眺めることに慣れてしまったせいで、男性アスリートよりも女性アスリートに対するそのような報道に、反応しやすくなっているという解釈も可能かもしれない。女性アスリートに対する「スキーマの未発達」ではなく、外見的魅力が（少なくとも世間的には）女性アスリートを評価する一つの重要な基準であるというスキーマが、そのような報道への接触に際して活性化しやすくなっていることが、このような現象のメカニズムである可能性も考えられるだろう。

いずれにしても、メディアスポーツの受容過程におけるジェンダースキーマが、オーディエンスのスポーツに対する認識や関わり方、さらにはジェンダー意識全般にまで影響を与える可能性があることは、多くの研究において指摘されており、伝える側もまたオーディエンスの方もそのことに留意する必要がある。

スポーツ選手の人種とエスニシティ表象

人種やエスニシティの観点からもメディアのスポーツ表象は問題視されている。アメリカのメディアにおける人種やエスニシティ表象を分析した様々な研究によると、アフリカ系アメリカ人やその他のマイノリティ系のアスリートは、ヨーロッパ系アメリカ人アスリートに比べ、メディアに取り上げられることが相対的に少ない（Davis & Harris, 1998）。例えば、『Sports Illustrated』というアメリカの代表的なスポーツ雑誌は、表紙に最初のアフリカ系女性アスリートを取り上げてから2人目を取り上げるまで、30年間の空白があったし、35年間にわたって発行された1,835号のうち、アフリカ系女性アスリートを取り上げたのはたったの5回にすぎないとされている。

テレビ放送においては、偏りがあったとする研究となかったとする研究の両方が存在するが、男子バスケットボールの放送を分析したある研究者は、選手は圧倒的にアフリカ系が多くても、より権威のある地位（監督やスポーツキャスター）のヨーロッパ系アメリカ人の映像がより多く使われていたことに注目し、このようなメディアの表象が、「黒人の選手を二次的で興行的な立場に位置づけるだけでなく、白人のマジョリティに対し、彼らの支配が実際には脅かされていないこ

とを再度確信させている」（Wonsek, 1992, p.454）と指摘している。

　アフリカ系アスリートの活躍が取り上げられるのは、バスケットボールなど特定のスポーツに限られているとの指摘やオリンピック報道においてアフリカ系アスリートが取り上げられた種目の数がヨーロッパ系アスリートに比べ少なかったとの報告もある。

アフリカ系アスリートの描かれ方

　デイビスとハリス（Davis & Harris, 1998）のレビューによれば、スポーツキャスターや解説者のコメント、または記事の見出しや本文を分析した多くの研究において、ヨーロッパ系のアスリートがアフリカ系よりポジティブな扱いを受けていることが報告されている。ヨーロッパ系アスリートの活躍は、制御可能な「努力の産物」として描かれる反面、アフリカ系アスリートのそれは、制御不可能な「生まれ持った能力の結果」として伝えられることを指摘した研究もある。「アフリカ系アスリートは身体能力に恵まれている」というステレオタイプが、アメリカのメディア上で支配的な言説の一つになっていることを示している研究はとても多く、このようなステレオタイプが、ヨーロッパ系アスリートの不利を印象づけたり、アフリカ系アスリートの努力を無視させる効果をもつことも指摘されている。

　アフリカ系アスリートが身体能力に優れているというステレオタイプとは裏腹に、ヨーロッパ系アスリートはより知的なプレーをしているというステレオタイプが強固に存在していることも指摘されている。そしてこのことが、ヨーロッパ系アスリートがスポーツ指導者、またはスポーツ関係の管理職につくことに有利に働いているという見方もあるのである。

　さらには、麻薬や賭博、性犯罪などの違法行為までがアフリカ系アスリートと関連づけられていると指摘する研究もあるが、一方で、ヒップホップやラップなどと結びつけられ、格好良さやクールでファッショナブルなイメージを与えられることを報告している研究もある。

エスニシティ表象の影響

　メディアスポーツにおいてくり返されているこのようなステレオタイプが、オーディエンスの認識に果たしてどのような影響を与えているかについてはまだそれほど研究が行われていない。ファン・シュテルケンバーグとノッパーズ（Van Sterkenburg & Knoppers, 2004）によれば、彼らが雪だるま式サンプリングに

よって集め、半構造化方法でインタビューしたオランダの白人（12名）と黒人（11名）の大学生たちは、人種やエスニシティとスポーツについて、メディアスポーツにみられる以上のような支配的な言説をそのまま受け入れているようにみえる。学生たちは、短距離の陸上競技やバスケットボールの選手にアフリカ系アスリートが多いことに関して、メディアにおける言説と同じように「生得的な身体能力説」を用いて説明しようとし、知的能力に関してもメディアのステレオタイプと同じ見方をしていたのである。以下は彼らが引用したインタビュー内容の一部である。

　　私はこれ［ある種目に黒人アスリートが多いこと］には彼ら［黒人アスリート］の体の作られ方が関係していると思う。彼らの筋肉は違う。それが、彼らがスポーツに長けている理由だ。彼らはより速く動ける筋肉をもっている。……彼らは生まれながらに短距離陸上みたいなスポーツに長けている。体がそういう風にできている。(p.307)

　　ボクシングはあまり考えるスポーツじゃない。……［中略］人間はみんな自分の特徴をもっている。黒人はボクシング技術をもっている。しかし他の人は考えることをしないと。もちろんそれが白人である必要はない。しかし誰かがボクシングで忙しければ他の人は考えることをすべきである。(p.309)

　しかし、このような発言があったということだけでメディアスポーツにおけるステレオタイプがオーディエンスの認識に影響を与えているとはいえないだろう。ニュースやドラマなどにおける人種、エスニシティをめぐるステレオタイプが、オーディエンスの認識に影響を与えることを実証した研究は数多く行われているが（第6章参照）、メディアスポーツに関してはまだ十分ではない。ジェンダーに関しても同じ状況であるといえるが、オーディエンスのステレオタイプ的な認識だけでなく、スポーツ活動への参加動機、スポーツ活動の選択など、メディアスポーツがオーディエンスのスポーツ活動に与える様々な影響に関しても明らかにすべきことが多く残されている。

演習問題

1．スポーツ試合の中継放送を一つ録画し、その中で使われているカメラワークや映像表現の種類を調べてみよう。どのようなものがどのような場面で使われ

ているかまとめてみよう。それらのカメラワークや映像表現にはどのような効果があると思われるか。他の人が調べた結果と比較してどのような共通点と相違点があるか書き出してみよう。

2．男女のスポーツ選手10名ずつを選び、その選手たちを描写する際にメディアが使っている表現を集めてみよう。そこにはどのような問題点があるか。本章で紹介している研究との一致点または相違点について記述してみよう。またそれらの表現がメディアのオーディエンスにどのような影響を与える可能性があるかについて考えてみよう。

3．日本では多くの漫画やアニメ、ドラマなどの作品が、スポーツを題材にして作られている。それらの作品の中で、スポーツやスポーツに関わる人々はどのように描かれているか。本章で取り上げた、ジェンダーやエスニシティを含む様々な社会的事柄（友情、規律、指導、葛藤、競争、勝ち負けなど）の描写について、具体的な作品を一つ選び、分析してみよう。

さらに学ぶための文献・資料案内

橋本純一（編）（2010）．スポーツ観戦学　世界思想社

神原直幸（2001）．メディアスポーツの視点：疑似環境の中のスポーツと人　学文社

三井宏隆・篠田潤子（2004）．スポーツ・テレビ・ファンの心理学：スポーツが変わる、スポーツを変える、世界が変わる　ナカニシヤ出版

引用文献

AZrena編集部（2017）．スポーツへの女性の関心は1/2以下？有料動画から見る男女の違い　https://azrena.com/post/7393/（2020年11月28日アクセス）

Cialdini, R. B., Borden, R. J., Thorne, A., Walker, M. R., Freeman, S., & Sloan, L. R. (1976). Basking in reflected glory: Three (football) field studies. *Journal of Personality and Social Psychology, 34*(3), 366-375.

Comisky, P., & Bryant, J. (1982). Factors involved in generating suspense. *Human Communication Research*, *9*(1), 49-58.

Comisky, P., Bryant, J., & Zillmann, D. (1977). Commentary as a substitute for action. *Journal of Communication, 27*(3), 150-153.

Cummins, R. G. (2009). The effects of subjective camera and fanship on viewers' experience of presence and perception of play in sports telecasts. *Journal of Applied Communication Research*, *37*(4), 374-396.

Cummins, R. G., Berke, C. K., Moe, A., & Gong, Z. (2019). Sight versus sound: The differential impact of mediated spectator response in sport broad-casts. *Journal of Broadcasting & Electronic Media, 63*(1), 111-129.

Cummins, R. G., & Hahn, D. (2013). Re-presenting sport: How instant replay and perceived violence impact enjoyment of mediated sports. *Mass Communication and Society*, *16*(6), 787-807.

Davis, L. R., & Harris, O. (1998). Race and ethnicity in US sports media. In L. A. Wenner (Ed.), *MediaSport* (pp.154-169). London: Routeledge.

深田晃司（2012）．ロンドンオリンピック視聴時におけるメディア利用について　放送研究と調査, *62*(12), 22-31. https://www.nhk.or.jp/bunken/yoron/broadcast/index.html（2015年6月3日アクセス）

Gan, S., Tuggle, C. A., Mitrook, M. A., Coussement, S. H., & Zillmann, D. (1997). The thrill of a close game: Who enjoys it and who doesn't?. *Journal of Sport & Social Issues, 21*(1), 53-64.

Gantz, W., & Wenner, L. A. (1995). Fanship and the television sports viewing experience. *Sociology of Sport Journal, 12*(1), 56-74.

萩原滋（2014）．テレビを中心とする首都圏大学生のメディア利用動向（2001-2012年）メディア・コミュニケーション：慶應義塾大学メディア・コミュニケーション研究所紀要, *64*, 99-121.

Hahn, D. A., & Cummins, R. G. (2018). Differentiating objective sport knowledge versus subjective sport fanship via a test of exemplification in sport media. *Communication & Sport, 6*(3), 331-348.

Hirt, E. R., Zillmann, D., Erickson, G. A., & Kennedy, C. (1992). Costs and benefits of allegiance: Changes in fans' self-ascribed competencies after team victory versus defeat. *Journal of Personality and Social Psychology, 63*(5), 724.

飯田貴子（2004）．スポーツ・メディアの現状：テレビスポーツのジェンダー分析　飯田貴子・井谷惠子（編著）スポーツ・ジェンダー学への招待（pp.80-90）明石書店

井上尊寛・竹内洋輔（2013）．フィギュアスケート観戦者における観戦動機に関する研究　法政大学スポーツ健康学研究, *4*, 11-17.

Knight, J. L., & Giuliano, T. A. (2001). He's a Laker; she's a "looker": The consequences of gender-stereotypical portrayals of male and female athletes by the print media. *Sex Roles, 45*(3-4), 217-229.

Knobloch-Westerwick, S., David, P., Eastin, M. S., Tamborini, R., & Greenwood, D. (2009). Sports spectators' suspense: Affect and uncertainty in sports entertainment. *Journal of Communication, 59*(4), 750-767.

小林修一・久保田滋・西野理子・西澤晃彦（編著）（2005）．テキスト社会調査　梓出版社

Messner, M., & Cooky, C. (2010). Gender in televised sports: News and highlights shows, 1989-2009. Center for Feminist Research, University of Southern California. https://dornsifecms.usc.edu/assets/sites/80/docs/tvsports.pdf（2015年7月17日アクセス）

緒方直美（2015）．男性のテレビ視聴行動の変化　Marketing Researcher, No.126, 28-32. http://www.jmra-net.or.jp/Portals/0/member/MR/mr126-2832.pdf（2020年11月28日アクセス）

大谷信介・木下栄二・後藤範章・小松洋（編著）（2013）．新・社会調査へのアプローチ：論理と方法　ミネルヴァ書房

Raney, A. A. (2006). Why we watch and enjoy mediated sports. In A. A. Raney & J. Bryant (Eds.), *Handbook of sports and media* (pp.339-357). Mahwah, NJ: Lawrence Erlbaum Associates.

Raney, A. A., & Depalma, A. J. (2006). The effect of viewing varying levels and contexts of violent sports programming on enjoyment, mood, and perceived violence. *Mass Communication & Society, 9*(3), 321-338.

佐野昌行（2008）．スポーツイベントの観戦動機とその要因に関する研究：国際スポーツイ

ベントに着目して　日本体育大学紀要, *37*(2), 83-95.

Sullivan, D. B.（1991）. Commentary and viewer perception of player hostility: Adding punch to televised sports. *Journal of Broadcasting & Electronic Media*, *35*(4), 487-504.

Van Sterkenburg, J., & Knoppers, A.（2004）. Dominant discourses about race/ethnicity and gender in sport practice and performance. *International Review for the Sociology of Sport*, *39*(3), 301-321.

ビデオリサーチ（2020）.　週間高世帯視聴率番組 10　https://www.videor.co.jp/tvrating/（2020 年 11 月 28 日アクセス）

Wann, D., Schrader, M., & Wilson, A.（1999）. Sport fan motivation: Questionnaire validation, comparisons by sport, and relationship to athletic motivation. *Journal of Sport Behavior, 22*(1), 114-139.

Wonsek, P. L.（1992）. College basketball on television: A study of racism in the media. *Media, Culture & Society, 14*(3), 449-461.

Zillmann, D.（1996）. The psychology of suspense in dramatic exposition. In P. Vorderer, H. J. Wulff, & M. Friedrichsen（Eds.）, *Suspense: Conceptualizations, theoretical analyses, and empirical explorations*（pp.199-231）. Mahwah, NJ: Erlbaum.

第4章 広告

　テレビを見ているとき番組の途中に流れるコマーシャル、動画共有サイトで動画を視聴するとき最初に見せられるコマーシャル、新聞や雑誌などのページをめくると目に入る広告、SNSやネットを見ているとき表示される広告、町中を歩いているとき目にする店の看板や店舗内の広告など、私たちが日々の生活を営んでいる社会的空間とメディア空間は、常に広告であふれている。不特定多数に向けられたテレビ広告や雑誌広告などのマス広告もあれば、インターネット上の検索と閲覧履歴に基づいた**行動ターゲティング広告**などのパーソナル化されたインターネット広告もある。それを広告として意識する場合もあれば、全く気づかない場合もあるし、積極的に見る場合もあれば、無視したり、避けてしまう場合もある。また、広告から、役に立つ情報を得る場合もあれば、本人の意思と関係なく必要もない広告を見せられ、不快な思いをする場合もある。

　広告は、現代社会の代表的な**説得コミュニケーション**、商品や消費に関する情報として、重要な研究対象となってきた。近年は、メディア環境の急激な変化によって、企業の広告活動、広告と消費者との関わり方は大きな転換期を迎えている。本章では、広告の定義、機能、類型を概観したうえで、マスメディア時代の広告、インターネット時代の広告の特徴とその影響、広告に対する態度と広告を避ける心理について考えることにしたい。

1．消費空間・メディア空間における広告

広告とは

　広告を、人間の基本的なコミュニケーション行動、表現行為として広く捉えると、ずっと古い時代から広告が存在していたことがわかる。古代エジプトの首都だったテーベの遺跡から出土されたパピルスは、逃げた奴隷を連れ戻してくれる人に懸賞金を出すという懸賞広告でありながら、その奴隷の主人を「最高の主人」、その主人が営んでいた機織屋を「最高の織物」と宣伝しており（高桑，1988）、その手法は今の広告に通じるものがある。

　日本では奈良時代に木簡が広告として活用され、江戸時代には引札、浮世絵な

どが広告として活用された（中田，2002）。近代的意味での広告は、明治期に発行された新聞とともに発達した。1861年に外国人居留地の長崎で発行された日本で最初の新聞『*The Nagasaki Shipping List and Advertising*』の題号に広告の文字が記されていたことは注目に値する（春原，2004）。その後、最初の日本語の日刊新聞である『横浜毎日新聞』をはじめとする明治期の新聞と商業の発達で広告活動も拡大していった（春原，2004）。

　最も広く受け入れられている広告の定義としてアメリカマーケティング協会による定義を紹介したい。同協会の公式サイトのマーケティング関連用語集によると、広告は「企業、非営利団体、政府機関、個人が、特定のターゲットや受け手に、商品、サービス、組織、アイデアに関する情報を伝え、説得するため、メディアの時間枠、紙面・スペースを購入して行われる告知、説得メッセージ」（American Marketing Association, n.d.）である。日本では、嶋村（2006）が、広告を「明示された広告主が、目的を持って、想定したターゲットにある情報を伝えるために、人間以外の媒体を料金を払って利用して行う情報提供活動」（p.15）と定義している。今日においては、メディアの発達で広告が行われる場面と広告媒体、その手法はさらに拡大しており、「消費と関連するあらゆる情報」というより広い概念で広告を捉える必要がある。嶋村（2008）も、企業の統合的コミュニケーション活動として、**マーケティングコミュニケーション**というより広い領域で広告を考える動きを指摘している。

広告の機能と類型

　広告は、その主体や目的から、**営利広告**と**非営利広告**に大別できる。まず、**商品広告**と**企業広告**のような営利広告の機能について経済的側面、社会文化的側面から考えたい。小林・嶋村（1997）は、広告の機能として、①経済的機能、②社会的機能、③文化的機能を指摘している。まず、広告は、新しい市場を開拓したり、消費者の潜在的ニーズを呼び起こし、需要を刺激するなどの経済的機能を果たしている。次に、広告には、商品やサービスに関する情報の提供、説得などの社会的機能がある。さらに、商品や広告があふれている中、より消費者の注意を引く広告を制作する必要があることから、広告そのものが、娯楽や話題を提供したり、芸術や文化の普及に寄与しており、新製品の採用を促し新たな消費文化を創るなど、文化的機能も果たしている。

　営利広告は、企業による商品の販売促進の手段で、企業のマーケティング活動の一環として行われるものであるが、企業の経済活動だけでなく、民間放送、新

聞・雑誌などのマスメディア、ソーシャルメディアの経営も支えている。一般企業は、広告で商品をアピールし、利益を上げ、メディアは、視聴率、購読率、利用者数などを「商品」とし、広告スペースを企業に提供し、利益を上げているのである。そして、商品広告は、商品に関する情報だけでなく、その商品のもつ社会的意味も同時に伝えるという特徴がある。商品が使用され、消費される場面や背景を描く中で、広告は、商品のもつ価値や意味、ジェンダー、家族関係、人間関係などの特徴、商品の使用から得られる幸福感や満足感、社会的流行など、様々な意味、アイデア、イメージ、シンボルなどを伝える社会的コミュニケーションとしての側面をもっているのである。高度経済成長期において広告は、イノベーションとして新しい商品を紹介、提案し、広く普及させる原動力となっていた。近年は、市場が成熟し、価値観の変化、消費スタイルの多様化、インターネットの普及によるメディア環境の多様化により、広告の役割も大きく変化している。

　次に、公共広告、意見広告、政治広告などの非営利広告についてみてみよう。まず**公共広告**について、植条（2005）は、狭義として「公共活動を実施している団体や政府、地方自治体などの広告で、そのテーマが公共性の高い問題を扱っているケース」（p.22）と定義する。広義としては、「テーマが公共性、社会性を有しており、広告主の営利を追求する姿勢がエゴイスティックに表現されていないものは、私企業であれ、政党であれ、各種団体であれ、いずれの広告主であるかにかかわらず公共広告の範疇」（p.22）とする。日本における公共広告の主体は、ACジャパン、政府機関、自治体などがあるが、企業による環境広告、交通安全キャンペーンなど、公共性の高い企業広告も広義の公共広告として捉えることができる。

　次に、植条（1993）によれば、**意見広告**は、「特定の個人、企業、団体などが自己の名を明示しある意見を表明してそれが支持されることで何らかの利益を得ることを目的とした有料のメッセージ」（p.370）である。意見広告は公共広告と混同されることも多いが、意見広告が、特定の個人や集団の意見や主張に関する広告で、その内容において広告主体の利益が優先されるのに対し、公共広告は、社会全体の利益になる、公共性の高い問題に関する広告で、内容の客観性や中立性が重視される（植条, 2005）。本書では、とりわけ環境や健康問題に関する公共広告の特徴と影響について、第13章「生活者」で述べることにする。

　さらに、**政治広告**は「候補者個人または政党・政治団体によって、候補者名や政党名を広く認知させ、政策、主張、公約などの争点を提示・設定し、イメージ

形成と向上を通して有権者の支持を獲得し、維持するため、ポスター、新聞、放送、インターネットなどの媒体を用いて行われる選挙期間中の選挙運動または日常時の政治活動で、有権者に直接かつ比較的自由に訴えることのできる広告・宣伝的要素の強い政治情報」（李，2011, p.4）と定義できる。政治広告の特徴と影響については、第 12 章「有権者」で述べる。

2．マスメディア時代の広告効果モデル

　広告の効果はどのようにして生じるのであろうか。広告の効果に関する考え方は、消費者像の変化やメディアの発達とともに、変化してきた。印刷媒体が発達していた初期の広告効果モデルでは、受け手を合理的、理性的、能動的存在として仮定し、広告メッセージに対する受け手の認知的情報処理が説得効果を媒介するという見解が優勢であった。しかし、こうした消費者像に対する問題提起、テレビ広告の発達などを背景に、広告に対する感情的反応が広告効果に及ぼす影響を明らかにしようとするモデルが提案されるようになる。仁科ら（2007）は、広告媒体の発達とともに変化してきた広告効果についての考え方を、①セールスマン時代、②印刷広告の時代、③テレビ広告の時代、④メディアミックス時代、⑤インターネット広告の時代に分類している。この分類に基づいて各時期の広告効果についての考え方をみてみよう。

認知モデル

　広告に対する反応が、段階別に起こると仮定したモデルを、「**効果階層モデル**（Hierarchy of Effects Model）」という。マスメディア時代以前の①セールスマン時代は、対人説得モデルとして、記憶段階が含まれない **AIDA**（Attention → Interest → Desire → Action）モデルが提唱された（仁科ら，2007）。

　②印刷広告の時代は、製品情報やブランド特性が中心となる広告に対する反応、消費者の合理的意思決定が重視され、記憶段階が含まれた **AIDMA**（Attention → Interest → Desire → Memory → Action）モデルのような**認知モデル**が優勢であった（仁科ら，2007）。また、「**認知反応モデル**（Cognitive Response Model）」は、説得効果を、メッセージに接触した際に生じる受け手の認知反応によって説明する。認知反応は、広告の情報内容と、消費者の既存の知識などとの比較により生じ、メッセージを支持する反応、メッセージに反対する反応、送り手に対する反論に分類され、消費者の広告受容の程度は、これらの認知反応の相対的割合によるも

広告反応尺度

　私たちは、広告を見るとき、「この広告はインパクトがある」、「説明がわかりにくい」、「おもしろい」などと広告に対して評価をしたり、何かを感じたりすることがある。広告研究分野では、このような広告の表現形式や内容に対する受け手の反応を測定し、これらの反応が、ブランド態度や購買意図などの広告効果に及ぼす影響について、多くの検討が行われている。ここでは、広告に対する消費者の反応を測定する尺度の一つとして、浅川（2009）の「CM視聴印象尺度」を紹介する。この研究では、これまでの広告反応に関する尺度を検討し、テレビの食品広告を呈示刺激とした実験から、「刺激」、「伝達」、「感覚」、「効用」、「品格」の5次元から構成された「CM視聴印象尺度」を提示している（詳細な項目は下表を参照）。この尺度は、テレビCMに対する反応を測定するものとして開発されたが、様々な表現形態の広告に適用可能である。

表　CM「視聴印象」の因子と項目（浅川，2009，pp.53-54に基づいて作成）

因子		項目
刺激	意外度	意外性がある－ありふれている
	ユニーク度	ユニークな（独自性がある）－ユニークでない（独自性がない）
	インパクトの強度	インパクトが強い－インパクトが弱い
	面白さ度	面白い－つまらない
	新鮮度	新鮮な－マンネリな
伝達	説明の充分度	説明が充分である－説明が不足している
	メッセージのはっきり度	メッセージがはっきりしている－メッセージがあいまいである
	分かりやすさの程度	分かりやすい－分かりにくい
	説得力の程度	説得力がある－説得力がない
感覚	暖かさ度	暖かい－冷たい
	色彩の明度	色彩が明るい－色彩が暗い
	自然度	自然な－人工的な
	色彩の印象度	色彩が印象に残る－色彩が印象に残らない
	元気度	元気な－元気がない
効用	健康イメージ度	健康イメージが出ている－健康イメージが出ていない
	活力イメージ度	活力イメージが出ている－活力イメージが出ていない
品格	高級度	高級な－低級な
	洗練度	洗練されている－あかぬけない
	静けさの程度	静かな－にぎやかな
	親近度	親しみのある－親しみのない

のとされる（Wright, 1973）。これらの認知モデルは、高関与状況における消費者の能動的情報処理が広告効果に及ぼす影響に注目したものである。

　③テレビ広告の時代になると、ブランド間の差異が少なくなり、消費者は、ブランド情報より消費経験からブランド態度を形成するようになった（仁科ら，2007）。また、消費者は、それまでの広告効果モデルが仮定していたほど、活発な認知的活動を行わない受動的な存在で、こうした低関与状況では、広告にくり返し接触することで製品を認知し、その製品の購買行動から製品に対する態度を形成することになるという「**低関与学習モデル**（Low Involvement Learning Model）」が提案された（Krugman, 1965）。

感情モデル

　さらに、③テレビ広告の時代には、テレビ広告に接する際、様々な感情が喚起され、消費者は広告への反復接触で好意的な広告態度、さらにブランド態度を形成するという考え方から「広告態度モデル」や「感情反応モデル」が提案された（仁科ら，2007）。

　広告態度モデルをみると、まず、ミッチェルとオルソン（Mitchell & Olson, 1981）は、広告に対し、好意的、中立的、非好意的に感じられる絵を挿入し、こうした非言語的要素がブランド態度に及ぼす影響を分析した研究から、広告態度のような広告に対する肯定的な感情だけで好意的なブランド態度を形成することができるとした。彼らは、こうした広告効果のメカニズムを、**古典的条件づけ理論**で説明している。古典的条件づけ理論によれば、受け手が好意的に評価する刺激と中立的に評価する刺激を結びつけて反復的に呈示することによって、中立的に評価していた刺激に対して好意的態度を形成させることができる。すなわち、知らないブランド名（非条件刺激）を、魅力的な視覚的刺激（条件刺激）と一緒に反復的に呈示することで、視覚的刺激に対する好意的な感情が、ブランドに転移され、ブランド属性に対する認知的評価が行われなくてもブランドに対する好意的態度を形成させることができるのである。

　同様に、シンプ（Shimp, 1981）によれば、特定のブランドが、競争関係にあるブランドより相対的に優れた属性をもっている場合は、ブランド属性に対する信念に基づいてブランド選択を説明できる。しかし、競争関係にあるブランドの属性と類似した水準にあるときは、ブランド選択を規定するより重要な要因は、ブランド属性に対する信念より、広告態度であるとする。また、消費者が、テレビ広告に接触する際、喚起される多様な感情に注目し、広告に対する感情反応の次

元を明らかにし、広告効果過程における感情反応の役割を検討する「**感情反応モデル**」に関心が集まった。感情反応の測定法としては、感情に関する心理学の理論や分類を用いてテレビ広告を刺激とした実証研究を行い、感情を詳細に分類し多数の広告に適用できるようにしたものなどが提案されている（岸, 1993）。

情報処理水準モデル

④メディアミックスの時代は、広告媒体と消費者行動の多様化により、複数の媒体の組み合わせで多様な消費者に広告を展開するようになる（仁科ら, 2007）。また、テレビ広告やメディアミックスの時代において、関与度のような情報処理水準に注目した広告効果モデルが、広告研究に大きな影響を与えた。代表的な広告効果モデルとして、「**精緻化見込みモデル**（ELM: Elaboration Likelihood Model)」を紹介する。

ペティら（Petty et al., 1983）は、社会心理学や消費者心理学の研究をレビューし、それまでの説得理論は、周辺ルートと中心ルートという、2つの異なるルートのいずれかを強調しているとし、精緻化見込みモデルを提唱した。まず、**中心ルート**における態度変容は、受け手が、中心となる情報を入念に熟慮することで起こる。中心ルートによって引き起こされた態度変容は、持続的で、行動予測的と仮定される。それに対し、**周辺ルート**における態度変容は、中心ルートのように、情報を熟慮して起こるのではなく、例えば「専門家が言っているのであれば、間違いない」と、単純な特徴を手がかりに推論することで起こる。また人々は、熱心に情報を求め、情報を処理する場合もあれば、難しい知的活動を避けようとする「**認知的倹約家**」である場合もあり、どのようなときに積極的に商品情報を求め、処理するのか、またどのようなときに広告にざっと目を通すだけなのかを考慮する必要がある。すなわち、関与度など、情報処理の動機づけの高い場合は、中心ルート、情報処理の動機づけの低い場合は、周辺ルートをたどって態度が形成されると仮定される。

ペティら（1983）は、広告を呈示刺激とした実験から、このモデルの検証を試みている。使い捨てカミソリの広告を呈示刺激とした、2（関与：高／低）× 2（主張の質：強／弱）× 2（周辺的手がかり：有名人／一般人）の要因配置実験が行われ、各条件に 20 名ずつの男女大学生がランダムに配置された。まず、関与度は次のような手順で操作された。実験広告の冊子の表紙に、実験に参加したお礼として使い捨てカミソリを選べる（高関与）、または歯磨き粉を選べる（低関与）という説明を入れ、製品関与度を操作した。また、使い捨てカミソリの広告ペー

ジで、その広告と商品が、実験参加者の居住地域で試験的に実施、販売される予定である（高関与）、または実験参加者たちの居住地域以外で試験的に実施、販売される予定である（低関与）という説明を入れ、再度、製品関与度を操作した。次に、主張の質は、予備調査の結果に基づき、強い主張と弱い主張としてそれぞれ5つのコピーが用意された。最後に、周辺的手がかりは、広告の商品推奨者として有名スポーツ選手が登場するもの、または一般人が登場するもので操作した。結果は、精緻化見込みモデルの仮定を支持するもので、高関与条件においては、強い主張が、低関与条件においては、有名人の商品推奨者が、好意的なブランド態度に影響していた。

3．インターネット時代の広告効果モデル

多様化するメディア環境における広告

　近年、インターネットの普及で、従来のマスコミ4媒体の広告費が減少し、インターネット広告費が増加している。電通の「2015年日本の広告費」によると、マスコミ4媒体広告費（衛星メディア関連を含む）は2兆8,699億円、前年比97.6％で、媒体別にみると、新聞広告費は前年比93.8％、雑誌広告費は同97.7％、ラジオ広告費は同98.6％、地上波テレビ（98.6％）と衛星メディア関連（101.5％）を合計したテレビメディア広告費は、前年比98.8％となった。それに対し、インターネット広告費はスマートフォン、動画、新しいアドテクノロジーを利用した広告が伸び、1兆1,594億円、前年比110.2％となった（電通．2016）。

　広告の形態もインターネット上の消費者の情報検索やサイト閲覧などの個人のオンライン活動に基づいた行動ターゲティング広告、消費者の関心と連動したソーシャルメディア上のプロモーションやマーケティング情報など、より多様化し、拡大している。また、消費者がインターネット上で商品に関する評価情報を自由に発信し、こうした口コミ情報を簡単に利用できるようになり、広告の手法や広告コミュニケーションに関する考え方にも大きな変化がみられている（冨狭・鈴木．2014）。

　仁科ら（2007）は、⑤インターネット広告の時代における広告効果は、前述したAIDMA（Attention → Interest → Desire → Memory → Action）から、記憶が除外された、AIDAモデルに近いとする。また、消費者の「情報探索（Search）」の段階を加えた**AISDA**（Attention → Interest → Search → Desire → Action）モデルを提唱している。さらに電通では、行動（Action）の後に、他者との情報の「共有

広告と記憶

　ブランド名の認知、消費場面での想起など、記憶は広告効果の重要な指標の一つとされてきた。仁科（2001）はタルヴィング（Tulving）の記憶理論を広告の記憶形態に適用している。この理論は、記憶の内容に焦点を当てたもので、記憶を「宣言的記憶」と「手続き記憶」に分類し、さらに宣言的記憶を「エピソード記憶」、「概念記憶」に分類している。まず、宣言的記憶のうち、エピソード記憶は、出来事に関する記憶で、概念記憶は、対象に関する概念、評価情報に関する記憶である。手続き記憶は物事のやり方や手順に関する記憶である（仁科, 2001；Tulving, 1983=1985）。

　広告の記憶について、仁科（2001）は、広告でのブランドに関するエピソードやストーリーの記憶を「エピソード記憶」、ブランドに関する抽象化された概念の記憶を「概念記憶」として位置づけている。また、購買行動については、特定のニーズ・生活課題に応じて、ブランドと関連する認知反応が生じ、検討を行った結果が、手続き記憶として保持されるとしている。このように保持された「手続き記憶」は、同じ課題が発生したときに想起され、同じ行動につながるという。

表　広告と記憶

宣言的記憶	エピソード記憶	広告情報の主な記憶形態
	概念記憶	ブランド情報の記憶形態
手続き記憶	手続き記憶	購買行動情報の記憶形態

出典：仁科, 2001, pp.24-26 に基づいて作成。

（Share）」を加えた **AISAS**（Attention → Interest → Search → Action → Share）モデルを提案している（近藤, 2009）。

　ソーシャルメディアは、消費者と企業の関係やコミュニケーションに大きな変化をもたらしている。メディアコンテンツの利用を阻害する広告の回避行動が顕著にみられていた従来のメディアに比べると、Twitter の企業アカウントのフォロー、Facebook のファンページのいいねボタンのクリック、LINE の企業アカウントの友だち追加など、ソーシャルメディアにおいては、ユーザーによる企業情報への接触、フォロー行動も頻繁に行われている。

　広告は、商品、生活、流行などの情報を消費者に伝えるインフォメーションと

しての側面、娯楽や話題を提供するエンタテインメントとしての側面を併せもっているといえる。広告の娯楽性はさらに拡大し、消費者のエンゲージメントを高めるため、エンタテインメントに特化した広告キャンペーンが展開され、消費者がエンタテインメントとして広告を消費する場面もより多くなっている。インターネット広告の訴求手法として、「**ブランデッドエンタテインメント**（branded entertainment）」は、従来の広告の回避行動に対する対策として、「消費者が自ら望んで視聴したいと思うエンタテインメント性の高いコンテンツの中にブランディングなどの企業メッセージを埋め込む手法」（日経ネットマーケティング, 2008）である。従来の商業的目的で行われる送り手から受け手への広告情報の発信ではなく、ソーシャルメディアの対人ネットワークを通して共有され、急速に拡散していく広告を、ウィルスが感染することにたとえて**バイラル広告**という。

バイラル広告の内容的特徴

ダフォンテ＝ゴメス（Dafonte-Gómez, 2014）は、オンライン上の広告の共有行動においては、個人のアイデンティティを構築し、表現したいという動機や、周囲に受け入れられたい、または集団知識に貢献したいという欲求を超えて、内容そのものと、内容に対するユーザーの知覚と関連する要因が働いていると指摘する。この点を明らかにするため、2006 年から 2013 年にかけて最もシェア数の多かったバイラル広告 25 件を収集し、その特徴を分析している（表4-1）。

まず、ユーモア性、エロティックな表現、暴力的表現について分析したところ、最も多かったのは「ユーモア性」（56%）で半数を超えていた。次いで、「暴力的表現」（16%）、「エロティックな表現」（8%）で、これらの表現もユーモラスなタッチで描かれることが多かった。驚き、恐怖、悲しみ、幸せ、嫌悪感、怒りの6 つの基本感情を用いた分析では、「幸せ」（92%）が 9 割で最も多く、「驚き」（76%）も 8 割弱を占めていた。「悲しみ」（20%）、「恐怖」（12%）は 1 割から 2割程度にすぎなかった。「悲しみ」は、主に予想外のハッピーエンディングなど、「幸せ」と関連するものが多く、「恐怖」の場合も、最初に「驚き」を引き起こし、最後にポジティブな感情をもたらすために使われる傾向があった。「嫌悪感」と「怒り」と関連する広告はなかった。

「驚き」を、さらに「本物のスタント」（本物のスタントマンや俳優などによるスポーツや危険なシーンから生じる驚き）、「架空のスタント」（本物ではなく、デジタル効果で処理したシーンから生じる驚き）、「サプライズなイベント」（ストリートマーケティングの手法などでみられる、路上や公の場のパフォーマンスや仕掛けなどで

表 4-1　バイラル広告の特徴
(Dafonte-Gómez, 2014 より作成)

項目	
ユーモア性	56%
暴力的表現	16%
エロティックな表現	8%
感情	
幸せ	92%
驚き	76%
本物のスタント	37%
架空のスタント	21%
サプライズなイベント	16%
物語によるサプライズ	26%
悲しみ	20%
恐怖	12%
嫌悪感	0%
怒り	0%

生じる驚き）、「物語によるサプライズ」（予想外の結末などから生じる驚き）の 4 タイプに分類して分析した結果、「本物のスタント」が 37%、「架空のスタント」が 21% で、「物語によるサプライズ」が 26%、「サプライズなイベント」が 16% を占めていた。

　バイラル広告を分析したものではないが、Google 社が、自社運営の YouTube 内の動画広告のフォーマットである、TrueView 動画広告を対象とした分析結果からも、動画広告において、ユーモア性が重要な特徴であることが示されている。この調査では、2012 年 1 月〜2014 年 2 月の間に、10,000 インプレッション以上を獲得した TrueView 動画広告を対象に、ブランド名の言及、芸能人の起用など、170 要素で広告を分類し、視聴維持時間、ブランド認知度、広告想起を測定した（movieTIMES, 2015）。その中で、動画のトーンを、「ユーモラス」、「エモーショナル」、「カーミング（落ち着いた）」など、トーン別に 10 種類に分類し、その視聴動向を分析した結果、ユーモア広告をより長く視聴し、ブランド認知度、広告想起率も高くなる傾向があった。また、ユーモラスな BGM の動画広告の広告想起率が高い傾向があった（movieTIMES, 2015）。

広告の共有行動の要因
　それでは、広告の共有行動にはどのような要因が影響しているのだろうか。バイラル広告の内容的特徴、ユーザーの動機が、それぞれバイラル広告の共有行動

認知欲求尺度

認知欲求は、「関連した状況を有意味にまとめて構造化しようとする欲求。またこれまでに経験してきた世界を理解し合理的に解釈しようとする欲求」（原著は Cohen et al., 1955；神山・藤原，1991，p.184）と定義されている。認知欲求は、精緻化見込みモデルにおける情報処理の動機づけ要因として注目された。精緻化見込みモデルによれば、認知欲求の高い状況においては、中心ルートをたどって態度変容が起こると仮定する。すなわち、メッセージの中心的情報を入念に検討、処理することで態度が形成される可能性が高い。認知欲求の低い状況においては、周辺的ルートをたどって態度変容が起こると仮定する。メッセージの中心的情報を入念に検討することはなく、メッセージ内容の周辺的手がかりの影響で態度が形成されるとする。カシオッポとペティは、45項目から構成された認知欲求尺度を提案しており（Cacioppo & Petty, 1982）、神山・藤原（1991）はこの尺度に基づいて日本版認知欲求尺度の作成を試み、15項目から構成された尺度を作成した。日本語版認知欲求尺度は以下のとおりである（pp.187-188、＊は逆転項目）。

- あまり考えなくてもよい課題よりも、頭を使う困難な課題の方が好きだ
- かなり頭を使わなければ達成されないようなことを目標にすることが多い
- 課題について必要以上に考えてしまう
- ＊新しい考え方を学ぶことにはあまり興味がない
- 一生懸命考え、多くの知的な努力を必要とする重要な課題を成し遂げることに特に満足を感じる
- ＊必要以上には考えない
- ＊一度覚えてしまえばあまり考えなくてもよい課題が好きだ
- ＊長時間一生懸命考えることは苦手な方である
- ＊考えることは楽しくない
- ＊深く考えなければならないような状況は避けようとする
- ＊自分が人生で何をすべきかについて考えるのは好きではない
- 常に頭を使わなければ満足できない
- 自分の人生は解決しなければならない難問が多い方がよい
- 簡単な問題よりも複雑な問題の方が好きだ
- ＊問題の答えがなぜそうなるのかを理解するよりも、単純に答えだけを知っている方がよい

に及ぼす影響に関する研究を紹介したい。

　まず、エクラーとボールズ（Eckler & Bolls, 2011）は、バイラル広告の内容的特徴が共有行動に及ぼす影響について実験研究を行っている。研究では、42名の大学生を対象に、3（広告トーン：愉快、不快、混合）× 4（広告）の被験者内デザイン（反復測定）の実験が行われた。実験参加者は、予備調査から選定された3つの広告トーンが含まれているバイラル広告を4種類ずつ、計12種類の動画広告を視聴した。従属変数は、広告態度、ブランド態度、広告の共有意向であった。共有意向は、「この広告は他の人と共有する価値がある」、「この広告を他の人に勧める」という2項目で測定された。広告はインターネット上で視聴できるバイラル広告であったため、事前に接触したことがあるかどうかを測定し、事前接触による違いがないことを確認した。

　分析の結果、まず、①広告態度においては、雰囲気やトーンが「愉快な広告」が最も得点が有意に高く、次いで「混合広告」、「不快な広告」の順であった。②ブランド態度においても同様に、「愉快な広告」、「混合広告」、「不快な広告」の順で好意的であった。③バイラル広告の共有意向においても、広告トーンの主効果がみられ、「愉快な広告」、「混合広告」、「不快な広告」の順に得点が高かった。エクラーとボールズは、インターネットのバイラル広告においては、マスメディア広告より、暴力や性的表現など、過激なコンテンツを制作する場合が見受けられるが、伝統的広告効果モデルで指摘されているように、広告に対するポジティブな感情が、広告やブランドに対する好意的な態度をもたらすことが、この実験からも明らかになったとしている。

4. 広告に対する態度と広告を避ける心理[1]

　広告は、多様な情報空間やメディア空間において、情報やメディア利用とともに接触することの多いコンテンツである。広告研究分野では、こうした広告の訴求形式や内容、消費者の個人特性や意識などによって、広告がどれくらい説得効果をもつのか、という問いに関心が向けられ、広告効果と関連する理論と研究は広告の説得効果を中心に展開されてきた。実務的な関心も、こうした広告の説得効果に関する研究を促進してきた要因のひとつであろう。

---

[1]　本節は、慶應義塾大学メディア・コミュニケーション研究所紀要「メディア・コミュニケーション」（No.71, 2021）に収録された「広告を避ける心理：インターネット広告の回避をもたらす要因の検討」の一部に加筆・修正を行ったものである。

しかし、消費者にとって広告は主たる目的であるメディア利用を邪魔し、干渉する厄介な存在である。積極的な接触行動が行われることの多い他のコンテンツに比べると、広告はメディア消費者に嫌われ、避けられやすいものである。オーディエンスのデジタルメディア利用の拡大でマスメディア広告が縮小し、インターネット広告が拡大しており、インターネット上の広告手法も多様化している。消費者のインターネット広告への接触は、インターネット情報の接触に伴う偶然的接触が多く、情報を検索したり、エンタテインメントを消費する、といった目的志向的利用動機が強いという特徴から、広告への不快感や広告を避ける行動が生じやすい。また、企業環境や消費者意識が多様化し、社会的にもジェンダー意識やダイバーシティ意識の高まりなど、意識が変容しつつあることも、個人レベルでの広告表現への不快感を高め、社会レベルで炎上広告という問題として可視化される要因となっている。

広告に対する態度

　これまで広告に対する態度の研究では、大きく広告の情報性やエンタテインメント性などのポジティブな側面と、広告に対する批判的でネガティブな態度を中心に研究が行われてきた。広告に対するポジティブ態度とネガティブ態度の両面を包括的に扱った研究として、ポレイとミタル（Pollay & Mittal, 1993）がある。ポレイとミタルは、大学生と一般人を対象とした調査研究から、広告の個人的有用性に対する態度と社会経済的側面に対する態度を見出している。個人的有用性としては、広告の商品情報としての有用性、社会的イメージ情報としての有用性、快楽的要素、社会経済的側面に対する態度としては、広告による経済の活性化とともに、物質主義や健全でない価値観の助長、情報の虚偽性に対する批判的態度が含まれる。さらに、クラスタ分析により、大学生を対象とした調査から「広告満足群」、「広告妥協群」、「クリスチャン生活実践群」、「クリティカル皮肉屋群」、また、一般人を対象とした調査から「広告満足群」、「広告欺瞞性警戒群」、「堕落警戒群」、「クリティカル皮肉屋群」を見出している（各クラスタの特徴は表 4-2 参照）。また、クールターら（Coulter et al., 2001）は、ビジュアルイメージに対する消費者の反応に基づいた質的分析を通して広告に対する態度を検討し、情報と娯楽の提供、経済成長の促進に寄与する広告に対するポジティブな態度とともに、広告に対するネガティブな感情や反応を見出している。インフォーマントの反応から、インフォーマントを、広告に対する「相反する感情群」、「懐疑的態度群」、「敵対群」の 3 つのグループに分類している（インフォーマントの類型と特徴は表

表 4-2　広告に対する態度と意識に基づいた消費者の類型化

研究	対象	特徴（抜粋）
Pollay & Mittal(1993)	大学生 a 広告満足群（28%）	広告の情報性、経済的有用性を評価し、広告情報が虚偽で健全でない価値観と物質主義を助長するとは思わない。
	b 広告妥協群（45%）	個人や経済における広告の有用性を認めながらも、物質主義、健全でない価値観、広告情報の虚偽性といった広告の文化的影響を問題視する。
	c 葛藤するカルヴァン主義者群（8%）	広告一般に対する態度は好意的でないものの、広告の情報性やエンタテインメント性は評価する。一方で経済的有用性を疑問視し、物質主義、健全でない価値観、情報の虚偽性といった広告の文化的影響について最も批判的である。
	d クリティカル皮肉屋群（20%）	広告に対して最も批判的で、商品や社会的イメージと関連する広告の情報性も評価しない。唯一、広告のエンタテインメント性を評価しないグループでもある。広告の健全でない価値観の助長や虚偽性に対する懸念が強く、広告の個人的、経済的有用性も評価しない。
	一般人 e 広告満足群（38%）	唯一、広告一般に対してポジティブで、広告の情報性、経済的有用性、エンタテインメント性を評価し、広告が虚偽に満ちているという考え方に反対する。
	f 広告欺瞞性警戒群（7%）	広告一般に批判的でありながらも、広告の個人的有用性は評価する。広告が物質主義、健全でない価値観を助長しているとは思わないが、広告情報の虚偽性に懸念を抱くグループ。
	g 堕落警戒群（16%）	広告の個人的有用性については中間程度の評価をしているが、社会的レベルでは、経済的有用性を評価せず、物質主義、健全でない価値観、虚偽性などの文化的影響を問題視する。
	h クリティカル皮肉屋群（39%）	広告に対して最も批判的、クリティカルで、あらゆる側面において広告を問題視する。

Coulter, Zaltman & Coulter(2001)	インフォーマント (21歳〜55歳)	
	i 相反する感情群	広告の情報性とエンタテインメント性を評価しながらも、理想的イメージの提示や現実の誤表象を快く思わない。
	j 懐疑的態度群	広告に対して一部ポジティブな態度をもちながらも、ネガティブな評価をする場合がほとんどである。
	k 敵対群	広告に対して非常にネガティブな意識をもっているグループ。「懐疑的態度群」が広告の情報性を評価しているのに対し、広告に対してポジティブな評価はない。
		「懐疑的態度群」と「敵対群」とも広告の遍在性、侵入性、操作性、欺瞞性、理想化された内容が個人や社会に及ぼすネガティブな影響を問題視している。

4-2参照)。

　次に、広告に対する批判的態度として、「**広告懐疑**」(ad skepticism) の概念に基づいた研究を紹介したい。「広告懐疑」は、「広告情報における主張に不信感を抱く傾向」(Obermiller & Spangenberg, 1998, p.7) である。特定企業の不祥事や欺瞞的広告活動などが広告全体への懐疑的態度や不信に影響する可能性が指摘されている (五十嵐, 2018)。また、フリースタッドとライト (Friestad & Wright, 1994) は、説得研究において、説得の送り手の目標や戦略そのものに関する知識や、それらにどのように対処すべきかに関する人々の知識があまり考慮されてこなかった点を指摘し、説得に関する知識がどのように形成され、その知識を用いて説得の試みにどのように対処しているかを説明する「**説得知識モデル**」(Persuasion Knowledge Model) を提案した。フリースタッドとライト (1994) は、消費者側の説得知識を「説得に関する知識」、「送り手に関する知識」、「説得のトピックに関する知識」に分類し、これらの説得への対処知識から、説得の試みを認識、分析、解釈、評価、記憶し、効果的かつ適切と考えられる対処方法を選択し、実行することが可能になると指摘する。また、そういう意味で説得知識は、広告情報の評価や説得への対処においてスキーマのような機能を果たしているとも指摘する。説得知識は、インターネット上に溢れている説得が意図されている情報に対処するための重要なスキルであるといえる。

　これまでインターネット広告の特徴から起因する態度を中心にインターネット

広告への態度と影響を検討した研究では、インターネットの利用目的の妨害、**広告混雑度**、負の経験（Cho & Cheon, 2004）、広告混雑度（Elliot & Speck, 1998；Ha & McCann, 2008）、**侵入性**（Edwards et al., 2002；寶ら，2020）、SNS 広告への不快感をもたらす諸要因（Choi et al., 2018）などに注目した研究が行われている。SNS 広告の不快感の構造を検討したチョイら（Choi et al., 2018）は、自己表現や気晴らしなどの感情的動機から利用することの多い SNS 上の広告は、認知的な側面に加え、感情的な側面からのアプローチが必要であると指摘する。こうした問題意識から、先行研究の知見と自由記述の分析を通して、情報の不確実性、プライバシーへの懸念、侵入性、妨害性、商業性、対人関係性への懸念、刺激性、不便さ、反社会性、混雑性、強制性などの側面を見出し、これらに基づいた調査より、SNS 広告の不快感として「欺瞞性」、「侵入性」、「誇張性」、「扇情性」、「プライバシー侵害性」、「関係露出性」、「混雑性」の 7 次元を提案している。

広告回避

　広告回避（ad avoidance）は、「オーディエンスが広告への接触レベルを減少するために行うあらゆる行動」（Speck & Elliott, 1997, p.61）である。表 4-3 で示したように、マスメディア広告の回避としては、「認知的回避」（広告を無視したり注意しない）、「物理的回避」（観察可能な身体的回避）、「機械的回避」（電子機器を使用した回避）などが指摘されている（Speck & Elliott, 1997）。インターネット上では目的志向的利用が頻繁に行われ、伝統的メディアより広告回避が起こりやすいと指摘されている（例えば，Cho & Cheon, 2004）。インターネット広告の回避は、「認知的回避」（広告に対する意図的無視）、「感情的回避」（広告に対するネガティブな感情と感情的反応）、「行動的回避」（注意の欠如以外の回避行動）と分類されている（Cho & Cheon, 2004；Seyedghorban et al., 2016）。

　ハム（Ham, 2017）は、消費者のオンライン行動履歴を元にインターネット広告を配信する行動ターゲティング広告の回避に関連する要因を検討している。この研究では、広告の高度な説得戦略と潜在的リスクを認識するほど、利益が少ないほど、行動ターゲティング広告を回避し、また**心理的リアクタンスや自己効力感**が高いほど、行動ターゲティング広告を回避する傾向が見られた。プライバシーに関する懸念も、行動ターゲティング広告の回避と有意な関連性があった。また、知覚されたパーソナライゼーションの度合が低いほど、行動ターゲティング広告を回避する傾向があった。

　日本におけるインターネット広告回避を検討した研究としては、西村（2010）

表 4-3　広告回避

項目	研究	定義
マスメディア広告	Speck & Elliott(1997)	
認知的回避		広告を無視したり注意しない行為
物理的回避		観察可能な身体的回避
機械的回避		電子機器を使用した回避
インターネット広告	Cho & Cheon(2004);	
認知的回避	Seyedghorban,	広告に対する意図的無視
感情的回避	Tahernejad,	広告に対するネガティブな感情と感
	& Matanda(2016)	情的反応
行動的回避		注意の欠如以外の回避行動

は、**検索連動型広告**の回避要因について検討を行い、インターネット広告への態度が、検索連動型広告のメリット・デメリット認知に影響しており、検索連動型広告回避に直接的な影響を及ぼしていることを示した。また、インターネット使用経験によってその影響プロセスが異なっていた。動画広告の侵入性に着目した竇ら（2020）の研究では、侵入性が広告回避を高め、ブランド態度を悪化させる可能性を示した。そして、高年層ほど、広告のエンタテインメント性と情報性によって認知的回避が減少する反面、若年層は、デジタルメディアのインタラクティブ性に慣れており、広告提示に対するコントロール感が好意的なブランド態度をもたらすことを明らかにしている。

　これまで、広告は、様々なメディアの発達と変動する社会のダイナミックな影響を受けながら、発達・展開されてきた。今日、私たちが生活を営んでいる都市空間、消費空間には、様々な広告とマーケティング情報があふれ、情報の収集、発信、共有のため、メディアを利用するときも、広告に接することが多い。こうした広告情報の説得効果や購買行動に対する影響だけでなく、メディア経験、メディアコンテンツ消費の一つとして、消費者と広告との関わりについてより注目していく必要があるだろう。

演習問題

1．環境問題に関心の高い人と低い人にどのような環境広告がより効果的であるか、本章で紹介した精緻化見込みモデルに基づいて説明してみよう。

2．これまで、オンライン上で動画広告を他の人と共有したことがあるか。他の人が共有した動画広告を見たことがあるか。なぜ、人々は、動画広告を共有するのだろうか。本章で紹介した研究からどのような要因が動画広告の共有行動

に影響しているか考えてみよう。本章で紹介した要因以外に、影響要因がある
か考えてみよう。

さらに学ぶための文献・資料案内

仁科貞文・田中洋・丸岡吉人（2007）．広告心理　電通

嶋村和恵（監修）（2011）．新しい広告　電通

引用文献

American Marketing Association（n.d.）. advertising　https://www.ama.org/resources/Pages/
　　Dictionary.aspx（2015 年 7 月 1 日アクセス）

浅川雅美（2009）．テレビ CM の「視聴印象」の多次元的特性の分析．行動計量学, *36*(1),
　　47-61.

Cacioppo, J. T., & Petty, R. E. (1982). The need for cognition. *Journal of Personality and
　　Social Psychology, 42*(1), 116-131.

Cho, C. -H., & Cheon, H. (2004). Why do people avoid advertising on the internet? *Journal
　　of Advertising, 33*(4), 89-97.

Choi, J., Cheong, Y., & Lee, H. (2018). Developing a scale to measure the unpleasantness
　　toward social media advertising. *Journal of Korean Association of AD & PR, 20*(1), 214-
　　249.（in Korean）

Cohen, A. R., Stotland, E., & Wolfe, D. M. (1955). An experimental investigation of need for
　　cognition. *Journal of Abnormal and Social Psychology, 51*, 291-294.

Coulter, R. A., Zaltman, G., & Coulter, K. S. (2001). Interpreting consumer perceptions of
　　advertising: An application of the Zaltman metaphor elicitation technique. *Journal of
　　Advertising, 30*(4), 1-21.

Dafonte-Gómez, A. (2014). The key elements of viral advertising: From motivation to
　　emotion in the most shared videos. *Comunicar, 43*, 199-206.

電通（2016）．2015 年（平成 27 年）日本の広告費　http://www.dentsu.co.jp/news/release/
　　2016/0223-008678.html（2016 年 9 月 1 日アクセス）

Eckler, P., & Bolls, P. (2011). Spreading the virus. *Journal of Interactive Advertising, 11*(2),
　　1-11.

Edwards, S. M., Li, H., & Lee, J. H. (2002). Forced exposure and psychological reactance:
　　Antecedents and consequences of the perceived intrusiveness of pop-up ads. *Journal of
　　Advertising, 31*(3), 83-95.

Elliott, M. T., & Speck, P. S. (1998). Consumer perceptions of advertising clutter and its
　　impact across various media. *Journal of Advertising Research, 38*(1), 29-41.

Friestad, M., & Wright, P. (1994). The persuasion knowledge model: How people cope with
　　persuasion attempts. *Journal of Consumer Research, 21*(1), 1-31.

Ha, L., & McCann, K. (2008). An integrated model of advertising clutter in offline and
　　online media. *International Journal of Advertising, 27*(4), 569-592.

Ham, C. -D. (2017). Exploring how consumers cope with online behavioral advertising.
　　International Journal of Advertising, 36(4), 632-658.

春原昭彦（2004）．新聞広告事始め：ニュー・メディアとしての新聞と広告　*AD STUDIES,*
　　9, 12-17.

五十嵐正毅（2018）．消費者の広告への懐疑意識が広告の受容に与える影響　日経広告研究所報，*52*(4)，12-19.

岸志津江（1993）．広告効果測定における心理学の応用；情報処理アプローチと感情研究の接点を中心として　小嶋外弘・林英夫・小林貞夫（編）広告の心理学（pp.283-311）日経広告研究所

小林太三郎・嶋村和恵（監修）（1997）．新しい広告　電通

近藤史人（2009）．AISAS マーケティング・プロセスのモデル化　システムダイナミックス，*8*，95-102.

神山貴弥・藤原武弘（1991）．認知欲求尺度に関する基礎的研究　社会心理学研究，*6*，184-192.

Krugman, H. E.（1965）. The impact of television advertising: Learning without involvement. *Public Opinion Quarterly*, *29*, 349-356.

李津娥（2011）．政治広告の研究：アピール戦略と受容過程（東京女子大学学会研究叢書24）新曜社

Mitchell, A. A., & Olson, J. C.（1981）. Are product attribute beliefs the only mediator of advertising effects on brand attitude?. *Journal of Marketing Research*, *18*, 318-332.

movieTIMES（2015）．Google 調査から判明！スキップされにくく，広告想起率・ブランド認知度が高い動画広告のクリエイティブとは？　http://www.movie-times.tv/study/statistics/6604/（2016 年 11 月 1 日アクセス）

中田節子（監修）（2002）．目でみるマスコミとくらし百科 5　広告と宣伝　日本図書センター

日経ネットマーケティング（2008）．ブランデッドエンターテインメント　http://itpro.nikkeibp.co.jp/article/Keyword/20080408/298318/（2015 年 5 月 25 日アクセス）

西村洋一（2010）．インターネット利用者が検索連動型広告を回避する要因の検討：広告への態度の影響　広告科学，*52*，15-30.

仁科貞文（編）（2001）．広告効果論：情報処理パラダイムからのアプローチ　電通

仁科貞文・田中洋・丸岡吉人（2007）．広告心理　電通

Obermiller, C., & Spangenberg, E.（1998）. Development of a scale to measure consumer skepticism toward advertising. *Journal of Consumer Psychology, 7*(2), 159-186.

Petty, R. E., Cacioppo, J. T., & Schumann, D.（1983）. Central and peripheral routes to advertising effectiveness: The moderating role of involvement. *Journal of Consumer Research*, *10*, 135-146.

Pollay, R. W., & Mittal, B.（1993）. Here's the beef: Factors, determinants, and segments in consumer criticism of advertising. *Journal of Marketing, 57*(3), 99-114.

Seyedghorban, Z., Tahernejad, H., & Matanda, M. J.（2016）. Reinquiry into advertising avoidance on the internet: A conceptual replication and extension. *Journal of Advertising, 45*(1), 120-129.

嶋村和恵（監修）（2006）．新しい広告　電通

Shimp, T. A.（1981）. Attitude toward the ad as a mediator of consumer brand choice. *Journal of Advertising*, *10*, 1-15.

Speck, P. S., & Elliott, M. T.（1997）. Predictors of advertising avoidance in print and broadcast media. *Journal of Advertising, 26*(3), 61-76.

高桑末秀（1988）．世界広告史年表　概説(1)　日経広告研究所報，*117*，75-76.

冨狭泰・鈴木宏衛（2014）．2020 年の企業とマーケティング：広告・コミュニケーションの変化を展望する：企業視点からの今後の 10 年（Special Issue 未来がつくる広告 2020）

AD STUDIES, 2014 年 12 月号, 48-65.

寶雪・片倉淳子・谷口智宏・清家嵩人・古山皓大（2020）. オンライン動画広告の消費者心理に関する実証的研究：広告侵入感に着目して　日本広告学会第 51 回全国大会報告要旨集, 47-50.

Tulving, E.（1983）. *Elements of episodic memory*. New York: Oxford University Press.（太田信夫（訳）（1985）. タルヴィングの記憶理論：エピソード記憶の要素　教育出版）

植条則夫（1993）. 広告コピー概論　宣伝会議

植条則夫（2005）. 公共広告の研究　日経広告研究所

Wright, P. L.（1973）. The cognitive processes mediating acceptance of advertising. *Journal of Marketing Research, 10*, 53-62.

第5章 ゲーム

　子どものころ、ゲームが好きだった人は、「ゲームばかりしていないで、勉強しなさい！」と何度も親から言われてきただろう。『スーパーマリオブラザーズ』（任天堂, 1985）、『ポケットモンスター』（任天堂, 1996）、『妖怪ウォッチ』（レベルファイブ, 2013）など、よく遊んだゲームは、世代によって異なるが、時間がたつのも忘れて、つい夢中になって遊んでしまう魅力がおもしろいゲームにはある。第5章では、ゲーム市場の変化、ゲーム利用時間など、ゲームプレイの歴史や現状を理解したうえで、ゲームで遊ぶ動機、ゲーム実況を見る動機、ゲームに熱中する人の特徴、ゲーム依存、ゲーム利用者の社会的適応などについて、考えてみたい。

1．ゲームのおもしろさと市場の変化

　テレビゲームはなぜおもしろいのだろう。ゲームに夢中になる理由として、フランスの社会学者であるカイヨワ（Caillois, 1967=1990）がまとめた遊びの本質がテレビゲーム研究者によって、しばしば引用されている。例えば、桝山（2001）は、テレビゲームは、遊びに関するカイヨワの4つの分類である**競争（アゴン）**、**偶然（アレア）**、**模倣（ミミクリ）**、**眩暈（イリンクス）** の要素をすべて含んでいることを指摘した。つまり、テレビゲームで遊ぶことによって、他の子どもたちと対戦したり、競争（アゴン）したりすることができ、対戦成績などは、技術だけでなく、偶然（アレア）に左右される場合もある。そして、「もう一度チャレンジしよう」と動機づけられる。また、**ロールプレイングゲーム（RPG）** のように長編物語の主人公になり（模倣、ミミクリ）、冒険を進めることもできる一方で、ジェットコースターのようなスリルを味わえるスピード感のあるテレビゲームも存在する（眩暈、イリンクス）。したがって、子どもたちがテレビゲームに夢中になるのは、むしろ当然といえる。

　さらに桝山（2001）は、「遊びは単に個人的な娯楽ではない」とのカイヨワの主張を重視し、一見すると子どもが一人で部屋にこもり、テレビゲームで何時間も遊んでいるように見えるが、子どもたちはゲームに関する話題で友だちとのコ

ミュニケーションを図っている点を指摘している。「友だちとテレビゲームで遊ぶ」という点では、小学生男子の間ではそのニーズが最も高くなっており（CESA, 2001）、テレビゲームが小学生の子どもたちにとって、重要なコミュニケーションツールとなっていた。最近では、携帯ゲームの通信機能だけでなく、ソーシャル性の高いゲームが増え、ゲームで対戦するだけでなく、協力しながら遊ぶ機会も増えてきた。

　また、テレビゲームに限らず、ゲームとは、そもそも複数で遊ぶものである。カイヨワの「遊び」も、スポーツの「試合」も、欧米では、「ゲーム」と呼び、チクセントミハイも、カイヨワは、「あらゆる楽しい活動を含めるために、この『ゲーム』という言葉をもっとも広い意味で用いている」と述べている（Csikszentmihalyi, 1990=1996, p.92）。そして、勝敗を競ったり、指導者を決めたりする際に、コインを投げる、チェスをするなど、簡単なゲームが太古の昔から、行われてきた。第5章では、まず、テレビ受像機やPCなどを通して遊ぶデジタルゲームの歴史と市場の変化を紹介しよう。

ゲームの変遷と市場の変化

　初期のデジタルゲームは、コンピュータ上の点と線の動きだけで構成された比較的単純なものだった。このゲームに、マサチューセッツ工科大学の学生たちが夢中になったことがきっかけとなり、『ポン』（アタリ，1972）が発売された。その後は、『スペース・インベーダー』（タイトー，1978）などのゲーム機を街のあちこちで見かけるようになり、ゲームセンターなどを中心にゲームはプレイされてきた。

　家庭にゲーム機が置かれるようになったのは、1983年に『ファミリーコンピューター』（通称ファミコン）が任天堂より発売されてからだ。それまでは、ゲームといえば、ゲームセンターや喫茶店など「家庭外」で遊ぶものであり、プレイするたびにお金がかかるものだった。ファミコンが登場してから、ゲームソフトを買えば無制限に遊べるようになり、「お金がかかる」という金銭的問題が「ついゲームで遊びすぎてしまう」という時間的問題へとシフトしていった。

　1990年代に入り、ゲームのグラフィックの質が一段と向上する。それまでの平面的な2次元の世界が、遠近法を使った3次元の世界へと変化した。当初は、8ビットで、平面的で単純だった画像が、コンピュータ技術の発展とともに、16、32、64ビットと増大し、映像の表現力、リアリティが増していった。現在では、コンピュータグラフィックスの発達により、顔の表情も豊かな立体的なキャラク

ゲーム脳

　テレビゲームの悪影響という点で、一時、有名になったのは、森（2002）が提唱した**ゲーム脳仮説**だ。森は『ゲーム脳の恐怖』の中で、「意欲、判断、情動抑制など、人間らしさを保つために重要な働きをする前頭前野が、ゲーム漬けで危機に瀕している」ことを説いた。α波、β波の動きをグラフに示すなど、わかりやすく示したゲーム脳仮説は、テレビ、雑誌、新聞など、各種マスメディアで報じられた。その後の研究では、森が独自に開発した脳波測定装置であること、脳イメージングなど対照データの不足など、その科学的根拠に対する批判が相次いだ（安藤，2003；府元，2006）。他の研究でも、テレビゲームのプレイ時に前頭前野の活動が低下しやすいことは確認されているが（松田ら，2003）、このような現象は、漫画を読んだり、オセロゲームをしたりするときにもみられる状態であり、脳がリラックスしている証拠だという見方もある。前頭前野が広範囲に活性化しないからといって、テレビゲームが子どもの脳に悪影響を及ぼすとは言い切れない。その後は、テレビゲームが子どもの認知的発達に及ぼす影響についても、様々な研究が行われてきた（第9章、10章参照）。

ターも作ることができ、人間のモデルの動きをコンピュータで解析することにより、より自然な動作を再現することも可能になった。

　また、視覚だけでなく、触覚においても、ゲームは発達した。例えば、キャラクターが受けたショックが「振動」としてコントローラーに伝わったり、主人公の心臓の鼓動をコントローラーの振動で感じたりなど、臨場感を感じさせる表現が加わった。そして、任天堂の『Wii』では、まるでスポーツをするような感覚で、小さなテレビリモコン型のコントローラーを操作できるようになり、ゲームの楽しみ方が大きく変わった。さらに、最近では、ヴァーチャルリアリティ（VR）機器が購入しやすい価格で発売され、一段と、迫力のある映像の中で、視覚的にも、体感的にも、ゲームの世界に没入することが可能になった（新，2016）。

　テレビ受像機やPCモニターなど大画面に接続して遊ぶゲーム以外にも、『ゲームボーイ』『NINTENDO 3DS』（任天堂）や『PS Vita』（ソニー・インタラクティブエンターテインメント，SIE）などに代表されるような携帯型ゲーム機が発売され、普及してきた。そして、近年では、図5-1に示すように、スマートフォン

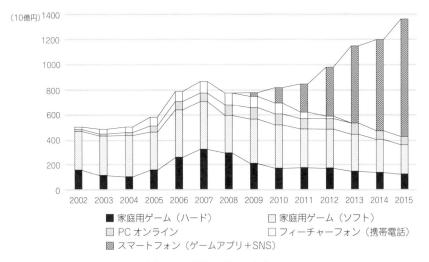

（10億円）

凡例：
■ 家庭用ゲーム（ハード）
□ 家庭用ゲーム（ソフト）
□ PC オンライン
□ フィーチャーフォン（携帯電話）
▨ スマートフォン（ゲームアプリ＋SNS）

図 5-1　日本におけるゲーム産業の市場規模の近年の推移（総務省情報通信政策研究所調査研究部，2014，p.16 のグラフをもとに、カドカワ，2016，p.330 のデータを追加して作成）

などのモバイル端末で遊ぶゲームの市場が急速に拡大している。

ゲームの利用時間

　テレビゲームの歴史を振り返ってきたが、テレビゲームは、その誕生とともに、子どもたちの心を魅了し、夢中にさせてきた。そして、小学生の夕食前の遊びとして、1987 年にはテレビゲームは 25% にすぎなかったが、1997 年には 50% となった（白石，1998）。この時期の調査では、家庭のテレビゲームで平日 2 時間以上遊ぶ小・中学生が 26% もいたとの報告もある（総務庁青少年対策本部，1999）。さらに、当時は、小学生の好きな遊びでも、テレビゲームが 1 位であり（郵政省放送行政局，2000）、子どもたちにとって、テレビゲームは日常生活に溶け込んだメディアになってきた。

　近年では、ゲーム専用機で遊ぶ時間よりも、インターネット、スマートフォンの長時間利用や依存が社会問題となっている。ゲームでも、**オンラインゲーム**（インターネットなどの通信インフラを通して、パソコン、家庭用テレビゲーム機、スマートフォンなどで複数のプレイヤーが同時にプレイするゲーム）への依存、スマートフォンのアプリへの依存を問題視する声もある（岡田，2005, 2014）。一般社団法人コンピュータエンターテインメント協会（CESA）が 2019 年 1 月に 2,948 人を対象に実施した調査によると、全体の 42.1% がゲームを継続的にプレイして

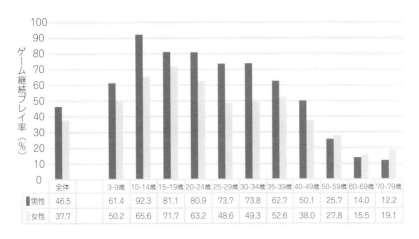

	全体		3-9歳	10-14歳	15-19歳	20-24歳	25-29歳	30-34歳	35-39歳	40-49歳	50-59歳	60-69歳	70-79歳
■男性	46.5		61.4	92.3	81.1	80.9	73.7	73.8	62.7	50.1	25.7	14.0	12.2
女性	37.7		50.2	65.6	71.7	63.2	48.6	49.3	52.6	38.0	27.8	15.5	19.1

図 5-2　ゲーム継続プレイ率

（コンピュータエンターテインメント協会，2019，p.99 のデータをもとに作成）

いると答えている。男女別に比較すると、図5-2 に示すように、男性の10代〜40代の過半数がゲームをプレイしているだけでなく、女性の10代〜30代の過半数近くがゲームを継続してプレイしていると答えている。これは、インターネットやスマートフォンの普及により、ゲームが子ども中心ではなく、大人も遊ぶエンタテインメントになってきたことを示している。

2．ゲームの利用動機とゲームプレイ

利用と満足研究

「利用と満足（uses and gratifications）」研究という視点からも、テレビゲームが論じられている。利用と満足研究は、従来、読書、テレビなどの利用動機や満足感の多様性という視点から、論じられてきた（第2章、コラム4参照）。その視点は、ソーシャル・ネットワーキング・サービス（SNS）などの利用動機研究だけでなく、ゲーム研究にも適用されている。テレビゲームに関する利用と満足研究では、ゲームで遊ぶ動機として、「競争性」（最も速くうまくゲームを進めることは自分にとって大事など）、「チャレンジ」（次のレベルに進めるのはうれしいなど）、「空想性」（実際にはできないことがゲーム上でできるなど）、「興奮」（アドレナリンレベルを上げるからなど）、「社会的交流」（友だちと一緒に遊ぶためなど）、「逃避」（他にしなければならないことの代わりに遊ぶなど）などがあがっている（Lucas & Sherry,

2004）。米国では、男子大学生がゲームで遊ぶ動機としては、「チャレンジ」、「社会的交流」、「興奮」などが上位にあがったが、女子大学生では、「チャレンジ」、「興奮」、「空想性」などが上位にきた。小学生だけでなく、男子大学生の間でも、ゲームが社会的交流の場となっていることが読み取れる。

　また、グリーンバーグらは、テレビゲームで遊ぶ動機を年齢別に検討しており、「空想性」、「**現実性**」（ゲーム上のキャラクターは本当の人間のようだからゲームで遊ぶなど）、「**自己**」（強くなれるからゲームで遊ぶなど）は小学5年生で最も高く、「競争性」、「逃避」は高校2年生で最も高く、「チャレンジ」、「社会的交流」は大学生で最も高いなどの違いがみられた。テレビゲームで遊ぶ動機や理由も発達段階によって異なっているようだ（Greenberg et al., 2010）。

　日本でもゲームで遊ぶ動機や、利用と満足に関する研究は行われてきた（井口，2013；高山，2000）。例えば、高山（2000）が小学校高学年を対象に行った分析では、「**挑戦**」（難しい場面がうまく乗りこえられたらうれしいからなど）、「**コントロール**」（自分で自由に動かすことができるからなど）、「**空想**」（いろいろな敵にあうことができるから）、「**暇つぶし**」（雨の日、外で遊べないときにできるからなど）、「**逃避**」（さびしいときでも、ゲームをやると気がまぎれるからなど）、「**好奇心**」（音や音楽がおもしろいからなど）という6つの因子がテレビゲームで遊ぶ動機として分類されていた。その中で、ゲームの利用頻度が多く、ゲームを重要だと位置づける態度と結びついていたのは、「空想」、「暇つぶし」、「好奇心」などであった。高山はさらに動機因子により子どもたちを分類しており、中でも利用頻度が最も高かった「熱中タイプ」は、「挑戦」「空想」「好奇心」などの因子が高く、「逃避」が低い傾向がみられていた。したがって、これらの因子が、ゲームに夢中になるタイプの動機として特に重要な因子のようだ。

　さらに、井口（2013）は、大学生を対象に、利用と満足研究を行っており、「空想」、「**承認**」（巧く操作すると他の人から尊敬されてうれしいからなど）、「**趣向**」（好きなイラストレーターが描いているからなど）、「達成」、「**友達**」（友だちといっしょにゲームで遊ぶのが楽しいからなど）、「**学習**」（ゲームを通じて難しいことでも理解できるようになるからなど）などの因子が高い場合、ゲームで遊ぶ利用時間や、ゲームに使う金額が高くなる傾向がみられた。選択肢の内容も研究によって異なるものの、グリーンバーグらの研究と同様に「承認」や「友達」という社会的交流と関連した因子、「達成」というチャレンジに関連した因子が高かった場合、利用時間が長いという点は興味深い。また、米国での研究とは異なり、「空想」という要素が小学生と大学生で大きな要素である点もおもしろい。欧米では、よ

り現実的な設定のゲームの方が人気であり、日本では、RPG をはじめとした空想性の高いゲームに人気があるなど、ゲーム趣向とも関連しているだろう。

ゲーム実況を見る心理

近年注目されつつある分野はゲーム実況についての研究である。ヒルバート＝ブルースらは、利用と満足研究に基づき、Twitch（ツイッチ）でゲーム実況を視聴する社会的動機について、インターネット調査を実施した（Hilvert-Bruce et al., 2018）。(1) コミュニティ感覚に似た動機（実況やチャンネルへの好意度など、8 項目）、(2) エンタテインメント的動機（3 項目）、(3) 情報探索や学習動機（4 項目）、(4) 社会的交流（social interactions）動機（4 項目）、(5) 新しい人々との出会いを求める動機（3 項目）、(6) 外的サポート（現実生活において友人や社会的ネットワークなどの対人関係における社会的サポートがあるかどうかという所属意識、11 項目）、(7) 社会的不安（現実生活で会話をする上での苦痛感、15 項目）、(8) 社会的サポートを求める動機（4 項目）などを測定した。また同時に、Twitch への感情的なつながり、Twitch を 1 週間に見る時間、Twitch に寄付をした金額、Twitch を契約した期間などをたずね、それぞれを従属変数として、重回帰分析や順序線形回帰分析を行った。表 5-1 に示すように、コミュニティ感覚、エンタテインメント的動機、情報探索や学習動機、社会的交流、新しい人々との出会いなどが Twitch への感情的つながりの強さを説明する動機となっていた。また、エンタテインメント的な動機や社会的交流への動機が強いと Twitch の視聴時間が長い傾向がみられた。その一方で、寄付額や契約期間は社会的交流、コミュニティ感覚が重要な社会的動機になっており、Twitch でゲーム実況を見ることは、ゲームで遊ぶという行動と同様に社会的交流の場であることが示された。

表5-1　ゲーム実況を視聴する社会的動機と、Twitch の利用状況（Hilvert-Bruce et al., 2018 より）

社会的動機変数	感情的つながり	Twitch 視聴時間	Twitch 寄付額	Twitch 契約期間
コミュニティ感覚	.23*	.03	.29*	.31*
エンタテインメント	.20*	.52*	.23	.08
情報探索・学習	.15*	.13	-.08	-.12
社会的交流	.15*	.31*	.66*	.49*
新しい人々との出会い	.14*	.03	.05	.10
外的サポート	-.05	-.09*	-.04	-.03
社会的不安	.04	.00	-.01	-.01
社会的サポート	.02	-.04	.03	.02

* *p* < .001 , *N* = 2,227（16-49 歳，男性 95.6%）. 感情的つながりは重回帰分析の標準化係数（*β*）であり、Twitch 視聴時間・寄付額・契約は順序線形回帰（ordinal linear regression）係数である。

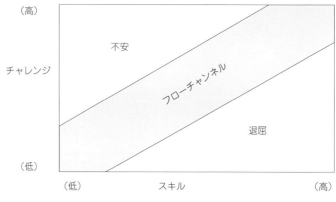

図 5-3　フローチャンネル（Csikszentmihalyi, 1990=1996; Juul, 2005=2016）

フローと没入

　イエスパー・ユールは、『ハーフ・リアル』という本の中で、「**フロー**」という概念を用いて、ゲームのおもしろさを説明している（Juul, 2005=2016）。フローとは、心理学者チクセントミハイが提唱した概念であり、一つの活動に深く没入していて、非常に楽しく、幸せな状態をさす（Csikszentmihalyi, 1990=1996）。ユールは、図 5-3 に示すように、フローをゲームにあてはめ、ゲームにおいても、難しすぎるとやる気が出ないが、簡単すぎると退屈であり、常にプレイヤーをその中間に保つことに、ゲームのおもしろさがあると説いている。

　ゲームに夢中になることは、ゲームへの**関与**（エンゲージメント、engagement）、あるいは、**没入**（immersion, involvement）と呼ばれる状態である。ゲームデザイナーは、プレイヤーに夢中になってもらうために、いかにゲームへの没入を高めるかと苦心している。しかし、どのような要素があると、ゲームはおもしろいのかという点では、様々な理論や説明があるが、なかなか簡単に定義することはできない。

3．ゲームに熱中する人のパーソナリティ

　では、どのような人がテレビゲームに夢中になりやすいのか。熱中しやすい人を特定していくことは、ビジネス戦略という点でも、ゲームへの過度な依存を予防するという点でも大事な論点となるだろう。研究が多く実施されたのは、性別、年齢、攻撃性、共感性、自尊心、タイプ A 行動パターンなどであり、ゲームに

夢中になりやすい人のパーソナリティ（コラム 11 参照）が比較されてきた（渋谷，2011）。その他にも、学業成績、孤独感、社会性などについても研究が行われた。最も研究数が多いのは、攻撃性との関係だが、攻撃性、共感性については、テレビゲームの利用時間との関係よりも、暴力シーンのあるテレビゲームへの接触の影響を中心に、近年では研究が行われており、この点については、第 10 章でまとめた。

男性にゲームが好きな人が多い

まず、テレビゲームに夢中になりやすい人は、女性よりも男性に多い傾向が、どの年齢層でもみられ、ほとんどの調査で男女差がみられてきた。この理由として、ゲームソフトにはアクション、戦い、スポーツなどの要素を含むものが多く、男性向けに作られてきたからだという説明と、**空間認識能力**や素早いゲーム操作などで、男性の方が優れているから、男性の方が夢中になりやすいという説明がある。どちらが正しいかはわからないが、空間認識能力などが、テレビゲームを用いたトレーニングで向上し、男女差が小さくなったことを示す報告もあるので（Feng et al., 2007）、多様なゲームソフトが開発されれば男女差は小さくなると考えられる。また、女性は、パズルゲーム、シミュレーションゲーム（恋愛や育成）を好むことを示す研究もある（寺本ら，2014）。

小学校高学年から中学生が一番夢中になる時期

また、年齢によっても、ゲーム利用時間は大きく異なる。幼児では、3 歳、4 歳、5 歳と年齢が上がるほど、テレビゲームへの接触時間が長くなり、きょうだいがいる場合、保育園児よりも幼稚園児でゲームへの接触時間が長い傾向がみられた（栗谷・吉田，2008）。そして、幼児よりも小学生の方が接触時間が長く（CESA, 2001）、小学生では、低学年より高学年で、接触時間が長い傾向がみられた（CESA, 2001, 2004）。小学生と中学生の間では、接触時間に大きな差はみられていないが、高校生になると、中学生よりも短い傾向がみられた（坂元ら，2002）。また、中学生や高校生などでは、大学生や大人のユーザーと比べ、オンラインゲームに依存的になりやすいことを示す調査もある（平井・葛西，2006）。だが、近年では、10 代よりも、20〜30 代の利用時間が長くなっている（総務省情報通信政策研究所，2016）。

自尊心が低いとゲームで遊ぶ？　ゲームで遊ぶことで自尊心が低くなる？

　自尊心、自己効力感など、自己概念とゲーム利用との関連性を検討した研究も、比較的多く行われてきた。ゲームが好きな子どもは、外で遊ぶよりも、家の中で、テレビ画面に一人向かっているという内向的なイメージがあるからだろう。あるいは、孤独で、自分に自信がもてないので、自尊心をあげるために、ゲームで頑張るというイメージがあるからだろう。

　自尊心との関係については、1990 年代に、イギリスで、コルウェルらが中高校生を対象に研究を行った。この調査では、テレビゲーム接触時間と自尊心との間に関連性はみられなかった。しかし、遊び方によっては、自尊心に差がみられた。例えば、友だち因子（友だちと遊ぶよりもゲームで遊ぶことが好きなど）、仲間因子（ゲームを仲間のように思うなど）、孤独／逃避因子（一人でいられるから遊ぶなど）などの得点が高い場合は、自尊心が低い傾向が女子生徒ではみられた（Colwell et al., 1995）。また、ファンクらが中学生を対象に行った調査でも、女子生徒でのみ、テレビゲーム接触時間が長いと自尊心が低い傾向がみられた（Funk & Buchman, 1996）。その理由として、戦いなどが多いテレビゲームで遊ぶことは女子の遊びとして社会的にあまり受容されていないため、勉強時間などが短くなり学業成績が下がったためなどの可能性が指摘されている。ただし、高校生、大学生を対象とした米国の調査では、自尊心との関連性がみられなかった報告もある（Barnette et al., 1997）。

　日本で小中学生を対象に行われた調査でも、テレビゲームの 1 週間の接触時間が長いほど、自己効力感が低く、特に忍耐力に欠ける傾向が男女ともにみられた（新田・城，2002）。一人でゲームで遊ぶ時間が長時間に及ぶと、他の遊びで形成されるような自己効力感が十分に育たない可能性をこれらの研究は示唆している。近年では、携帯型ゲーム機やスマートフォンなどで複数の友だちと協力して遊ぶことも可能になり、このような懸念は少ないかもしれない。だが、最近でも、加藤・五十嵐（2016）が、ソーシャルゲーム（『パズル＆ドラゴンズ』（ガンホー・オンライン・エンターテイメント，2012））のプレイヤーを対象にインターネット調査を実施しており、自己愛が強く、自尊心が低いゲームプレイヤーが、ゲームへの没入度が高い傾向がみられている。

　自己効力感や自尊心に関しては、長期的な因果の方向を示唆する縦断研究（パネル研究、コラム 33 参照）は少ない。その中で、レモンスらがオランダの青年を対象に行った縦断研究では、自尊心の低い人が、6 か月後に、ゲーム依存になりやすい傾向がみられた。しかし、ゲーム依存の人に 6 か月後にみられた傾向は

パーソナリティ

　パーソナリティは、人の広い意味での行動（言語表現、認知、感情なども含む）に時間的・空間的一貫性を与えているものと定義される（神村, 1999）。時間的一貫性は、今日と明日、あるいは、1か月後も、あまり大きく変わらないことであり、空間的一貫性は、学校でも、家でも、他の場所でも、あまり大きくは変わらないことを意味する。実際には、成長とともに時間的に変化し、学校、職場、住む場所などが変わると、空間的にも少しは変化すると思われるが、社会的行動を説明するために、その個人に帰属できる性質をパーソナリティと呼んでいる。

　様々なパーソナリティが検討されてきたが、最も有名なものが、コスタとマクレエによって提唱された **Big Five** と呼ばれるものだ（Costa & McCrae, 1985）。これは、**外向性**（extroversion）、**誠実性**（conscientiousness）、**情緒不安定性**（neuroticism, 神経症傾向とも呼ばれる）、**開放性**（openness to experience）、**調和性**（agreeableness）という5つの次元で構成されている。Big Five 尺度は、60項目の日本語版（和田, 1996）、その29項目の短縮版も作成されている（並川ら, 2012；表）。

表　Big Five 尺度短縮版（29項目）

⑴　外向性（5項目） 　　社交的、話好き、外交的、陽気な──無口な（逆転）
⑵　誠実性（7項目） 　　計画性のある、几帳面な──いい加減な（逆転、以下同）、ルーズな、成り行きまかせ、怠惰な、軽率な
⑶　情緒不安定性（5項目） 　　不安になりやすい、心配性、弱気になる、緊張しやすい、憂鬱な
⑷　開放性（6項目） 多才な、進歩的、独創的な、頭の回転が速い、興味の広い、好奇心が強い
⑸　調和性（6項目） 　　温和な、寛大な、親切な──短気（逆転、以下同）、怒りっぽい、自己中心的な

回答の選択肢は、「非常にあてはまる」「かなりあてはまる」「ややあてはまる」「どちらともいえない」「あまりあてはまらない」「ほとんどあてはまらない」「まったくあてはまらない」の7件法。
出典：並川ら, 2012 をもとにまとめた。

孤独感が高くなったのみであり、自尊心への影響はみられなかった。この縦断研究の結果は、自尊心が低い人がゲーム依存になりやすいという因果の方向を示している（Lemmens et al., 2011）。

タイプＡ性格傾向は、ゲームに夢中になり、ストレス解消！

　その他に、テレビゲームに夢中になりやすい性格として、タイプＡ性格傾向
またはタイプＡ行動パターンに関する研究がある。**タイプＡ性格傾向**とは、競
争的、野心的、精力的で、時間的切迫感が強いなどの特徴がみられる性格をいう
（野村，1999）。そして、オンラインゲームに没頭し、依存傾向が高かった人に、
タイプＡ性格傾向（攻撃性、熱中性、時間切迫）が強くみられたことを指摘する
研究もある（平井・葛西，2006）。高山（2000）がゲームで遊ぶ動機を分類して示
した「熱中タイプ」と、このタイプＡ性格傾向との特徴とを比較すると、似た
ような要素が含まれており、ゲームに夢中になりやすい人の特徴の一つといえる。

　しかも、タイプＡ性格傾向の得点が高い大学生は、低い大学生と比べ、ゲー
ムに集中し、集中力が途切れにくく、ゲーム後の安静時に心拍数が落ち着きやす
かったことを示す実験も報告されている（遠藤ら，2000）。そして遠藤らは、ゲー
ムの効用として、「ゲームという意図的な緊張状態を作り、その後に、リラック
スした状態を経験することで、ストレスが多少なりとも解消されるという効用も
あるのではないだろうか」（p.11）と述べている。タイプＡ傾向と呼ばれるパー
ソナリティの人たちが、ゲームに夢中になりやすい理由の一つを示している。

　ゲームに集中した後に、リラックスした状態を経験し、ストレスを解消すると
いうプロセスは、ゲームが好きな人たちからよく耳にする言葉であるだけに、と
ても重要な点である（Kutner & Olson, 2008=2009）。そして、遠藤らが指摘したス
トレス解消法は、ケステンバウムらの研究で、テレビゲームで長時間遊ぶ群は、
短時間遊ぶ群に比べ、傷ついたときや感情が高まったときゲームをしたくなり、
ゲーム後、よりリラックスするというカタルシス効果を示唆した調査とも一致す
る（Kestenbaum & Weinstein, 1985）。

　このように、ゲームユーザーの特徴をみてきたが、これまでの研究で示したよ
うな特徴が今後も継続してみられるかどうかはわからない。例えば、ゲームユー
ザーというと、これまでは子どもと若い男性が中心であり、そのような年齢層に
好まれるゲームばかり作られる傾向があった。しかし最近では、スマートフォン
のアプリで多いパズルゲーム、農場や恋愛シミュレーションゲームなども増え、
若い女性や中年の男女も電車の中などでゲームアプリで遊んでいる姿を目にする。
また、ゲーム世代が子どもを育てる世代になってきたことにより、父親、母親が
子どもとゲームで遊ぶ割合も増えてきた。したがって、テレビやインターネット
のように、ゲームが好きな人の年代、性別が多様になってきているため、ゲーム
が好きな人の特徴を限定的に示すことは次第に難しくなっている。

4．ゲーム依存と社会的適応

ゲームで遊ぶ人は、孤独で、社会性が低い？　ゲームで遊ぶと友だちができる？

　かつて日本では、ゲーム脳などの形で、テレビゲームというメディアそのものが、そのコンテンツにかかわらず、子どもに悪影響を及ぼすと懸念する傾向が強かったように思われる（森，2002，コラム 10 参照）。欧米でも、テレビゲームが家庭に入ってきた 1980 年代には、そのような議論が一部でみられた。その代表的な議論の一つが、セルノウ（Selnow, 1984）の**電子的友だち仮説**（electronic friend hypothesis）だ。ゲームセンターにより頻繁に通う青少年に、「友だちと遊ぶよりもゲームセンターで遊びたい」などのニーズが高い傾向がみられており、テレビゲームと「電子的友だち」になることにより、社会的に不適応に陥ってしまうのではないかと懸念する仮説である。

　この電子的友だち仮説について、いくつかの調査が行われてきた。例えば、1980 年代にアメリカで行われた調査では、家庭でテレビゲームで遊ぶことも、ゲームセンターで遊ぶことも、社会性の高さとの間に関連性はみられていない（Lin & Lepper, 1987）。むしろ高校生の場合は、テレビゲームでよく遊ぶほど、外向的な傾向がみられており、テレビゲームという遊びが「社会的活動」であるといえる（McClure & Mears, 1986）。また、イギリスでは、テレビゲーム接触時間が長い男子の方が、「友だちと遊ぶよりもテレビゲームで遊びたい」と思う傾向がみられたものの、同時に、学校外で友だちと多く遊ぶ傾向もみられた（Colwell et al., 1995）。さらに、同じくコルウェルらが、イギリスで実施した調査では、テレビゲーム接触時間が長いと、友だちの数が少ない傾向がみられた（Colwell & Payne, 2000）。オランダで行われた研究でも、ゲームで遊ぶ青年は、孤独感が強く、社会的スキルが低い傾向がみられている（Lemmens et al., 2009）。

　一方で、日本の調査では、テレビゲームで遊んだ時間と友だちの数との関連性はみられておらず（Colwell & Kato, 2003）、日本の中学生は、友だちの数をイギリスの中学生よりも多く報告する傾向があった（Colwell & Kato, 2005）。したがって、テレビゲームの遊び方も、世界でほとんど同じというわけではなく、日本では友だちや兄弟とテレビゲームで遊ぶ傾向が強い可能性もある。日本で行われた他の研究でも、社会性、引きこもり的傾向に関しては、テレビゲーム接触の影響という因果の方向はみられず、むしろ社会性が低い青少年がテレビゲームに接触

する傾向があるという逆の因果の方向がパネル研究によって示唆されている（Sakamoto, 1994）。しかも、テレビゲームで遊ぶことによって、対人関係における恐れや緊張感（シャイネス）が改善されたという中学生のパネル調査の報告もある（井堀ら, 2002）。高校生の間では、テレビゲームがコミュニケーションツールとして機能し、共感性を高めたり、社会的不安を軽減したりするポジティブな影響がみられている点に注目すべきだろう（木村, 2003：木村ら, 2000）。同様の傾向は、オンラインゲームでもみられており、専門学校の男子学生を対象にした縦断調査では、オンラインゲームで遊ぶことにより、2か月後の社会的スキルが高くなるという影響もみられた（鈴木ら, 2004）。したがって、ゲームで遊ぶことで社会的不適応が生じるという仮説は日本ではあまり支持されていない。

ゲーム依存

　ゲーム産業やゲーム開発者からみると、ゲームへの熱中、没入は、ゲーム制作の目標であり、ゴールである。いかに、ゲームユーザーを夢中にさせ、没頭させるようなおもしろいゲームを作るかが問われている。しかし、ゲームユーザーの家族や周囲の人たちにとっては、その熱中度が過度になると、心配になったり、コミュニケーション上のトラブルが生じたりするなど、対人的な摩擦が生じやすい。冒頭で紹介したように、「ゲームばかりやってないで、勉強しなさい！」という言葉に代表されるものだ。

　テレビゲームで遊ぶ人たちの中で、ごく少数ではあるが、ゲーム依存に陥っている人はいる。このようなテレビゲームへの依存については、近年、研究が活発に行われる傾向にあり、研究によって、**ゲーム依存**（game addiction または game dependency）、病的なゲーム使用（pathological video game use）などの異なる呼び名が用いられている。ギャンブル依存尺度、インターネット依存尺度などを元に、ゲーム依存や、オンラインゲーム依存を測る尺度が作られている。

　ゲーム依存は、麻薬、アルコールなど、物質的なものに対する依存とは異なっており、ギャンブル依存などとともに、プロセス依存の一つと考えられている。アメリカ精神医学会で作成された **DSM-5**（Diagnostic and statistical manual of mental disorders, 5th edition; American Psychiatric Association, 2013）では、**インターネットゲーム障害**（Internet gaming disorder）が今後研究を進めるべき精神疾患の一つとして提案された。

　その後、2019 年には世界保健機構（World Health Organization：WHO）が「疾病及び関連保健問題の国際統計分類（略称は国際疾病分類：ICD-11）」を採択し、

表 5-2　ゲーム障害を測定する尺度の例（Pontes et al., 2019 より引用）

Q1	自身のゲームプレイをコントロールすることは困難だった。
Q2	日常生活における関心や日常的な行動よりもゲームプレイを優先することが増えてきた。
Q3	ネガティブな結果が生じているにもかかわらずゲームを続けてきた。
Q4	ゲームをやりすぎたために日常生活（個人・家族・社会・教育・仕事など）において深刻な問題を経験した。

ポンテスらの尺度では、過去 1 年間（12 か月）について、まったくない（1 点）、めったにない（2 点）、時々ある（3 点）、よくある（4 点）、とてもよくある（5 点）と回答してもらい、4 問すべてで 4〜5 点だった場合はゲーム障害の可能性があると指摘している。日本語訳は引用者による暫定訳である。

その中に「ゲーム障害（またはゲーム症：gaming disorder）」が正式に認定された。WHO ではゲーム障害を「他の活動よりもゲームを優先することが増え、他の関心や日常生活よりもゲームの優先順位が高くなり、ゲームをコントロールできない状況。ネガティブな結果が生じているにもかかわらず、ゲームを継続したり、より長くゲームをすること」と定義した。そして、少なくとも 12 か月間、個人・家族・社会・教育・職業などの重要分野の機能で深刻な問題になるような十分な障害がみられる行動パターンでなければならないとした。そして、ポンテスらが作成したゲーム障害尺度は、表 5-2 に示すような 4 つの質問から成り立っている。ポンテスらの調査では、この尺度の得点が高い人は、ゲーム接触時間が長いだけでなく、孤独感を強く抱き、抑うつが強い傾向がみられた（Pontes et al., 2019）。その調査では 4 問すべてで 4〜5 点（よくある、とてもよくあるに該当）だった人は全体の 1.8% だったことから、該当者はゲームユーザーのごく一部といえる。他の研究でも、ゲーム依存だと思われる人は 3 ％程度だと考えられている（Ferguson et al., 2011；King & Delfabbro, 2018=2020）。

　また、近年、ゲーム依存の研究者によって指摘されている点は、ゲーム接触時間が長いことが問題なのではなく、日常生活を問題なく過ごしているのか（適応）、あるいは、何か問題が生じているのか（不適応）、その区別が明確につけられる尺度が重要視されてきた。例えば、チャールトンらは、『Asheron's Call』というオンラインゲームのユーザーを対象に調査を行い、ゲーム依存者に特徴的な要素（離脱症状、再発、葛藤、対人関係における問題など）と、ゲーム依存とはいえない長時間ゲームユーザーに特徴的な要素（気分高揚感、ゲームのことばかり考える、睡眠不足など）とを分けて考える必要性を強調している（Charlton & Danforth, 2007）。

　日本でも、「ネトゲ廃人」（インターネットを介したゲームなどによって、社会的不適応に陥った人の意）という言葉で呼ばれたこともあり、ゲームにのめり込むあ

まりに社会的に不適応になってしまう人の存在が指摘されてきた。今後は、ゲームユーザー自身がゲーム依存度を簡単に自己チェックできるような場を設けたり、ゲーム依存になりにくいようなゲームを制作したり、ゲーム依存にならない遊び方をするなど、ヘルシーなゲーム遊びの処方箋などが求められている。

　一方で、このようにゲームに関連して不適応に陥った人たちを、ゲームのみが問題だと帰属できない場合も多い。例えば、学校や家庭で何らかの問題や不適応が生じ、その問題と直面することを避けようとして、テレビゲームやオンラインゲームに依存的になってしまう場合もあることが指摘されている。そのような場合も、家族や友だちには、オンラインゲームで遊んでいる姿ばかりが目につくために、「オンラインゲームの問題」と捉えられがちだ。カトナーらは、情緒的な問題やストレスを抱え、オンラインゲームに依存的になってしまう可能性を指摘し、ゲーム依存の奥に潜む真の問題に気づき、思春期の子どもたちに手を差し伸べる必要性を説いている（Kutner & Olson, 2008=2009）。

　また、どのような人たちがオンラインゲーム依存になりやすいかについては、日本でも、平井と葛西（2006）が研究を行っている。タイプA性格傾向のある人は、本来潜在的不登校引きこもり傾向にはなりにくいが、タイプA性格傾向とオンラインゲーム依存、オンラインゲーム依存と潜在的不登校引きこもり傾向との間に、それぞれ正の相関関係がみられ、オンラインゲーム遊びを媒介にして、タイプA性格傾向と潜在的不登校引きこもり傾向とが関連していることを明らかにした。つまり、タイプA性格傾向の子どもが、学校や家庭で何らかの問題や不適応が生じた場合、テレビゲームやオンラインゲームに逃避し、社会的不適応に陥りやすいということである。もちろん、このような形で社会的不適応に陥る少年が存在したとしても、それはオンラインゲームに限った現象ではないのだろうが、現代においては、オンラインゲームが目立つ存在の一つになっている。

　対応策の一つとして、自己モニタリングという方法がある。ゲームを始めた時刻、各セッションの時間、セッションごとの基本的な成果をすべて記録するように教える（King & Delfabbro, 2018=2020）。キングらによると、このような研究自体が「挑戦」として解釈され、参加した青少年の興味をひいていたという。強制的な手段でゲームを禁止するのではなく、自分自身のゲームプレイについて理解して、ゲームプレイをコントロールする力を育むことは、ゲーム障害の予防にも役立つだろう。

　以上、ゲームについて、市場の変化、利用動機、ゲームに夢中になるパーソナリティの特徴、社会的不適応などについて、まとめてきた。このほかにも、ゲー

ムの教育的利用、ゲームの暴力シーンの影響などの研究があり、それぞれ9章、10章で紹介したい。

演習問題

1．ゲームがおもしろい理由は、何だろうか。ゲームが好きな人も、ゲームがあまり好きではない人も、自分が遊んだことのあるゲームを思い出して、考えてみてほしい。また、同じようなゲームでも、あまりおもしろくなかったゲーム、途中で飽きてしまったゲームを考えてみよう。ゲームのおもしろさを考えるうえで、ヒントになるかもしれない。

2．ゲーム障害を予防するために、どのような対応策が可能だと思うか。第5章で学んだ内容から、ゲーム制作者、ゲームプレイヤー、保護者、あるいは、社会で可能な対応策を考えてみてほしい。また、どのような対応策が最も効果的だと思うか。周囲の友だちと話し合ってみてほしい。

さらに学ぶための文献・資料案内

坂元章（編）（2003）．メディアと人間の発達：テレビ、テレビゲーム、インターネット、そしてロボットの心理的影響　学文社

坂元章（編）（2011）．メディアとパーソナリティ　ナカニシヤ出版

デジタルゲームの教科書制作委員会（2010）．デジタルゲームの教科書：知っておくべきゲーム業界最新トレンド　ソフトバンククリエイティブ

D. キング・P. デルファブロ（著）樋口進（監訳）成田啓行（訳）（2020）．ゲーム障害：ゲーム依存の理解と治療・予防　福村出版

引用文献

American Psychiatric Association（2013）．*Diagnostic and statistical manual of mental disorders*（5th ed.）（DSM-5^{TM}）. Arlington, VA: American Psychiatric Association.

安藤玲子（2003）．テレビゲームは、脳の発達に悪影響を及ぼすか　坂元章（編）メディアと人間の発達：テレビ、テレビゲーム、インターネット、そしてロボットの心理的影響（pp.125-128）学文社

Barnett, M. A., Vitaglione, G. D., Harper, K. K. G., Quackenbush, S. W., Steadman, L. A., & Valdez, B. S.（1997）. Late adolescents' experiences with and attitudes toward videogames. *Journal of Applied Social Psychology, 27*, 1316-1334.

Caillois, R.（1967）. *Les jeux et les Hommes*（Éd. rev. et augmentée）. Paris: Gallimard.（多田道太郎・塚崎幹夫（訳）（1990）．遊びと人間　講談社）

CESA（コンピュータエンターテインメントソフトウェア協会）（2001）．2001 CESA キッズ調査報告書　コンピュータエンターテインメントソフトウェア協会

CESA（コンピュータエンターテインメント協会）（2004）．2004 CESA キッズ調査報告書　コンピュータエンターテインメント協会

CESA（コンピュータエンターテインメント協会）（2019）．CESA ゲーム白書 2019　コン

ピュータエンターテインメント協会

Charlton, J. P., & Danforth, I. D. W.（2007）. Distinguishing addiction and high engagement in the context of online game playing. *Computers in Human Behavior, 23,* 1531-1548.

Colwell, J., Grady, C., & Rhaiti, S.（1995）. Computer games, self-esteem and gratification of needs in adolescents. *Journal of Community and Applied Social Psychology, 5,* 196-206.

Colwell, J., & Kato, M.（2003）. Investigation of the relationship between social isolation, self-esteem, aggression and computer game play in Japanese adolescents. *Asian Journal of Social Psychology, 6,* 149-158.

Colwell, J., & Kato, M.（2005）. Video game play in British and Japanese adolescents. *Simulation & Gaming, 36*（4）, 518-530.

Colwell, J., & Payne, J.（2000）. Negative correlates of computer game play in adolescents. *British Journal of Psychology, 91,* 295-310.

Costa, P. T., Jr., & McCrae, R. R.（1985）. *The NEO personality inventory manual*. Odessa, FL: Psychological Assessment Resources.

Csikszentmihalyi, M.（1990）. *Flow: The psychology of optimal experience*. New York: Harper Perennial.（今村浩明（訳）（1996）. フロー体験　喜びの現象学　世界思想社）

遠藤明子・生長有希・下村（小原）依子・松本和雄（2000）. テレビゲームに関する精神生理学的研究　臨床教育心理学研究，*26*（1），57-68.

Feng, J., Spence, I., & Pratt, J.（2007）. Playing an action video game reduces gender differences in spatial cognition. *Psychological Science, 18*（10）, 850-855.

Ferguson, C. J., Coulson, M., & Barnett, J.（2011）. A meta-analysis of pathological gaming prevalence and comorbidity with mental health, academic and social problems. *Journal of Pscyhiatric Research, 45,* 1573-1578.

府元晶（2006）.「ゲーム脳」とは何か？：「日本人として非常に恥ずかしい」. CESA ゲーム白書 2006 年版（pp.34-47）コンピュータエンターテインメント協会

Funk, J. B., & Buchman, D. D.（1996）. Playing violent video and computer games and adolescent self-concept. *Journal of Communication, 46*（2）, 19-32.

Greenberg, B. S., Sherry, J., Lachlan, K., Lucas, K., & Holmstrom, A.（2010）. Orientations to video games among gender and age groups. *Simulation & Gaming, 41,* 238-259.

Hilvert-Bruce, Z., Neill, J. T., Sjöblom, M., & Hamari, J.（2018）. Social motivations of live-streaming viewer engagement on Twitch. *Computers in Human Behavior, 84,* 58-67.

平井大祐・葛西真記子（2006）. オンラインゲームへの依存傾向が引き起こす心理臨床的課題：潜在的不登校・ひきこもり心性との関連性　心理臨床研究，*24*（4），430-441.

井口貴紀（2013）. 現代日本の大学生におけるゲームの利用と満足：ゲームユーザー研究の構築に向けて　情報通信学会誌，*31*（2），67-76.

井堀宣子・坂元章・井出久里恵・小林久美子（2002）. テレビ使用がシャイネスに及ぼす影響：中学生の縦断データの分析　性格心理学研究，*11*，54-55.

Juul, J.（2005）. *Half-real: Video games between real rules and fictional worlds*. Cambridge, MA: MIT Press.（松永伸司（訳）（2016）. ハーフリアル　ニューゲームズオーダー）

カドカワ（2016）. ファミ通ゲーム白書 2016　カドカワ

神村栄一（1999）. パーソナリティ　中島義明・安藤清志・子安増生・坂野雄二・繁桝算男・立花政夫・箱田裕司（編）心理学辞典（pp.686-687）有斐閣

加藤仁・五十嵐祐（2016）. 自己愛傾向と自尊心がゲームへの没入傾向に及ぼす傾向　心理学研究，*87*（1），1-11.

Kestenbaum, G. I., & Weinstein, L.（1985）. Personality, psychopathology, and developmental issues in male adolescent video game use. *Journal of the American Academy of Child Psychiatry, 24*(3), 329-333.

木村文香（2003）．テレビゲームと認知能力　坂元章（編）メディアと人間の発達：テレビ、テレビゲーム、インターネット、そしてロボットの心理的影響（pp.115-124）学文社

木村文香・坂元章・相良順子・坂元桂・稲葉哲郎（2000）．テレビゲームの使用と社会的適応性に関する縦断データの分析　性格心理学研究, 8(2), 130-132.

King, D., & Delfabbro, P. (2018). *Internet gaming disorder*. Academic Press.（樋口進（監訳）成田啓行（訳）（2020）．ゲーム障害：ゲーム依存の理解と治療・予防　福村出版）

栗谷とし子・吉田由美（2008）．幼児のテレビ・ビデオ視聴時間、ゲーム時間と生活実態との関連　小児保健研究, 67(1), 72-80.

Kutner, L., & Olson, C. K. (2008). *Grand theft childhood: The surprising truth about violent video games and what parents can do*. New York: Simon & Schuster.（鈴木南日子（訳）（2009）．ゲームと犯罪と子どもたち：ハーバード大学医学部の大規模調査より　インプレスジャパン）

Lemmens, J. S., Valkenburg, P. M., & Peter, J. (2009). Development and validation of a game addiction scale for adolescents. *Media Psychology, 12*, 77-95.

Lemmens, J. S., Valkenburg, P. M., & Peter, J. (2011). Psychosocial causes and consequences of pathological gaming. *Computers in Human Behavior, 27*, 144-152.

Lin, S., & Lepper, M. R. (1987). Correlates of children's usage of videogames as a function of their emotional effects on players. *Journal of Applied Social Psychology, 17*, 72-93.

Lucas, K., & Sherry, J. L. (2004). Sex differences in video game play. *Communication Research, 31*, 499-523.

桝山寛（2001）．テレビゲーム文化論：インタラクティブ・メディアのゆくえ　講談社

松田剛・開一夫・嶋田総太郎・小田一郎（2003）．近赤外分光法によるテレビゲーム操作中の脳活動計測　シミュレーション＆ゲーミング, 13(1), 21-31.

McClure, R. F., & Mears, F. G. (1986). Video game playing and psychopathology. *Psychological Reports, 59*, 59-62.

森昭雄（2002）．ゲーム脳の恐怖　NHK出版

並川努・谷伊織・脇田貴文・熊谷龍一・中根愛・野口裕之（2012）．Big Five 尺度短縮版の開発と信頼性と妥当性の検討　心理学研究, 83(2), 91-92.

新田まや・城仁士（2002）．テレビゲームが小中学生の自己効力感に及ぼす影響　人間科学研究, 9(2), 19-27.

野村忍（1999）．タイプA行動パターン　中島義明・安藤清志・子安増生・坂野雄二・繁桝算男・立花政夫・箱田裕司（編）心理学辞典（p.557）有斐閣

岡田尊司（2005）．脳内汚染　文藝春秋

岡田尊司（2014）．インターネット・ゲーム依存症：ネトゲからスマホまで　文藝春秋（文春新書）

Pontes, H. M., Schivinski, B., Sindermann, C., Li, M., Becker, B., Zhou, M., & Montag, C. (2019). Measurement and conceptualization of gaming disorder according to the World Health Orgazization framework: The development of the gaming disorder test. *International Journal of Mental Health and Addiction*. https://doi.org/10.1007/s11469-019-00088-z

Sakamoto, A. (1994). Video game use and the development of sociocognitive abilities in children: Three surveys of elementary school students. *Journal of Applied Social Psychology, 24*(1), 21-42.

坂元章・湯川進太郎・渋谷明子・井堀宣子（2002）．青少年と放送に関する調査研究：テレ

ビとテレビゲームにおける暴力が青少年の攻撃性に及ぼす影響を中心として　総務省情報通信政策局報告書（未公刊）

Selnow, G.（1984）. Playing video games: The electronic friend. *Journal of Communication, 34,* 148-156.

渋谷明子（2011）．テレビゲームとパーソナリティ　坂元章（編著）メディアとパーソナリティ（pp.37-68）ナカニシヤ出版

新清士（2016）．VR ビジネスの衝撃：「仮想世界」が巨大マネーを生む　NHK 出版

白石信子（1998）．"つきあい"にも欠かせないテレビとテレビゲーム：「小学生の生活とテレビ '97」調査から　放送研究と調査, *48,* 2-19.

総務庁青少年対策本部（編）（1999）．青少年とテレビ、ゲーム等に係る暴力性に関する調査研究報告書　総務庁青少年対策本部

総務省情報通信政策研究所（2016）．平成 27 年情報通信メディアの利用時間と情報行動に関する調査報告書　http://www.soumu.go.jp/iicp/chousakenkyu/data/research/survey/telecom/2016/02_160825mediariyou_houkokusho.pdf（2016 年 11 月 26 日アクセス）

総務省情報通信政策研究所調査研究部（2014）．平成 25 年度 ICT 新興分野の国際展開と展望に関する調査研究報告書　http://www.soumu.go.jp/iicp/chousakenkyu/data/research/survey/telecom/2014/2014game.pdf（2016 年 10 月 13 日アクセス）

鈴木佳苗・坂元章・小林久美子・安藤玲子・橿淵めぐみ・木村文香（2004）．インターネット使用がソーシャルスキルに及ぼす影響：パネル調査による評価研究　日本教育工学雑誌, *27*（supple.），117-120.

高山草二（2000）．ビデオゲームにおける内発的動機づけとメディア嗜好性の分析　教育情報研究, *15*(4)，11-19.

寺本水羽・渋谷明子・秋山久美子（2014）．ソーシャルゲームの利用動機と利用状況：モバイル・インターネット調査の報告　日本シミュレーション＆ゲーミング学会全国大会論文報告集 2014 年春号，10-15.

和田さゆり（1996）．性格特性用語を用いた Big Five 尺度の作成　心理学研究, *67*(1)，61-67.

郵政省放送行政局（2000）．子どものテレビとテレビゲームへの接触状況に関するアンケート調査報告書　郵政省放送行政局

この章で言及したゲーム（掲載順）

『スーパーマリオブラザーズ』，任天堂，1985（ファミリーコンピュータ，FC）．

『ポケットモンスター』，ゲームフリーク，任天堂，1996（ゲームボーイ，GB）．

『妖怪ウオッチ』，レベルファイブ，2013（ニンテンドー 3DS）．

『ポン』，アタリ，アタリ，1972（アーケード）．

『スペース・インベーダー』，タイトー，タイトー，1978（アーケード）．

『パズル＆ドラゴンズ』，インセル，ガンホー・オンライン・エンターテイメント，2012（iOS, Android, Kindle Fire）．

『アシェロンズコール（Acheron's Call）』，Turbine Entertainment Software, Microsoft 他，1999（Window PC）．

第Ⅱ部

表象と
ステレオタイピング

第6章 エスニシティ

　自分が生まれ育った地域や国にいるときは、あまり気にしないが、初めて訪れる街、初めて旅行する国などでは、自分が「よそ者」であることを意識するだろう。輸送手段やメディアの発達、産業や市場のグローバル化などで、日本国内でも、様々な国や地域で生まれ育った人たち、あるいは、祖先が日本以外から来た人たちも見かけることが多くなった。第6章のタイトルである「**エスニシティ（ethnicity）**」は、民族性、または、ある民族に固有の性質や特徴をさす（松村, 2001）。特に、ある国や地域で、特定のエスニシティの人たちがマイノリティ（少数派）であると、その国や地域、あるいは集団内では、そのエスニシティの人たちの特徴が目立ちやすくなる。

　小坂井（2011）は、『民族という虚構』（筑摩書房）の中で、人種（race）という概念の曖昧性とともに、民族（エスニシティ）の概念の曖昧性を説いている。人種は、肌の色、髪の色、顔の形、目の色などの外見的特徴を基にしており、その性質が目立つゆえに、一見客観的に区分できるかのようにみえるが、現実の肌の色、髪の色などは多様であり、明確に分類できるわけではない。同様に、エスニシティも曖昧である。例えば、最も身近な「日本人」という概念も、本来、「日本」という7世紀末に呼び始めた国家に属する国民をさすものであり、倭人とは異なる（網野, 2008）。また、明治以降は、北海道のアイヌ、沖縄の琉球民族も日本人となったことから、決して、単一民族ではない。さらに、本州、四国、九州においても、東西で文化は大きく異なっているだけでなく、中国、韓国などの文化の影響を受けている。したがって、日本は島国であるから、世界でも、独自の文化をもった単一民族であるという言説は、思い込みでしかない。

　第6章では、この曖昧さを伴うエスニシティのメディアにおける表象、および、その影響について学習するが、日本では、メディアにおけるエスニシティの表象についての研究は少なく、外国、外国人イメージという形でメディア研究が行われることが多いため、この章では、両者が混在している点を留意してほしい。

1. ステレオタイプになりやすいマイノリティや外国人

ステレオタイプ

　電車や飛行機で、初めて訪問する街に、夜、到着すると、その街や地域の人たちの印象が怖く見えることがある。朝や昼間に到着した場合、あるいは、リラックスして、あらためて周囲を見直すと、ごく普通の人たちで、ごく普通の街なのだが、見慣れない街に来た不安から、町や人の印象が変わるのだろう。同じような経験として、あまり見慣れない人たちを見かけると、不安が生じ、「怖い」という印象を抱いてしまったり、その特定の集団やグループの人たちに対して、固定的で、画一的なイメージを抱いてしまったりすることがある。これが、ステレオタイプである。**ステレオタイプ**は、「人々を分けるカテゴリーに結びつき、そのカテゴリーに含まれる人が共通してもっていると信じられている特徴」（上瀬, 2002, p.2）、「ある社会的集団の成員を特徴づけると信じられている属性」（Oakes et al., 1994, p.1）などと定義されている。

　ステレオタイプという言葉は、リップマンが書いた『世論』の中で紹介され、「頭の中で描くイメージ」という意味で使われた。リップマンによれば、現実の環境と人間の行動の間には、頭の中に写っている環境のイメージが入り込んでおり、人間の行動はこの環境についてのイメージ（＝疑似環境、ステレオタイプ）に対する反応である。そして、ステレオタイプは、人の知覚作用に必然的に伴う固定した習性であると考えられていた（Lippmann, 1922=1987）。

　そして、人は、頭の中で、無意識に、これまで出会った人たちを分類し、カテゴリー化している。例えば、新しい環境に変わり、新しい仕事や組織についてのガイダンスを受けているとき、隣に座っている人を無意識に観察していた経験はないだろうか。その人の外見、表情、話しかけたときの反応などから判断し、さらに話しかけてみたり、もう話しかけることをやめたりするなど、自らの行動をコントロールしている。隣に座っている人の反応を観察し、その人は、これまで出会ったどのカテゴリーに属する人たちに似ているのかを判断し、さらに話しかけるか、もう話しかけないか、無意識に、自らの行動をコントロールしている。

　このようにステレオタイプは、様々な人物の情報を説明したり、整理したりするうえで、必要な場合もあるが（McGarty et al., 2002=2007）、あまり情報がない人たちの判断については、誤解や偏見が混じってしまう場合も多い。その典型的な例が、自分とは異なる民族や文化の人たちのことであり、その地域で、人数的

培養理論

　培養理論は、ガーブナーらによって提唱された理論であり、テレビに長時間接触する人ほど、テレビで描かれた世界に近い現実認識をしやすいことを説明した理論である。例えば、テレビドラマでは、実際よりも暴力や犯罪が頻繁に描かれており、テレビを長時間見ている視聴者ほど、現実に暴力犯罪が起こっている割合を過剰に見積もったり、暴力に対する不安感が高まったりする傾向がみられた（Gerbner et al., 1980）。

　この培養理論は、文化指標研究プロジェクトであり、次の3つの領域から成り立つ。一つは、マスメディアがどのようなプロセスを経て、メディアの中のシンボリックな世界を形成しているのかを探る「制度過程分析」である。2つ目は、メディアの中のシンボリックな世界を客観的かつ体系的に明らかにする「メッセージ・システム分析（内容分析）」であり、もう一つは、そのメッセージが人々の主観的現実にどのような影響を及ぼしているかを探る「培養分析」である（斉藤，2002）。

　その中で、ガーブナーらは、**主流形成**（mainstreaming）、**共鳴現象**（resonance）という概念を提唱している。主流形成は、テレビの長時間視聴者ほど、テレビの世界に近い画一的な現実認識をする傾向があることを示している。また、共鳴現象とは、視聴者の実生活の状況が、テレビのメッセージと共鳴し、相乗効果をもたらすような場合を指している。例えば、都市居住者の方が、暴力的犯罪がより身近なものになっているため、テレビのメッセージと共鳴し、培養効果が増幅されやすいことが示された（Gerbner et al., 1980）。

　培養理論は、特定の番組やジャンルにのみにみられるメッセージの影響ではなく、テレビ番組すべての根底に流れる「隠れたメッセージ」が及ぼす影響を問題としている（斉藤，2002）。そのような特徴があることから、批判されることが多い理論ではあるが、インターネットの普及、テレビの多チャンネル化など、個人がメディアを選択できる時代になっても、人々の現実認識が多様になったことを示す証拠は乏しい（Morgan, 2009）。メディアメッセージが及ぼす影響を広い視野に立って考えるうえで、培養理論は、現代でも重要な理論の一つである。

に少数派になる場合、ネガティブなイメージが伴う場合、さらに、社会的・歴史的文脈などで対立や差別が生じやすい場合などに、ステレオタイプが問題視されてきた。

一方で、ステレオタイプには、「ブラジルはサッカーが強い」「日本人は年上を敬う」など、ポジティブなイメージも含まれている。また、ブラジルはサッカー大国であるように、必ずしも間違いではない場合も含まれる。ただし、一見、ポジティブなイメージでも、そのイメージが、ブラジル人すべてに当てはまると決めつけてしまうと問題が生じる。例えば、ブラジルから来た転校生に、クラスのみんなが「サッカーは上手？」と尋ねたとしたら、どうだろうか。ブラジル出身でも運動が苦手な人もいるだろう。「苦手だ」と答えて、がっかりされる転校生は、少し気の毒である。

　なお、社会心理学では、自分が属する集団を「**内集団**」と呼ぶのに対して、自分が属していない集団を「**外集団**」と呼ぶ（コラム 28 参照）。知らない学校を訪問したり、ある地域や外国を初めて訪問したりする場合は、そこは、自分が所属する学校、地域、国ではないので、「外集団」にあたる。そして、社会心理学における実験研究では、内集団の人たちよりも、外集団の人たちは、同じような人たちの集まりだと捉える傾向があることが示されてきた（Park & Rothbart, 1982）。また、多数派（マジョリティ）よりも、少数派（マイノリティ）の方が、同じような人たちの集まりだと捉えられやすい傾向もみられている（Hamilton & Gifford, 1976）。

マイノリティの表象についての欧米の研究

　欧米では、エスニシティの表象について、テレビドラマや映画の内容分析が報告されている。白人男性は多く登場するものの、アフリカ系（黒人）などの**少数派**は、メディアにあまり登場していない点が指摘されてきたが、近年では、アフリカ系の人たちが登場する機会は増えている（Greenberg & Brand, 1994）。例えば、1971 年には、アフリカ系人口はアメリカの 11% だったが、テレビのコメディやドラマに登場する割合は 6% にすぎなかった。その後、1980 年には、8% となり（人口比は 12%）、1993 年には、人口比 12% とほぼ同じ 11% となった。

　その一方で、アジア系、ラテン系（ヒスパニック系とも呼ばれ、スペイン語圏の中南米出身者をさす）などが、人口比と比べても少ないことが示されている（Mastro & Behm-Morawitz, 2005；Mastro & Greenberg, 2000）。例えば、マストロとグリーンバーグ（2000）は、1996 年秋のプライムタイム（夜 8〜11 時）のテレビ番組（スポーツ、ニュースなどは除外）を 6 週間にわたり録画し、64 番組（44 時間 30 分）に登場した 558 人のキャラクターの分析を行った。その結果、登場人物の 8 割はコーカサス系（白人）であり、アフリカ系も 16%（人口比 12%）だっ

たのに対し、ラテン系は 3％（人口比 11％）、アジア系は 1％（人口比 4％）にすぎなかった。また、ネイティブアメリカン（インディアン、エスキモーなど）は一人も登場しなかった。**マイノリティ**の特徴としては、ラテン系は犯罪や暴力に関連した番組に多く登場し、アクセサリーを多く身につけ、訛りが多い話し方をする傾向がみられた。アフリカ系は、服装が派手で、カジュアルな傾向がみられた。

　同様に、2002 年に放送された 67 本のテレビ番組に登場する 1,488 人を分析した際も、アフリカ系は 14％（人口比は 12％）だったのに対して、ラテン系は 4％（人口比は 13％）、アジア系も 2％と少なかった。ラテン系の人たちの描かれ方も、コメディ番組などで増え、6 年前との変化がみられたものの、あまり賢くない、怠け者、攻撃的（言語）などの特徴もみられた（Mastro & Behm-Morawitz, 2005）。

日本における外国・外国人イメージ

　本来は、日本のメディアにおけるマイノリティの表象を分析すべきであるが、日本に在住するマイノリティの人たちがバラエティ番組、ドラマ、映画などで登場する機会は、特定の番組に限られているため、あまり研究が行われていないのが実情である。日本では、**外国・外国人イメージ**という形で、研究が行われることが多かったので、日本についての研究は、外国・外国人イメージを中心に論じたい。

　例えば、渋谷ら（2011）は 2010 年に、10 代～ 60 代の男女 1,600 名を対象にインターネット調査を実施した。その中で、14 か国について、14 項目の形容詞を並べ、イメージをたずねたところ、図 6-1 に示すように、フランス、イタリアについては、「文化が豊か」「おしゃれ」、北朝鮮、イスラエルについては、「危険な」というイメージが強く、北朝鮮、ケニアに対しては、「貧しい」という回答が多い傾向がみられた（図 6-1）。

　このような外国についてのイメージは、海外旅行、留学、その国の訪問者や出身者との会話など、直接経験から、その国のイメージを膨らませ、想像力を働かせる場合もあるだろう。しかし、そのような直接経験者が乏しい国の場合は、教科書、本、テレビ、映画、コミックなどの間接経験により、イメージが作られている。そのような場合に、「ステレオタイプ」な要素を含んでいる可能性がある。

2. ニュースと外国・外国人イメージ

テレビニュース、映画、ドラマなど、マスメディアで提供される外国や外国人

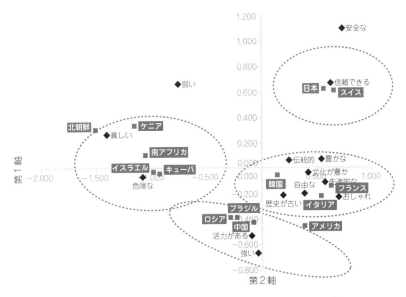

図6-1　日本人が抱く外国イメージの例（渋谷ら，2011 より）

双対尺度法と呼ばれる分析を用いて、関連性が強いイメージが近くに、関連性が弱いイメージが遠くなるように、図に配置されている。

についての情報や映像は、間接経験として、視聴者や読者の外国・外国人イメージの形成に影響を及ぼしている。その中で、最も、研究が行われてきた分野は、新聞やテレビにおけるニュース報道である。外国関連報道、あるいは、国際ニュースによって、視聴者や読者のイメージが変わる可能性がある。この節では、まず、日本や世界における外国関連報道の特徴を紹介し、次に、ニュース報道が与えた影響について、検証する。

　外国関連報道については、伊藤（2005）によって、大規模な研究が行われた。伊藤は、1995 年 9 月に、46 か国で新聞とテレビで報道された 4 万 4,066 本の外国ニュース（外国から入ってくるニュース、自国内で発生した外国に関するニュース）を分析した。その結果、図 6-2（伊藤，2005）に示すように、アメリカ合衆国のニュースが 13% と最も多く、他にも、国連安保理常任理事国である 5 か国（アメリカ、フランス、中国、イギリス、ロシア）から発信されたニュースが多い傾向がみられた。また、5 位に、ボスニア・ヘルツェゴビナがあがっているが、これは 1995 年 9 月当時、紛争状態であったため、報道量が増えている。次に、ドイツ、日本が続いており、経済大国として、世界市場に影響を与える可能性があるため、外国ニュースの上位に登場したと推測される。

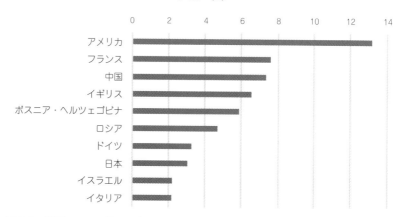

シェア（％）

図6-2　世界における外国関連ニュースの中で重要な国（伊藤，2005，p.145 をもとに作成）

　伊藤らは、それぞれの国における報道量を説明する要因を予測するために、さらに詳細な統計的な分析を行った。その結果、**国際通信社**がある国、**貿易額**が高い国、**人口**が多い国、**地理的距離**が近い国のニュースが、外国ニュースとして、取り上げられていることがわかった（伊藤，2005）。例えば、アメリカには AP（Associated Press）、イギリスにはロイター（現在はトムソン・ロイター、本社はアメリカ）、フランスには AFP（L'Agence France-Presse）という国際通信社がある。国際ニュースの流れの研究では、先進国のメディアが興味を抱きやすい国際ニュースが流通しているという、いわゆる「**先進国バイアス**」が生じやすいことが指摘されている（井上，2005）。この背景には、国際通信社、映像配信社が欧米にあり、欧米諸国向けの情報や映像が流通しやすいことがあげられる。

　また、貿易額については、例えば、日本にとって、アメリカや中国とは輸出入ともに貿易額が大きく（日本貿易振興機構，2016）、経済的にも重要性が高いため、アメリカや中国のニュースは多い。同様に、人口が多い国（通常、大きな国）の方が人口が少ない国（通常、小さな国）よりも他国に影響を及ぼしやすく、距離的に近い国（日本にとっての中国や韓国など）のニュースの方が、遠い国（日本にとってアフリカ、中南米など）のニュースよりも、取り上げられやすい傾向にある。他の研究でも、日本では、アメリカ、中国、韓国などの報道量が、テレビ、新聞ともに多い点が確認されており（萩原，2007）、伊藤（2005）らの研究と一致している。

　さらに、国際ニュースの流れや外国・外国人イメージを考えるうえでは、政治

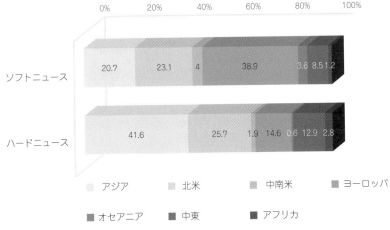

図6-3　ハードニュースとソフトニュースの割合（山本，2007 をもとに作成）

や経済などの**ハードニュース**だけでなく、スポーツ、音楽、映画、文化、話題などの**ソフトニュース**が及ぼす影響も重要である。テレビニュースを分析した研究では、図6-3 に示すように、ハードニュースでは、アメリカやアジア諸国が多く登場したが、ソフトニュースでは、ヨーロッパに関するニュースが多い点が指摘されている（山本，2007）。この背景には、国際通信社だけなく、ニュース映像通信社（APTN：Associated Press Television News，Reuters TV など）によってソフトニュースが配信されている事情があり（井上，2005）、ハードニュースだけでなく、ソフトニュースでも、ヨーロッパを中心とした「先進国バイアス」が生じているといえる。

　それでは、先進国以外の国は、ニュースとしてあまり報道されないので、特定のイメージは抱かれにくいのだろうか。図6-1 で示したように、メディアであまり登場しない国でも、特定のイメージが固定されている。例えば、図6-2 で報道量が多かったボスニア・ヘルツェゴビナを例にとってみると、当時のテレビ報道を記憶している視聴者は、「ボスニア・ヘルツェゴビナ＝紛争＝怖い、危険」などのイメージを抱いている可能性がある。そのような場合も、その国のドラマ、映画、スポーツなどのソフトニュースが多ければ、イメージは固定されずに、多様化する可能性もあるが、報道や情報そのものが少ない場合は、そのイメージが残ってしまう。一般に、発展途上国がニュースに取り上げられる場合、争いや惨事など、ネガティブなニュースが多い傾向がみられ（Salwen & Matera, 1992）、該当国のネガティブなイメージの形成を促す可能性がある。

統計的に有意な結果

統計分析を行っている学術論文を読んでいると、「有意な結果」だとか、「有意確率」だとか、「有意水準」、「$p < .05$」などの表現を目にすることがよくある。これはいったい何を意味するものであるのか。このコラムではそれについて解説をしておきたい。

まず、**有意確率**という用語であるが、これは、わかりやすくいえば、無作為標本（コラム 6 参照）に対する分析結果を母集団に一般化する際、その一般化が間違いである確率のことである。したがって、有意確率が小さければ、自信をもって標本調査の結果を母集団に一般化できる。逆に有意確率が大きい場合には、一般化してはいけないということになる。

わかりやすい例を考えてみよう。あるコインを 3 回投げたところ、3 回とも表が出たとしよう（標本調査の結果）。この結果から、「このコインは表が出やすいように細工されたコインだ」（母集団への一般化）と判断していいのだろうか？　これくらいでは、まだそこまではいえないと思う人が多いかもしれない。なぜそう思うのだろうか？　何となくそのような現象はそれほど珍しいものではないと直感的に感じたからだろう。実際、まともなコインの場合、3 回投げて、3 回とも表が出る確率は、$1/2 \times 1/2 \times 1/2 = 0.125$ である。すなわち、コインを 3 回投げた場合、12.5％、8 回に 1 回のペースで、3 回とも表が出るのである。だから、この試行の結果を根拠に「このコインはまともではない」と判断した場合、その判断が間違いである確率は 12.5％もある（有意確率）。なぜなら、まともなコインを投げた場合でも 12.5％はこのような現象が現れるから。それでは、このコインを 10 回投げてみたところ、10 回とも表が出た（標本調査の結果）としたらどうだろうか。さすがにこうなれば、「このコインはまともではない」と判断する（母集団への一般化）ことに躊躇する人はあまりい

インターネットでニュースを読んだり、ニュースを動画で見たりする機会も増え、世界中のニュースを即時に知ることも可能になった。しかし、ある特定の国の情報が必要になった際、いざ調べようとすると、自然災害や事件の続報でさえ、全く入手できないことも多い。日頃、「世界」「グローバル社会」だと思っている範囲が、先進国中心であり、欧米中心であることを、あらためて認識する必要がある。

ないだろう。10回も連続で表が出ることなど、まともなコインではそう起きる現象ではないからだ。実際にその確率を計算してみると、2の10乗分の1、0.00098くらいになる。0.1%にも満たない小さな確率である。ただ、まともなコインを投げても0.1%くらい、1,024回のうち1回くらいは、10回とも表が出ることが起きるのだから、この現象を根拠にして「このコインはまともではない」と判断した場合、その判断が間違いである確率も0.1%くらいはある（**有意確率**）ということになるのである。

このように、**標本調査**を行い、その結果を母集団に一般化する際には、その一般化が間違いである確率を気にしながら、判断を下すことになる。それでは、どのくらいその確率が小さければ一般化をしてよいのだろうか？　絶対的な基準はない。小さければ小さいほど、その一般化は正しい可能性が高いということになるのであるが、社会科学の分野においては、一応5%が最低ラインとして用いられている。すなわち、有意確率が5%より小さければ、一般化をしてもよいということになっている。有意確率が5%を超えると、「母集団への一般化は控えるべき」という判断になる。このように判断の基準となる有意確率のことを**有意水準**といい、$p < .05$などと表記する。SPSSなどの統計解析用ソフトウェアを用いて分析をすると、分析ごとに有意確率が計算されて出力されるから、その値が5%の有意水準を満たしているのかどうか、さらには1%や0.1%などのより厳しい有意水準をクリアしているのかどうかを確認し、その分析結果がどれくらいの確かさで、母集団に一般化できるものなのかを判断すればよい。

まとめると、「統計的に有意な結果」という言葉の意味は、標本調査の結果を母集団に一般化する際、その一般化が間違いである確率が5%より小さいため、95%以上の確信をもって母集団においても標本調査で得られた結果のようなことが存在していると判断できるということである。

3．エンタテインメントや広告における外国イメージ

エンタテインメント作品に登場する外国・外国人イメージ

ニュースだけでなく、映画、ドラマ、バラエティ番組に登場する外国や外国人も、そのイメージへの影響を考えるうえで、大きな要素となっている。例えば、外国の家庭や学校生活が舞台となった映画やドラマを見て、「あんな広い部屋が

ほしい」「高校に自由な服装で行けて、うらやましい」などの感想を抱いた人も
いるだろう。映画やドラマはフィクションであるものの、ストーリーに登場する
人物の会話や行動などを通して、他の国の文化、社会的規範などが異なる可能性
に気づかされることも多い。このようなエンタテインメント作品には、どのよう
な国や文化が多く登場するのだろうか、そして、その影響はみられるのだろうか。
本節では、映画やドラマ、バラエティ番組を中心に、エスニシティを考える。

　まず、日本のテレビに登場する外国制作番組は、どのような国の作品が多いの
だろうか。日本の外国制作番組を比較した研究によると、1993 年の 7〜12 月で
は、アメリカの作品が 73% と最も多かった（川竹ら，1996）。その中で、映画、
ドラマが 88% を占めており、児童教育（『セサミストリート』など）は 7% だった。
その他の外国制作作品の中には、イギリス（9%）、フランス（4%）、イタリア
（2%）、中国（2%）などがあり、ヨーロッパで制作された映画や番組が多かった。

　その後、衛星放送やケーブルテレビなどで多チャンネル化が進んだため、外国
制作番組も多様化したように思われるだろうが、地上波放送については実態はむ
しろ逆である。原ら（2011）が行った分析では、地上波放送では、アメリカ制作
の映画や番組は、84% とむしろ増え、韓国が 11% と増えた。その他の国は、ブ
ラジル（4%）、ドイツ（3%）であり（ともにスポーツ中継）、地上波の外国制作番
組は、映画やドラマが中心である。ただし、BS などの衛星放送を含めると、韓
国（38%）、アメリカ（35%）の順で、イギリス（3%）、中国、台湾、メキシコ（各
2%）などがあとに続き、地上波放送よりは、多様化がみられる。

　バラエティ番組の形式や内容も様々であるが、アメリカ、中国、ヨーロッパ諸
国、エジプトなどが多く登場するバラエティ番組もあり（『世界ふしぎ発見！』：
TBS テレビ，n.d.）、世界遺産、ピラミッド、アジアの食文化など、共通して多く
みられるテーマがあることが推測され、外国・外国人イメージを考えるうえで、
重要な要素となっているだろう。

　米倉（2015）も、近年増えつつある外国関連バラエティ番組のひとつである
『YOU は何しに日本へ？』に登場する外国人を分析した。その結果、登場した
訪日外国人は欧州（42%）、アメリカ（28%）、アジア（19%）の順で多く、欧米
人が全体の 7 割を占めていた。それに対して、図 6-4 に示すように、法務省入
国管理局統計と比較すると、66% を占めるアジア人があまり登場していないこ
とが読み取れる。

　したがって、ニュース、映画、ドラマ、バラエティ番組でも、依然として、ア
メリカや欧州が占める割合が高く、欧米人がメディアに表象されやすい傾向が確

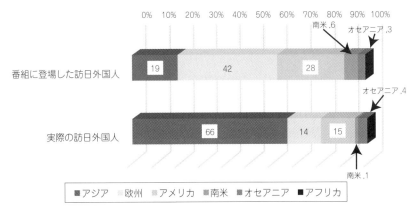

図 6-4　外国関連バラエティ番組『YOU は何しに日本へ？』に登場した訪日外国人と実際の訪日外国人（入国管理局統計より）との比較（米倉，2015 をもとに作成）

認された。また、地理的にも文化的にも近い、中国・韓国に関するニュース、韓国映画やドラマが多いことは、日本の特徴だといえる。

テレビ CM の中の外国・外国人

　次に、テレビ CM の中で表象されるエスニシティをみてみよう。テレビ CMでは、白い砂浜と青い海、広大な森林、情緒豊かな街並みなど、「行ってみたい！」と思わせるような風景を目にすることが多い。また、外国の有名な俳優がコミカルな役で登場し、商品を利用している姿を垣間見ることもある。このような外国の風景や外国人のイメージは、どの程度、日本の CM で用いられているのだろうか。また、どのような特徴があり、どのような印象を消費者に与えているのだろうか。

　萩原らは、2003 年 6 月に放送されたテレビ CM2,330 本で用いられた外国要素について、分析を行った（萩原，2004a, b）。その中で、外国要素は、輸送機器（車など）、衣料品、化粧品、精密機器（コンピュータなど）の分野で高く、特に、白人が多く登場することが確認された。アジア人も食品などで、多く登場していたが、黒人や他のエスニシティが出演する機会は限られていた。そして、白人が登場する際には、「先進性」、「余剰性」などが高い分野で多い一方で、アジア人は、郷愁を誘うような場面がよく用いられた。また、黒人は、若い男性がアスリートとして登場する場面が多く、「パワー」などの意味が付与される傾向がみられた。

4．メディア接触などの間接経験の影響と直接経験

　それでは、このようなメディアの表象は、メディア利用者にどのような影響を及ぼしているのだろうか。これまで日本では、その変化が観察されやすい国際的なスポーツイベント（オリンピック、サッカーワールドカップなど）の前後で、調査を実施し、比較することが多かった。例えば、近年では、北京五輪の報道内容を分析し、かつ、オリンピックの前後に調査を行い、調査前後の結果を比較した研究が行われた。その結果、北京五輪の直後に、中国人の身体能力を高く評価する人が増えた調査があった一方で（佐久間ら，2010）、「愛国心が強い」「気性が激しい」などの否定的なイメージが強くなった調査もあった（上瀬ら，2010）。このような調査による違いは、調査でたずねた質問によっても異なるものの、北京五輪のどの競技やどの報道を見たのか、どのメディアを通して見たのか、あるいは、どのように感じ、どの部分が記憶されているのかによっても異なるといえるだろう。例えば、テレビを中心に見た視聴者、中国の文化や社会に関心を抱いた人、中国人の国民性に注目した人などでは、中国や中国人に対するポジティブなイメージが増加したことを示した調査もある（Qing et al., 2010）。

　では、外国制作の映画やドラマを見ることによって、その国のイメージが変わるのだろうか。ガーブナーらが提唱した**培養理論**（コラム12参照）によれば、テレビを長時間見る人ほど、テレビの世界に近い現実認識をしやすい傾向がみられた（Gerbner et al., 1980）。日本では、これまで比較的治安がよかったこともあり、同じような効果はみられなかったが、テレビを長時間見ている人、アメリカ製番組をよく見ている人ほど、「犯罪が多い」というアメリカイメージを抱く傾向がみられた（Saito, 1999）。これは、日本では、外出しても大丈夫という**直接経験**があるが、直接体験が乏しいテレビの長時間視聴者は、映画やドラマを見て（**間接体験**）、アメリカでは犯罪が多いというイメージを抱いたといえよう。

　では、近年、日本で、比較的多く放映されている韓国ドラマは、韓国イメージに影響を与えているのだろうか。『冬のソナタ』をはじめとする韓国ドラマが日本で人気になり始めたころは、韓国に対して、「親しみやすい」と答える人は6割を超えていた（内閣府，2009）。20歳〜74歳までの東京都民を対象にした調査でも、韓国ドラマ視聴者が、韓国に対して、「親しみやすい」「謙虚」「理性的」などのポジティブなイメージを抱く傾向が確認されている（斉藤ら，2010）。

　渋谷ら（2011）の研究では、テレビ接触時間、ニュース番組の視聴などよりも、

外国関連バラエティ番組の視聴が、外国や外国人イメージと最も強く関連していた。これまでの外国イメージの研究では、ニュース番組、国際スポーツイベント、ドラマなどについての研究が多かったが、外国関連バラエティ番組と、外国・外国人イメージが予想以上に強く関連していることが確認された。その意味でも、米倉（2015）の指摘は重要である。井上（2005）は、ニュース映像通信社が、いわゆるハードニュースだけでなく、スポーツや芸能ニュースなどについても配信している点を指摘しており、外国関連バラエティ番組、ソフトニュースなども含めて、メディアなどの間接経験により、ある特定のイメージが形成されている可能性がある。

外国関連バラエティ番組の影響についての研究数は少ないものの、日本に住む外国人100人がスタジオに集い、白熱の議論を交わした『ここがヘンだよ日本人』（TBS系）では、様々な国や地域から来た人たちが登場した。その中で、他の番組ではあまり登場しないアフリカについての知識やイメージについて、同番組を見た人と見ていない人で、差がみられた（大坪ら，2003）。

また、スポーツ番組、音楽番組などの視聴番組の違いによっても、形成されるイメージが異なっていた（渋谷ら，2011）。外国関連バラエティ番組を見ることにより、ややネガティブなイメージがみられた場合もあった一方で、音楽やスポーツ番組をよく見る人は、韓国やアメリカに対して、好意的なイメージを抱く傾向もみられた。これまでは、ニュース、ドラマ、映画、スポーツイベントなどの研究が多かったが、外国バラエティ関連番組、音楽番組などにも、注目する必要があるだろう。

ナイ（Nye, 2004＝2004）は、国際戦略の手法として、軍事力や経済力などのハードパワーと対立する概念として、価値観、政策などを伝達する役割を果たす映画、音楽、テレビ番組などの大衆文化を用いた「ソフトパワー」外交を提唱した。外国・外国人イメージへの影響という点でも、政治や経済などのハードニュースの影響だけでなく、ソフトパワーの影響が感じられる。

テレビで取り上げられることが多いと知覚されたテーマを、アメリカ、中国、韓国、アフリカ、ヨーロッパとに分けて、比較したのが図6-5である。アメリカでは、政治、経済、映画・音楽・芸能、スポーツと多岐にわたっているが、中国は、政治、経済、犯罪・治安などの印象が強く、韓国は、食文化、映画・音楽・芸能などのイメージの方が強かった。ヨーロッパは、自然・景色、ファッション、食文化、スポーツなどのイメージが強いが、アフリカでは、戦争・紛争、犯罪・治安、自然・景色などのイメージが強い。テレビニュースに限れば、アフ

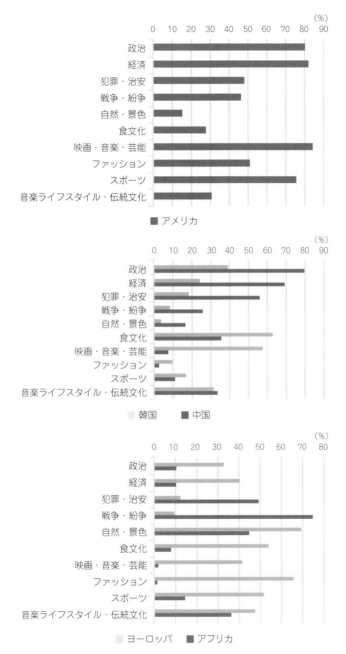

図 6-5　テレビに取り上げられることが多いと知覚された外国イメージ
（萩原，2012 の調査をもとに作成）

リカについての報道は少ないのだが（図6-3）、少ないがゆえに、過去に見た映像の記憶が強く残ってしまうことを示している。このようなイメージが、図6-1に示したような外国イメージに反映されたともいえよう。

5．多文化共生社会に向けて

　これまで、メディアにおける外国・外国人イメージと、日本人の外国・外国人イメージを中心にまとめてきたが、最後に、日本に在住するマイノリティに目を向けてみたい。高（2015）は、日本人が抱く在日コリアン（在日朝鮮人・韓国人を含む）への**レイシズム**について研究を進めてきた。その結果、**古典的なレイシズム**（能力が低いとみなすような偏見）だけでなく、**現代的なレイシズム**（特権を不当に得ている、不平等など）がみられることを指摘している。高（2015）は、インターネットの接触頻度が高い利用者（なかでも、2ちゃんねる、まとめサイトなどの利用者）にレイシズムが強いことを示した。この章では、これまで、日本人が抱く外国・外国人イメージについてまとめてきたが、本来、日本で最も問題にすべき点は、日本に在住するマイノリティへの態度である。メディアの表象やメディアの影響についての研究数が少ないため、大きく論じることができなかったが、中国人、韓国・朝鮮人、ブラジル人など、日本に住む外国出身者への偏見や差別をどのように解消していくかを中心に論じるべきである。

　小坂井（2011）は、『民族という虚構』の中で、身近な存在の外国人であり、自分たちと外見的にはあまり大差がない人たちに、差別や偏見が向かいやすいことを説いた。そして、日本人は、自分たちの生活が脅かされないような間接経験では、異文化を積極的に受容する一方で、自分たちの生活で変化が強要されるような直接経験では、むしろ異文化を拒否する傾向がみられると説く。しかも、このような傾向も、日本人だけではないようだ。フランスでも、インドネシアからの移民に対してよりも、より身近な北アフリカからの移民への態度の方が、より厳しい傾向がみられる（小坂井，2011）

　偏見の解消という点で、オールポートの**接触仮説**（contact hypothesis：Allport, 1954=1968）がある。接触仮説では、異なるエスニシティの人たちとの接触経験があると、偏見が解消されることを説いたが、実際には、接触するだけでは十分ではない。例えば、①対等な地位、②共通の目標、③集団間接触に対する社会的および制度的支持、④親密な接触（十分な頻度と期間）などの条件が伴わないと、偏見は解消されにくい（浅井，2012）。

その中で、親密な接触という点では、外国出身者と直接的な経験がある人は、外国出身者に好意的なイメージが高いことを示す傾向がみられる。高（2015）の研究でも、在日コリアンの友人がいる場合は、在日コリアンへのレイシズムが弱い傾向がみられた。大槻（2006）が 2003 年に実施された日本版総合的社会調査（JSGG-2003）を用いた分析でも、外国出身者との接触経験がある人は、外国人が増えることに対して、好意的態度を示していた。その一方で、近隣に外国出身者が住んでいる地域では、外国人の増加に対してネガティブな態度を示す傾向もみられており、同じ地域に住むだけでなく、話をしたり、いっしょに何かをしたりするような直接経験が必要であることが読み取れる。

　渋谷ら（2011）の研究では、外国出身者との異文化接触経験でも、どのような経験をしたか、経験の質が外国人イメージを大きく左右していることが示唆された。そして、似たような経験をしている場合でも、その経験を「違いがおもしろい」とポジティブに受け止めたか、「嫌な経験をした」と思ったかによっても、外国（人）イメージが大きく異なる可能性がある。さらに、中国や韓国への渡航経験や長期滞在などの直接経験がある人は、「やさしい」「有能」「人情に厚い」などのポジティブなイメージを抱く傾向もみられた（渋谷ら，2011）。その国の人たちと親密な関係になったからだとは思うが、その国に足を運び、その国の文化や人々の中で、自らが「マイノリティ」となって得られた経験は、日本に戻り、自らが「マジョリティ」の一員として、他の国から来た人たちと交流するうえで、役立った可能性もある。

　そのような直接経験をメディアを通して、シミュレートすることも可能であろう。例えば、イギリス映画『ベッカムに恋して（原題：Bend it like Beckham）』（Fox, 2002）では、インド系移民 2 世で、サッカーに夢中な 18 歳の女性が主人公であり、祖国インドの伝統的習慣にうるさい保守的な母親、インド人だからという理由でクリケット選手として差別された経験がある父親との親子の葛藤が描かれている。同様に、NHK で 2010 年に放送されたテレビドラマ『大阪ラブ＆ソウル：この国で生きること』も、在日韓国人として日本で生まれた主人公が経験する親との葛藤や、日本で難民申請をするミャンマー出身の恋人との関わりが描かれている。どちらの作品も、親や祖父母の世代が移住してきた国で生まれ、その国で言語や文化などを共有するが、マイノリティならではの束縛や学びを通して、視聴者に、マイノリティの人たちに親近感を抱かせ、疑似体験させることが可能な題材になっている。外国を訪問したり、滞在したりする経験だけでなく、このようなメディアを媒介にした間接経験も、異なるエスニシティの人たちの理

解や感情移入に役立つのではないかと思われる。

演習問題

1．新聞、テレビ、インターネット、SNS などで、よく見る外国はどこだろうか。
また、どのようなイメージを抱いているかを、考えてみよう。さらに、外国を
訪問したことがある人は、どのようなイメージを抱いたか、訪問する前と、訪
問した後で、そのイメージがどう変わったかを思い出してみよう。周囲の友だ
ちとも、経験を共有してみよう。

2．日本に住んでいる外国出身者、留学生、外国からの旅行者が、メディアに登
場する機会が増えている。印象に残った番組、ニュース報道などを思い出して
みよう。周囲の友だちとも、経験を共有してみよう。

さらに学ぶための文献・資料案内

萩原滋（編著）（2007）．テレビニュースの世界像：外国関連報道が構築するリアリティ
勁草書房

上瀬由美子（2002）．ステレオタイプの社会心理学：偏見の解消に向けて　サイエンス社

高史明（2015）．レイシズムを解剖する：在日コリアンへの偏見とインターネット　勁草書
房

石井健一・小針進・渡邉聡（2019）．日中韓の相互イメージとポピュラー文化：国家ブラン
ディング政策の展開　明石書店

引用文献

Allport, G. W.（1954）. *The nature of prejudice*. Cambridge, MA: Addison-Wesley.（原谷達
夫・野村昭（訳）（1968）．偏見の心理　培風館）

網野善彦（2008）．日本の歴史 00　「日本」とは何か　講談社（講談社学術文庫）

浅井暢子（2012）．偏見低減の理論と可能性　加賀美常美代・横田雅弘・坪井健・工藤和宏
（編著）多文化社会の偏見・差別（pp.100-124）明石書店

Gerbner, G., Gross, L., Morgan, M., & Signorielli, N.（1980）. The ＂mainstreaming＂of
America: Violence profile No. 11. *Journal of Communication, 30*（3）, 10-29.

Greenberg, B. S., & Brand, J.（1994）. Minorities and the mass media: 1970s to 1990s. In J.
Bryant & D. Zillmann（Eds.）, *Media effects: Advances in theory and research*（pp.273-
314）. Hillsdale, NJ: Lawrence Erlbaum Associates.

萩原滋（2004a）．日本のテレビ CM に現れる外国イメージの動向　メディア・コミュニ
ケーション：慶應義塾大学メディア・コミュニケーション研究所紀要, *54*, 5-26.

萩原滋（2004b）．テレビ CM に現れる外国イメージの動向　萩原滋・国広陽子（編）メ
ディアと外国イメージ：メディア・ステレオタイピング研究（pp.147-168）勁草書房

萩原滋（2007）．テレビの中の世界情勢：外国関連報道の特質を探る　萩原滋（編著）テレ
ビニュースの世界像：外国関連報道が構築するリアリティ（pp.23-47）勁草書房

萩原滋（2012）．異文化理解とテレビの役割：大学生調査（2010 年 10 月）の報告　メディ
ア・コミュニケーション：慶應義塾大学メディア・コミュニケーション研究所紀要, *62*,

5-32.

Hamilton, D. L., & Gifford, R. K.（1976）. Illusory correlation in interpersonal perception: A cognitive basis of stereotypic judgments. *Journal of Experimental Social Psychology, 12*, 392-407.

原由美子・中村美子・田中則広・柴田亜樹（2011）.　日本のテレビ番組における外国要素　NHK 放送文化研究所年報, *55*, 59-117.

井上泰浩（2005）.　グローバル・メディアとニュース映像の国際流通：米英通信社による寡占構造の問題点　伊藤陽一（編）ニュースの国際流通と市民意識（pp.171-194）慶應義塾大学出版会

伊藤陽一（2005）.　ニュースの国際流通のパターンと規定要因　伊藤陽一（編）ニュースの国際流通と市民意識（pp.141-170）慶應義塾大学出版会

上瀬由美子（2002）.　ステレオタイプの社会心理学：偏見の解消に向けて　サイエンス社

上瀬由美子・萩原滋・李光鎬（2010）.　北京オリンピック視聴と中国・中国人イメージの変化：大学生へのパネル調査分析から　メディア・コミュニケーション：慶應義塾大学メディア・コミュニケーション研究所紀要, *60*, 67-88.

川竹和夫・杉山明子・櫻井武（1996）.　日本を中心とするテレビ情報の流れ：日本のテレビの中の「外国」，外国のテレビの中の「日本」　川竹和夫・杉山明子（編著）メディアの伝える外国イメージ（pp.9-46）主文社

小坂井敏晶（2011）.　増補　民族という虚構　筑摩書房（ちくま学芸文庫）

Lippmann, W.（1922）. *Public opinion*. New York: Harcourt Brace.（掛川トミ子（訳）（1987）. 世論（上）（下）　岩波書店（岩波文庫））

Mastro, D. E., & Behm-Morawitz, E.（2005）. Latino representation on primetime television. *Journalism & Mass Communication Quarterly*, *82*(1), 110-130.

Mastro, D. E., & Greenberg, B. S.（2000）. The portrayal of racial minorities on prime time television. *Journal of Broadcasting & Electronic Media*, *44*(4), 690-703.

松村明（監修）（2001）.　エスニシティー　デジタル大辞泉　小学館　http://japanknowledge.com/lib/display/?lid=2001001857250（2016 年 11 月 26 日アクセス）

McGarty, C., Yzerbyt, V. Y., & Spears, R.（2002）. *Stereotypes as explanations: The formation of meaningful beliefs about social groups*.（国広陽子（監修）有馬明恵・山下玲子（監訳）（2007）.　ステレオタイプとは何か：「固定観念」から「世界を理解する"説明力"」へ　明石書店）

Morgan, M.（2009）. Cultivation analysis and media effects. In R. L. Nabi & M. B. Oliver (Eds.), *The SAGE handbook of media processes and effects*（pp.69-82）. Thousand Oaks, CA: Sage.

内閣府（2009）.　外国に関する世論調査　http://www8.cao.go.jp/survey/h21/h21-gaiko/index.（2010 年 11 月 30 日アクセス）

日本貿易振興機構（JETRO）（2016）.　日本の貿易相手国ランキング：日本の貿易相手国 TOP10　https://www.jetro.go.jp/world/japan/stats/trade/（2016 年 11 月 28 日アクセス）

Nye, J. S., Jr.（2004）. *Soft power: The means to success in world politics*. New York: Public Affairs.（山岡洋一（訳）（2004）.　ソフト・パワー：21 世紀国際政治を制する見えざる力　日本経済新聞社）

Oakes, P. J., Haslam, S. A., & Turner, J. C.（1994）. *Stereotyping and social reality*. Oxford: Blackwell.

大坪寛子・相良順子・萩原滋（2003）.　調査結果に見る『ここがヘンだよ日本人』の視聴者像と番組視聴効果　メディア・コミュニケーション：慶應義塾大学メディア・コミュニ

ケーション研究所紀要，*53*，77-96.

大槻茂実（2006）．外国人接触と外国人意識：JGSS-2003 データによる接触仮説の再検討　JGSS 研究論文集，*5*，149-150.　http://jgss.daishodai.ac.jp/research/monographs/jgssm5/jgssm5_12.pdf（2016 年 11 月 26 日アクセス）

Park, B., & Rothbart, M.（1982）. Perception of out-group homogeneity and levels of social categorization: Memory for the subordinate attributes of in-group and out-group members. *Journal of Personality and Social Psychology*, *42*(6), 1051-1068.

Qing, L., Chen, C. C., Colapinto, C., Hiyoshi, A., Hwang, Y., & Kodama, M.（2010）. Attitudes towards China before and after the Beijing Olympics. *The International Journal of the History of Sport*, *27*(9-10), 1419-1432.

Saito, S.（1999）. Television and perceptions of U.S. society in Japan. In Y. R. Kamalipour（Ed.）, *Images of the U.S. around the world: A multicultural perspective*（pp.231-246）. NY: State University of New York Press.

斉藤慎一（2002）．テレビと現実認識：培養理論の新たな展開を目指して　マス・コミュニケーション研究，*60*，19-43.

斉藤慎一・李津娥・有馬明恵・向田久美子・日吉昭彦（2010）．韓流ブームと対韓意識：韓流との関連で見た韓国・韓国人イメージおよび日韓関係に対する認識　東京女子大学比較文化研究所紀要，*71*，1-32.

佐久間勲・八ツ橋武明・李岩梅（2010）．北京オリンピック大会と国民イメージ（1）　情報研究（文教大学情報学部），*42*，23-30.

Salwen, M. B., & Matera, F. R.（1992）. Public salience of foreign nations. *Journalism Quarterly*, *69*, 623-632.

渋谷明子・テーシャオブン・李光鎬・上瀬由美子・萩原滋・小城英子（2011）．メディア接触と異文化経験と外国・外国人イメージ：ウェブ・モニター調査（2010 年 2 月）の報告（2）　メディア・コミュニケーション：慶應義塾大学メディア・コミュニケーション研究所紀要，*61*，103-125.

高史明（2015）．レイシズムを解剖する：在日コリアンへの偏見とインターネット　勁草書房

TBS テレビ（n.d.）「世界ふしぎ発見！」1300 回までの記録　http://www.tbs.co.jp/f-hakken/history_ranking.html（2016 年 3 月 30 日アクセス）

山本明（2007）．ソフトニュースが伝える外国像　萩原滋（編著）テレビニュースの世界像：外国関連報道が構築するリアリティ（pp.49-68）勁草書房

米倉律（2015）．テレビ番組における訪日外国人、国内在住外国人の表象：地上波民放の「外国、外国人関連バラエティ番組」を中心に　ジャーナリズム＆メディア：新聞学研究所紀要（日本大学法学部新聞学研究所），*8*，189-205.

この章で言及した映画

『ベッカムに恋して』（Bend it like Beckham）. Gurinder Chadha, Kintop Pictures/Bend it Films/Road Movies Filmproduktion/Roc Media, 2002.

出所：www.imdb.com、DVD 記載情報

＊上記の情報は、作品名、監督名、制作会社名、初公開年の順である。

第7章 ジェンダーとセクシュアリティ

　メディアは**ジェンダー**と**セクシュアリティ**の情報源として、子どもの社会化過程、人々のジェンダー意識、社会的アイデンティティや性アイデンティティの形成と再構築に一定の影響を与えている。メディアにおけるジェンダー表象については、①女性を社会的に受動的で弱い存在としてステレオタイプ化するジェンダー描写、②性的対象としての描写、③モデルの理想的なボディイメージと身体表現が女性の自己評価に及ぼす影響などが研究されてきた（Frith et al., 2005）。また、広告とジェンダーが、社会文化的に規定されているという観点から、広告におけるジェンダー表象の国際比較研究も行われている。メディアのセクシュアリティ表象も、近年、重要な研究テーマとして注目され始めている。

　本章では、これまでの研究成果を中心に、まず、広告や雑誌などのメディアコンテンツにおいて、性役割、女性の身体や美がどのように表象されているか、またこうした表象が、女性の意識や自己評価などにどのような影響を及ぼしているかについて考えたい。次に、メディアにおけるセクシュアリティの表象については、子どもの社会化過程に影響を与える可能性の高いコンテンツとして、誰もが一度は見たことのあるディズニー作品における登場人物の表象を検討する。また、多様な性的指向が描かれるメディアコンテンツにおいて、その表象の特徴について考える。最後に、ソーシャルメディアにおける若年層の身体表現や**自己呈示**でみられるジェンダーとセクシュアリティ表象に関する研究を紹介する。

1. 広告と消費場面におけるジェンダー、身体、美

広告におけるジェンダー表象

　企業のマーケティング活動の一環として行われる広告においては、商品の使用者や推奨者として様々なカテゴリーの人や集団が登場する。短いテレビ広告や限られたスペースの広告で多くの人に向けて情報やイメージを簡潔に伝える必要があることから、広告では社会で広く共有されている社会的観念や典型的イメージがしばしば用いられる。ジェンダーに関するステレオタイプ的イメージもその一つで、広告は、直感的で偏ったジェンダー観をくり返し提示することで偏った

ジェンダー観を維持・強化し、再生産していると批判されてきた（村松, 1997）。広告は、単に商品の特徴や機能だけでなく、その商品と関わる社会的状況が描かれることが多く、**マーケティングコミュニケーション**であると同時に、社会の伝統や文化、規範、価値、ジェンダーをめぐる状況などが反映される**社会的コミュニケーション**でもある（Prieler et al., 2015）。

広告におけるジェンダー描写と文化的要因

　それでは、まず、東アジアの広告におけるジェンダー表象を分析したプリラーら（Prieler et al., 2015）の研究を紹介したい。この研究では、文化的背景として儒教的伝統をもつ日本、韓国、香港を対象に、中心人物の登場する広告を比較文化的視点から分析している。儒教的家父長制の伝統は、これらの社会に多大な影響を与え、広告においても**ジェンダーステレオタイプ**がみられるだろうというのがこの研究の仮定である。

　分析期間は2012年4月の1週間で、各国のプライムタイムの定義を踏まえ、午後7時から11時までの時間帯とした。そして、放送回数による影響力を考慮し、重複を含む広告を収集し、そのうち中心人物が登場していると判断された広告を分析の対象とした（香港624本、日本628本、韓国442本で計1,694本）。まず、①中心人物の年齢は、18歳〜34歳、35歳〜49歳、50歳以上に区分した。②背景は、職場、家庭内、その他の屋内、屋外、その他のカテゴリーに分類し、複数の背景の場合は、最も重要と判断されたところを背景としてコーディングした。③服装は、普段着など露出度の低い服装、部分的に身体を露出している服装、下着などの露出度の高い服装、ほとんど服を身に着けていないヌードやヌードを連想させるものに分類した。④商品カテゴリーは、美容・日用雑貨、薬品・健康関連、飲料、食品・菓子など、11タイプに分類した。仮説と分析結果は**表7-1**のとおりである。

　全体的に、日本、韓国、香港とも、ステレオタイプ的イメージが描かれており、日本と韓国が香港よりその傾向が強かった。まず、女性は若いモデルの起用が多かったのに対し、男性は中年が多かった。服装は、女性の場合、思わせぶりなファッションをすることが多く、男性は露出度の低い普段着を着ている傾向があった。日本、韓国、香港とも、女性は家庭内での登場が多いという仮説は支持されなかったものの、女性は家庭内での役柄、男性は職場での典型的なイメージで描かれる傾向がみられた。ナレーターに関しても仮説は支持されなかったが、男性は権威のある声としてナレーターを担当する傾向がみられた。

表7-1　日本、韓国、香港の広告におけるジェンダー描写（Prieler et al., 2015 より作成）

仮説	結果
日本、韓国、香港とも、 広告に女性より男性の登場が多い（H1）	棄却 　韓国：男＞女 　日本・香港：女＞男
若年層の登場は男性より女性が多い（H2）	支持
男性より女性が思わせぶりな服装をすることが多い（H3）	支持
女性は男性より家庭内での登場が多い（H4）	棄却 　韓国・日本のみ
女性より男性のナレーターが多い（H5）	棄却 　韓国・香港のみ
美容・化粧品、日用雑貨商品の広告において男性より女性が多い（H6）	支持

　全体的にみて、日本、韓国、香港において女性はステレオタイプ的なイメージ
で描かれており、このような結果は、これらの文化圏に共通している儒教的伝統
に起因している可能性が高いとする。

テレビ広告におけるジェンダー表象の国際比較

　次に、ジェンダーと関連する社会的、文化的指数を用いて、7か国のテレビ広
告におけるジェンダー表象との関連性について比較したペックら（Paek et al.,
2011）の研究を紹介する。具体的に、2002 年 7 月から 8 月の平日のプライムタ
イムに放送されたブラジル（177 本）、カナダ（856 本）、中国（434 本）、ドイツ
（182 本）、韓国（469 本）、タイ（272 本）、アメリカ（218 本）の 7 か国、計 2,608
本のテレビ広告を対象に、①文化的要因、②ジェンダーと関連する社会的要因、
③広告制作要因と、広告における性役割描写との関連性について分析を行った。

　まず、①文化的要因として、ホフステード（Hofstede, G.）による**文化次元論**の
男性性指数の国別ランキングと、中心人物の性別や職業、ナレーターの性別の関
連性を調べている。男性性指数の低い国は、性役割分業意識が低いため、広告に
おいても、男女ともに中心人物や同様の職業に従事している人物、ナレーターと
して登場し、より男女平等的性役割描写が行われていると予想した。次に、②
ジェンダーと関連する社会的要因として、国連開発計画による**ジェンダー開発指
数**と広告の性役割描写との関連性を検討している。ジェンダー開発指数は、人間
開発におけるジェンダーの不平等を示すもので、ジェンダー格差が大きいほど、
得点は低くなる（ジェンダー開発指数は倉本，2012 を参照。日本の状況については内
閣府男女共同参画局，n.d. を参照）。広告は社会を反映するもので、ジェンダー開
発と男女平等のどの段階にあるかが、広告の内容と関連するという観点から、

表7-2　7か国の広告における中心人物とナレーターの性別

	ジェンダー 開発指数 （順位）	中心人物 %(n=2,166)[a]		脇役 %	ナレーター %(n=2,608)[b]
ドイツ (n=182)	.92 (3)	男	45.9	37.5	78.7
		女	36.5	19.4	20.2
		両方	17.6	43.1	1.1
アメリカ (n=218)	.94 (1)	男	38.9	27.8	72.8
		女	30.2	11.1	27.2
		両方	31.0	61.1	0.0
中国 (n=434)	.74 (7)	男	41.9	25.0	85.9
		女	31.9	23.1	12.7
		両方	26.2	51.9	1.4
カナダ (n=856)	.94 (1)	男	47.3	28.9	81.6
		女	30.3	27.7	18.0
		両方	22.4	43.4	0.4
ブラジル (n=177)	.77 (5)	男	51.6	50.0	84.6
		女	23.8	36.3	11.9
		両方	34.6	13.8	3.5
韓国 (n=469)	.88 (4)	男	31.7	30.4	35.3
		女	40.0	24.3	52.8
		両方	28.3	45.3	11.9
タイ (n=272)	.77 (5)	男	49.8	26.4	84.9
		女	34.3	36.2	13.7
		両方	15.9	37.4	1.5

[a] 人間がモデルとして登場する広告のみを対象とした。ブラジル153件、カナダ750件、中国284件、ドイツ150件、韓国444件、タイ258件、アメリカ127件
[b] 各国内の男性、女性、両方のパーセンテージを比較。
出典：Paek et al., 2011, p.200 （注は修正）

　ジェンダー開発指数の高い国は、低い国より、広告において男女平等的性役割描写が行われていると予想した。さらに、③広告制作要因として、女性向け商品は女性を、男性向け商品は男性を使用者として描写し、ナレーターの性別に関しても同様の関連性がみられると予想した。分析結果を表7-2に示す。

　まず、広告における中心人物の性別と職業、ナレーターの性別と、男性性指数、ジェンダー開発指数の国別ランキングとの関連性はそれほどみられなかった。次に、商品タイプ別に中心人物とナレーターの性別を分析したところ、男性向け商品広告は、男性モデル、男性ナレーターを、女性向け商品広告は、女性モデルを多く起用していた。ナレーターに関しては、男性が女性より多く、女性ナレーターは男性向け商品より、女性向け商品で多く登場していた。

　さらに、中心人物とナレーターの性別をそれぞれ基準変数とし、男性性指数、

ジェンダー開発指数、商品タイプを説明変数とする重回帰分析が行われた。その結果、まず中心人物の性別については、男性向け商品の広告では男性モデルが、女性向け商品の広告では女性モデルが起用される傾向があった。ナレーターの性別については、ジェンダー開発指数の得点が低くなるほど、すなわちジェンダー格差が大きいほど、男性ナレーターが起用される傾向があった。また、商品タイプが、女性向け商品広告の場合、男女両方向け商品広告よりも、女性ナレーターが起用される傾向があった。

　総じて、ペックら（Peak et al., 2011）は、文化的要因やジェンダーと関連する社会的要因と、各国の広告における性役割描写との関連性がそれほどみられなかったという研究結果は、広告は、国や文化、社会的規範によって異なるが、広告の制作的特徴は似通っており、普遍的である可能性を示していると指摘する。多くの国でみられる、男性向け商品の広告では男性モデルを、女性向け商品の広告では女性モデルを起用する広告の慣行を勘案すると、広告制作要因として商品タイプが、広告における性役割描写の重要な規定因であるとした。そして、こうした描写は、女性が車に乗るきっかけになるなど、男性または女性がジェンダーにとらわれない商品の消費者となる機会を制限する可能性を問題としている。

広告と雑誌における身体と美の表象

　女性誌は、モデルを通して、理想的な女性の身体と美を表象し、読者である女性の自己評価やイメージに一定の影響を与えている。坂本（2009）は、1970年代以降の女性誌のもつ特徴として、以前の婦人雑誌に比べ、広告記事、商品紹介、ビジュアルなどが多様化していると指摘する。また、古田（2005）は、女性誌の内容の6割以上が広告と広告記事であるとし、女性誌の「カタログ化ページ」とイメージ広告という「二重の広告機能」（p.74）を指摘し、女性誌は、記事では商品の詳細な情報を、広告では端的なイメージを打ち出すことで、女性の消費意識と生活行動、自己イメージに影響を与えているとした。1980年代の雑誌創刊ブームを経て、1990年代以降のインターネットの普及で女性誌も新たな局面を迎えている。しかし、インターネットの普及で活字離れが進んでいる中、女性向けファッション雑誌は依然として読者から一定の支持を得ており、その背後には専属モデルの存在も大きい（佐々木，2012）。

　イングリスら（Englis et al., 1994）は、多次元的な美に関する情報の伝達において重要な役割を果たしている2つのマスメディアとして、ファッション雑誌の広告とミュージックビデオに注目する。彼らは、ファッションと美容に関する

雑誌の編集者、映像制作者などの専門家たちは、美に関する独自の理論や、どのような類型の美が読者にアピールするかに基づいて特定の身体的魅力をもつモデルを選定しており、美の文化的表象は、こうしたメディア・ゲートキーパーのステレオタイプに左右されることも多いと指摘する。この研究では、アメリカの主要女性ファッション雑誌の『コスモポリタン（Cosmopolitan）』、『グラマー（Glamour）』、『マドモアゼル（Mademoiselle）』、『セルフ（Self）』、『セブンティーン（Seventeen）』、『ヴォーグ（Vogue）』の計6誌の1992年3月号の広告に登場した女性モデルの特徴を分析した。比較のため、『エスクァイア（Esquire）』、『GQ』、『プレイボーイ（Playboy）』の男性雑誌3誌の女性モデルについても分析を行った。分析の対象となったモデルは、計195名であった。

モデルは、モデルの特徴から美の類型化を試みたソロモンら（Solomon et al., 1992）の研究に基づき、「エグゾティック／セクシーさ」、「トレンディ」、「古典的美／女性らしさ」、「身近さ」、「若い女性の性的魅力」、「かわいらしさ」の6類型に分類した。分析の結果、「トレンディ」（26.2%）、「古典的美／女性らしさ」（23.6%）、「エグゾティック／セクシーさ」（23.1%）が2割を超えていた。これは、専門家たちが、「古典的美／女性らしさ」、「エグゾティック／セクシーさ」をファッションモデルにとって重要な身体的魅力として挙げていたというソロモンらの研究と一致するものである。一方で、「身近さ」（13.9%）、「若い女性の性的魅力」（10.3%）、「かわいらしさ」（3.1%）は、少なかったが、これは、一部の広告商品に適していないという認識が影響していた可能性があると指摘する。

次に、モデルの美の類型が雑誌カテゴリーによってどのように異なるかを分析したところ、有意な結果が得られた。「エグゾティック／セクシーさ」（Glamour：30.6%、Vogue：31.5%）、「トレンディ」（Glamour：27.8%、Vogue：29.6%）は、『グラマー』と『ヴォーグ』ともに多い類型であった。両誌とも、高級ファッションと先端のトレンドを強調する雑誌である。「古典的美／女性らしさ」は、『セルフ』（54.6%）、『コスモポリタン』（38.5%）、『マドモアゼル』（34.4%）で多かった。『セルフ』や『コスモポリタン』のような雑誌は、健康、フィットネス、ライフスタイルなど、ファッション以外の情報も扱っている。伝統的な女性の美への強調は、これら3誌の大衆受けを狙った戦略とも一致するものである。「身近さ」は、若年層女性向けの『セルフ』（27.3%）と『セブンティーン』（24%）で多かった。このように、女性誌において、モデルの身体的魅力を通して特定の理想的な美を表象し、強調する傾向がみられた。男性雑誌の女性モデルは、11名と少なかったが、「トレンディ」、「エグゾティック／セクシーさ」、「若い女性

の性的魅力」が3名ずつで、「身近さ」が2名であった。「古典的美」と「かわいらしさ」は一人もいなかった。

広告と雑誌における美の表象と文化差：日本とアメリカの比較

さらに、美の表象において、読者の年齢層だけでなく、文化差も関係していることが報告されている。メイナードとテイラー（Maynard & Taylor, 1999）は、メディアが、自己イメージの発達において一定の役割を果たしており、メディアによるイメージの伝達は、文化的コンテクストで行われると指摘する。そこで、日本とアメリカの雑誌広告を対象に、視覚と言語情報両面における少女らしさの描写について比較分析を行った。雑誌の種類、読者層、発行時期を統制するため、同じ雑誌名で、同じ読者層を対象としており、発行年月が同じ雑誌を選定基準とし、両国で発行されている『セブンティーン』4冊ずつ（1995年6月号、7月号、1997年1月号、6月号）、計8冊を対象とした。日本とアメリカの『セブンティーン』は別会社であるため、雑誌の記事は翻訳ではなく、独自のものである。『セブンティーン』の広告モデル以外のモデルが含まれている広告を基準に、日本104件、アメリカ159件、計263件を分析対象とした。

研究では、①日本の方が、アメリカより、視覚的に少女らしく親近感のある描写の広告が多い、②日本の方が、アメリカより、言語的に少女らしく親近感のある描写の広告が多い、③日本が、アメリカより、視覚的、言語的情報を合わせて少女らしく親近感のある描写の広告が多い、という3つの仮説が立てられた。

まず、広告商品別にみると、美容・化粧品が日本（38.5%）、アメリカ（66%）ともに最も多く、両国とも、外見と健康に関連する商品広告が多いことが確認された。①少女らしさが描写されている広告を分析したところ、日本（70.2%）がアメリカ（40.2%）より多かった。日本では3分の2（70.2%）の広告において、読者に向かって少女らしい表情で微笑む10代のモデルが描かれていたのである。また、②日本（43.3%）の方が、アメリカ（24.5%）より、言語的に少女らしく親近感のある広告が多かった。③視覚的、言語的描写を合わせた結果から、日本（21.8%）がアメリカ（9.3%）より少女らしく親近感のある広告が多かった。全体的にみて、日本では、視覚と言語情報の両面でモデルのかわいさ、少女らしさが強調されていたのに対し、アメリカでは、モデルがより独立的で、意志が強く、時には反抗的で挑戦的なイメージで描かれていた。

同様に、飯野ら（1989）は、日本とアメリカの女性誌のファッション記事の分析から、アメリカの「大人っぽさ」、「セクシー志向」、日本の「子どもっぽさ」、

内容分析

　内容分析は、メッセージの科学的分析方法の一つで、バナード・ベレルソン（Bernard Berelson）がその体系化に貢献したとされる。鈴木・島崎（2006）は、内容分析を、「コミュニケーション・メッセージの諸特性の整理・分類・要約・解釈・推論・評価などの作業過程」（p.115）としている。コミュニケーション研究やメディア研究における内容分析は、科学的手続きによって、新聞や雑誌の記事、広告、テレビ番組、CM、Web サイト、Twitter などのメディアコンテンツに現れる一定のパターンを計量的に分析する方法である。

　内容分析の主な手続きは、①研究課題や仮説の設定、②新聞記事や広告など、分析対象の選定、③分析項目の設定、④コーディングマニュアルの作成、⑤コーダーの訓練、⑥コーディング、⑦分析結果の報告、である。内容分析においては、コーディングが信頼できるものであることを示すため、コーダー間の判定の一致度を算出し、提示する。

　内容分析による研究例としては、新聞の環境報道の特徴に関する分析、テレビドラマや広告に登場する人物に対するジェンダー的視点からの分析、テレビニュースの選挙報道の特徴に関する分析などが挙げられる。内容分析の具体的な手続きを学びたい人は、下記の文献を参照されたい。

・有馬明恵（2007）．内容分析の方法　ナカニシヤ出版
・Berelson, B.（1952）. *Content analysis in communication research*. Glencoe, Illinois: The Free Press.（稲葉三千男・金圭煥（訳）（1957）．内容分析（社会心理学講座 7）みすず書房）
・Krippendorff, K.（1980）. *Content analysis: An introduction to its methodology*. Beverly Hills, CA: Sage.（三上俊治・椎野信雄・橋元良明（訳）（1989）．メッセージ分析の技法　勁草書房）
・鈴木裕久・島崎哲彦（2006）．新版 マス・コミュニケーションの調査研究法　創風社

「かわいさ志向」という、対照的な女性表象を明らかにしている。研究では、日本の『non・no』、『主婦の友』、『コスモポリタン』の 3 誌、アメリカの『グラマー』、『L.H. ジャーナル（L.H. Journal）』、『コスモポリタン』の 3 誌、メキシコの『クラウディア（CLAUDIA）』、『ブエンホガール（BUENHOGAR）』、『コスモポリタン』の 3 誌の 1986 年の 4 季分（1, 4, 7, 9 月号）を対象に、登場人物、

掲載イメージ、言語情報を比較分析している。登場モデルの年代（推定を含む）をみると、『コスモポリタン』の各国版を除く6誌の分析から、日本とメキシコが若年志向で、そのうち『non・no』は7割が10代のモデルであった。それに対し、アメリカはモデルの年代が高く、『グラマー』のような若年女性向けの雑誌においても、全体の約30%が20代後半と30代のモデルであった。『non・no』においては、「子どもっぽい未成熟な容貌や身体」（p.148）、『グラマー』においては「大人の女性」（p.148）が描かれる傾向がみられた。同様に、モデルの表情や視線、ポーズにおいても、対照的な身体表現がなされていた。日本の雑誌ではアメリカの雑誌のようなセクシーさ、自己主張的で挑発的なポーズはそれほどなく、かわいらしさが強調されていた。飯野ら（1989）は、こうした表象が「性的表象としての女性役割、従順な愛玩物的女性役割を価値として暗示」（p.168）するものと批判している。

広告と雑誌における美の表象と文化差：東アジアとアメリカの比較

　美の表象における文化差を検討したフリスら（Frith et al., 2005）は、各文化圏における雑誌広告の商品カテゴリー、登場人物の描写に関する分析から、女性の美の表象について興味深い結果を報告している。フリスらは、広告は、各文化圏において、美がどのように表象されるかについて検討できる特徴的な題材であるとする。また、各文化圏は、美に関して固有の考え方があり、美は文化的に形づけられ、その概念は家族や仲間集団、教育、メディアなどを通して伝達され、社会化されていくため、身体的魅力、美しさは文化と時代によって異なると指摘する。一方で広告制作やキャンペーンの展開において、標準化、グローバル化が進んでいるのも事実で、こうした視点から、アメリカと、東アジアでアメリカなどの影響を多く受けているシンガポールと台湾の女性向けのファッション・美容雑誌の広告を対象に、商品カテゴリーやモデルの身体描写を中心に分析を行っている。アメリカは、西洋文化を維持し、世界的に影響力が大きい点、シンガポールと台湾は、両国とも、儒教的伝統の強い東アジアの国という点から選定された。

　研究では、①女性誌広告において、アメリカ、シンガポール、台湾とも、白人系モデルが、他のエスニックグループのモデルより多く登場するだろう、②女性誌広告におけるモデルの美の類型は、アメリカ、シンガポール、台湾で異なるだろう、③女性誌広告におけるモデルの美の類型は、白人系モデルとアジア系モデルで異なるだろう、④女性誌で広告される商品カテゴリーは、アメリカ、シンガポール、台湾で異なるだろうという4つの仮説を立てた。比較のため、フォー

マット、読者層（20歳～35歳）、言語、発行部数の面で類似する雑誌として、アメリカの『グラマー』、『ヴォーグ（Vogue）』、『エル（Elle）』の3誌、シンガポールの『ハーワルド（Her World)』、『女』、『クレオ（Cleo）』の3誌、台湾の『シタベラ（Citta Bella)』、『ジャスミン（Jasmine)』、『ヴィヴィ（Vivi)』の3誌、計9誌を選定し、2001年3月から2002年4月の期間で、3冊をランダムに選んで女性モデルが登場する一面と両開き広告を分析対象とした。複数の女性モデルが登場している場合は、写真のサイズが最も大きいモデル、または広告で中心的役割を果たしているモデルを対象とした。同じ大きさや、中心的な役割を果たしているモデルが複数見られた場合は、分析対象から除外した。広告の影響を考慮するため、重複する広告も分析対象に含めた。最終的に1,236件の広告が分析対象となった。美の類型としては、イングリスらの8類型から、かわいさと身近さは、重なるところがあったため一つのカテゴリーとし、非白人系と定義されていたエグゾティックを除き、「古典的美」、「セクシーさ・若い女性の性的魅力」、「かわいさ・身近さ」、「トレンディ」の4カテゴリーを用いて分析を行った。さらに、商品カテゴリー、モデルのエスニシティなどを分析した。

　まず、モデルのエスニシティをみると、各国とも、白人系のモデルが最もよく登場しており、アメリカ（91%）、シンガポール（65%）、台湾（47%）の順であった。さらに、中国系住民の多いシンガポールにおいて、白人系モデルが中国系モデルより多かった（シンガポール：白人系65%、中国系24%）。モデルの美の類型を分析した結果からは、「古典的美」がどの国においても他のタイプより多かったが、「セクシーさ・若い女性の性的魅力」はアメリカ（32%）が、シンガポール（19%）と台湾（22%）より多く、アメリカの雑誌広告において性的魅力が強調される傾向があった。一方、「かわいさ・身近さ」は台湾（27%）、シンガポール（15%）で多くみられ、対照的であった（表7-3）。

　エスニシティ別にみると、白人系モデルが登場する広告898件（73%）と中国系モデルが登場する広告232件（19%）を比較した結果、両方とも「古典的美」が最も多く、「セクシーさ・若い女性の性的魅力」は、白人系のモデル（27%）が中国系モデル（11%）より多く、「かわいさ・身近さ」は、中国系モデル（25%）が白人系モデル（16%）より多くみられた。「トレンディ」は、白人系モデル（9%）が中国系モデル（6%）より多かった。商品カテゴリー別にみると、美容商品はシンガポール（40%）と台湾（49%）の広告に、衣服はアメリカ（54%）の広告に多かった。

　総じて、台湾においては、美の類型としてかわいさが強調され、シンガポール

表 7-3　女性誌モデルの美のタイプ

表 7-3　女性誌モデルの美のタイプ

美のタイプ	シンガポール	台湾	アメリカ
古典的美	249 (54%)	112 (44%)	236 (46%)
セクシーさ・若い性的魅力	90 (19%)	56 (22%)	165 (32%)
かわいさ・身近さ	72 (15%)	68 (27%)	81 (16%)
トレンディ	51 (11%)	16 (6%)	27 (5%)
その他	3 (1%)	1 (1%)	9 (1%)

出典：Frith et al., 2005, p.8

と台湾においては、化粧品と顔の美容関連商品の広告が多く、身体部位として「顔」が強調されていたのに対し、アメリカにおいては、セクシーさなど性的魅力が強調され、衣服関係の広告が多く、「ボディ」、すなわち全身の身体的美が強調されていることが明らかにされた。古典的美は、どの国にも多くみられ、強調される美の類型において、東洋と西洋で普遍的な側面があることが示された。

日本の広告における日本人と外国人モデルのイメージ

オバル（O'Barr, 1994）も、日本の広告における白人系モデルのイメージは、日本人モデルは取らないポーズを取るなど、日本人モデルとは全く異なると指摘する。李（2012）は、女性ファッション誌の読者年齢層別に、日本人広告モデルと外国人広告モデルのイメージを分析している。分析対象は、「ティーンズ誌」（19歳以下）、「ヤング誌」（20歳〜24歳）、「ヤングアダルト誌」（25歳〜34歳）、「ミドルエイジ誌」（35歳〜49歳）の一面または見開きの広告から、中心人物が単独で登場する広告473件（ティーンズ誌55件、ヤング誌143件、ヤングアダルト誌161件、ミドルエイジ誌114件）であった。

10代向けの「ティーンズ誌」と20代前半向けの「ヤング誌」の広告では、「日本志向」、「かわいさ志向」が顕著で、同世代の身近な日本人モデルが登場し、かわいさをアピールする傾向がみられた。それに対し、20代後半から30代前半向けの「ヤングアダルト誌」と30代後半から40代向けの「ミドルエイジ誌」の広告では、「外国志向」がみられ、外国人モデルの登場が多く、露出度は日本人モデルより高く、セクシーなイメージで描かれていた。

2. 広告におけるジェンダー表象の影響

それでは、広告におけるジェンダー表象は、女性の意識や自己イメージ、自己評価にどのような影響を及ぼしているのだろうか。ジェンダー表象に関する研究

に比べると、実証研究は少ないが、実験と調査などの手法による研究がいくつか
あるので紹介する。

広告のジェンダー描写が女性に及ぼす影響

　広告が女性の自己意識や独立的判断、自信などに及ぼす影響について、ジェニ
ングス＝ヴァルシュテットら（Jennings-Walstedt et al., 1980）は、テレビ広告を用
いた実験を行っている。実験参加者は女子大学生52名で、呈示刺激として、実
際放送されていたテレビ広告から、女性が家庭内の役割を演じたり、性的対象と
して描かれたステレオタイプ的なもの4本と、女性が独立的存在として描かれ
た非ステレオタイプ的なもの4本を選定し、実験用のテレビ広告を別途制作した。
　実験デザインは2（広告のタイプ：ステレオタイプ的広告、非ステレオタイプ的広
告）×2（従属変数の測定の順番）で、各条件に13名の実験参加者がランダムに
配置された。広告の視聴後は、「判断の独立性」と「自信」についての測定が行
われた。判断の独立性は、アッシュ（Asch）の同調性テストをベースとするマン
ガのおもしろさ評定を用いて測定された。具体的に、マンガのおもしろさ評定に
おいて他の実験参加者たちが回答したとされる虚偽の評定にどれくらい同調して
回答するかに基づいて測定された。また、自信の度合いについては、実験参加者
に即興のスピーチをしてもらい、スピーチ中の非言語的行動について実験者が評
定を行った。
　分析の結果、まず判断の独立性においては、広告のタイプの主効果がみられ、
非ステレオタイプ的広告を視聴した女子大学生が、ステレオタイプ的広告を視聴
した女子大学生より独立的であった。次に自信においても、広告のタイプの主効
果がみられ、非ステレオタイプ的広告を視聴した女子大学生が、ステレオタイプ
的広告を視聴した女子大学生よりその度合いが高かった。ジェニングス＝ヴァル
シュテットらは、商品販売に関する顕在的な広告メッセージより、性役割に関す
る潜在的な広告メッセージによる影響を実証的に検討したこの研究は、女性が、
広告された商品の購買に至らなくても、広告で伝達される女性らしさの潜在的イ
メージには強く影響されていることを示したとする。

女性に対する広告モデルの影響

　次に、リチンス（Richins, 1991）は、広告における女性の美の表象が、若い女
性層の美に対する基準や自己意識に及ぼす影響についてインタビュー調査と質問
紙調査、2つの実験を行っている。ここでは、予備研究のインタビュー調査、質

テキストマイニング

　テキストマイニングとは、テキストデータを単語や句などの単位に分割して、それらの出現頻度や共起関係を抽出し、多変量解析やデータマイニングの手法で定量的に分析することである。コンピュータやソフトウエアの発達により、大量のテキストデータを対象に、定量的な解析をすることが可能になった。例えば、数か月にわたる新聞報道の変化を捉えたり、何百万、何千万というツイートやブログ記事などから世論や消費者の嗜好を分析したり、大規模調査の自由回答から何らかの知見を見出すことは、人の手による分析では事実上不可能といってもいいだろう。だが今日では、様々な優れたソフトウエアが利用できるようになったことから、社会心理学の分野でもテキストマイニングを用いた研究が盛んに行われるようになった。

　研究目的や、用いる分析手法によってテキストマイニングの進め方は多様であるが、大きく形態素解析の段階と、それによって抽出された語句に焦点をあてた分析の段階に分けることができる。形態素解析とは、文章（テキストデータ）を意味を成す文字列の単位（形態素）に分解することを指す。日本語は文章がスペースなどによって分割されていない膠着言語であるため、日本語辞書や文法を用いて意味のある単語を判断する。ただし、分析目的にあった形態素解析の結果を得るためには、一般的な日本語辞書の他に、ユーザー辞書を作成する必要があることが多い。例えば、Twitter 上でのコミュニケーション内容から大学に対する評価を明らかにしたい場合、「東京大学」「京都大学」などの大学名が「東京」「京都」「大学」と分割されないようにしたい。MeCab などよく知られた形態素解析プログラムでは、自分の目的にあった語句を抽出できるように設定することが可能である。また、「子供」「子ども」「こども」「子」などを同義語としてまとめたり、助詞や助動詞は分析から除外するなどの品詞を限定する作業も必要になる。

　こうした一連の形態素解析の作業の後、①分析上注目する語句の出現頻度を集計する、②注目語句の出現頻度の時系列的変化や、性別、年齢など特定のグループによる違いを検討する、③多変量解析やデータマイニングを用いて、注目語句の共起関係などについて分析する。

　一口にテキストマイニングといってもその内容は多様であり、研究目的にあった手順や分析方法を選択することが重要である。

問紙調査を中心に紹介する。まず4名と5名がそれぞれ参加した2つのインタ
ビュー調査から、女子大学生は自己とモデルを比較していることが明らかになっ
た。また、そのギャップからくるネガティブな感情だけでなく、ダイエットなど
で手に入れられる外見や、顔より全身が描かれた広告に対して、楽観的で、モデ
ルのようなボディを目指したいという意欲を見せる参加者たちもいた。

　同様に、女子大学生80名が参加した質問紙調査では、自己とモデルとの比較、
ロゼンベルグ（Rosenberg）の**自尊心尺度**、身体的魅力に対する自己評価、身体
的魅力に対する自己満足度などを測定した。まず、半数を超える学生たちが、服
（71.3%）、美容・化粧品広告（53.8%）を見るとき、自己とモデルを比較すると答
えていた。これら2項目を合わせ、比較度の得点を算出した。次に、自尊心と
身体的魅力に対する自己満足度の間に相関がみられたため、自尊心を統制し、比
較度と身体的魅力に対する自己満足度の偏相関、比較度と身体的魅力に対する自
己評価の偏相関を求めたところ、比較度と身体的魅力に対する自己満足度のみ、
負の有意な相関が得られた。これは、自己とモデルとの比較により、自身の身体
的魅力に不満をもつ可能性、または自己の身体的魅力に不満をもっている人ほど、
広告イメージと自分自身を比較する傾向がある可能性を示すものである。さらに、
自己の身体的魅力に不満をもっている人ほど、自身の比較行為を認識していた可
能性もある。

雑誌モデルが痩身願望に及ぼす影響

　次に、日本の女性ファッション誌が若年層女性の痩身願望に及ぼす影響に関す
る研究を紹介する。佐々木（2012）は日本の女性ファッション誌の特徴としてモ
デルの存在が大きいことを指摘し、モデルに対する憧憬と親近感が痩身志向に及
ぼす影響を検討している。また、日常的に読んでいる女性ファッション誌により
クラスターを分類し、クラスター別にこれらの影響を分析している。

　調査は、首都圏の4つの女子大学の612名を対象に行われた。モデルに対す
る態度を雑誌モデル同一化尺度で測定し、因子分析を行った結果、「雑誌モデル
への憧憬」と「雑誌モデルへの親近感」の2因子が抽出された。雑誌の影響に
対する自己評価を誌面構成被影響尺度で測定し、因子分析を行った結果、「入手
欲求」、「誌面模倣」の2因子が見出された。また、8項目で測定された痩身願望
尺度より、痩身志向を得点化した。そして、日常的に読んでいる女性ファッショ
ン誌に基づいて6つのクラスターに分類した。まず、第1クラスターの「お姉
系」は、いわゆる「赤文字系」の雑誌で、専属モデルが重要な存在となっている。

第 2 クラスターは、「ギャル系」と「カジュアル系」が混在しているが、ハーフや外国人モデルの登場頻度も高く、20 代後半から 30 代前半をターゲットとしている雑誌であるため、「アラサー系」としている。第 3 クラスターの「ギャル系」は、お姉ギャル、大人ギャルといわれる、高めの年齢層を対象としたギャル系の雑誌で身近なモデルが頻繁に登場している。第 4 クラスターの「古着系」では、古着や自作、リメイクなど、個性的なスタイルが強調される。第 5 クラスターの「カジュアル系」は、最も一般的なファッションを提案し、人気モデルも擁立したりするが、それほど人気は高いわけではないとする。第 6 クラスターの「ストリート系」は、比較的最近創刊され、等身大のファッションが中心になっており、プロのモデルはほとんど見られない。

　モデルへの憧憬、モデルへの親近感、誌面模倣、入手欲求、PC インターネット、携帯インターネット、BMI を説明変数とし、痩身願望を従属変数とした重回帰分析の結果から、最も説明力の高いものは、モデルへの憧憬で、次いで自身の BMI であることが明らかになった。クラスター別に痩身志向と各尺度との関連性を検討したところ、ほとんどのクラスターにおいてモデルへの憧憬と痩身志向の間に強い相関がみられたが、モデルへの親近感と痩身志向の関連性においてはクラスターによって異なる結果が得られた。具体的に、人気モデルが重要な存在となっている「お姉系」、「ギャル系」において、モデルへの親近感と痩身志向の間に強い相関がみられた。一方、「アラサー系」、「古着系」、「ストリート系」では有意な相関がみられなかった。「カジュアル系」は弱い相関が得られた。佐々木（2012）は、一般的に、若年層女性の痩身願望は、有名性に対する心理として「モデルへの憧憬」によって影響されるが、身近に感じられるモデルが登場する雑誌を読む若年層においては、「モデルへの親近感」から、「到達可能な範囲に設定されたボディ・イメージとして参照」（p.246）され、影響を受ける可能性があるとしている。

3．メディアコンテンツにおけるセクシュアリティ

ディズニー作品にみる恋愛、結婚、セクシュアリティ

　ここでは、子ども向けのメディアコンテンツとして、ディズニーのアニメーションにおける恋愛、結婚、セクシュアリティを分析した研究を紹介する。ジュン（Junn, 1997）は、親たちは、自分の子どもと、恋愛、結婚、セクシュアリティなどのトピックについて話すのを避けることが多く、子どもが、こうした問題に

最初に接する情報源はメディアである場合が多いと指摘する。研究では、①恋愛を題材としている 1950 年代のアニメーション 3 本（『シンデレラ』、『わんわん物語』、『眠れる森の美女』）、②比較的新しく、恋愛を題材としている 1990 年代のアニメーション 3 本（『リトル・マーメイド』、『美女と野獣』、『アラジン』）、③恋愛を題材としていないアニメーション 3 本（『ピノキオ』、『ジャングル・ブック』、『ビアンカの大冒険』）、④比較的有名でないアニメーション 2 本（『三人の騎士』、『ボンゴ』）の計 11 本を分析対象としている。

　まず男女中心人物の描写をみると、恋愛を題材としていない 5 本（③、④）のうち、4 本の中心人物が男性だったのに対し、恋愛を題材としているアニメーションの半数の中心人物が女性であった。また女性は、アニメーションの終盤に男性と結婚したり、結ばれるといった描写が多くみられた。恋愛を題材としたアニメーションでは女性が男性よりスクリーンに登場する時間が有意に長かった。一方、恋愛を題材としていないアニメーションでは男性が女性よりスクリーンに登場する時間が有意に長かった。またストーリーの展開において、中心人物にとって両親の存在が不可欠なときに、父親より母親の不在で苦労する場合が多かった。恋愛においては、女性が男性より受身的な役柄で描かれることが多かった。一方、男性は恋愛において積極的な役柄、ステレオタイプ的な役柄で描かれ、結婚や結婚式に言及することが多かった。

　アニメーションのタイプによる違いをみると、恋愛を題材とした 1950 年代のアニメーションでは、女性が男性より恋愛と関連する行動を多くとっていたが、恋愛を題材とした 1990 年代のアニメーションではそのような違いはみられなかった。アニメーションのタイプに関係なく、女性は男性より、恥ずかしそうなふりをしたり、くすくす笑ったり、髪を整えるなど、性的な視点から描写される傾向があった。1990 年代のアニメーションは、1950 年代のアニメーションより、恋愛に関連する描写は 2.5 倍ほど、性的描写は 7.5 倍ほど増加していた。結婚に関する言及は、1990 年代の作品において 1950 年代の作品と同じ程度、あるいは少ないレベルであった。他のアニメーションより知名度の低い『三人の騎士』と『ボンゴ』においては、セクシュアルハラスメントと身体的暴力を含むテーマが扱われていた。ジュン（1997）は、以上の結果は、全体的にみてこれまでのメディアと性役割に関する研究、成人における恋愛とセクシュアリティに関する研究と一致するものであったとしている。

同性愛が描かれたメディアコンテンツにおけるセクシュアリティ表象

　さらにメディアは、セクシュアリティに関する情報源として機能している。ボンド（Bond, 2015）は、思春期のレズビアン、ゲイ、バイセクシュアル（LGB: lesbian, gay, or bisexual）の人たちにとって、性的社会化は重要な問題であり、しばしば周囲との関係性に影響することを恐れ、社会的他者に性に関することを相談するより、性やセクシュアリティに関する情報をメディアに求めることが多いと指摘する。しかし、主流のエンタテインメントメディアにおいて、LGB に関する描写は比較的新しいもので、少しずつ増えているものの、LGB の描写において性的な会話や行動などと関連する側面は避ける傾向があるとする。近年、ゲイ、レズビアン向けのメディアが成長し、LGB の若者にも人気が出ているが、こうしたメディアのセクシュアリティ表象に関する実証的研究はほとんど行われていない。そこで、この研究では、LGB の若者の間に人気のあるゲイ、レズビアン向けのテレビ、映画、音楽について分析を行っている。

　研究では、思春期の LGB の人たちに人気のあるメディアにおいて、①LGB と関連する内容が、異性愛と関連する内容より多く描かれているだろう、②LGB の性的行動が、異性愛の性的行動より多く描かれているだろう、③LGB に関する正当な描写が、そうでない描写より多いだろう、④成人が、他の年齢層より多く登場するだろう、⑤男性のゲイの人が、他の性的指向の人より多く登場するだろうという 5 つの仮説が立てられた。また、⑥思春期の LGB の人たちに人気のあるメディアにおいて、どのような性的関心とトピックに関する会話がみられるかについても検討が行われた。

　オンラインで募集した 13〜19 歳の LGB の人たち 678 人に、ゲイ、レズビアン向けのメディアを提示し、よく見るものを 5 件法で尋ねた。この調査で提示されたゲイ、レズビアン向けのメディア（テレビ番組 15 本、映画 10 本、音楽アーティスト 5 名、雑誌 5 種類、サイト 25 件）は、6 人（3 人の男性ゲイ、2 人の女性レズビアン、1 人の女性バイセクシュアル）を対象としたインタビューから得られたものである。

　分析の結果、①異性愛より、LGB の関係に関する描写、②異性間より、LGB の人たちの間の性的行動の描写が多く、③多くの LGB の描写は、LGB の人たちにとって自然で違和感のない正当なものであったとする。④LGB の例は成人で多く、⑤男性のゲイの人が、女性のレズビアンやバイセクシュアルの人より多く描写されていた。⑥性的関心とトピックに関する会話としては、カミングアウト、LGB の平等権、ゲイ文化などの LGB のライフスタイルに関するものが多く、

LGB の性的関心、LGB の関係性に関するものが含まれていた。ゲイ、レズビアン向けのメディアにおいて、主流メディアではあまり描かれることのない LGB の関係性における多様性、性的関心、性的行動などが描かれていた。さらに、ゲイ、レズビアン向けのメディアと主流メディアの比較から、ゲイ、レズビアン向けのメディアは LGB のセクシュアリティをより頻繁に、より正当なコンテクストで描いていることが示された。

4．ソーシャルメディアにみるジェンダー的自己表現

　ソーシャルメディアは、自己表現の場としてますますその重要性が高まっている。トルタジャダら（Tortajada et al., 2013）が指摘しているように、ソーシャルメディアは、アイデンティティの模索や表出、社会的比較、理想とするイメージの表出などの手段となっており、アイデンティティ構築において重要な役割を果たしているのである。ここでは、ティーンエイジャー世代が、ソーシャルメディア上でどのようなジェンダー的自己呈示を行っているか、それは既存のメディア、とりわけ広告のジェンダー表象にどれほど類似しているのかに関する研究を紹介する。

　トルタジャダら（2013）は、アイデンティティは、それを表出することで形成されるところが大きいが、若年層は、ソーシャルメディア上で、広告のジェンダー表象とそれほど変わらないジェンダー表象を行い、社会的に共有されているジェンダーを表明し、その一部をより強調することでアイデンティティを表出する傾向があるとする。とりわけ、より斬新で、注目を集められるポーズを取ろうとするため、ソーシャルメディア上のジェンダー的自己呈示は、既存の広告やメディアで接するジェンダー表現をモデルとしている傾向があると指摘する。

　広告のジェンダー表象とソーシャルメディア上のジェンダー的自己表現の関連性を検討するため、トルタジャダらは、まず広告におけるジェンダー表象の特徴について、ゴフマン（Goffman, 1979）とギル（Gill, 2009）の概念を用いて考察している。ゴフマンは、広告におけるジェンダー表象の「**過度な慣例（hyper-ritualization）**」を指摘し、男らしさ、女らしさというジェンダー表象が強調される慣例のパターンとして、①相対的な大きさ、②女らしいタッチ、③役柄のランクづけ、④家族、⑤服従の慣例、⑥引っ込みの特権の6つの側面から考察している。具体例をみると、「相対的な大きさ」は、女性が男性より小さく描かれるシーン、「女らしいタッチ」は、女性が特に目的もなく物や自分自身を触るシー

ン、「役柄のランクづけ」は、男性が管理職や上司を演じ、女性が補助的な役割として描かれ、男性が女性に教えたり、女性は男性に助けられるシーン、「従属の慣例」は、膝や首を曲げたりしながら女性が床やベッドに横になっているシーンや、男性より笑顔だったり、子どものようなポーズを取るシーン、「引っ込みの特権」は、女性が自分の思いにふけったり、手で口や顔を隠したり、唇に指を添えたりするシーンなどである。

　さらに、ギルは、①エロティックな男性の身体、②異性愛志向の女性の性的欲求の明示的表現、③性的魅力度の高いレズビアンの表象など、新しい広告の慣例が登場してきたことを指摘する。ギルは、男性の身体表現も増加し、こうした広告は、男性の割れた筋肉を意味する「シックスパック広告」ともいわれ、ゴフマンが指摘したジェンダー表象が男性においても同様に行われているとする。また、女性においても、へそ出しルックなど、性的視点からの自己表現が増え、こうしたイメージでは女性自身に選択権やパワーがあることが強調される。近年はさらに女性の性的表現において、女性同士の関係性で表現されるいわゆるレズビアンポーズも見られるとする。

　トルタジャダら（2013）は、雪だるま式サンプリングで収集したスペインのティーンエイジャー世代のユーザーによるフォトログ（Fotolog）の400ページを対象とした量的分析を行った。研究中に45アカウントが閉鎖されたため、それを除く355名のページを分析対象とした。そのうち28%は男性、72%は女性で、11の異なる友人ネットワークが含まれた。年齢は13歳から18歳までである。研究では、写真は自己の印象を操作し、アイデンティティをコントロールするツールとなっており、人々は他者からよく見られ、望ましい自己イメージがアピールできることを基準に写真を選んでいるという視点から、フォトログのコンテンツのうち、自己呈示の戦略の傾向が最も強い写真のみを対象とした。さらに18名（男性6名と女性12名）のページを対象に、質的分析が行われた。研究課題は、フォトログの写真を通してどのような自己呈示を行っているか、フォトログの写真から、自己呈示においてどのような「過度な慣例」と既存の広告の特徴がみられるかを明らかにすることである。

　量的分析においては、「視線や見られること」と、ゴフマンが提起した「過度な慣例」のうち、「従属の慣例」と「引っ込みの特権」、質的研究においては、「過度な慣例」のうち、「女らしいタッチ」、「シックスパック見せ」、「対象化・対象としての状態」、「レズビアンポーズ」について分析が行われた。視線や見られることを意識した表現としては、少女たちは、胸の上の部分（15%）や、足の部

分（6%）を露出していたのに対し、少年たちは筋肉や肉体的強さ（28%）を見せる傾向がみられ、ソーシャルメディアにおいても、身体的魅力を強調しようとする女性と、力強さを見せようとする男性という典型的で伝統的なジェンダー的自己呈示のパターンがみられた。写真は、一人で撮ったものがほとんどだったが、異性と撮った写真の場合は、7%の少女たちが、ゴフマンが指摘したような従属的ポーズを取っていたのに対し、少年たちの場合は1%にすぎなかった。プライベートな家庭内で性的なイメージを強調し撮影された写真も多く、少女たちはベッドや床に座るか横になっている場合が多かった。また、少女たちは、ゴフマンが指摘したように、写真が撮られた空間から離れ、自分の思いにふけったり、無関心な様子だったのに対し、少年たちはしっかりとした様子で、視線が上を向いたりする場合も力強い印象の方が多く、対照的であった。物や自分の身体部位に対する女らしいタッチは、それほど見られなかったものの、全身やクローズアップ写真で見られる傾向があった。さらに、半数を超える写真で女友だち同士のレズビアンポーズがみられ、これらは必ずしも同性愛の表明ではなく、むしろ異性間の関係を示唆するようなイメージで、同性愛志向の女性というより、異性愛志向の男性の視線を意識したもの、さらに男性支配社会に対する挑戦としても解釈できるものであったとする。

　総じて、ティーンエイジャーたちのソーシャルメディア上の自己呈示は、日常的に接している広告と非常に類似した、社会的に構築された男らしさ、女らしさの表象が内在化され、ジェンダー的身体表現を再生産するものであった。しかし、単なるジェンダーステレオタイプの複製的表現や再生産にとどまらず、より創造的で多様な身体表現も見られている。トルタジャダら（2013）は、ソーシャルメディアは、ティーンエイジャーたちが、ジェンダー、恋愛、欲求、魅力などについて語る空間であり、若年層の利用者が、ステレオタイプ的なジェンダーイメージを再生産するより、ジェンダー表象の批判的交渉ができるような社会化の場として機能することも可能であろうと指摘する。

　以上、メディアにおけるジェンダー表象、セクシュアリティ表象に関する研究を紹介した。人々の自己観において、最も基本となるジェンダーやセクシュアリティを理解し、より多様で寛容的な社会を構築していくため、メディアには多くの課題が残されている。

1．男性と女性が登場する広告を 10 件集め、本章で紹介している内容分析研究を参考にし、男女モデルの描写について比較分析してみよう。本章で紹介している研究との一致点または相違点について記述してみよう。またそれらの表現が人々にどのような影響を与える可能性があるかについて考えてみよう。

2．女性ファッション雑誌の広告を 10 件集め、女性モデルのどのような魅力が描かれているかについて、本章で紹介しているフリスら（Frith et al., 2005）の研究に基づいて分析してみよう。またそれらの描写が女性にどのような影響を与える可能性があるかについて考えてみよう。

さらに学ぶための文献・資料案内

諸橋泰樹（2009）．メディアリテラシーとジェンダー：構成された情報とつくられる性のイメージ　現代書館

国広陽子・東京女子大学女性学研究所（編）（2012）．メディアとジェンダー　勁草書房

引用文献

Bond, B.（2015）. Portrayals of sex and sexuality in gay- and lesbian-oriented media: A quantitative content analysis. *Sexuality & Culture*, 19(1), 37-56.

Englis, B. G., Solomon, M. R., & Ashmore, R. D.（1994）. Beauty before the eyes of beholders: The cultural encoding of beauty types in magazine advertising and music television. *Journal of Advertising*, 23(2), 49-64.

Frith, K., Shaw, P., & Cheng, H.（2005）. The construction of beauty: A cross-cultural analysis of women's magazine advertising. *Journal of Communication*, 55(1), 56-70.

古田香織（2005）．女性誌における 2 重の広告機能：カタログ化ページと‘イメージ’広告　メディアと文化（名古屋大学大学院国際言語文化研究科），創刊号，61-76.

Gill, R.（2009）. Beyond the 'Sexualization of culture' thesis: An intersectional analysis of 'sixpacks', 'midriffs' and 'hot lesbians' in advertising. *Sexualities, 12*(2), 137-160.

Goffman, E.（1979）. *Gender advertisements*. New York: Harper & Row.

飯野扶佐子・伊左治真奈美・武内恵子（1989）．ファッションページにみるかわいさ志向とセクシー志向　井上輝子・女性雑誌研究会（編）女性雑誌を解読する：Comparepolitan：日・米・メキシコ比較研究（pp.147-168）垣内出版

Jennings-Walstedt, J., Geis, F. L., & Brown, V.（1980）. Influence of television commercials on women's self-confidence and independent judgment. *Journal of Personality and Social Psychology*, 38(2), 203-210.

Junn, E. N.（1997）. Media portrayals of love, marriage & sexuality for child audiences: A select content analysis of Walt Disney animated family films. Paper presented at the Biennial Meeting of the Society for Research in Child Development (62nd, Washington, DC, April 3-6, 1997)

倉本由紀子（2012）．ジェンダー不平等指数（GII）分析とジェンダー・エンパワーメント尺度（GEM）修正版作成の試み　国際ジェンダー学会誌, *10*, 53-73.

李津娥（2012）．広告・消費・ジェンダー　国広陽子・東京女子大学女性学研究所（編）メディアとジェンダー（pp.145-177）勁草書房

Maynard, M., & Taylor, C. (1999). Girlish images across cultures: Analyzing Japanese versus U.S. *Seventeen* magazine ads. *Journal of Advertising*, *28*(1), 39-48.

村松泰子（1997）．テレビCMのジェンダー分析：映像言語と価値観を解読する　鈴木みどり（編）メディア・リテラシーを学ぶ人のために（pp.100-120）　世界思想社

内閣府男女共同参画局（n.d.）．男女共同参画に関する国際的な指数　http://www.gender.go.jp/international/int_syogaikoku/int_shihyo/index.html（2016年9月1日アクセス）

O'Barr, W. M.（1994）．*Culture and the ad: Exploring otherness in the world of advertising*. Boulder, CO: Westview Press.

Paek, H., Nelson, M., & Vilela, A. (2011). Examination of gender-role portrayals in television advertising across seven countries. *Sex Roles*, *64*(3/4), 192-207.

Prieler, M., Ivanov, A., & Hagiwara, S. (2015). Gender representations in East Asian advertising: Hong Kong, Japan, and South Korea. *Communication & Society*, *28*(1), 27-41.

Richins, M. L.（1991）．Social comparison and the idealized images of advertising. *Journal of Consumer Research*, *18*(1), 71-83.

坂本佳鶴惠（2009）．消費社会の政治学：一九七〇年代女性雑誌の分析をつうじて　天野正子・伊藤るり・井上輝子・伊藤公雄・加納実紀代・斎藤美奈子・江原由美子・上野千鶴子・大沢真理（編）表現とメディア（pp.257-267）岩波書店

佐々木孝侍（2012）．ファッション誌と痩身志向：モデルに対する憧憬と親近感及び読書傾向の視座からの実証的検討　マス・コミュニケーション研究，*80*，231-248.

Solomon, M. R., Ashmore, R. D., & Longo, L. C. (1992). The beauty match-up hypothesis: Congruence between types of beauty and product images in advertising. *Journal of Advertising*, *21*(4), 23-34.

鈴木裕久・島崎哲彦（2006）．新版マス・コミュニケーションの調査研究法　創風社

Tortajada, I., Araüna, N., & Martínez, I. J.（2013）．Advertising stereotypes and gender representation in social networking sites. *Comunicar*, *21*(41), 177-186.

この章で言及した映画（掲載順）

『シンデレラ』（Cinderella），Clyde Geronimi/Wilfred Jackson/Hamilton Luske, Walt Disney Productions, 1950.

『わんわん物語』（Lady and the Tramp），Clyde Geronimi/Wilfred Jackson/Hamilton Luske, Walt Disney Productions, 1955.

『眠れる森の美女』（Sleeping beauty），Clyde Geronimi, Walt Disney Productions, 1959.

『リトル・マーメイド』（The little mermaid），Ron Clements/John Musker, Walt Disney Feature Animation, 1989.

『美女と野獣』（Beauty and the beast），Gary Trousdale/Kirk Wise, Walt Disney Feature Animation, 1991.

『アラジン』（Aladdin），Ron Clements/John Musker, Walt Disney Feature Animation, 1992.

『ピノキオ』（Pinocchio），Norman Ferguson/T. Hee/Wilfred Jackson/Jack Kinney/Hamilton Luske/Bill Roberts/Ben Sharpsteen, Walt Disney Productions, 1940.

『ジャングル・ブック』（The jungle book），Wolfgang Reitherman, Walt Disney Productions, 1967.

『ビアンカの大冒険』（The rescuers），John Lounsbery/Wolfgang Reitherman, Walt Disney

Productions, 1977.

『三人の騎士』（The three caballeros）, Norman Ferguson/Clyde Geronimi/Jack Kinney/Bill Roberts/Harold Young, Walt Disney Productions, 1944.

『ボンゴ』（Bongo）, Jack Kinney, Walt Disney Pictures, 1947.

出所：www.imdb.com

＊上記の情報は、作品名、監督名、制作会社名、初公開年の順である。

第8章 コンフリクト

　皆さんがこの章を読んでいるとき、テレビではどのようなニュースが伝えられているのであろうか。ちなみに私がこの文章を書いている今は、アメリカがイランの核施設への攻撃を検討しているというニュース、エチオピアで政府軍と地方勢力との間で武力衝突が起き、多くの難民が発生しているというニュース、アメリカの大統領選挙の開票結果を不服とする人々のデモが起きているニュースなどが伝えられている。他にも様々な政治的、社会的、軍事的な対立、紛争についてのニュースが次から次へと流れる。ニュースはこのような「コンフリクト」（conflict）で溢れている。

　この章では、メディア上で、特にニュース報道において、様々な対立、紛争を含むコンフリクトという事態が、どのように描写、表象されているのか、そして、ある出来事や事態の「コンフリクト性」を強調する伝え方が、オーディエンスにどのような影響を与えるのかについてみていく。その前にまず、ニュース報道においてなぜコンフリクトが頻繁に伝えられるようになるのかについて、ニュース価値の概念を通して考えてみよう。

1．ニュース価値としてのコンフリクト

　当たり前のことであるが、ニュースはこの世界で起きているすべての出来事を伝えているわけではない。それは到底不可能な話である。ある一定の期間において発生した出来事の中で、ニュースの制作者たちが情報を入手できたものの中から、さらにニュースの制作者たちによって、知らせる「価値」があると判断されたものだけが、最終的にニュースとして伝えられるのである。膨大な出来事の中から、ニュースとして伝えるためのものを取捨選択していくこの一連の過程を**ゲートキーピング**（gatekeeping）といい、その取捨選択を行う役割のことを**ゲートキーパー**（gatekeeper）という。

　それでは、その取捨選択はいったいどのような基準に基づいて行われているのか？　ニュースの制作者たちは、ただ単に無原則に、何も考えずランダムに、出来事を選んでいるのであろうか？　そんなことはない。例えば、知っておく必要

があるものはどれか、多くの人々が興味・関心をもちそうなものはどれかなど、様々な基準に照らし合わせて出来事を検討し、意識的な意思決定の結果として、ニュースにする出来事を選び出しているのである。このような意思決定の過程において、ニュースの制作者たちが、ニュースとして伝える価値があると判断する出来事の性質を**ニュース価値**（news value）という。

ガルトゥングとルゲの「ニュース」価値

　出来事に備わっているどのような性質が、ニュースの制作者たちによってニュース価値が高いと判断されているのかについては、これまで数多くの研究がなされている。その先駆的なものとしては、ガルトゥングとルゲ（Galtung & Ruge, 1965）の研究を挙げることができる。彼らは、ある出来事に次のような性質が含まれていればいるほど、ニュースとして取り上げられる可能性が高まると主張したのである。それは、①出来事の展開時間とニュースメディアの報道サイクルとの調和、②出来事の規模、③明確さ、④有意味性（文化的近さや関連性）、⑤予想または期待との一致性、⑥意外性（希少性）、⑦一度報道されたという前歴、⑧ニュース番組または紙面全体の構成における必要性、の8つの特性である。

　ある出来事の展開にかかる時間が**報道のサイクル**（例えば日刊新聞であれば1日、週刊誌であれば1週間というサイクル）と調和していればいるほどその出来事はニュースとして選ばれやすくなるというのが①の基準である。⑤と⑥は矛盾しているようにみえるが、これは並列的に適用される基準ではなく、ガルトゥングとルゲの推論によれば、④と⑤の性質によってニュースの候補となる様々な出来事が集められ、その中から⑥の性質を多くもつ出来事がよりニュースとして選ばれるというふうに考えられている。⑦の基準に対する指摘はおもしろい。一度ニュースとして取り上げられれば、その出来事の規模や意味が大きく縮小しても、以前の選択を正当化するために、そして最初は意外だったものでもすでにわかりやすくなったために、一定期間ニュースとして選ばれ続けるというのである。ニュースの制作者たちは、一つの番組、一つの情報商品として、視聴者や読者に、よりアピールできるようニュースのパッケージを構成しようとする。政治、経済、社会、文化、国際、スポーツなど、できれば様々なジャンルのニュースを揃えようとする。したがって、スポーツ関連の大きなイベントがない場合には、小さなイベントでもニュースになることがある。これが⑧の全体の構成上必要だからという基準である。

文化の違いに影響されるニュース価値

　彼らは、この８つの基準は、文化の違いや東西（イデオロギーの相違）、南北（経済格差）、中心－周辺といった世界システム上の位置づけなどにかかわらず、一般に適用可能であるとし、文化の違いに影響される可能性のある４つのニュース価値を別途挙げている。それは、①エリート国家に関する出来事であること、②エリート人物に関する出来事であること、③個人の行為の結果として認識されること、④否定的な結果がもたらされていることの４つである。③の基準は、ある出来事が社会構造的な要因ではなく、個人（または少数の人々の集合）の行為の結果として認識されればされるほど、ニュースとして取り上げられやすいというものである。④の「否定的な結果」という基準については、その意味が自明だと考えたせいか、彼らの論文では明確に定義されていないが、挙げられている例をみると、人命や財産の消失、破壊、対立、紛争、戦争などを念頭においていることは間違いない。

否定的出来事がニュースになりやすい理由

　このような否定的結果をもたらす出来事は、なぜニュースになりやすいのか？彼らの推論は、次のとおりである。

①否定的な出来事は、肯定的な出来事に比べ、展開時間が短く、ニュースの報道サイクルに調和的である。家を建てるには長い時間がかかるが、火災で家が燃えてしまうには一晩もかからない。人を育てることと事故で亡くすことの違いも同じである。

②ある出来事を否定的な出来事として理解することには高い合意性があり、したがってその明確性が高い。肯定的な出来事はある人々にとっては肯定的であるが、別の人々に対しては肯定的でないことがあり得るため、明確性の基準を満足させないことがある。

③否定的なニュースは、今の時代におけるいくつかの支配的なイメージに合致している。否定的なニュースは潜在的または顕在的な欲求を充足させる。そして多くの人々はそのような欲求をもっている。

④否定的なニュースは肯定的なニュースより意外性が高い。より稀に発生するという点でも、そしていつそれが起きるかを予測できないという点でもそうである。

　ガルトゥングとルゲは、以上のような推論に基づき、対立、紛争、戦争を含む

否定的な出来事が（少なくとも彼らが分析の対象としている北ヨーロッパという文化圏においては）、よりニュースとして取り上げられる傾向があると考えていたのである。

後の研究者たちも主要なニュース価値の一つとしてコンフリクトを挙げている。例えばゴルディング（Golding, 1981）は、ドラマ、視覚的魅力、重要性、規模、近接性、簡潔さ、発生からの時間的近さ（recency）とともに出来事の否定的性質（negativity）を、そしてバーンズ（Burns, 2002）も、インパクト、時宜性、近接性、新奇性などとともにコンフリクトを、主要なニュース価値の一つに数えている。またハリソン（Harrison, 2006）は、1965年以降におけるニュース価値研究をまとめる中で、ほかの様々な特徴に加え、「暴力、犯罪、対立、または混乱を含む」ものが、よりニュースとして選ばれると述べている。

2．コンフリクトの伝え方

それでは、頻繁にニュースとして取り上げられる紛争や戦争、様々な政治的、社会的対立などのコンフリクトをメディアはどのように伝えているのか？　コンフリクトの種類によってその伝え方は異なるが、例えばナイトリー（Knightley）は、コンフリクトの代表格である戦争報道の特徴を、ある一方の陣営または味方陣営への同一視、軍事称揚的な言語、行動中心、文脈・背景・歴史抜きの表面的記述の4点にまとめている（Lee & Maslog, 2005）。

戦争ジャーナリズム vs. 平和ジャーナリズム

またガルトゥングは、戦争を含むコンフリクトを伝える際に、「平和ジャーナリズム」という伝え方を採用すべきであると提唱し、多くの報道メディアが用いている「戦争ジャーナリズム」と対比させ、以降の戦争報道の分析やジャーナリストの教育・訓練および報道実践に大きな影響を与えた。

ガルトゥングのいう「**戦争ジャーナリズム**」は、コンフリクト状況で発生する出来事やその物理的詳細（死傷者の数や使われている武器など）に焦点を当てることで暴力描写に偏り、コンフリクトに至る過程を分析せず、またコンフリクトをある一方の「勝利」か「敗北」の観点で捉える伝え方である。それに対して「**平和ジャーナリズム**」は、暴力の構造的、文化的原因にも光を当てなければならない。それは、コンフリクト当事者間のコミュニケーションの基盤となることを目指すと同時に、コンフリクトを緩和できる解決策を提案するものである。戦争

表8-1 「戦争ジャーナリズム」と「平和ジャーナリズム」のコーディング枠組み

	戦争ジャーナリズム	平和ジャーナリズム
報道の姿勢	反応的報道（戦争が起きることを待ち、直前から報道）	先回り報道（戦争が起きるだいぶ前から報道）
	主に目に見える結果についての報道（死傷者、財産への被害など）	目に見えない結果についても報道（精神的トラウマ、社会や文化への被害など）
	エリート中心（情報ソースや行為者として指導者やエリートに焦点を当てる）	人民中心（情報ソースや行為者として一般の人々に焦点を当てる）
	コンフリクトにつながる意見や主張の食い違いに注目	コンフリクトの解決につながる可能性のある合意に注目
	「今ここで」起きていることに注目	コンフリクトの原因と結果に注目
	「善玉」と「悪玉」、「被害者」と「加害者」の二分法	「善玉」と「悪玉」の規定を避ける
	2者対立志向（一方は勝利し、一方は敗北する）	多者間構図志向（コンフリクトに多くの当事者を関与させる）
	党派的（一方の当事者に肩入れする）	非党派的（中立的、ある一方に肩入れしない）
	ゼロサム志向（勝利という一つの目標）	ウィンウィン志向（多くの目標と議題、解決志向）
	停戦・平和協定調印後は報道を中止し、別の戦争へ向かう	戦後の回復、復興、平和協定の実行など戦争終了後の状況についても継続報道
報道の言語	人々に起きていることだけを伝える被害表現の使用（例えば、欠乏、荒廃、無防備、痛ましい、悲しい、気を落としているなど）	被害表現の使用を避ける。人々に起きていることだけでなく、どう対処すればいいかについて報道する。
	悪人化する表現の使用（悪意のある、残虐、非道な、テロリスト、過激分子、原理主義者など）	悪人化表現を避け、職位や名前などより正確な記述を使う。
	情緒的な表現の使用（例えば、抹殺、暗殺、虐殺など）	情緒的表現の使用を避け、客観的で控えめな表現を使う。誇張しない。

出典：Lee & Maslog, 2005, pp.325-326

ジャーナリズムのリポーターは「覚めた観察者」であることが期待されるのに対し、「平和ジャーナリズム」のリポーターは事実とともに意見を述べる「関与者」としての役割を想定されるのである（Aslam, 2011）。

アジアの報道メディアにおける戦争報道

　リーとマスログ（Lee & Maslog, 2005）は、ガルトゥングの「戦争ジャーナリズム」と「平和ジャーナリズム」をより具体化し（表8-1参照）、アジアのメディアがコンフリクトをどのような視点で伝えているのかを内容分析によって明らかにした。

リーとマスログ（2005）は、インド、パキスタン、フィリピン、インドネシア、スリランカの5か国の英字新聞10紙から、この地域において発生した紛争（カシミール地方におけるインドとパキスタンの領有権紛争、フィリピンのミンダナオ島やインドネシアのアチェ州における紛争、スリランカ政府とタミールタイガーの対立）に関する記事1,338件に対し、表8-1にあるようなコーディング枠組みに基づき、内容分析を行ったのである。1件の記事ごとにこの13項目の特徴が現れているかどうかを一つずつチェックし、現れている場合には項目あたり1点を与える。例えば、ある記事に戦争ジャーナリズムの13項目のうち4つの特徴が現れていたとすると、その記事の「戦争ジャーナリズム得点」は4点になるという具合である。コーディングの結果、戦争ジャーナリズム得点が平和ジャーナリズム得点を上回った場合には、その記事は「戦争ジャーナリズム」記事として分類される。同点の場合は「中立」に分類された。

戦争ジャーナリズムの優勢

　分析の結果、戦争ジャーナリズム得点は0点から13点までに分布し、平均は3.90であった。平和ジャーナリズム得点も0点から13点までに分布したが、平均は2.98であった。**コーダー間信頼度**は100件の記事を対象に確かめられ、項目ごとに算出されたが、全体的にScottの *pi* で.76〜.93を記録し、信頼性は確保されたと判断された（コラム29参照）。

　分析の結果、全体の56％の記事は「戦争ジャーナリズム」、35.7％は「平和ジャーナリズム」、8.3％は「中立」と分類され、「戦争ジャーナリズム」記事がより優勢であったことが明らかにされた（χ^2=459.771, $p < .0001$）。記事分布は国の間でも異なっていた。最も「戦争ジャーナリズム」が優勢だったのは、カシミール紛争に対するインドとパキスタンの新聞の報道であった。特にパキスタンの新聞がインドの新聞より「戦争ジャーナリズム」記事の比率が高かった（74.2％vs. 63.7％）。反対に最も「平和ジャーナリズム」が優勢だったのは、スリランカの新聞においてであった。58.0％ 対 30.8％ で「平和ジャーナリズム」記事が多かったのである。

　項目別の分布をみると、「戦争ジャーナリズム」の項目の中で最も多く現れていたのは、「今ここで起きていること」（17.6％）で、「エリート中心」（15.4％）、「善玉と悪玉の二分法」（10.3％）がそれに次いで多かった。「平和ジャーナリズム」の項目で最も多く現れていたのは、「悪人化の表現を避ける」（15.9％）で、その次は「非党派的である」（13.8％）、「多者間構図志向」（12.8％）、「善玉と悪

玉の規定を避ける」（10.6％）の順番で多かった。

　その他、記事が長くなるほど「平和ジャーナリズム得点」が高くなる傾向があった（$r = .156, p < .001$）。逆に記事の長さと「戦争ジャーナリズム得点」の間には負の相関があった（$r = -.186, p < .001$）。興味深いことに、海外の通信社から配信された記事は「戦争ジャーナリズム」の記事が多かった。リーとマスログ（2005）はこのことについて、海外の通信社がよりアジア地域のコンフリクトから距離をおいた短めの報道をしていること、そしてアジアの発展途上国に関するニュースでは、暴力とコンフリクトに関するニュースをより多く報道する傾向があることをその原因として考察している。

　「戦争ジャーナリズム」の記事が最も多かったカシミール地方の紛争は、宗教による対立と領有権問題が重なっており、おそらくこの研究が対象とした4つの紛争の中で最もコンフリクトの度合いが高いものかもしれない。特に主権の問題が絡んでいるため、インドとパキスタンのメディアはそれぞれの政府の立場に従った報道を展開した可能性が高い。一方で、スリランカの報道に「平和ジャーナリズム」の記事が相対的に多かったのは、対象となった紛争の当事者たちが、当時、平和交渉を模索していたからという説明も可能であるが、スリランカのジャーナリストたちが「平和ジャーナリズム」の必要性を明確に意識し、社会に対する道徳的義務としてそれを実践していたことも原因の一つであると、筆者らは述べている。

報道写真にみる戦争の表象

　報道写真の分析を通じて、戦争がどのように視覚化され、表象されたかを明らかにした研究もある。グリフィン（Griffin, 2004）は、アメリカが戦った1991年の湾岸戦争、2001年のアフガニスタン戦争、2003年のイラク戦争の報道において、アメリカの3大ニュース週刊誌（『Time』、『Newsweek』、『U.S. News & World Report』）がどのような写真を掲載したかについて分析を行っている。ニュース週刊誌は、発行前の1週間における出来事の展開を圧縮し、要点を押さえ、さらに掘り下げる報道を行う中で、視覚的な情報に関しても、その1週間に新聞やテレビで使われたイメージの要点を反復して示す「**視覚的なハイライト**」として機能しているという考えがこのような分析の背後にある。しかし一方で、新聞が主に1枚だけの写真を記事に添えるのとは対照的に、ニュース週刊誌はより多くの写真を載せるため、ある意味では「より詳細な」視覚的情報を伝えているとみることもできる（Griffin, 2004）。

湾岸戦争の写真は、「武器」、「兵士」、「リーダー」

　それでは、3大ニュース週刊誌の戦争報道において、どのような写真がどれくらい使われたのかみてみよう。まず、1991年の湾岸戦争報道において最も多く使われた写真は、「様々な武器」、「アメリカ兵士」、そして「アメリカの政治的・軍事的リーダー」のカテゴリーに分類されるもので、この3つのカテゴリーだけで、すべての写真の半分を占めていた。「様々な武器」というカテゴリーに分類された写真は、アメリカの戦闘機、戦車、ミサイル、軍艦、電子照準装置などで、その多くは、武器のカタログや軍需企業の広報映像からもってきたものであった。「様々な武器」の写真は、全体の約4分の1を占め、最も多かった。対照的に、湾岸地域で行われた実際の戦闘状況を写した写真は最も少なく、全体の3％にすぎなかった。

　「アメリカ兵士」というカテゴリーに分類されたものは、非戦闘状況にいる匿名的なアメリカ兵士の写真で、全体の14％を占め、2番目に多かった。キャンプの中で過ごしている様子、クウェートやイラク以外の場所で訓練をしたり、待機したりしている姿を写した写真がこれに当たる。グリフィンは、このように後方で戦争を準備し、戦闘をシミュレーションしている、武器や兵士の写真が多数使われる一方で、実際の戦場を写した写真がほとんど掲載されなかったことによって、全体としては、アメリカの軍事テクノロジーや戦闘力を「祝福」し、誇示する効果があったと分析している。10週間の「砂漠の嵐」作戦を報じたニュース週刊誌から、500枚を超える後方の写真を確認することができた反面、戦場の写真はたったの38枚しかなかったのである。

　政治的・軍事的リーダーの写真としては、アメリカのジョージ・ブッシュ大統領、チェイニー国防相、コリン・パウエル将軍などが多く登場し、イラク側の人物としてはもっぱらサダム・フセインの写真が使われていた。そして、ブッシュ大統領とフセイン大統領の写真が向かい合うように配置され「いよいよ対決だ」という見出しの下に掲載された号もあったという。

9.11とアフガニスタン侵攻の写真

　2001年に起きた9.11同時多発テロと「テロとの戦争」と位置づけられたアフガニスタン侵攻に関しては、10年前の湾岸戦争報道とは少し異なったパターンが現れた。9.11の報道においては、最初は「災害報道の伝え方」が適用されていたという。それは、まず第1段階では、爆発や火災の光景、破壊や被害の規模を伝えることから始まる。第2段階では救助活動に焦点が移り、「ヒーローの

沈黙の螺旋理論

アッシュ（Asch, 1951）は、人間がいかに同調への圧力に弱いかを、驚くほど簡単な実験によって証明している。呈示された線分と同じ長さの線分を、3つの選択肢の中から見つける課題において、3分の1くらいの被験者は、個人状況では難なく正解を当てていたにもかかわらず、集団状況では、間違った選択肢を選ぶ他の被験者たち（実は実験者に協力するサクラだったのであるが）の圧力に屈して、自分の「正しい選択」を引っ込め、答えを合わせてしまったのである。「沈黙の螺旋理論」を提唱したノエル＝ノイマンは（Noelle-Neumann, 1974）、もし「世論」が、人々の社会的相互作用の中から生まれてくるものだとすれば、孤立を避けようとして多数の意見に自分の意見を合わせてしまう個人のこのような**同調傾向**は、世論過程に深く関わっている可能性があると考えたのである。

人々は孤立を避けようとして、ある問題や争点について、他の人々がどのような意見をもっているかを気にし、その意見の分布を把握しようとする。そして、もし自分の意見が、少数派の意見であると判断すれば、意見の表明をためらってしまう。このようなことが社会的な範囲で起きると、少数派は実際以上に少数派に見えてしまい、さらに沈黙してしまう。このような過程が規模を拡大しながらくり返されていき、最終的には多数派の意見を世論として成立させる。これが、ノエル＝ノイマンが推論した「沈黙の螺旋」という世論成立の過程である。

マスメディアは、このような過程において、どの意見が優勢でどの意見が劣勢なのかについての手がかりや情報を人々に与え、沈黙の螺旋を作動させるきっかけを提供しているといえる。そういうことから、この理論は、マスメディアの「強力な効果」を示す理論として注目されてきた。

2016年11月、アメリカでは、ヒラリー氏優勢という事前の予想とは逆に、トランプ氏が大統領選に勝利し、全世界に衝撃が走った。実際にはトランプを支持しているにもかかわらず、世論調査ではそのことを明らかにしない「シャイ・トランプ」（Shy Trump）といわれる人々が大勢いたことが、このような予想外の結果をもたらした一因だとする指摘もある。トランプ支持であることを公言すれば社会的制裁を受けるだろうと恐れ、トランプ支持者の中に沈黙が拡がっていたとすれば、沈黙の螺旋が作動した一例だといえよう。

発掘」などが行われる。第3段階になると、支援・救援活動が注目され、ボランティアの話や支援キャンペーンが取り上げられる。最後の第4段階では、経済への影響、生存者や犠牲者の家族の苦痛などに報道の関心が移っていくというものである。グリフィンの分析によれば、9.11後の数週間におけるアメリカのニュース週刊誌の写真報道は、このような災害報道のモデルに合致する形で行われたが、10月が終わる頃には徐々に、「戦争報道」へと焦点が移っていった。

　具体的には、テロが行われた現場の写真、犠牲者や遺族の写真、レスキュー活動や片付け作業を写す写真から、アフガニスタンにおける軍事活動や炭疽菌関連のイメージへと報道写真が変わっていったのである。

限定的な「視覚化の範囲」

　湾岸戦争のときに比べると少なかったが、アフガニスタン戦争でも「兵士」や「テクノロジー」や「武器」の写真は最も多く、全体の半分を占めていた。湾岸戦争のときと同じく、3つのニュース週刊誌の間にはあまり違いがなかった。むしろ全く同じ写真が複数の雑誌に載ることもしばしばあったほどである。また、いくつかのカテゴリーの写真がくり返し使われるというパターンも2つの戦争報道に共通しており、読者に提供される**「視覚化の範囲」**は限定的なものであった。戦場で起きている実際の戦闘を写した写真はほとんど掲載されず、後方で待機している兵士や武器の写真を多く見せるというパターンは、2001年においてもやはりくり返されていた。

　また湾岸戦争のときと同じく、負傷した兵士や死体の写真は全体の1.5%と非常に少なかった。そしてそのすべては、例外なく、外国の兵士か敵兵のもので、アメリカ兵のものは1枚もなかったのである。『Newsweek』では、全体の894枚のうち5枚だけがそのような写真であったが、そのすべてはアフガニスタンの兵士か、身元不詳のアルカイダの兵士のものであった。

　アメリカの軍事作戦による破壊や人的被害を伝える写真があまりなかったのも湾岸戦争のときと同じである。アメリカ国内における9.11の被害がくり返し伝えられ強調されたこととは対照的であるとグリフィンは指摘している。

変わらない戦争の表象——2003年イラク戦争

　2003年のイラク戦争においても状況は同じであった。湾岸戦争のときと同じく、①アメリカ軍の武器、②非戦闘状態の兵士、③アメリカの政治的リーダー（ブッシュ大統領と閣僚たち）の写真が多く使われていたのである。分析対象とさ

れた2月17日号から4月17日号までにおいて（3月19日空爆開始、4月11日フセイン政府の崩壊発表）、『Time』では全体の49%、『Newsweek』では53%、『U.S. News & World Report』では58%の写真がこの3つのカテゴリーに入るものであった。

　イラク侵攻を目前に控え、ニュース週刊誌は、アメリカ軍の圧倒的な戦闘力を誇示するお馴染みのフレームに合わせた写真を掲載していた。それは、空母、ミサイル、ステルス戦闘機、様々なタイプの戦車、移動式大砲など、広範な武器の紹介写真、空母のデッキに整列している戦闘機の写真、列をなしてイラクに向かっている装甲車や戦車の写真などであった。戦争の初期においては、防護服やマスクで完全防備した兵士の写真が多く掲載されていたという。

　最先端の武器や準備万端の兵士の写真と一緒に、執務室でまたは大きな会議用のテーブルを囲んで集まっているブッシュ大統領と閣僚たちの写真が多く使われていたことも1991年と同じだったが、2003年には以前にはなかった写真もたくさん掲載されていた。それは以下の5つのカテゴリーに分類されたイラクの人々の写真である。

①アメリカ軍が移動する道路の両脇に並び（時には手を振っている）一群のイラク市民
②アメリカやイギリスと手を組んでいるイラク北部のクルド人戦士
③逮捕されたイラクの兵士や民兵
④アメリカやイギリスの兵士から人道的援助を受けているイラクの人々
⑤イラクの都市でアメリカの兵士を歓迎する群衆

　記者が部隊の庇護を受けながら戦場を取材する、いわゆる「埋め込み取材」がこのときから導入されたことが、このような写真の撮影や掲載につながったのであるとグリフィンは指摘する。

　3つの戦争報道における主要ニュース週刊誌の写真に対する分析を通じてグリフィンは、有力時事週刊誌の報道写真が、独自の新しい情報を提供していたというよりは、戦争をめぐるアメリカ社会の支配的な言説を思い出させ、補強する役割をしていたと結論づける。そしてそれらは、アメリカ政府の「公式な」見解を支持するものであったとしているのである。

日本のメディアにおけるアメリカの戦争

　門奈（2004）は、著書『現代の戦争報道』の中で、戦争報道には「戦況報道」と「戦場報道」の2つがあると指摘し、次のようにその特徴を説明する。

……素朴に表現すれば、ミサイルが標的めがけて飛び交うピンポイント爆撃の映像は戦況報道、人々がもがき、苦しみ、傷つき、死んでいくシーンは戦場報道である。前者で登場するのはカッコいい兵士であり、軍の高官たち、そして戦況を解説する軍事評論家である。(p.39)

　まさに、グリフィンの内容分析が明らかにしているのは、アメリカの3大時事週刊誌が、典型的な戦況報道を行っていたという事実である。そして門奈は、湾岸戦争に関する日本のテレビ報道に対して、「アメリカの戦況報道のコピー」であったと批判しているのである。

　9.11同時多発テロからアフガニスタン侵攻に至る一連の攻撃や戦争について、2001年9月12日から2002年3月31日までの半年間に、『朝日新聞』、『毎日新聞』、『読売新聞』に掲載された関連記事17,787件を分析した島崎ら（2005）は、報道記事の発信元に大きな偏りがあったことを指摘している。自社取材以外の記事の主な発信元が、アメリカを中心とする欧米の通信社に偏っていたのである。自社取材と日本の通信社を発信元にしている記事（11,139件）以外の6,648件のうち、アメリカのメディアを発信元にしていた記事は34.6％に上る。イギリスやほかのEU諸国のメディアも含めるとその比率は60.5％になる。一方で、アフガニスタンのメディアを発信元にしていたのは、2.8％にすぎず、アルジャジーラなど中東系メディアからの記事は3.2％であった。

　アメリカで発生したテロ事件、そしてアメリカが中心になって戦った戦争であるから、アメリカのメディアからの記事が多くなるのは当たり前かもしれないが、それにしても主戦場となったアフガニスタンや非欧米系のメディアからの記事が少なすぎる。特に9.11以後、アメリカ社会において愛国主義的な傾向が強まる中、グリフィンの研究にも示されているように、メディアもその影響から自由ではなかったことを考えれば、このような**情報源の偏り**は重要な問題であるといえるであろう。

戦争報道の影響と「沈黙の螺旋」

　このような戦争報道が人々の**世論認知**に影響を与えていることを実証した研究がある。イブランドら（Eveland et al., 1995）は、湾岸戦争のとき、イラクへの爆撃が始まってから2週間が過ぎた時点で292名に調査を行い、テレビニュースへの接触が多い人ほど、より戦争を支持する傾向があり、アメリカ国民のほとんどが戦争を支持していると思っていることを発見した。そして、興味深いことに、

戦争に対する実際の支持率よりも、人々が予想している世論の支持率がはるかに高いことを明らかにしたのである。湾岸戦争を「強く支持する」または「支持する」と答えた人は、調査対象者の46.6％であったのに対し、「ほとんどのアメリカ人はこの戦争を支持している」という項目に「強くそう思う」または「そう思う」と答えた人は、なんと81.4％にも上っていた。結局、少なくともその差に当たる34.8％の人々は、自身は戦争を支持しないけれど、ほとんどの人々は戦争を支持していると思い込み、「沈黙の螺旋理論」（コラム16参照）が予測しているように、戦争反対の意見を表明しにくくなっていた可能性がある。そして、そのことにより、戦争反対の陣営は、実際よりもさらに少数派に見えてしまい、ますます反対の声を上げられなくなっていったのかもしれないのである。

社会運動や政治的抵抗の伝え方

　以上、戦争報道を対象に、コンフリクトがメディア上でどのように伝えられているかについて詳しくみてきたが、メディアによるコンフリクトの表象という問題に関連して注目されてきたもう一つの対象は、社会運動や政治的抵抗に伴うデモ行為である。デモは、コンフリクトの存在を可視化し、さらにはそれを拡大させることで、観衆やメディアの注目を引き、広く主張を知らしめ、世論や政策に影響を与えることを目的とするからである。果たしてメディアは、コンフリクトに根ざしたデモ行為をどのように伝えているのかに、メディア研究者の関心が集まってきたのである。

　例えば、ハロランら（Halloran et al., 1970）は、おおむね平和的に行われたベトナム戦争反対のデモが、ジャーナリストの期待や予期に基づいた「**出来事の定義**」によって、運動の大義を無視され、表面的な暴力行為ばかり注目されてしまったことを詳細に分析している。同様にギトリン（Gitlin, 1980）も、1960年代のアメリカにおけるSDS（Students for a Democratic Society）という学生組織の活動が、メディアによって、運動の暴力的な側面を強調され、瑣末化、周辺化、非合法化される過程を指摘しているのである。

「正当な論争」、「合意」、「逸脱」の領域

　またハリン（Hallin, 1994）は、ニュース報道が争点を位置づける3つの領域を区別し、それぞれの領域における出来事の表象のされ方を特徴づけている。その3つの領域とは、正当な論争（legitimate controversy）の領域、合意（consensus）の領域、逸脱（deviance）の領域である。ある出来事や争点がどの領域に位置づ

けられるかによって、その出来事や争点の報道に適用される「伝え方」が異なっ
てくるというのがハリンの主張である。

　もしある出来事や争点が、**正当な論争の領域**に入るものとして位置づけられる
と、それについては、賛否両論をバランスよく、公平に伝えていくという伝え方
が適用される。**合意の領域**というのは、異論が存在しないと認識される問題群の
ことである。したがってある出来事や争点がこの領域に含まれるものとして認識
されると、ジャーナリストは異なる立場の間でバランスを取る必要がなくなり、
客観的な観察者である必要もなくなる。むしろ「合意」や「常識」となっている
立場や意見を称揚したり、主張すればいいのである。例えば地球温暖化は、その
問題が指摘され始めた初期においては、正当な議論の領域に位置づけられ、それ
を否定する意見も肯定する意見と同じように取り扱われていた。今はどうだろう
か。否定する意見はあまり注目されなくなったのではないだろうか。地球温暖化
という問題は、合意の領域に位置づけられるようになったのである。

　逸脱の領域に位置づけられた出来事や争点に対してジャーナリストが適用する
伝え方は、合意の領域におけるそれと似ている。ここでも、バランスを取ること
や客観的に伝えることは必要とされず、社会的合意から逸脱したものとして非難
し、排除すればいいのである。そして、しばしばメディアは、社会運動や既成秩
序への抵抗を、この逸脱の領域に位置づけるのである。

　例えば、ワッキンス（Watkins, 2001）は、1995 年 10 月にアメリカのワシント
ン DC で行われた「百万人大行進（Million Man March）」という黒人の人権運動
についての、アメリカの全国ネットのテレビニュースを分析しているが、その中
で彼は、黒人層の幅広い参加を引き出した運動の基本的な主張よりも、ルイス・
ファラッカン（Louis Farrakhan）という黒人リーダー一個人の逸脱的な特徴がテ
レビ報道によって強調され、運動の意味が毀損されてしまう過程を追っている。

　コットル（Cottle, 2008）は、反体制的な社会運動のメディア表象に関する既存
研究の知見を、①法と（無）秩序フレームに基づいた、デモ参加者および抵抗者
の逸脱者化、②ドラマやスペクタクル、暴力の強調による非合法化として要約し
ている。2020 年アメリカでは、黒人の容疑者が警察の行き過ぎた取り締まりや
銃撃によって亡くなる事件が相次いで発生し、「黒人の命も大事」（Black Lives
Mattter）と訴えるデモが全米に広がった。アメリカや日本のメディアはこのデモ
をどの領域に入る問題として位置づけたのであろうか。

3．コンフリクトフレームとその影響

　紛争や戦争、デモ隊と警官隊とのぶつかり合いのような、明示的にコンフリクトを含んでいる出来事ではないものに対しても、メディアはそこにコンフリクトが内在しているものとして伝えることがある。ある出来事をコンフリクトとして定義し、コンフリクトとしての側面を選び出し、強調して、コンフリクトとして語るのである。

　この節ではそのような伝え方を、「**コンフリクトフレーム**（conflict frame）」として捉え、それがどのように報道の中で用いられているのか、そしてそのようなフレームの使用がニュースのオーディエンスにどのような影響を与えるのかについてみてみたい。

コンフリクトフレームの頻繁な使用

　セメトコとファルケンブルフ（Semetko & Valkenburg, 2000）は、オランダの新聞記事とテレビニュースを対象に、どのようなフレームがニュース報道において頻繁に使われているかを内容分析によって検証している。彼らは、ニュースフレームに関する先行研究を踏まえ、頻繁に用いられるニュースフレームとして、責任帰属フレーム、コンフリクトフレーム、人間的興味フレーム、経済的結果フレーム、道徳性フレームの5つを設定しているが、その中でコンフリクトフレームは、次のように定義された。すなわち、ある記事やニュース報道が、①政党、個人、集団、国家間に意見の不一致があることを伝えている、②一方の政党、個人、集団、国家がもう一方の相手を非難していることを伝えている、③取り上げている問題や争点に、2つもしくはそれ以上の陣営があると伝えている、④勝者や敗者のことに言及している、という4つの側面を判断基準としたのである。

　分析対象とされたのは、1997年にアムステルダムで開かれたヨーロッパ首脳会議期間中に4つの新聞と3つのテレビニュース番組によって伝えられた、2,601件の新聞記事と1,522件のテレビニュースである。それぞれの記事やニュース報道に対して、先ほど紹介したコンフリクトフレーム判断基準の4項目を含む、5つのニュースフレームに関する20項目の判断基準をチェックし、特定の項目の内容に該当すれば1、該当しない場合には0を与える形でコーディングを行った。分析の結果、最も多く使われていたニュースフレームは、責任帰属フレームで、コンフリクトフレームは2番目に多く使われていた。また、メ

平均値の差の検定

　多群間で平均値に差があるかどうかを検討する場合、2 群で比較するときは
t 検定を、3 群以上で比較するときは分散分析を用いる。2 群間の場合に t 検定
を用いることが多いのは、分析の目的などによって両側検定と片側検定を選択
することができるからである。例えば、教授法 A と教授法 B の教育効果を測
定するために試験点の平均値を比較するときのことを考えてみよう。教授法
A の方が効果が高い可能性も、B の方が効果が高い可能性もあるといった場合
には、帰無仮説を「母集団において 2 群の平均値に差がない」、対立仮説を
「母集団において 2 群の平均値に差がある」とする両側検定を用いることにな
る。これに対して、教授法 C を行った C 群と特に教育を行わない D 群の試験
平均点を比較する場合、帰無仮説は「母集団において C 群は D 群より試験平
均点が高くない」、対立仮説は「C 群は D 群より試験平均点が高い」とする片
側検定を用いるべきであろう。研究目的に照らして、どちらの検定を用いるか
判断することが必要である。

　ちなみに、なぜ「t」検定かというと、平均値の差の分布は「t 分布」に従う、
ということを利用して行う検定のためである。t 分布は正式には「スチューデ
ントの t 分布」というが、t 分布に関する論文を発表した研究者 W. S. ゴセッ
トが「スチューデント」というペンネームを使用していたためにこう呼ばれて
いる。

　3 群以上で平均値を比較する場合は、分散分析を用いる。例えば、教授法 A、
B、C による試験点平均値の違いを検討するような場合である。平均値に影響
を及ぼす要因が 1 つ（教授法）だけの場合を、一元配置分散分析という。研究
テーマによっては要因が 2 つ（例えば、教授法と年代）ある二元配置分散分析
を用いる。要因 1（教授法）と要因 2（年代）、それぞれ単独の効果はなかった
としても、教授法と年代が組み合わさることによって試験点平均値が高くなる
という効果が生じることもある。この 2 要因の組み合わせの効果を、交互作
用と呼ぶ。1 要因単独の主効果だけでなく、交互作用についても検討すること
ができることが分散分析の優れた特徴である。

ディア間で比較してみると、より「真面目な」報道メディアであるほど、責任帰
属フレームとコンフリクトフレームを頻繁に用いること、よりセンセーショナル
な報道メディアであるほど、人間的興味フレームを頻繁に用いることが明らかに
されたのである。

コンフリクトフレームの影響

　それではコンフリクトフレームで行われた報道は、オーディエンスにどのような影響を与えるのであろうか。このことを明らかにするために、いくつかの実験が行われている。

　ファルケンブルフら（Valkenburg et al., 1999）は、187名の実験参加者を4つのフレーム条件と統制条件に**無作為配置**（コラム26参照）し、あるフレームに基づいて書かれた記事が読者の思考と記憶にどのような影響を与えているかを検証している。彼らはオランダにおける犯罪率の増加を伝える記事と共通通貨としてユーロを導入することに関する記事を実験の素材として選び、それぞれの記事に、コンフリクトフレーム、人間的興味フレーム、責任帰属フレーム、経済的結果フレームを適用した。記事本文の中心的な部分はそのままに、見出しと導入と結びの文章を、それぞれのフレームに合わせて変更したり、書き加える形で、実験に用いる記事が作成されたのである。

　例えば、コンフリクトフレームで書かれた犯罪率増加に関する記事は、市民グループと社会学者が対立していて、市民グループは犯罪に対する厳罰化と警察の増員を主張しているのに対し、社会学者は、厳罰化を導入した国において必ずしも犯罪問題が少ないわけではないことを指摘しているという内容を含んでいる。ユーロ導入の記事には、オランダの経済に有利だとしてユーロ導入を擁護する人と導入に反対する人が登場する。人間的興味フレームを適用された犯罪率増加の記事では、身体的な攻撃を受け、何年も苦しんでいる暴力事件の被害者が、ユーロ導入の記事では、仕事がなくなるかもしれない両替商の話が、それぞれ紹介されている。責任フレームでは、問題の責任が誰にあるのかが述べられ、経済的結果フレームでは、両問題のために多額の税金が無駄に使われていることが強調されていた。

　実験参加者たちは、4つのフレーム条件と統制条件の記事の中から一つを読んだ直後に、「記事を読んでいる間に思った［犯罪率増加｜ユーロ導入］に関するあなたの考えや感情をすべて列挙してください」と要求された。その際、完全な文章ではなく、簡単なキーワードを書くだけでもいいと指示されたのである。研究者たちは、このようにして集められた実験参加者の思考および感情を表す言葉が、4つのフレームのどれかに当てはまるかどうかを2人の独立したコーダーに判定させる形でコーディングを行った（コーダー間信頼度は、犯罪率増加の記事で81％、ユーロ導入の記事で100％であった）。

表 8-2　記事を読んだ後の読者の思考内容に含まれていた各フレームの量

実験条件	コンフリクトフレーム回答		人間的興味フレーム回答		責任帰属フレーム回答		経済的結果フレーム回答	
	犯罪	ユーロ	犯罪	ユーロ	犯罪	ユーロ	犯罪	ユーロ
コンフリクトフレーム記事 (n=33)	.53*	.37*	0.03	0.04	0.03	0.04	0.02	0.03
人間的興味フレーム記事 (n=35)	0.02	0.1	.42*	.28*	.09*	0.05	0	0.11
責任帰属フレーム記事 (n=35)	0.03	0.02	0.07	0.1	.20*	0.08	0	0.05
経済的結果フレーム記事 (n=35)	0.01	0.03	0.14	0.07	0.04	0.02	.23*	.33*
統制集団 (n=34)	0.02	0	0.06	0.03	0.01	0	0	0
合計 (n=172)	0.12	0.1	0.14	0.1	0.08	0.04	0.05	0.11

＊は $p < .05$ 水準で有意であることを表している。有意差の検定は実験条件間（縦方向）での比較のみ。
出典：Valkenburg et al., 1999

ニュースのフレームが思考の内容を枠付ける

　それでは結果をみてみよう。記事に適用されたフレームの違いは読者の思考にどのような影響を与えていたのであろうか。研究者たちはまず、記事を読んだ直後に書いてもらった文章に含まれている「思考」の数の多さを比較した。トピック間、フレーム間でその違いがみられるか検討した結果、有意差はみられなかった。すなわち、犯罪率増加の記事でも、ユーロ導入の記事でも、思考の数は同じ程度であると判断されたのである。あるフレームで書かれた記事を読んだからといって、思考の数が特別多くなるということはなかった。

　思考の内容では注目すべき影響が現れていた。表 8-2 は、記事に適用されたフレームの間で、それぞれのフレームが強調した側面が読者の思考内容にどのように現れていたのかをまとめたものである。表に書き込まれている数値は、記事を読んだ後に実験参加者が書いた文章の中に、それぞれのフレームで強調された内容が含まれている度合を表しているもので、0 から 1 の間で変化する値に変換されている。値が大きければ大きいほど、そのフレームで強調された内容が文章の中に、したがって「読者の思考」の中に、多く含まれていたことになる。

　さて、まず「コンフリクトフレーム回答」の列であるが、これはコンフリクトフレームが適用された記事を読んだ 33 名の参加者グループにおいて 0.53（犯罪率増加の記事）、0.37（ユーロ導入の記事）になっていて、同じ列の下にある他のどのグループよりも値が高い。次に「人間的興味フレーム回答」の列をみると、今度は人間的興味フレームを適用された記事を読んだ 35 名のグループにおいて

それぞれ 0.42、0.28 という値になっており、これも他のどのグループよりも有意に高いものになっている。「責任帰属フレーム回答」に関しては、犯罪率増加の記事に関してのみではあるが、責任帰属フレームの記事を読んだグループで 0.20 と有意に高い値になっているほか、人間的興味フレームの記事を読んだグループでも有意に高くなっている。「経済的結果フレーム回答」に関しては、経済的結果フレームの記事を読んだ参加者グループにおいて、他のどのグループよりも高くなっていることが明確である。

　以上の結果は、記事に適用された特定のフレームによって、その記事を読んだ読者の思考がそのフレームに沿った形で枠付けられることを示している。記事の中で、コンフリクトの存在が強調されると、読者の頭の中にはコンフリクトの存在がより強く印象づけられ、その出来事について考える際に、コンフリクトの視点からその出来事を眺め、理解するようになるということである。記事のフレームがオーディエンスに与えるこのような認知的効果を**フレーミング効果**（framing effect）という。

　犯罪率の増加に関する記事を例として考えてみると、厳罰化をめぐる意見の不一致を強調したコンフリクトフレームの記事を読んだ人は、厳罰化の有効性に疑問を抱く可能性が高くなり、結局は厳罰化を支持しなくなるという結果も予想できる。一方で、責任帰属フレームの記事を読んだ人は、犯罪率の増加に対する政府の責任についてより考えるようになり、その結果もし政府の施策に不満を抱くようになれば、政権交代を求めるようになっていく可能性もあるかもしれないのである。

　シュフェレとテュクスベリ（Scheufele & Tewksbury, 2007）は、ニュースへの接触によって、ある争点に適用可能な解釈的スキーマが得られることがニュースフレームの中心的効果であると指摘し、**議題設定効果**（agenda-setting effect、第 1 章参照）が、ある争点について「考えるか考えないか」に関するものであるのに対し、フレーミング効果は、その争点について「どう考えるか」に関するものであるという対比で両効果の違いを説明している。

　最近における研究では、コンフリクトフレームに基づく報道が、争点に対する思考や解釈に影響するだけでなく、集団間の対立を煽り、異なる政党の支持者やジェンダー間の**分極化**（polarization）をもたらすことも指摘されている（Han & Federico, 2018）。

コンフリクトフレームの「動員効果」

　コンフリクトフレームが人々の「行動」に与えた影響を捉えた研究もある。シャックら（Shuck et al., 2016）は、2009年に行われたヨーロッパ議会選挙に関するニュース報道を対象に、コンフリクトフレームが多くの有権者を投票に向かわせる**動員効果**を発揮したことを実証している。

　彼らは、政治勢力の間にコンフリクトが存在するということはニュース価値が高く、人々の関心を集めるため、政治に関するニュースはしばしば、コンフリクトの観点から伝えられることがあるという。そしてこのようなニュースは、市民の政治的態度や政治参加に影響を与える可能性があると推論する。コンフリクトの存在は、民主主義がうまく機能している証拠として受け止められ、そのような状況で市民は、政治的なイシューについてより議論するよう動機づけられるし、投票意向も高まるというのである。

　このようなコンフリクトフレームの動員効果は、特にニュースが、オーディエンスに関係のある何か重要なことが起きているという「警告」を発し、政党間における違いを際立たせることに成功した際に、そしてその報道によって有権者が、どちらかを「選ぶ」必要があると知覚した際により力を発揮すると、シャックらは考えている。

　この研究が分析の対象とした2009年のヨーロッパ議会選挙において、全体の投票率は43％であったが、国の間では投票率に大きな差が現れた。投票が義務づけられているルクセンブルクとベルギーでは90％を超えたが、イタリアでは60％強を記録し、スロバキアでは20％を下回ったのである。このようなことから、それぞれの国におけるヨーロッパ議会選挙に関する報道が、投票行動に与えた影響を検証できるいい機会が与えられた。

　全体的に、EUのことが肯定的に伝えられている国と否定的に伝えられている国とがある中、コンフリクトフレームの報道は、EUに対する報道が総じて肯定的な国においてより目立ち、人々の注目を集めた可能性がある。そこでシャックらは、①コンフリクトの観点からフレームされたヨーロッパ議会の選挙報道への接触は、市民の投票行動を促進する、②コンフリクトフレームの選挙報道による動員効果は、EUに対する評価が肯定的な国においてより強く現れる、という2つの仮説を立て、報道の内容分析とパネル調査を行ったのである。

　分析の結果はシャックらの予想通りで、コンフリクトフレームのニュースに接触した有権者は投票率が高く、その効果はEUへの評価が肯定的な国においてよりはっきり現れていた。

コンフリクトは、ニュース報道の主要な題材であり、主要な伝え方でもある。またコンフリクトは、私たちの社会的、政治的生活を大きく左右する重大な事態と関連していることが多い。そういう意味で、メディアにおいてコンフリクトがどのように表象されるのか、また様々な出来事がコンフリクトフレームによって伝えられることにより、どのような影響が現れることになるのかは、継続的に関心を向けるべき重要な問題である。

演習問題

1. ニュース番組を1つ決め、1週間、どのようなニュースが伝えられるか記録してみよう。本章で紹介したガルトゥングとルゲのニュース価値項目に照らし合わせ、どのようなニュースが多く選ばれているか分析してみよう。

2. 1週間分のテレビニュースに含まれている「コンフリクト」に関するニュースは、当該のコンフリクトをどのように描写しているか。「戦争ジャーナリズム」と「平和ジャーナリズム」の枠組みを適用し、報道のスタイルやニュースの中で使われている言葉と映像の特徴を分析してみよう。

3. 複数の新聞（または新聞社のWebサイト）で、同じ出来事がどのように伝えられているか比べてみよう。見出しや写真、本文の内容において異なっている点を整理し、各新聞の論調や切り口、スタンスなどを分析してみよう。

さらに学ぶための文献・資料案内

J. N. カペラ・K. H. ジェイミソン（著）平林紀子・山田一成（監訳）（2005）. 政治報道とシニシズム：戦略型フレーミングの影響過程　ミネルヴァ書房
W. R. ニューマン・M. R. ジャスト・A. N. クリグラー（著）川端美樹・山田一成（監訳）（2008）. ニュースはどのように理解されるか：メディアフレームと政治的意味の構築　慶應義塾大学出版会
大石裕（2014）. メディアの中の政治　勁草書房

引用文献

Asch, S. E.（1951）. Effects of group pressure upon the modification and distortion of judgments. In H. Guetzkow（Ed.）, *Groups, leadership, and men*（pp.222-236）. Pittsburgh, PA: Carnegie Press.
Aslam, R.（2011）. Peace journalism: A paradigm shift in traditional media approach. *Pacific Journalism Review, 17*(1), 119.
Burns, L. S.（2002）. *Understanding journalism*. London: Sage.
Cottle, S.（2008）. Reporting demonstrations: The changing media politics of dissent. *Media, Culture, and Society, 30*(6), 853.
Eveland, W. P., McLeod, D. M., & Signorielli, N.（1995）. Actual and perceived US public

opinion: The spiral of silence during the Persian Gulf War. *International Journal of Public Opinion Research, 7*(2), 91-109.

Galtung, J., & Ruge, M. H. (1965). The structure of foreign news the presentation of the Congo, Cuba and Cyprus Crises in four Norwegian newspapers. *Journal of Peace Research, 2*(1), 64-90.

Gitlin, T. (1980). *The whole world is watching: Mass media in the making & unmaking of the new left*. Berkeley: University of California Press.

Golding, P. (1981). The missing dimensions: News media and the management of social change. In E. Katz & T. Szecskö (Eds.), *Mass media and social change* (pp.63-81). Beverly Hills: Sage.

Griffin, M. (2004). Picturing America's 'War on Terrorism' in Afghanistan and Iraq photographic motifs as news frames. *Journalism, 5*(4), 381-402.

Hallin, D. C. (1994). *We keep America on top of the world: Television journalism and the public sphere*. Psychology Press.

Halloran, J. D., Elliott, P. R. C., & Murdock, G. (1970). *Demonstrations and communication: A case study*. Harmondsworth: Penguin books.

Han, J., & Federico, C. M. (2018). The polarizing effect of news framing: Comparing the mediating roles of motivated reasoning, self-stereotyping, and intergroup animus. *Journal of Communication, 68*(4), 685-711.

Harrison, J. (2006). *News*. London: Routlegde.

Lee, S. T., & Maslog, C. C. (2005). War or peace journalism? Asian newspaper coverage of conflicts. *Journal of Communication, 55*(2), 311-329.

門奈直樹 (2004). 現代の戦争報道　岩波書店（岩波新書）

Noelle-Neumann, E. (1974). The spiral of silence a theory of public opinion. *Journal of Communication, 24*(2), 43-51.

Scheufele, D. A., & Tewksbury, D. (2007). Framing, agenda setting, and priming: The evolution of three media effects models. *Journal of Communication, 57*(1), 9-20.

Schuck, A. R., Vliegenthart, R., & De Vreese, C. H. (2016). Who's afraid of conflict? The mobilizing effect of conflict framing in campaign news. *British Journal of Political Science, 46*(01), 177-194.

Semetko, H. A., & Valkenburg, P. M. (2000). Framing European politics: A content analysis of press and television news. *Journal of Communication, 50*(2), 93-109.

島崎哲彦・辻泉・川上孝之 (2005). 9・11同時多発テロ事件およびアフガニスタン戦争における日本の新聞報道 (1) 朝日・毎日・読売3紙の内容分析から　東洋大学社会学部紀要, *42*(2), 5-33.

Valkenburg, P. M., Semetko, H. A., & De Vreese, C. H. (1999). The effects of news frames on readers' thoughts and recall. *Communication Research, 26*(5), 550-569.

Watkins, S. C. (2001). Framing protest: News media frames of the Million Man March. *Critical Studies in Media Communication, 18*(1), 83-101.

第III部

様々なオーディエンスとメディア

第9章　子ども

　子どものころ、絵本や物語の世界に夢中になったり、アニメのキャラクターになりきって変身ポーズをとったり、お笑い番組で使われるギャグが小学校で流行ったりした経験はないだろうか。あるいは、小説、コミック、テレビドラマなどの登場人物に影響され、スポーツを始めたり、現在の進路を選択したりした記憶はないだろうか。

　ドラマやアニメの主人公の姿を思い描き、自分もそうなりたいと思うなど、子どもたちは、メディアから、実に様々なことを学んでいる。この章では、子どもたちに、より具体的に、わかりやすく教えるために、メディアが教育に活用されてきた歴史的経緯を紹介すると同時に、メディア教育の効果、そして、メディアリテラシー教育についても、取り上げる。

　なお、この章の「**子ども**」とは、おもに幼児や児童（小学生）をさしており、メディアによる学習・教育効果の研究は、この時期の幼児や児童を対象にしたものが多い。しかし、中学生や高校生、あるいは、大学生などを対象に実施した実験や調査も多いため、子どものみを対象にした研究だけではない点も留意してほしい。

1. 子どもたちのメディア利用

テレビ視聴は減少傾向だが、1〜2 時間程度は視聴

　現代の子どもたちは、どの程度、メディアを利用しているのだろうか。幼児を対象に実施した NHK の調査では、図 9-1 に示すように、2013 年の幼児の**テレビ視聴時間**は減少傾向にあるものの、平均 1 時間 49 分である。テレビ視聴時間が短くなった理由としては、女性の社会進出により、専業主婦が減少し、フルタイム就業が増加したこと、保育園児の帰宅時間が遅くなり、幼稚園児や未就園児も帰宅時間が遅く、夕方、テレビを見る幼児は減っていること、そして、幼児が早寝早起きになっていることなどがあげられている（中野, 2013）。

　2015 年にベネッセ教育総合研究所（2016）が実施した調査によれば、小学 5 年生は、平均して約 116 分（約 2 時間）テレビを見ている。小学生だけでなく、

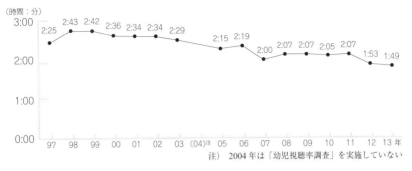

（時間：分）

図9-1　幼児（2～6歳）のテレビ視聴時間の推移（中野，2013，p.49 より引用）

中学2年生の視聴時間も 114 分（約2時間）である。年々、減少傾向にあるものの、子どもたちにとっては、テレビは影響力が大きいメディアの一つだろう。なお、同様のテレビ視聴時間の減少傾向は、NHK が 2015 年に実施した国民生活時間調査（NHK 放送文化研究所，2016）でもみられており、10 代男性で 1 時間 33 分、10 代女性では、1 時間 38 分（ともに平日）である。このテレビ視聴時間は、どの年代よりも短い。

　一方で、携帯電話、スマートフォンの利用時間の増加が懸念されている。図 9-2 に示すように、スマートフォン、タブレット端末などを利用して、3 歳～10 歳の幼児や児童をもつ母親は、YouTube、ゲーム、知育や学習用サイトを子どもたちに利用させている（橋元ら，2020）。3 歳児の 67.7% が YouTube を利用していることに驚くものの、YouTube などで見ている動画は、キャラクター・アニメ（アンパンマン、ドラえもんなど）、おもちゃの紹介などが幼児では 6 割と高い。したがって、これまでテレビで見ていた内容を、スマートフォンやタブレット端末で見ているともいえるだろう。

　内閣府が 2015 年に、3,442 人の青少年（10 歳から 17 歳）を対象に実施した調査では、スマートフォン（子ども向けなどを除外）の利用率は、小学生で 16%、中学生では 39%、高校生は 91% と、学校の種類が上がるほど、利用者が増えていた（内閣府，2016）。男女別では、女子のスマートフォン利用率が、男子よりも高い傾向がみられた。一方で、携帯ゲーム機の利用率は、小学生では 56% と高いが、中学生で 42%、高校生では 30% と、学校の種類が上がるほど、利用が少なくなっていた。男女別では、男子の携帯ゲーム機の利用率が女子よりも高かった。

　近年、スマートフォンなどを通した**インターネット利用時間**も増加傾向にある。

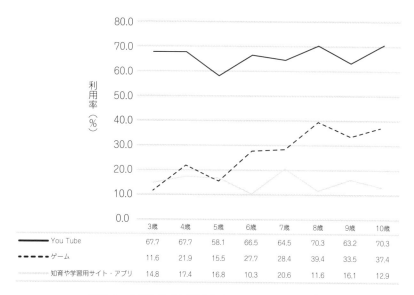

	3歳	4歳	5歳	6歳	7歳	8歳	9歳	10歳
YouTube	67.7	67.7	58.1	66.5	64.5	70.3	63.2	70.3
ゲーム	11.6	21.9	15.5	27.7	28.4	39.4	33.5	37.4
知育や学習用サイト・アプリ	14.8	17.4	16.8	10.3	20.6	11.6	16.1	12.9

図9-2　幼児や児童に利用させているサイトやアプリ
（橋元ら，2020，p.203 のデータをもとに作成）

　総務省の調査では、10代で、インターネットを利用する時間は、平日112分であり、そのうち、ソーシャルメディア58分、動画投稿共有サービス22分などで長い傾向がある（総務省情報通信政策研究所，2016）。その調査では、10代の平日のテレビ視聴時間は同じ112分（リアルタイム視聴96分、録画17分）であり、10代では、テレビとインターネットの利用時間が拮抗している。

2．メディア教育の意義と変遷

　小学校や中学校の授業で、道徳や理科の時間などに、教室でビデオを見たり、映画を見たりした経験があるだろう。メディアは、学校教育でも取り入れられているが、メディアを教育に用いる意義を、一言で表現するなら、「百聞は一見にしかず」ということだろう。動物や植物の名前を英語の辞書で引き、その特徴が言葉で表現されても、なかなか理解できないが、絵が描かれた辞書、写真がのっている図鑑などを見れば、たとえ、見たことがない動物でも、その姿を見て、ある程度納得できる。なかでも、抽象的な理解が難しい年少の子どもたちには、メディアなどを通した**視聴覚教育**は重要である。

　町田（2002）は、視聴覚教育の意義について、教育過程には、「見る」「聞く」

「触れる」「嗅ぐ」「味わう」という五感による豊富な感覚的データが必要であるとして、教育に視聴覚メディアを活用する重要性を説いている。

　町田は、メディア教育の思想的なルーツを遡り、重要な人物をあげている。その一人が、フランシス・ベーコン（1561-1626、イギリス）である。ベーコンは、経験や実証に基づいた方法である帰納法を重視した。それに対して、アリストテレス、デカルトのように、論理的な推論を重視する考え方は、演繹法と呼ばれるが、幼児や低年齢の子どもたちには、具体的な例をあげて説明することが望ましく、小学校高学年、中学、高校、大学と成長するにしたがって、数式などの記号や抽象的な概念を中心とした授業や勉強も可能になる。具体性や経験は、大人になっても、物事の理解に必要だが、年少のころは、具体的に経験できるものが望ましい。

　メディア教育という点で、世界で初めて、挿絵を入れた教科書を作ったのは、コメニウス（1592-1670、チェコ）であり、視聴覚教育の始祖と呼ばれる。コメニウスは、動物や魚、風の動き、水の流れなどの様子を、挿絵で示した教科書『世界図絵（Orbis sensualium pictus）』を 1658 年に作成した。コメニウスは、子どもの学習指導で、感覚的経験から、言語表現を学ぶというプロセスを重視しており、『世界図絵』は、絵本や、学校教科書のルーツと呼ばれる（町田，2002）。

　ルソー（1712-1778, スイス／フランス）も、言語主義に批判的であり、反言語主義であった点で、メディア教育の歴史では重要な人物である。著書『エミール』の中では、実物を示すことが不可能な場合以外は、記号（＝言語）で示してはならないとし、直観教授を説いた。そして、幼児が手作業を通して学ぶこと、視聴覚を通して学ぶことを重視した（町田，2002）。

　その後、メディア教育が本格的に始まったのは、20 世紀に入ってからである。チャールズ・ホーバン（1873-1949、アメリカ）は、『カリキュラムの視覚化（Visualizing the curriculum）』（1937）の中で、教育は経験の一般化であること、抽象的な概念を具体的経験で理解させることの重要性を説き、半具体でかつ、半抽象的な教材である視覚教材に価値をおいた。また、エドガー・デール（1900-1985、アメリカ）も、『学習指導における聴視覚教育（Audio-visual methods in teaching）』（1946）をまとめた。図 9-3 は、デールが経験のレベルを円錐の形に表したものであり、視聴覚教育が、より具体的な直接体験と、より抽象的な言語的シンボルの中間に位置していることを示した（町田，2002）。

　同じころ、日本でも、教育に視覚的な要素を取り入れていくことが推進された。1928 年に、「全日本活映教育研究会」が設立され、機関誌『映画教育』（のちに、

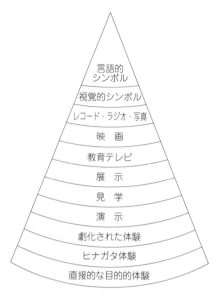

図9-3　デールによる経験の円錐

『映画教室』、『視聴覚教育』に変更）が刊行された（髙桑ら，2008）。また、『小学校地理映画大系』（15巻）（1930年）も刊行され、映像を見せることで、効果があると思われる分野の一つとして、地理があげられた。この「全日本活映教育研究会」は、その後、「全日本映画教育研究会」、「日本視聴覚教育協会」へと発展し、映像メディアの発達とともに、メディア教育を推進してきた。

　映像を用いた教材として有名なものに、『**パワーズ・オブ・テン**（Powers of Ten）』がある。これは、1977年にイームズ（Eames）夫妻が制作した9分間の映画であり、シカゴの公園の芝生に横になった男性を、1m、10m、100m、1000m……と10倍ごとに高度を上げ、ミシガン湖、雲、地球、太陽系、銀河系と遠ざかっていき、距離を視覚化している。その後、10cm、1cm、1mmと近づいていき、リンパ球、遺伝子、炭素分子、電子雲などを取り上げ、ミクロン、ナノ、ピコなどの単位を示しながら、ミクロの世界まで、視覚化し、紹介している。距離、単位という抽象的な概念を教えるために、なるべく具体的なものを見せようという意欲が感じられる映像作品だ（Eames official site, 1977）。

　1986年には、小学校の98％で、**テレビ学校放送**を利用していたが、この数字は、2012年には72％（デジタル教材を含む）に減っている（小平，2014；渡辺・小平，2013）。その代わり、市販の録画ビデオの利用、**デジタル教材**（Webサイト

表 9-1　NHK の放送番組やデジタル教材に期待する内容（2012 年度）
（小平，2014，p.145 より引用）

	小学校（％）	中学校（％）	高等学校（％）
実際に体験することの難しいことがらを映像を通して体験・観察できること	86.7 (85.7)	71.7 (68.6)	△68.6 (61.0)
教科書や資料集では得られない動画映像で児童・生徒の感性に訴えかけること	75.6 (73.3)	65.1 (67.5)	△64.6 (56.5)
児童が，学習意欲を向上させたり問題意識を持つきっかけとなること	51.5 (49.7)	—	—
生徒の好奇心を刺激し，学習に対する意欲を高めること	—	50.1 (46.8)	47.0 (45.0)
学習テーマへの「動機づけ」「たしかめ」「まとめ」など授業の要所で映像をはさみこんで利用できること	50.4 (46.3)	40.4 (34.4)	33.6 (30.5)

（　）内は、2010 年度の数値である。△マークは、信頼率 95％で 2010 年度より割合が高くなったことを示す。

上での番組の視聴、短い映像資料の視聴、教師が授業案や教材集を調べるなど）を活用する学校が増加している。ラジオ、テレビ、ビデオ、デジタル教材など、メディアの変遷とともに、教育の中心となるメディアの種類は変わってきたが、メディアは教育に活用されてきた。また、テレビ学校放送の利用は、減少傾向にはあるものの、現在でも、最も活用されている教材であることは事実である。

　学校側から見て、テレビやデジタル教材を利用する意義として、表 9-1 に示すような点が重視されている（小平，2014）。例えば、実際に体験することの難しいことがらを映像を通して体験、観察ができる点、児童や生徒の好奇心を刺激したり、学習意欲を向上させたり、問題意識をもつきっかけになる点などがあげられている。

　例えば、授業で、海底の様子や高空から見た地上の風景を映像として見せたり、外国の風景などの映像を見せたりすることで、好奇心を刺激できる。また、昆虫や植物の拡大映像や、化学反応の高速度撮影などを見ることは教科書では得られない体験として、児童や生徒の感性に訴えることができるだろう。さらに、学校で起こったトラブルを題材に、映像を視聴し、問題点や改善策を具体的に考える授業をすることで、児童や生徒の問題意識を養うことが可能である。このように、テレビ番組やデジタル教材を、小中学校の授業で利用することにより、認知的な側面から、対象への理解が深まるだけでなく、知的な感動を呼び起こし、感情面から支えることで、学習意欲を刺激することが可能である。

　NHK が 2012 年に実施した調査によると、小学校で利用率が高かった NHK

表 9-2　小学校で利用率が高かった NHK の学校放送番組（2012 年）
（渡辺・小平, 2013, p.55 の表 4 をもとに作成）

順位	番組名	利用率（%）
1	ふしぎがいっぱい　小学校 5 年（理科）	42.1
2	ふしぎがいっぱい　小学校 6 年（理科）	41.4
3	ふしぎがいっぱい　小学校 4 年（理科）	36.6
4	ふしぎがいっぱい　小学校 3 年（理科）	34.2
5	ざわざわ森のがんこちゃん（1・2 年, 道徳）	31.9
6	歴史にドキリ（6 年, 社会）	28.7
7	社会のトビラ（5 年, 社会）	20.1
8	道徳のドキュメント（5・6 年, 道徳）	11.0
9	おはなしのくに（1〜3 年, 国語）	10.8
10	知っトク地図帳（3・4 年, 社会）	9.4

表 9-3　よく利用されていた一般テレビ番組（渡辺・小平, 2007, p.32 より引用）

	小学校（%）	中学校（%）	高等学校（%）
プロジェクト X	5.6	28.0	20.4
NHK スペシャル　シリーズ"驚異の小宇宙　人体"	5.2	21.8	19.6
NHK スペシャル　シリーズ"地球大進化〜46 億年・人類への旅"	2.0	10.3	15.2
その時歴史が動いた	5.8	11.5	12.1
NHK スペシャル　シリーズ"映像の世紀"	0.6	4.7	10.2
NHK スペシャル　シリーズ"プラネットアース"	0.8	3.6	5.5
プロフェッショナル　仕事の流儀	0.5	6.0	5.2

の番組は、表 9-2 のとおりである（渡辺・小平, 2013）。授業や教科書だけでは説明できないような現象への理解を促すために、理科、社会、道徳番組などの番組が多くの小学校で、利用されやすいことがわかる。また、中学校や高等学校では、学校放送以外の NHK の一般番組も、理科や社会などの教科で利用されている（表 9-3）。

　なお、この章では、テレビなどの映像を伴ったメディアを利用した教育を中心に紹介するが、新聞を教育に活用する試みも学校教育では積極的に取り入れられてきた。「**教育に新聞を**（Newspaper in Education：**NIE**, エヌ・アイ・イー）」と呼ばれる活動は、1930 年代にアメリカで始まり、日本では、1985 年に提唱された（石川・越田, 2010；日本新聞協会, 2016）。その中では、例えば、新聞の特徴を学び、修学旅行の新聞を自分たちで作成したり、新聞の投書欄を読み、体験や事実

に基づいた意見文を書いてみたりなど、表現力を磨く授業に使われている。その他にも、新聞記事を通して時事問題を学習したり、異なる意見を知ったりするなどの形で、社会について学ぶ教育にも取り入れられてきた（日本新聞協会，2016）。

3. メディア教育の効果

映像やテレビ番組の教育的利用と効果

メディア教育の効果を語るうえで、最も有名な研究は、米国で1969年に制作された『セサミストリート（Sesame Street）』という幼児向け教育番組に関する研究である。フィッシュらは、『セサミストリート』についての30年間の研究をまとめており、同番組が幼児の文字や数字の学習、小学校入学への準備、社会的行動などにおいて教育的効果をあげることを示した（Fisch et al., 1999）。

例えば、初期の研究は、約1,000人の3〜5歳児を対象に実施され、26週間にわたって番組を見てもらった。その結果、認知能力（文字や数字の知識、体の部位の名前、分類スキルなど）の向上が、同番組をよく見ていた子どもでみられた。なかでも、番組の中で強調されてきた文字の学習で最も効果がみられたと同時に、文字をあまり知らない3歳児で最も効果があらわれた。これらの効果は、性別、地域、社会経済的地位、母国語、視聴場所（家か保育園か）にかかわらずみられた。

その後、社会経済的地位が低い家庭の250名の幼児を対象にした縦断研究も実施され、2歳児が5歳、4歳児が7歳になるまでの3年間にわたって調査が続けられた。この研究では、『セサミストリート』の視聴だけでなく、他のテレビ番組の視聴、読書、音楽、ゲームなどの利用、学業成績に影響を及ぼす他の要素（保護者の学歴、母国語など）も調査対象となった。その結果、『セサミストリート』などの教育的番組を見ていた幼児は、見ていなかった幼児よりも、読書や教育的な活動時間が長く、文字や言葉の知識、計算力、語彙力、小学校への適応度などで優れていた。このような違いは、保護者の学歴、母国語の違いを考慮してもみられた。

また、570名の高校生を対象に、幼児期における『セサミストリート』の視聴効果を検証する調査も実施された。その研究では、幼児期に同番組を視聴した高校生の方が、視聴しなかった高校生よりも、英語、数学、理科の成績が高いだけでなく、読書量も多く、学業成績に自信がある傾向がみられた。これらの差は、幼児期の言語能力、家庭環境などの影響を排除してもみられた。

クロス集計とカイ二乗検定

　研究のデータを収集した後は、データの特徴や傾向を捉えるために、データをわかりやすくまとめ、整理する必要がある。これをデータの集計という。その方法として①**単純集計**と②**クロス集計**がある。まず、①単純集計とは、変数ごとの回答数や事例数を集計することである。②クロス集計とは、ある変数と他の変数との間にどのような関係があるか調べたいとき、2つの変数を交差させて、回答数や事例数を集計することである。クロス集計をすることで、調べようとする事柄について、性別や年代別などの回答者の属性による違い、ある変数と他の変数との関連性をみることができる。

　例えば、読書量に関する調査の単純集計として、1か月に読む本の冊数を、1冊、2冊、3冊以上に分類し、それぞれの人数とパーセンテージを示すことができる。また、男女別、年代別読書量を調べたい場合、2つの変数を交差させ、回答を分類したクロス集計表の度数や割合から、性別と読書量、年代と読書量の関連性を検討することができる。しかし、割合を比較するだけでは統計的に有意な結果であるかどうかはわからない。**カイ二乗検定**はクロス集計表における変数間の差が、有意であるかどうかを検定する方法で、期待度数を求め、観測度数が期待度数からどの程度ずれているかで検定する。

　『セサミストリート』だけでなく、『バーニーとお友だち（Barney & Friends）』という紫の恐竜のぬいぐるみが登場するテレビ番組を用いた研究も米国では実施された。例えば、シンガーとシンガーは、121名の幼児を対象に実験を行った（Singer & Singer, 1998）。最初のグループの幼児は、2週間にわたって『バーニーとお友だち』の30分のビデオを10本見てもらい、幼児に対して、保育園で大人が各メッセージ内容についての話もした（1群）。シンガーらは、ほかにも、ビデオの視聴だけでメッセージの内容の話をしないグループ（2群）、ビデオを見せないでメッセージ内容の話をするだけのグループ（3群）、何もしないグループ（統制群）を設け、グループ間で、ビデオ内容（言葉の学習、数を数える、よいマナーの学習など）の学習効果を比較した。その結果、1群、2群の順で、学習効果が強い傾向がみられ、3群では、統制群と比べてもほとんど学習効果がみられなかった。したがって、映像による学習が重要であると同時に、メッセージ内容に基づいて話をすることも学習効果を高めるうえで必要であることを示している。

　同じようなことが、他の研究でも示唆されている。ジョンストンが行った研究

では、「フリースタイル」という子ども向け公共放送が用いられた（Johnston, 1983）。このプロジェクトでは、9歳から12歳の子どものジェンダーや職業に対するステレオタイプな信念を変えるために、ステレオタイプに反する番組を13回のシリーズで見せ、視聴した群と視聴しなかった群との間で、子どもの性役割観を比較した。その番組では、例えば、車が好きでガソリンスタンドで働く13歳の少女、男子ばかりのサッカーチームで活躍する女性、高齢者を援助するために効果的な方法を考える少年など、ジェンダーのステレオタイプとは逆の主人公が登場した。そして、このようなテレビシリーズを視聴した群では、女性や男性の行動や職業に対する態度などに大きな変化がみられた。例えば、女性が車を修理したり、女性がスポーツをしたりすることを肯定的に捉える傾向がみられ、その効果は、テレビシリーズを見た9か月後も維持された。また、このプロジェクトでは、学校でディスカッションをした場合、ディスカッションをしなかった場合、家でテレビシリーズを見るように言われた場合（ディスカッションなし）などとも比較する実験が行われた。その結果、テレビを見ただけでなく、学校でディスカッションをした場合の方が強い効果がみられた（Johnston, 1983）。

　では、テレビなどの映像メディアが得意とする部分と、苦手な部分はどこにあるのだろうか。この点について、佐渡・岩男（1991）が、映像メディアと絵本の効果を比較した興味深い実験を行った。佐渡らは、4〜6歳の幼稚園児120名を対象に、アニメと絵本の内容の理解度、想像度を比較する2つの実験を行った。実験1では、『Little Polar Bear しろくまくん　どこへ？』というアニメビデオの一部（5分間、ナレーションと台詞の言語的表現を伴う、アニメ1）と、同内容の絵本（絵本1）を用いた。実験2では、『Tom & Jerry：Midnight Snack』というテレビ用アニメ番組の一部（5分間、BGMのみで、言語的表現はない、アニメ2）と、アニメと同じ画像を用いた紙芝居風の絵本（絵本2）を用いた。

　2つの実験では、それぞれの幼児に、アニメか絵本のいずれかを見てもらい、理解度（1ランク：事件の状況・原因・その後の様子がきちんと説明できる；2ランク：小さな誤解や欠落がある；3ランク：重要な部分の誤解や欠落がある；4ランク：ほとんど再生不可能）、想像量（1ランク：約5分以上の文章〜4ランク：ほとんど話を創ろうとしなかった）、想像内容（1ランク：新しい場面や登場人物の創作により話を展開〜5ランク：想像活動がない）を評価した。

　その結果、図9-4に示すように、内容の理解という点では、絵本よりもアニメの方が優れていた（実験1）。アニメでは動きのおもしろさに注目して記憶する傾向がみられ、おもしろくて印象に残ったシーンを並列的に理解する傾向がみら

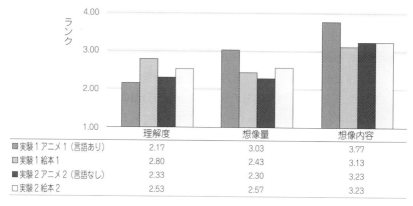

図9-4 絵本とアニメーションの理解度と想像量・内容の違い
（佐渡・岩男，1991，表3，4をもとに作成。ランクが低い方が、それぞれ、理解度が高く、想像量が多く、想像内容が独創的であることを示す）

れたのに対し、絵本では、重要な点が抜け落ちていることが多かった。これは、絵本では、絵の数は限られており、あらすじの他の部分は文章で理解させるのに対して、アニメでは、キャラクターが動くことから、より豊富な視聴覚情報を提供でき、幼児に注目させることが可能であるからだろう。文章で説明するより、より具体的な視聴覚情報を示すことで、内容の理解は進んだといえよう。

　しかし、想像量と想像内容という点では、絵本の方がアニメよりも優れていた（実験1）。実験2では、アニメと絵本との差はみられなかったものの、実験2のアニメ2（言語なし）の方が、実験1のアニメ1（言語あり）よりも、想像量は多い傾向がみられた。したがって、映像の種類、言語情報の量などによっても、想像力を促すことが可能であることを示している。テレビや動画のような視聴覚メディアでは、映像を見て、音声を聞くことに認知的能力の大部分を使ってしまう可能性がある。動画は注目させ、興味を促すことは可能な一方で、自分のペースで考えたり、想像力を働かせたりする余地が少ないことを示唆している。

テレビゲームの教育的利用とその効果

　テレビだけでなく、テレビゲームの教育的利用に関しても、教育関係者、教育産業などからも注目が集まりつつある（藤本，2007，2015）。これまでに比較的多くの研究が行われている分野は、空間視覚化能力、視覚的注意、情報処理能力、問題解決能力などである（井堀，2003）。

　テレビゲームでは、2次元、3次元の空間で、コントローラーを操作し、物や

主人公を動かす。このような空間処理能力を必要とするテレビゲームで遊ぶことで、**空間視覚化能力**（物体を頭の中で回転させたり、想像上の空間で操作したりする能力）を向上させる効果があることが、大学生に対する実験で示唆されている（Feng et al., 2007；McGee, 1979）。また、パイロットなど、複数の計測器の目盛りを同時に確認しながら作業を進める視覚的注意能力を求められる職業もあるが、グリーンらは、テレビゲームで頻繁に遊んでいる人の視覚的注意能力は、テレビゲーム未経験者と比べて、優れていることを明らかにしている（Green & Bavelier, 2003）。日本でも、湯地がテレビゲーム遊びと平行情報処理能力との関係を検討しており、テレビゲームでよく遊ぶ幼稚園児は、色、形の情報をより瞬時に判断することができ、平行情報処理能力が高い傾向がみられている（Yuji, 1996）。

　また、思考能力については、坂元らは、テレビゲームで遊ぶことは小学生の創造性には影響を及ぼしていないが、小学生女子の演繹的能力が低下する傾向があることをパネル研究で示している（坂元ら，1998）。けれども一方で、テレビゲームで遊ぶ幼稚園児の**帰納的問題能力**があまり遊ばない園児よりも高い傾向もみられている（湯地，1996）。この点は、メディア教育が、抽象的なコンセプトよりも、具象的なものを示すことを得意としてきたという点でも合致している。

　その他にも、アメリカでは、『シムシティー』という都市環境を整備するシミュレーションゲーム体験で、看護学生の批判的思考能力が向上したことを示す研究がある（Bareford, 2001）。したがって、映像と同様に、テレビゲームによって認知的発達を促すことで効果がみられやすい分野と、効果が検出されにくい分野があるといえよう。

　また、歴史など、子どもたちにとって、やや難しく、敬遠されがちな学習にテレビゲームを活用することで、歴史への理解や興味を促したことを示す研究もある。近年では、脳を鍛えるゲーム、漢字を覚えるゲーム、英語などの言語を学ぶゲーム、歴史を学ぶゲームなどが商品化され、教育的なゲームやアプリも多く発売されてきた。従来の教育方法（講義、映画、本など）よりも、ゲームの方が効果的に学習できる内容をさらに明らかにできるなら、教育の場でもっと活用されるようになるだろう。近年では、シリアスゲーム、あるいは、ゲーミフィケーションと呼ばれ、ゲームで遊ぶように、能動的に楽しく勉強して、教育効果を高めようという様々な試みが行われている（藤本，2015）。また、ダンスやランニングなど、ゲームで楽しく遊びながら、健康を増進する試みもある。

4. メディア教育に効果がみられる理由

メディア教育に効果がみられる理由を整理すると、以下の3点にまとめられる。

理解と記憶

メディア教育の意義は、対象物の具体的な動きや様子を観察したり、ドラマや映像などで人々の行動や立場を理解し、具体的なイメージを抱いたりすることにより、「あ、そういうことだったのか」「なるほど！」と、対象に対する直感的な理解を促すことだろう。ことわざの「百聞は一見にしかず」も、メディア、特に、視聴覚教育の利点を一言で言い表している。しかし、視聴覚メディアでの理解は、**「非言語的メッセージ」**による理解であり、感性的な認識である点にも留意してほしい。この感性的認識を、理性的認識に変えていくためには、**言語的メッセージ**で補っていくことも大事である。ことわざで例えるならば、「百聞」してわかる内容（＝言語的メッセージ）と、「一見」してわかる内容（＝視覚的メッセージ）は、大きく異なり、それぞれのメッセージ性質があり、それぞれの長所、短所がある。

また、メディア教育では、視覚的イメージを提供することにより、記憶に残りやすいということもある。過去に受けた授業の中で記憶に残っていることをあげてもらうと、動画を見た記憶をあげる人は多く、印象に残りやすい。これは、動画だけでなく、静止画でも同様であり、言語的記憶よりも、**画像的記憶**の方が、記憶に残りやすい（Nelson et al., 1974）。

感情的変化から、動機づけ、態度変容に

メディア教育で、もう一つ重要な特徴は、**動機づけ**である。本を読むのが苦手で、ほとんど本は読まないという人も、好きな俳優が出演した映画、あるいは、好きなミュージシャンの曲が使われているアニメを見て、その原作となった本を読んでみたことはないだろうか。一度、興味を抱くと、分厚い本でも、おもしろいように読み進めることができるものだ。その場合、映画やアニメは、学習の動機づけになったといえよう。同じような理由で、学校の授業で、映像やインタラクティブメディアを用いると、あまり興味をもてなかった児童や生徒に、興味をもってもらう機会になる。だが、この場合も、メディアの新奇性だけに頼っては、長続きしないことも事実だ。映像を初めて授業で使ったときは、珍しいこともあ

ニュースに対する批判的思考尺度

　高橋・相良（2009）は、小学生の**ニュースに対する批判的思考**を、表に示すような 7 項目で測定した。この尺度は、後藤（2005）の**メディア・リテラシー尺度**などを参考に作成され、「とてもそう思う」（5 点）、「ややそう思う」（4 点）、「どちらともいえない」（3 点）、「あまりそう思わない」（2 点）、「まったくそう思わない」（1 点）の 5 件法で測定され、十分な信頼性も確保されている（ a ＝ .74）。また、廣岡ら（2000）の「クリティカルシンキングに対する志向性尺度」を基に作成した小学生版「一般的な批判的思考」尺度（6 項目）との間にも、正の関連性がみられた（ r ＝ .642, n ＝ 72）。

　この実験では、小学校 6 年生 124 名を対象に実験を行い、まず保護者に対して、テレビニュースの構成と演出について、メディアリテラシー講座を 30 分行い、家庭で、子どもと一緒にニュースを見てもらい、子どもと話をしてほしいと伝え、受講 1 週間後のニュースに対する批判的思考尺度を比較した。また、その 1 か月後に、学校の特別授業として、小学校 6 年生を対象に、30 分間のメディアリテラシー講座を実施した。

　その結果、親の介入が児童の「ニュースに対する批判的思考」に及ぼす効果はみられなかったものの、学校の特別授業で実施したメディアリテラシー講座の前後では統計的に有意な差がみられた。すなわち、学校でメディアリテラシー講座受講後の「ニュースに対する批判的思考」得点（平均 27.65 点）は、受講前（平均 25.52 点）より、高い傾向がみられた。

表　小学生のニュースに対する批判的思考

ニュースに音楽がついていると、受ける感じが変わる
ニュースを作る人は、見ている人を楽しませようと工夫している
ニュース番組の放送される順番は、見ている人の興味関心によって決まる
ニュースを伝える人によって意見がかたよることがある
ニュースを見ておおげさだと感じたことがある
ニュースは視聴率（見ている人の数）を気にしながら作られている
たいほされた人の顔写真があると、事件から受ける感じが変わる

　り、ほとんどの児童や生徒が注目するが、2 回目、3 回目になると、映像が始まると、寝てしまうという人も目にする。映像を見た感想を書いてもらう、課題を出すなど、やはり非言語的な情報や、その理解や感情の変化を、言語的メッセー

ジに変えていく作業を伴った方が効果的だろう。

　同様に、障がい者を主人公にしたドラマやドキュメンタリーを見て、主人公の生きる姿勢に共感した、勇気づけられたなどの声を聞くことは多い。障がい者だけでなく、移民、難民、性的マイノリティなど、社会的マイノリティの人の生き方や日常生活を映像や写真と記事で紹介し、学習者に感情の変化、感動などを生じさせることが可能である。このような情緒的な変化は、学習者に認知的不協和（コラム 22 参照）を生じさせ、ステレオタイプや偏見の低減に役立つ。

多様な学習スタイルへの対応が可能――個別学習から一斉学習まで

　メディア教育の利点の一つは、多様な学習スタイルが選択できる点である。例えば、自宅でビデオを見たり、コンピュータ上の自習用ソフト、モバイル端末のアプリなどを用いたりすることで、**個別学習**が可能である。苦手な部分は、くり返し、学習することもできる。

　その一方で、メディアでは**一斉学習**も可能である。団体研修、市民講座、学校などでビデオを視聴し、多人数で具体的な経験や知識を共有することもできる。また、ある社会的なテーマ（いじめ、葛藤解決、コミュニケーションなど）の映像を全員で視聴したうえで、それぞれの当事者がどうすればよかったのかを具体的に提案してもらうような形で、グループディスカッションなどを実施すれば、散漫になりがちな議論も、問題点を絞って学習できる。その場合も、映像視聴だけでなく、そこで描かれたことをより抽象度の高い「言語的メッセージ」で表現し、学習を一般化することで、その学習を他の機会で活用することを可能にする。

5. メディア教育の今後の課題と展望

　メディア教育の今後の課題と展望を、以下の 2 点に整理した。

多様な教材の開発とオンライン学習

　NHK を中心に、インターネットを通して、教育放送番組や、動画クリップの視聴が可能になっており（NHK for school, 2016）、教員が授業のテーマや利用時間に合うように、自由に動画を選ぶことができる。また、インターネットでは、インタラクティブ性を伴うため、子どもの興味に合わせて、見たい部分を見ることができ、ワークシート形式で、疑問に答えながら、答えを自ら導き出していくような問題解決型の授業も可能である。理科、社会、道徳などを中心に番組や動

画が用いられやすい傾向があるが、他の教科でも、ニュースなどで報道されている現代社会における新しい問題などが、教育目的の動画クリップ（短い映像資料）などで活用できれば、児童や生徒の問題意識や問題解決能力を養うようなディスカッションも、授業で展開しやすくなる。ゲームの研究では、歴史、空間知覚、語学、複雑な事象の認識などで、効果がみられていた。本や講義だけの学習では動機づけが難しい、抽象的で役に立たない場合も、「店長になって店を経営する」「武将になって戦国時代を生きる」「市長になって、市民のニーズに合った街に発展させる」などの体験をする中で、具体的な学びへと結びつけることが可能だ。

　さらに、体系だったオンライン学習ができれば、遠隔地からでも、働きながら、授業に参加して、学位や資格を取得することも可能になる。様々な理由で学校に通学できない児童や生徒も、バーチャルリアリティなどのオンライン学習で、まさに教室にいるかのような体験を味わうことも技術的には可能になった。

楽しみながらも、学習した内容を一般化して、応用する

　教育の Education と娯楽の Entertainment を融合させた言葉として、**エデュテインメント**（Edutainment）という言葉が誕生した。ただし、このバランスが難しい。例えば、楽しい要素が多く、学びの要素が少ない場合は、「楽しかった」「おもしろかった」という記憶は残るものの、学んだ内容を一般化して、応用することが難しい。一方で、学びの要素が多く、楽しい要素を少なくすると、最初の導入時には、興味を引きつけることは可能でも、学習が継続しにくい。子どもたちが「お勉強」であることに、すぐ気づいてしまう。

　このような問題点は、すべてのメディア教育に当てはまる問題だと思われる。児童や生徒が目を輝かせて、映像を見ている姿を見ると、「授業は成功した」「映像を見せてよかった」と主観的に評価しがちだ。ただ、これまでのメディア教育の効果研究を考えると、まだ道半ばといえるだろう。冒頭に紹介したように、「百聞は一見にしかず」という側面は事実であるが、見ることと、言語化することは違う。視聴覚情報を見たりゲームで体験したりして感じたことや考えたことを一般化していかないと、他の事象には応用できない。つまり、見たこと、感じたこと、考えたことなど、具体的な体験を、言語化し、抽象化する作業を通さないと、学習効果は得られないということだ。

6．メディアリテラシー

　もう一つ、子どもとメディアとの関連で、重要な領域の一つは、子どもたちのメディアリテラシーをいかに高めるかという点である。子どもや青年がメディアをクリティカルに読むことができれば、第10章で紹介するような暴力シーン、性的シーン、反社会的シーンなどがメディアに登場しても、悪影響を受けにくくなる。また、メディアを積極的に活用し、メディアから多くを学び、メディアを通して、社会に有益な情報を発信していくことも可能となり、メディアを最大限に活用できる。ここでは、メディアリテラシーについて、その定義、歴史的変遷などを紹介する

　鈴木（1997）は、**メディアリテラシー**について、「市民がメディアを社会的文脈でクリティカルに分析し、評価し、メディアにアクセスし、多様な形態でコミュニケーションを作り出す力」、そして、「そのような力の獲得をめざす取り組み」と定義している（p.8）。そして、中橋（2015）は、「(1)メディアの意味と特性を理解したうえで、(2)受け手として情報を読み解き、(3)送り手として情報を表現・発信するとともに、(4)メディアのあり方を考え、行動していくことができる能力」と定義している（p.127）。そのほかにも、研究者により定義に違いが見られるものの、以下の3つの要素が含まれる場合が多い。

①メディア機器・情報を活用する能力：ビデオ、映像、コンピュータなどを操作でき、学習に役立て、コントロールできる能力である。これは、「情報リテラシー」と呼ばれるが、コンピュータ、インターネットなどを使い、レポート作成、発表などに役立てることができる能力だけでなく、時間管理、ダウンロードできるコンテンツの遮断や制御ができる能力を含む場合もある。メディアリテラシー、すなわち、メディアの「読み書き能力」の基礎に当たる。若い世代には簡単なことも、高齢者になると苦手な場合も多い。

②メディアを主体的に読み解く能力：メディア情報や作品の制作過程を踏まえて、メディアをクリティカルに分析し、評価できる能力である。これは、メディアの読み書き能力の「読む能力」にあたる。

③メディア情報を発信する能力：映像作品、Web サイト、ソーシャル・ネットワーキング・サービス（SNS）などを通して、メッセージや内容の適切さを判断し、作成し、発信できる能力である。これは、メディアの読み書き能力の「書く能力」にあたる。メディアリテラシー教育が普及し始めた当初は、機会

が限られていたが、インターネット、ブログ、SNS などの普及により、発信することが容易になった一方で、発信する内容の適切さの判断ができずに、社会問題となってきた。

メディアリテラシー教育も、時代とともに、大きく変化している。イギリスでは、1930 年代に、マスメディアを批判的に読み解くことが、子どもたちを低俗な大衆文化の影響から保護することに役立つと説かれ、同様の危惧を抱く知識階級や国語教師に、メディア教育が受け入れられた（菅谷，2000）。当時は、大衆新聞、大衆小説、映画などが流行し、マスメディアが伝統的な文化を衰退させ、低俗な大衆文化を広めるのではないかと危惧されていた。また、ナショナリズムに基づいたプロパガンダとして、映画が戦略的に用いられた時代でもある。低俗な文化の影響だけでなく、大衆操作を危惧する声も高まっていた。

その後、1960 年代になり、映画などのメディアに親しんだ世代が教師の主流を占めるようになると、映像メディアが積極的に授業に活用された。また、メディアを高級文化、大衆文化で分けるのではなく、大衆文化はメディアとオーディエンスの相互作用の中で作られ、多様な表現形式の中で、多様に解釈されるものだとの見方が生まれ、メディアを主体的に分析する能力が重視されるようになっていく（菅谷，2000）。

また、カナダのオンタリオ州では、1987 年より、小中学校の国語教育にメディアリテラシー教育が取り込まれ、メディアリテラシー（読み書き能力）は、「口頭・映像によるコミュニケーション能力」と捉えた教育に取り組んでいる。例えば、小学低学年では、アニメと生活の違い、CM と番組の区別を教え、小学校高学年になると、メディアにおける誇張表現や、偏った情報について学習する（菅谷，2000）。

日本でも、1977 年に「市民のメディア・フォーラム（The Forum for Citizens' Television and Media：FCT）」が設立され、現在は、FCT メディア・リテラシー研究所となっている（FCT メディア・リテラシー研究所，2016）。性別、年齢、職業、人種や国籍などのステレオタイプを問い直し、メディアの「意味」を社会的文脈で説明することのできる力の獲得をめざし、メディアリテラシー教育の翻訳、ワークブックの製作、メディア分析などを通して、先駆的な役割を担ってきた（鈴木，2001）。その後は、総務省、NHK、研究者、教育者などが中心になり、メディアリテラシーが様々な授業の中で教えられている（中橋，2014）。

子どもたちは、メディアの影響を最も受けやすいといわれる。しかし、この章

で紹介したように、メディアから多くを学び、よい影響を受けることも可能である。また、メディアリテラシー教育の中で、メディア情報をクリティカルに読み解き、メディアを媒介にした情報を、適切に表現し、発信していく力の育成が、インターネットやソーシャルメディアが普及した現代において、ますます重要になっている。

演習問題

1. 子どものころ、学校で見たビデオ、家で見たテレビ、ビデオ、遊んだゲームなどから「学んだこと」で、今でも記憶に残っているものをあげてみよう。メディアを見たり、聞いたり、読んだりする中で、「なるほど！」と思ったこと、感動したこと、驚いたこと、初めて知ったこと、自分自身の趣味やスポーツの選択、進路、職業選択などに影響を及ぼした内容は何だろうか。周囲の友だちとも、経験を共有してみよう。

2. インターネット、SNS、動画共有サイトなどが発達し、メディアを読み解く力だけでなく、メディアを発信していくために効果的なメディアリテラシー教育が求められている。これまでの学校教育で受けてきたメディアリテラシー教育を振り返り、印象に残っている授業、ビデオ、講演などはあるだろうか。あるいは、どのような教育方法を用いると、若い世代にも効果的なメディアリテラシー教育ができるかを考えてみよう。

さらに学ぶための文献・資料案内

中橋雄（2014）．メディア・リテラシー論：ソーシャルメディア時代のメディア教育　北樹出版

佐賀啓男（編）（2010）．改訂 視聴覚メディアと教育　樹村房

坂元章（編）（2003）．メディアと人間の発達　学文社

引用文献

Bareford, C. G.（2001）. Community as client: Environmental issues in the real world: A Sim City Computer simulation. *Computes in Nursing*, *19*, 11-16.

ベネッセ教育総合研究所（2016）．第5回学習基本調査 DATA BOOK　http://berd.benesse. jp/up_images/research/5kihonchousa_datebook2015_all.pdf（2016年8月26日アクセス）

Eames official site（1977）. Powers of ten and the relative size of thins in the universe.　http:// www.eamesoffice.com/the-work/powers-of-ten/（2016年11月29日アクセス）

FCT メディア・リテラシー研究所（2016）．http://www.mlpj.org/index.shtml（2016年11月24日アクセス）

Feng, J., Spence, I., & Pratt, J.（2007）. Playing an action video game reduces gender differences in spatial cognition. *Psychological Science*, *18*(10), 850-855.

Fisch, S. M., Truglio, R. T., & Cole, C. F. (1999). The impact of Sesame Street on preschool children: A review and synthesis of 30 years' research. *Media Psychology*, *1*(2), 165-190.

藤本徹 (2007). シリアスゲーム：教育・社会に役立つデジタルゲーム 東京電機大学出版会

藤本徹 (2015). ゲーム学習の新たな展開 放送メディア研究, *12*, 233-252.

後藤康志 (2005). メディア・リテラシー尺度の作成に関する研究 日本教育工学会論文誌, *29* (Suppl.), 77-80.

Green, C. S., & Bavelier, D. (2003). Action video game modifies visual selective attention. *Nature*, *423*, 534-537.

橋元良明・久保隅綾・大野志郎 (2020). 育児とスマートフォン 東京大学大学院情報学環情報学研究・調査研究編, *36*, 197-241.

廣岡秀一・小川一美・元吉忠寛 (2000). クリティカルシンキングに対する志向性の測定に関する探索的研究 三重大学教育学部研究紀要 (教育科学), *51*, 161-173.

井堀宣子 (2003). テレビゲームと認知能力 坂元章 (編) メディアと人間の発達：テレビ、テレビゲーム、インターネット、そしてロボットの心理的影響 (pp.80-94) 学文社

石川實・越田清四郎 (2010). 新聞教育の文化誌：NIE はこうして始まった 白順社

Johnston, J. (1983). Using television to change stereotypes. *Prevention in Human Services, 2*, 67-81.

小平さち子 (2014). 調査 60 年にみる NHK 学校教育向けサービス利用の変容と今後の展望：「学校放送利用状況調査」を中心に NHK 放送文化研究所年報, *58*, 91-169. https://www.nhk.or.jp/bunken/research/title/year/2014/pdf/003.pdf (2016 年 8 月 29 日アクセス)

町田喜義 (2002). 教育におけるメディア利用の歩み 佐賀啓男 (編) 視聴覚メディアと教育 (pp.1-26) 樹村房

McGee, M. G. (1979). Human spatial abilities: Psychometric studies and environmental, genetic, hormonal, and neurological influences. *Psychological Bulletin*, *85*, 889-918.

内閣府 (2016). 平成 27 年度青少年のインターネット利用環境実態調査 http://www8.cao.go.jp/youth/youth-harm/chousa/h27/net-jittai/pdf-index.html (2016 年 8 月 25 日アクセス)

中橋雄 (2014). メディア・リテラシー論：ソーシャルメディア時代のメディア教育 北樹出版

中橋雄 (2015). メディア活用とリテラシーの育成 放送メディア研究, *12*, 125-148.

中野佐知子 (2013). 幼児のテレビ視聴時間の減少とその背景：幼児生活時間調査・2013 の結果から 放送研究と調査 2013 年 11 月, *63*(11), 48-63. https://www.nhk.or.jp/bunken/summary/research/report/2013_11/20131104.pdf (2016 年 8 月 26 日アクセス)

Nelson, T. O., Metzler, J., & Reed, D. A. (1974). Role of details in the long-term recognition of pictures and verbal descriptions. *Journal of Experimental Psychology*, *102*, 184-186.

NHK for school (2016). http://www.nhk.or.jp/school/ (2016 年 11 月 27 日アクセス)

NHK 放送文化研究所 (2016). 2015 年国民生活時間調査報告書 http://www.nhk.or.jp/bunken/research/yoron/pdf/20160217_1.pdf (2016 年 8 月 26 日アクセス)

日本新聞協会 (2016). NIE とは http://nie.jp/about/ (2016 年 11 月 21 日アクセス)

佐渡真紀子・岩男寿美子 (1991). テレビアニメーションが幼児の想像性に及ぼす影響：悪影響の逓減に向けての実証的提案 慶應義塾大学新聞研究所年報, *37*, 37-54.

坂元章・足立にれか・鈴木佳苗・馬場英顯・櫻谷昭夫・大串一彦・原勤・坂元昂 (1998). コンピュータ使用と子供の論理性・創造性の発達に関するパネル研究 日本教育工学会誌, *22*, 65-68.

Singer, J. L., & Singer D. G.（1998）. Barney & Friends as entertainment and education. In J. K. Asamen & G. Berry（Eds.）, *Research paradigms, television, and social behavior* （pp.305-367）. Thousand Oaks, CA: Sage.

総務省情報通信政策研究所（2016）．平成27年情報通信メディアの利用時間と情報行動に関する調査報告書　http://www.soumu.go.jp/iicp/chousakenkyu/data/research/survey/telecom/2016/02_160825mediariyou_houkokusho.pdf（2016年11月26日アクセス）

菅谷明子（2000）．メディア・リテラシー：世界の現場から　岩波書店（岩波新書）

鈴木みどり（編）（1997）．メディア・リテラシーを学ぶ人のために　世界思想社

鈴木みどり（編）（2001）．メディア・リテラシーの現在と未来　世界思想社

高橋雄一・相良順子（2009）.テレビ視聴時における親の介入と小学生の批判的思考：親へのメディア・リテラシー講座を通して　教育メディア研究, *16*(1), 41-52.

高桑康雄・髙村久夫・岡部守男（監修）（2008）．視聴覚協会80年のあゆみ：協会創立80周年記念誌　日本視聴覚教育協会　http://www.javea.or.jp/aboutus/files/80th_kinen.pdf（2016年8月30日アクセス）

渡辺誓司・小平さち子（2007）．デジタル時代の教育とメディア①　学校教育現場のデジタル化とメディア利用の展開：2006年度NHK学校放送利用状況調査から　放送研究と調査, *57*(5), 22-43.

渡辺誓司・小平さち子（2013）．多様化進む教室のメディア環境と教育コンテンツ：2012年度NHK学校放送利用状況調査から　放送研究と調査, *63*(6), 46-67.

Yuji, H.（1996）. Computer games and information-processing skills. *Perceptual and Motor Skills, 83*, 643-647.

湯地宏樹（1996）．幼児のテレビゲーム遊びと規則性推理との関係　幼年教育研究年報, *18*, 57-62.

第10章 青少年

　子どもたちだけでなく、思春期、青年期においても、メディアは重要な役割を果たしている。小学校高学年から中高校生にかけて、自己意識が強くなり、「周囲と自分とは違う」、「自分は特別な存在だ」と思い始めたころ、好きなアイドル、ミュージシャン、俳優、アニメ、ドラマなどに夢中になった経験はないだろうか。**メディア実践モデル**（media practice model）では、青年期のアイデンティティの発達を、青年のメディア選択の背景にある原動力として位置づけており、アイデンティティの発達によって、青年自らが選択したメディアとどう関わるか、メディアが及ぼす感情的・認知的・行動的影響が変わると予測している（Brown & Bobkowski, 2011=2014；Steele & Brown, 1995）。このモデルでは、青年が自分自身であるかのように感じ、そうなりたいと望んでいる人物像を重視しており、青年は自らのメディア実践を報告しながら、青年自身の自己像を知らせていると説く。例えば、青年期には、音楽番組に登場するミュージシャン、あるいは、映画やドラマに登場する主人公に強くあこがれることが多い。そのような人物に、メディアを通して出会い、自己同一視して、寄り添いながら、少しずつ理想の自分に近づこうとするプロセスを、様々なメディアは媒介している。

　その青年期は、自分を確認するために、少し刺激的な内容のメディアコンテンツにも手を伸ばすころだ。暴力的な映画、ゲーム、アニメ、あるいは、性的シーンを含んだ動画などに夢中になったり、喫煙、飲酒、犯罪描写などが含まれる映画や動画を「かっこいい」と思ったりすることもあるだろう。少し悪いことだとは頭で思っていても、仲間集団の一員でいたい、バカにされたくないなどの理由で断れないこともあり、非行や逸脱行動が目につくのもこのころだ。興味本位で犯罪に手を染め、社会的な問題を起こすことが多いのも青年期だ。

　したがって、子どもだけでなく、このような時期にある青年に及ぼすメディアの影響は、新しいメディアが普及するたびに、社会問題になってきた。この章では、暴力シーン、性的シーン、自殺、喫煙、飲酒など、メディアが青少年に及ぼすネガティブな影響を中心にまとめる（渋谷, 2012）。

　なお、この章の**青少年**とは、青年と子どもをさす。**青年**期は、一般に思春期以降をさし、子どもは幼児や児童期をさすが、暴力シーンの研究では、子どもや大

学生を対象にした研究が多く、性的シーンについては、大人を対象にしたものが多い点にも注意してほしい。

1. メディアの暴力シーンの影響

　米国を中心に、社会心理学、マス・コミュニケーションなどの領域で、これまで最も多く行われてきたメディア研究は、メディアの暴力シーンの影響についての研究である。しかし、暴力シーンの影響の有無については、米国を中心に、いまだに論争が絶えない。この理由として、メディアの暴力シーンの規制の是非をめぐる議論と表裏一体になっていること、青少年の犯罪に及ぼす影響を統計的な手法で推測する難しさなどが、その背景にある。この節では、メディアの暴力シーンの影響についての理論と実証研究を紹介する（渋谷, 2003）。

　まず、メディア研究で、「**暴力**」はどのように定義されているのか。メディアの暴力シーンの研究では、「生物や生物集団の身体を意図的に傷つけようと力を行使すること」などと定義されている（Wilson et al., 1997）。暴力の定義も様々であるが、近年のメディア研究では、心理的暴力／攻撃、言語的暴力／攻撃などは含めずに、①生物（物など無生物は含まない）を対象とした、②意図的な（事故や災害は除く）、③身体的暴力／攻撃に限定した分析が多い。一般に考えられている「暴力」よりも広くとらえられる傾向にある。

　暴力シーンに接触することによって、攻撃性が高くなることを示す理論としては、社会的認知理論、スクリプト理論、覚醒転移理論、脱感作などの理論があり、現在では、**攻撃の一般モデル**（General Agression Model：GAM）として統合されている（コラム 21 参照）。そのほかにも、暴力シーンへの接触により攻撃性が下がることを説明するカタルシス理論、現実性知覚や犯罪への不安などに及ぼす影響を説明する培養理論（コラム 12 参照）などがある。そして、暴力シーンの影響に関するこれらの理論は、他のメディア表現の影響について語る際にも、前提になっていることが多いので、それぞれの理論について、まず紹介したい。

社会的認知理論（社会的学習理論、観察学習理論）
　バンデューラらは、ボボドール（Bobo doll）と呼ばれたビニールの人形を用いた一連の実験を行い、人は、ある行動を単に観察することによって学習することを示した（Bandura et al., 1963）。これまでは、学習のためには、何らかの報酬が必要だと考えられてきたが、たとえ報酬がない場合も、大人がビニール製の人形

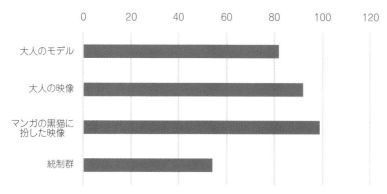

図 10-1　社会的認知理論による暴力シーンの影響についての実験結果
（Bandura et al., 1963, pp.6-7 のデータをもとに作成．数字は攻撃得点を示す）

をたたく行為を観察することにより、子どもたちがその行為を真似したことから、観察のみで、学習することを説いた。例えば、バンデューラらは、96 人の幼児（2〜5 歳）を、大人のモデルが人形をたたく様子をその場で見る条件（1 群）、大人のモデルが人形をたたく映像を見る条件（2 群）、マンガの黒猫に扮した人が人形をたたく映像を見る条件（3 群）、何も見ないグループ（統制群）の 4 つに分け、幼児が部屋で遊ぶ様子を観察した。その結果、図 10-1 に示すように、1、2、3 のいずれの群でも、統制群と比べて、人形をたたいたり、人形の上に座ったり、おもちゃのピストルで遊んだりするなど、モデルを模倣した攻撃的な遊びが多く観察された（Bandura et al., 1963）。

　この実験で示されたように、ある行動を観察することによって学習が生じることから、**観察学習理論**、あるいは、**社会的学習理論**と呼ばれている（Bandura, 1965；Bandura et al., 1963）。バンデューラは、その後、この理論を、**社会的認知理論**として、発展させている（Bandura, 2001 など）。その後も、幼児や小学校低学年の児童を対象に、暴力シーンのある映像を見たり、暴力シーンが含まれたゲームで遊んだりした後で、攻撃的遊びが模倣されやすいことが米国では確認された（Irwin & Gross, 1995；Paik & Comstock, 1994；Silvern & Williamson, 1987）。日本でも、親しい友だちと格闘系のテレビゲームで遊んだ幼児では、実験後に、攻撃的な遊びが多くなることが観察されている（峯，2003）。

認知的新連合理論（スクリプト理論）

　認知的新連合理論は、バーコウィッツが提唱した理論で、暴力シーンを見るこ

とによって、暴力に関連する攻撃的な考え、攻撃的な感情、攻撃的な行動をとる記憶などが頭に浮かびやすくなるので、攻撃的になりやすいという理論である（Berkowitz, 1993）。攻撃思考を測定した大学生を対象にした日米の実験では、暴力的なテレビゲームで遊んだ後で攻撃的な考えが頭に浮かびやすい傾向がみられている（Anderson & Dill, 2000；Calvert & Tan, 1994；湯川・吉田, 2001）。この理論の中の認知的な影響は、以前に活性化された情報が、再度、活性化されやすいことを説くプライミング効果と類似しており、攻撃についての台本（スクリプト）を学習すると説く、攻撃の**スクリプト理論**とも類似している（Krahé, 2001=2004, 2013）。

覚醒転移理論

覚醒転移理論は、ジルマンによって提唱された理論であり、メディアの暴力シーンを見ることにより、心拍数や呼吸数が増えたり、血圧があがったりなど、やや興奮したような状態になり、そのエネルギーによって、攻撃的になりやすくなるという理論である（Zillmann, 1991）。暴力シーンのあるビデオやテレビゲームに接触すると、心拍数が高くなることは多くの研究で支持されているため、生理的覚醒が生じることは確かだが、テレビゲームの研究では、非暴力的なゲームでも生理的覚醒が生じやすいもの（スポーツゲームなど）と、暴力的なゲームとを比較しており、そのような場合は、差がみられていない。したがって、この理論はゲームの暴力シーンの研究では、あまり支持されていない。

脱感作理論

脱感作理論は、メディアの暴力シーンに頻繁に接触することにより、その暴力シーンに慣れてしまい、暴力は悪いことなのでよくないという規範意識が弱くなってしまい、攻撃的になるという理論である。この脱感作は、テレビ番組の視聴時間が長い場合、テレビゲームの暴力シーンにくり返して接触する場合などに生じることが確認されている（Bartholow et al., 2006；Carnagey et al., 2007；Cline et al., 1973）。

カタルシス理論

その一方で、**カタルシス理論**は、フェッシュバックらが提唱した理論であり、メディアの暴力シーンを見ることにより、怒りやフラストレーションなどの嫌な気持ちを解放し（浄化、カタルシス）、攻撃性が低くなると説明する理論である

（Feshbach & Singer, 1971）。たしかに、カタルシスは暴力的な映画を見た後や、暴力シーンのあるゲームで遊んだ後で生じるようだが、その結果、怒りが発散できても、短期的にも、長期的にも、攻撃性が高くなる場合の方が多く、「攻撃性が低くなる」という点ではあまり支持されていない。

メディアの暴力シーンの影響についての実証研究

テレビゲームの暴力シーンの影響について、結論づけるために、最もよく引用されている論文は、**メタ分析**（同じテーマの研究を統計的に統合し、効果を推定する分析、コラム 34 参照）であり、暴力シーンについては、複数のメタ分析が報告されており、テレビ、テレビゲームとも、暴力シーンへの接触によって、攻撃性が促進される可能性を示唆した分析が多い（Anderson et al., 2010；Ferguson, 2007；Hogben, 1998；Paik & Comstock, 1994）。

したがって、まだ不明な点もあるものの、暴力シーンに接触することで攻撃性が高くなる場合があることは、テレビだけでなく、テレビゲームでも実証されている。ただし、その影響力はすべての人に対して同じではなく、暴力シーンの性質、視聴者やプレイヤーの性別、性格、接触環境、視聴形態、遊び方、社会環境などによって異なる可能性があり、ほとんど影響を受けない場合もある。

例えば、テレビの暴力シーンの研究では、男性の方が、女性よりも、暴力シーンへの接触頻度と攻撃性との間に強い関連性がみられると同時に、大人よりも、児童や青年で両者の間に強い関連性がみられている。また、意外だと思われるだろうが、アニメや空想番組、非現実的な設定の方が、より現実的なニュース報道やアクション番組などよりも、影響力が強いことを示す研究もある（Hogben, 1998；Paik & Comstock, 1994）。

また逆に、暴力シーンを見ても、暴力を批判的に学習し、攻撃性が下がる場合もあると考える（渋谷ら，2011）。さらに、暴力シーンの影響といっても、他のメディアの影響と同様、その影響力はむしろ弱いものであり、殺人などの暴力的な犯罪の背景に暴力シーンの影響があることを直接的に示す研究ではない。

なお、テレビの暴力シーンに関する研究では、登場人物に**自己同一視**するほど、その登場人物の行動の影響を受けやすいことが米国の実験研究で示されている（Leyens & Picus, 1973；Turner & Berkowitz, 1972）。米国で行われた縦断的研究でも、テレビの攻撃的なキャラクターに自己同一視する児童ほど、大人になってからもより攻撃的な傾向がみられている（Huesmann et al., 2003）。さらに、暴力行為の**現実性の知覚**によっても影響が異なることが示唆されており、テレビの暴力シー

>コラム20<

攻撃性尺度

攻撃（aggression）を測定する方法は様々であるが、パーソナリティ特性としての**攻撃性**（aggressiveness）を質問紙調査でたずねる尺度として有名なものに、バスとペリー（Buss & Perry, 1992）の**攻撃性尺度**（BAQ、29 項目）がある。そして、安藤ら（1999）は、表のような攻撃性質問紙を作成し、日本版 BAQと呼ばれている（表では、2 つの因子で高かった項目、2 つの無関係な項目を除いた 22 項目を示す）。日本版 BAQ は、情緒的側面である「**短気**」、認知的側面である「**敵意**」、行動的側面である「**身体的攻撃**」と「**言語的攻撃**」という 4 つの特性を測定する下位尺度から構成されている。

表　日本版バス−ペリー攻撃性質問紙

質問項目
1　意見が対立したときは、議論しないと気がすまない（言語的攻撃）
2　どんな場合でも、暴力に正当な理由があるとは思えない（身体的攻撃、逆転）
3　誰かに不愉快なことをされたら、不愉快だとはっきり言う（言語的攻撃）
4　ちょっとした言い合いでも、声が大きくなる（短気）
5　相手が先に手を出したとしても、やり返さない（身体的攻撃、逆転）
6　かっとなることを抑えるのが難しいときがある（短気）

ンを「現実的」だと知覚していた児童は、大人になってからもより攻撃的な傾向がみられている（Huesmann et al., 2003）。

テレビゲームでも、暴力シーンで流血などがあると、攻撃的になる傾向がみられる（Ballard & Wiest, 1996；Barlett et al., 2008; Farrar et al., 2006）。テレビゲームの暴力シーンの長期的影響についても、暴力行為者の魅力、暴力行為の正当性、現実性などの違いによって、攻撃性が高くなる傾向がみられた（Shibuya et al., 2008）。

また、テレビゲームの暴力シーンに多く接するほど、**向社会的行動**や**援助行動**が少ないことを示す研究もある（Anderson et al., 2010；Wiegman & van Schie, 1998）。一方で、テレビゲームの向社会的シーンに多く接するほど、向社会的行動が増える調査や実験も報告されている（Gentile et al., 2009；Greitemeyer & Mügge, 2014；Greitemeyer & Osswald, 2010）。日本で小学 5 年生を対象に行われたパネル調査でも、テレビゲームの暴力シーンに多く接すると、2 か月後の向社会

7　陰で人から笑われているように思うことがある（敵意）

8　ばかにされると，すぐ頭に血がのぼる（短気）

9　友達の意見に賛成できないときには，はっきり言う（言語的攻撃）

10　私を苦しめようと思っている人はいない（敵意，逆転）

11　いらいらしていると，すぐ顔に出る（短気）

12　でしゃばる人がいても，たしなめることができない（言語的攻撃，逆転）

13　たいした理由もなくかっとなることがある（短気）

14　挑発されたら，相手をなぐりたくなるかもしれない（身体的攻撃）

15　私を嫌っている人は結構いると思う（敵意）

16　人をなぐりたいという気持ちになることがある（身体的攻撃）

17　人からばかにされたり，意地悪されたと感じたことはほとんどない（敵意，逆転）

18　権利を守るためには暴力もやむを得ないと思う（身体的攻撃）

19　嫌いな人に出会うことが多い（敵意）

20　なぐられたら，なぐり返すと思う（身体的攻撃）

21　自分の権利は遠慮しないで主張する（言語的攻撃）

22　友人の中には，私のことを陰であれこれ言っている人がいるかもしれない（敵意）

選択肢は，非常によくあてはまる（5点），だいたいあてはまる（4点），どちらともいえない（3点），
あまりあてはまらない（2点），まったくあてはまらない（1点）である。
（　　）内は，下位尺度の分類である。また，逆転は，逆転項目のことであり，得点化する際に，5点
→1点，4点→2点，3点はそのまま，2点→4点，1点→5点と置き換える必要がある。

的行動が減少する一方で，向社会的シーン（人を助けるなど）に多く接すると，
向社会的行動が増加することが示唆された（井堀ら，2008）。したがって，ゲー
ムでも，その内容によって，影響は異なることが実証されつつある。

2．メディアの性的シーンの影響

　暴力表現に次いで，メディアの影響という点で，比較的多くの研究が行われて
いる領域は性表現の影響である。**性表現**は，**ポルノグラフィ**（pornography）とも
呼ばれ，裸の写真，肌を露出した下着姿の写真，キス，性行為の描写など，性に
関する表現をさすが，青少年の性的感情を過剰に刺激し，悪影響を及ぼしかねな
いとして，これまで日本でも，雑誌，書籍，ビデオ，映画などで性的シーンが青
少年の目に触れないような配慮がなされてきた。だが，時代や文化によって，基
準も異なり，社会的に問題となる性表現を定義することは難しい。

性表現の定義については、「性的覚醒状態を促進するために使われるか、促進することを意図した表現」などのように、広く定義されてきた（Mundorf et al., 2007）。また、ハリスとスコットは、以下のように、性表現を、大きく2つに分類している（Harris & Scott, 2002）。

①**暴力的性表現**：レイプ（強姦）、虐待、サドマゾ行為、たたくこと、毛を引っ張る行為など。

②**非暴力的性表現**：強制を伴わない、愛情を伴ったお互いの合意のうえでの性関係。そして、②の非暴力的性表現には、社会的に問題となる可能性のある以下の表現が含まれている。

③**非人間的な性表現**：侮辱的、支配的、服従的な描写。女性を性的欲望の対象として描き、男性の要求に応え異常に興奮したり、罵られたりする存在として描いたり、女性の服装のみが裸に近いなどがあげられる。

性表現が青少年に及ぼす影響

性表現が青少年に及ぼす影響を説明する理論としては、社会的学習理論、覚醒転移理論、カタルシス理論などが言及されているが、暴力表現の影響ほど、理論的な検討に基づいて組み立てられた研究は十分に行われておらず、むしろ、調査や実験の結果を説明する理論として、言及される傾向がある。これまで調査や実験などが比較的多く行われてきた分野は、性的興奮への影響、性に関する態度への影響と、攻撃行動への影響である。

性的興奮への影響

性的興奮への影響については、まず、男性の方が女性よりも、性表現を見て性的に興奮しやすく、なかでも、暴力的性表現、人間性を否定するような性表現に興奮しやすい傾向がみられる（Murnen & Stockton, 1997）。また、性犯罪者や、性暴力に肯定的な大学生は、性暴力のシーンを見て、興奮しやすいことを示す実験がある（Malamuth & Chek, 1983；Quinsey et al., 1984）。さらに、性暴力シーンで、女性被害者が興奮してしまうようなシーンでは、一般の大学生でも、性的に興奮する場合がある一方で、女性被害者が怖がっているような場合では、性的な興奮は生じにくい傾向がみられた（Malamuth et al., 1980）。だが、性的興奮は、古典的な条件づけ（特定の刺激や反応が学習によって結びつくこと）などによって学習される場合もあり、何が性的興奮を生じさせるかを定義することは難しい。性的な興奮を生じさせる刺激は個人差が大きく、香り、服装、行動など様々である。

性に関する態度への影響

　ムンドルフら（Mundorf et al., 2007）は、性に関する態度について、これまで行われてきた研究の効果について、メタ分析を行っている。ここで、**性に関する態度**とは、対人関係で暴力をどの程度受容しているか、レイプ神話を信じているか、性的関係についての信念への影響がみられるか（性的関係で暴力を認めるか、男性は性的関係で支配的でなければならないか、女性は性的対象として対象化されるべきか）などである。**レイプ神話**とは、女性はレイプされたいという密やかな欲望をもっている、レイプは見知らぬ人との間のみに生じる、女性が本気で抵抗したらレイプは起こらないなどの形で、加害者による性的接触の強要を合理化し、被害者に責任を転嫁する考え方をさす（Krahé, 2001=2004）。

　1980年から1989年に実施された7つの調査研究について行ったメタ分析では、性的表現に多く接触しているほど、レイプ神話を受容する傾向がやや高いという弱い関連性がみられている。また、1971年から1993年にかけて行われた17の実験研究では、これよりもやや強い関連性が報告されている。だが、これらの調査研究や実験研究における関連性を、暴力表現と攻撃的態度、攻撃行動などとの関連性と比べると、性表現と性的態度との関連性はあまり強いとはいえない。

　また、ムンドルフらは、暴力性が含まれた場合と、暴力性が含まれない場合の影響の大きさの違いについても、分析を行っている。その結果、暴力的なポルノグラフィの性的態度への影響と、非暴力的なポルノグラフィの性的態度への影響との間には差がみられていない。つまり、性描写の暴力性によって、性的態度への影響の違いはみられていないことがうかがえる。

　日本でも、性表現の影響についての研究は行われており、例えば湯川・泊（1999）は、ポルノグラフィなどの性的メディア（テレビ、映画、ビデオ、マンガ、雑誌、スポーツ新聞、テレビゲーム、インターネット）に多く接触している男子大学生ほど、レイプ神話を受け入れやすい傾向があることを示している。また、アダルトビデオやコミックに描かれた性行為の真似をしたいと思ったことがある男性は、そう思ったことがない男性と比べると、男性中心主義的な態度を抱き、売買春などの逸脱行動にやや許容的で、性行為を快楽ととらえる傾向がみられている（NHK「日本人の性」プロジェクト，2002）。

攻撃行動への影響

　ムンドルフらは、性表現への接触によって生じる攻撃行動への影響についても、メタ分析を行っている。ここでの攻撃行動には、身体的だけでなく、心理的に相

攻撃の一般モデル

　攻撃（aggression）についての研究で、現在、最もよく引用されている理論は、アンダーソンらによって提唱された**攻撃の一般モデル**（General Aggression Model：GAM）である。このモデルは、これまでの諸理論（社会的認知理論、スクリプト理論、脱感作理論など）を統合させた複合モデルである。

　アンダーソンらは、図のように、テレビ、テレビゲームなど、メディアで描かれた暴力シーンに長期間接する中で、暴力が有効な手段であることを学習したり、暴力行為のリハーサルを行ったりすることにより、攻撃に関連する知識構造（攻撃的信念や態度、攻撃的知覚スキーマ、攻撃的期待スキーマ、攻撃行動のスクリプトなど）が強化され、暴力シーンに対する慣れ（＝脱感作）が生じ、攻撃性が高まる場合があることを理論として示した（Anderson & Bushman, 2002）。

　長期的な影響については、同じ子どもたちに2回以上調査を行い、変化を比較する調査（パネル研究と呼ばれる。コラム33参照）などが行われている。米国で行われたパネル研究では、複数の暴力的なメディア（テレビ、テレビゲーム、映画、ビデオ、インターネットなど）への接触により、攻撃性がやや高くなることが示唆されている（Slater et al., 2003 など）。日本で小学生を対象に実施されたパネル研究でも、テレビゲームでよく遊ぶ児童ほど、6か月後に身体的暴力が多くみられたり（井堀ら，2003）、1年後に敵意が高くなったりするなどの影響がみられた（渋谷ら，2011）。これらのパネル研究では、個人差なども考慮されており、暴力シーンの影響を受ける場合があることを示すものである。

手を意図的に傷つけようとする行動も含んでおり、攻撃行動への影響はおもに実験研究などで検証されてきた。

　ムンドルフらは、性表現を、①**暴力的性表現**（性関係の承諾を得るために、感情的、心理的、身体的な行為にいずれか一方の強制が伴うもの、サドマゾ行為も含む）、②**非暴力的性表現**（同意された性描写であり、相手を傷つけようとした行為を伴わないもの、性行為だけでなく、オーラルセックス、愛撫、自慰行為も含む）、③**ヌード写真**（一人の裸の胸、股間などを露出した写真で、性的接触などを伴わないもの）に大きく分類したうえで、それぞれの影響力を比較した。その結果、①の暴力的な性表現に接触することにより、攻撃行動が促進されることが確認された。また、②の非暴力的な性表現への接触によっても、攻撃行動が促進されやすい傾向がみられたが、①の暴力的な性表現と比較すると、影響力はやや弱い傾向がみられてい

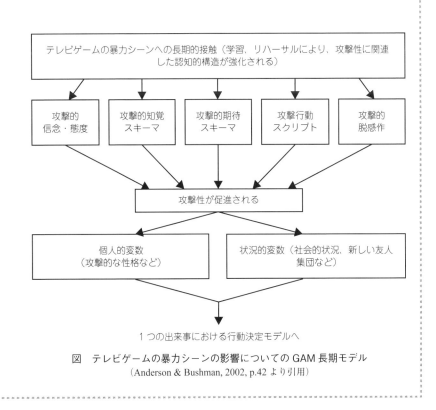

図　テレビゲームの暴力シーンの影響についての GAM 長期モデル
（Anderson & Bushman, 2002, p.42 より引用）

る。なお、③のヌード写真においては、攻撃行動を抑制する効果がみられている。

性的シーンの理論的検討

　これまで紹介してきた調査や実験の結果について、覚醒転移理論、社会的学習理論、カタルシス理論の観点から、理論的な検討が行われている。

　まず覚醒転移理論については、攻撃行動に対する影響において、性表現に触れると、性的に興奮し、攻撃性が高まるのではないかという点に注目し、これまで米国などを中心に実験が行われてきた。だが、性的興奮度が高いほど、攻撃行動が抑制される傾向もみられており、この理論は、性表現が攻撃行動に及ぼす影響については、支持されたとはいえないだろう。また、社会的学習理論についても、非暴力的な性表現への接触においても、攻撃行動が促進されているため、支持さ

れていないのではないかと、ムンドルフらは指摘している（2007）。

　一方で、性的メディアに接することで、性的感情を解放し、性的興奮を静める
とするカタルシス理論は、暴力表現のカタルシス理論以上に、一般的に広く信じ
られているように思われる。だが、性表現に接すると性的興奮を静めるよりも性
的興奮を高めてしまうため、研究者の間でカタルシス理論は支持されていない
（Bushman et al., 1999）。

　なお、ペーターとファルケンブルフ（Peter & Valkenburg, 2016）は、過去20年
間に10歳から17歳の青少年を対象に実施された75の研究をまとめている。そ
の結果、男性、刺激欲求の強い青少年の方が、それぞれメディアの性表現に頻繁
に触れる傾向がみられ、家族との関係が弱いか問題がある場合にも、性表現への
接触を求める傾向があった。また、性表現により頻繁に接触している人は、性に
対して寛容であり、ジェンダーステレオタイプ的な性的な態度（女性を性的欲望
の対象として見るなど）である傾向がみられると同時に、性交経験、カジュアル
な性経験、性暴力経験なども多い傾向がみられた（Peter & Valkenburg, 2016）。

3．メディアの反社会的シーンの影響——飲酒、喫煙、自殺など

　暴力シーン、性的シーンに比べると、研究数は少ないが、青少年への悪影響が
懸念されてきた反社会的シーンである飲酒シーンやアルコール類の広告、喫煙
シーンやタバコに関する広告、自殺シーンや自殺報道の影響についても、これま
で行われてきた研究を紹介する。

アルコール、タバコ、違法な薬物のメディア表現とその影響

　反社会的シーンの中で、青少年への影響が懸念されていることの一つは、**アル
コール、タバコ、違法な薬物**などの影響である。この分野の研究に詳しいストラ
スバーガー（Strasburger, 2001；Strasburger & Wilson, 2002）の論文を参考にしな
がら、これまでの研究についての流れを整理する。

　アルコールやタバコのメディア描写の影響については、暴力シーンの影響の節
で紹介した社会的学習理論によって、飲酒、喫煙行動に対して好意的な態度が生
じ、反社会的行為が学習されるのではないかと考えられている。

　米国で行われた研究では、映画の89％にタバコ、93％にアルコールに関する
表現が含まれ、22％の映画に違法な薬物（マリファナなど）に関する表現が含ま
れていた（Christenson et al., 2000）。音楽については、ジャンルによって大きく異

なり、ラップ音楽の約半数にマリファナ（53%）やアルコール（53%）を示唆した歌詞が含まれ、他のジャンル（ロック、ポップ、カントリーなど）よりも多い傾向がみられた（Primack et al., 2008）。

しかも、青少年にとって魅力的だと思われるキャラクターが飲酒者として描かれる傾向があると指摘されている。例えば、音楽専門のテレビ放送（MTV）では、他のネットワークよりも、タバコ（26%）やアルコール（27%）を使用している場合が多い（Durant et al., 1997）。

また、音楽の中で、アルコール、違法な薬物などについて、覚醒状態になるなど、ポジティブな文脈で語られることが多く、ネガティブな結果を招くことを示した歌詞は少ない（Primack et al., 2008）。

日本では、飲酒シーンなどは、欧米ほどは問題となっていないようだが、酒類のテレビ CM、青少年がよく読む雑誌の広告、漫画コミック誌の飲酒シーンなどを問題視する声もある（尾崎ら，2007）。また、漫画、テレビアニメ『NANA』に未成年の登場人物の喫煙シーン、喫煙行動（歩きタバコなど）などが含まれていることについて、日本禁煙学会では出版社やテレビ局などに抗議を行っている（日本禁煙学会，2006）。

アルコールについても同様に問題視されている。アルコールの多量摂取による死亡は、米国では年間 10 万にものぼると推定されている（Doyle, 1996）。特に、社会問題となっているのは、飲酒運転が関連した事故による死亡であり、10 代の青少年の死因の第 1 位にあがっている。10 代の青少年の死因の 2 位以下には、殺人、自殺、溺死などが並んでいるが、これらの死亡の背景にも飲酒が関連しているとの指摘もある（Comerci & Schwebel, 2000）。また、タバコを吸ったり、お酒を飲んだりする青少年は、マリファナ、コカインなど違法な薬物を使用する可能性が高いことも米国では指摘されており（National Institute on Drug Abuse, 1995）、成人にとっては合法的なアルコール、タバコについても、日本以上に批判的な目で見られている。

そのような米国で特に問題になってきた点は、タバコの広告が青少年に及ぼす影響であろう。なかでも米国で大きな社会問題となったのは、蝶ネクタイをしたラクダの Old Joe the Camel というキャラクターの影響である。6 歳の子どもでも、ディズニーチャンネルのマークと同じように、Old Joe the Camel を認識でき、とても魅力的だと思っていることを示す報告もある（DiFranza et al., 1991）。そして、タバコのキャメルは、この Old Joe the Camel が広告に用いられる前は、青少年の 0.5% のシェアにすぎなかったが、3 年後には青少年の 32% が好む第 2 位

のブランドになった（DiFranza et al., 1991）。キャメルは、広告費でも、青少年の
ブランド嗜好においても、マルボロに次いで第2位であり、大人にはあまり人
気がないブランドであるだけに、特に青少年の喫煙を推奨している広告だとして、
社会的な非難を浴びた（Centers for Disease Control, 1994；Pollay et al., 1996）。米
国だけでなく、英国でもタバコの広告の影響が懸念されており、タバコの広告を
見たことがあると答えた子どもほど（11〜12歳）、タバコを吸う割合が高いこと
を示す調査がある（While et al., 1996）。ニュージーランド、ノルウェーなど、タ
バコの広告を禁止した22か国で喫煙率が低下しており（Laugesen & Meads,
1991）、タバコの広告は世界的に問題となったことから、日本でも、1999年より、
テレビCMなどの自主規制が行われている。

　また、アルコールについても、広告の影響が指摘されている。最も大規模な研
究の一つは、欧米17か国で行われた調査であり、アルコール広告の禁止令があ
る国は、禁止令がない国よりも、アルコールの消費量、肝硬変による死亡率、自
動車事故の発生率が低い傾向がみられている。その理由として、アルコール広告
の禁止がアルコールの問題を防いでいる可能性と、アルコール広告がアルコール
の問題を増やしている可能性などが指摘されている（Staffer, 1991）。

　なお、日本では、中高校生の飲酒率が欧米よりも低い傾向がみられると同時に、
近年、飲酒率は低下傾向にある（尾崎ら，2007）。この背景には、家族構成員（父
親、兄など）の飲酒率の低下、自動販売機の減少、対面販売での年齢確認の普及
などがあると尾崎らは推測している。

自殺についてのメディア表現とその影響

　その他に反社会的表現として、社会的に懸念されている表現は、**自殺**について
の報道や描写の影響であろう。古くは、ゲーテの『若きウェルテルの悩み』
（Goethe, 1774=2010）を読み、自殺者が増えたことが指摘されている。この分野
の研究の先駆者であるフィリップス（Phillips, 1974）は、米国の全国紙第1面で
報道された自殺記事を約20年間（1947年〜1968年）にわたって調べ、自殺記事
と自殺数を比較した（Phillips, 1974）。その結果、季節変動などの影響を取り除い
ても、自殺報道の直後に自殺数が増加し、その影響は報道量が多いとき、あるい
は若者を対象に分析したときに、強くなることが示された。日本でも32年間
（1954〜1986年）にわたり、新聞報道量（見出しの行数で概算）と自殺率を比較す
る研究が行われ、自殺報道が増えた後で、自殺率が増える傾向がみられている
（Ishii, 1991）。

自殺に関しては、日本でもメディアの影響が指摘されることがある。いじめを苦に自殺した青少年のニュースが報道された後で、青少年の自殺が相次いだことがあり、ニュース報道への配慮をうながす声明も出されたことがある。使用された自殺手段の詳細を報道しない、自殺を美化しない、自殺の理由を単純化して報道しない、自殺に代わる手段を強調するなどの形で、自殺報道の悪影響を予防する方法が推奨されている（自殺対策支援センターライフリンク，2006）。したがって、身体的な暴力表現だけでなく、いじめ、自殺の表現についても、青少年に悪影響を及ぼさないような配慮が求められているといえよう。

その他の反社会的シーンの影響

　その他に、メディアの青少年への影響として問題視されている表現は、恐怖の問題であろう。**恐怖**は、「回避や逃避などと関連した不快な感情的な反応」と一般的には考えられている（Cantor, 2002）。だが、恐怖を抱かせるような表現は実に様々であり、暴力シーンだけでなく、竜巻、火山噴火、地震などのような自然災害、疫病、野生動物の攻撃、核兵器事故、大規模な工業的災害なども含んでいる。例えば、幼児や小学校低学年の子どもたちは、視覚的な情報を基に判断する傾向があるため、非現実的で、グロテスクな怪物などを怖いと感じる（Cantor & Sparks, 1984）。だが、年齢が上がるにつれて、視覚的な情報にとらわれないようになり、登場人物の行動の善悪を判断できるようになっていく（Hoffner & Cantor, 1985）。そして、核戦争が起こり、町がパニックになるという想定の『ザ・デイ・アフター』がテレビで放映されたときは、幼児や小学生よりも、10代の青年の方が恐怖を抱きやすい傾向がみられ、年齢が上がるにつれて増えている（Cantor et al., 1986）。恐怖を抱く映像表現も、年齢によって異なり、10代になると、より現実性の高い内容の映像に恐怖を抱きやすい傾向が研究から読み取れる。

　米国では、『ジョーズ』、『エクソシスト』などに怖いシーンがあるとのことで、1970年代には米国のマスコミで問題になった。その後、『インディ・ジョーンズ魔宮の伝説』と『グレムリン』などに含まれた怖いシーンが社会的に問題となり、子どもたちへの配慮の必要性が議論され、米国の映画のレーティングにPG-13という区分を誕生させるきっかけとなった（Zoglin, 1984）。

　青少年への影響を検証した実験では、『大草原の小さな家』で火事の描写を見た子どもたちが、家で火事が起こるのではないかと心配すると同時に、暖炉で火を燃やす学習への関心が弱くなる傾向がみられた。また、溺れたシーンを見た児童は、カヌーの学習への関心が弱くなるなどの影響がみられている（Cantor &

Omdahl, 1991）。

　メディアの暴力シーン、性的シーン、反社会的シーンなどが青少年に及ぼす影響についての研究を概観したが、暴力シーンの影響を除くと、研究は十分に行われているとはいえない。この背景の一つには、青少年を対象に実験研究をすることには倫理的な問題を伴う点がある。犯罪や事件が生じると、新しいメディアの影響が懸念されることが多いが、この分野の研究を蓄積していき、実証的な根拠に基づいた対応策を考えていくことが望まれる。

演習問題

1. メディアに描かれた暴力シーンが青少年に及ぼす影響については、残虐な青少年犯罪が起こるたびに、メディア表現の規制の是非をめぐり、議論されてきた。大きく分けると、「暴力シーンの影響はある。表現を規制すべきだ」という意見と、「暴力シーンの影響はない。表現の規制はすべきではない」という意見がある。この章で紹介された理論、青少年犯罪の例、自分自身、友人、兄弟や姉妹の体験や観察などを踏まえ、あなたの意見をまとめなさい。
2. 映画やドラマで、自殺するシーンが描かれたり、青少年の自殺がニュースで報じられたりする。日本では、自殺率が高いことが指摘されているが、この章で示された研究を踏まえて、映画やドラマ、ニュース報道を、どのようにすべきだと考えるか。また、メディア利用者としては、どのようなことができると思うか。あなたの意見をまとめなさい。

さらに学ぶための文献・資料案内

K. E. ディル-シャックルフォード（著）川端美樹（訳）（2019）. フィクションが現実となるとき：日常生活にひそむメディアの影響と心理　誠信書房
坂元章（2004）. テレビゲームと子どもの心：子どもたちは凶暴化していくのか？　メタモル出版
佐々木輝美（1996）. メディアと暴力　勁草書房
湯川進太郎（2005）. バイオレンス：攻撃と怒りの臨床社会心理学　北大路書房

引用文献

Anderson, C. A., & Bushman, B. J. (2002). Human aggression. *Annual Review of Psychology, 53,* 27–51.

Anderson, C. A., & Dill, K. E. (2000). Video games and aggressive thoughts, feelings, and behavior in the laboratory and in life. *Journal of Personality and Social Psychology, 78,* 772–790.

Anderson, C. A., Shibuya, A., Ihori, N., Swing, E. L., Bushman, B. J., Sakamoto, A.,

Rothstein, H. R., & Saleem, M. (2010). Violent video game effects on aggression, empathy, and prosocial behavior in eastern and western countries: A meta-analytic review. *Psychological Bulletin, 136*, 151-173.

安藤明人・曽我祥子・山崎勝之・島井哲志・嶋田洋徳・宇津木成介・大芦治・坂井明子 (1999). 日本版 Buss-Perry 攻撃性質問紙（BAQ）の作成と妥当性，信頼性の検討　心理学研究. *70*, 384-392.

Ballard, M. E., & Wiest, J. R. (1996). The effects of violent videogame play on males' hostility and cardiovascular responding. *Journal of Applied Social Psychology, 26*, 717-730.

Bandura, A. (1965). Influence of models' reinforcement contingencies on the acquisition of imitative resposnses. *Journal of Personality and Social Psychology, 1*, 589-595.

Bandura, A. (2001). Social cognitive theory of mass communication. *Media Psychology, 3* (3), 265-299.

Bandura, A., Ross, D., & Ross, S. A. (1963). Imitation of film-mediated aggressive models. *Journal of Abnormal and Social Psychology, 66*, 3-11.

Barlett, C. P., Harris, R. J., & Bruey, C. (2008). The effect of the amount of blood in a violent video game on aggression, hostility, and arousal. *Journal of Experimental Social Psychology, 44*, 539-546.

Bartholow, B. D., Bushman, B. J., & Sestir, M. A. (2006). Chronic violent video game exposure and desensitization to violence: Behavioral and event-related brain potential data. *Journal of Experimental Social Psychology, 42*, 532-539.

Berkowitz, L. (1993). *Aggression: Its causes, consequences, and control.* New York: McGraw-Hill.

Brown, J. D., & Bobkowski, P. S. (2011). Influence of media. In B. B. Brown & M. J. Prinstein (Eds.), *Encyclopedia of adolescence* (Vol.2, pp.386-394). London: Elsevier.（青年期発達百科事典編集委員会（編）子安増生・二宮克美（監訳）(2014). 青年期発達百科事典 第2巻　人間・社会・文化　丸善出版）

Bushman, B. J., Baumeister, R. F., & Stack, A. D. (1999). Catharsis, aggression, and persuasive influence: Self-fulfilling or self-defeating prophecies? *Journal of Personality and Social Psychology, 76*, 367-376.

Buss, A. H., & Perry, M. (1992). The aggression questionnaire. *Journal of Personality and Social Psychology, 63*, 452-459.

Calvert, S., & Tan, S. (1994). Impact of virtual reality on young adults' physiological arousal and aggressive thoughts: Interaction versus observation. *Journal of Applied Developmental Psychology, 15*, 125-139.

Cantor, J. (2002). Fright reactions to mass media. In J. Bryant & D. Zillmann (Eds.), *Media effects: Advances in theory and research* (pp.287-306). Mahwah, NJ: Lawrence Erlbaum Associates.

Cantor, J., & Omdahl, B. (1991). Effects of fictional media depictions of realistic threats on children's emotional responses, expectations, worries, and liking for related activities. *Communication Monographs, 58*, 384-401.

Cantor, J., & Sparks, G. G. (1984). Children's fear responses to mass media: Testing some Piagetian predictions. *Journal of Communication, 34*(2), 90-103.

Cantor, J., Wilson, B. J., & Hoffner, C. (1986). Emotional responses to a televised nuclear holocaust film. *Journal of Broadcasting, 28*, 21-31.

Carnagey, N. L., Anderson, C. A., & Bushman, B.（2007）. The effects of video game violence on physiological desensitization to real-like violence. *Journal of Experimental Social Psychology, 43*, 489-496.

Centers for Disease Control（1994）. Changes in the cigarette brand preferences of adolescent smokers: United States, 1989-1993. *Morbidity and Mortality Weekly Report, 43*, 577.

Christenson, P. G., Henriksen, L., & Roberts, D. F.（2000）. Substance use in popular prime-time television. Washington, D. C.: Office of National Drug Control Policy.　http://library.stmarytx.edu/acadlib/edocs/supptt.pdf（2017 年 2 月 1 日アクセス）

Cline, V. B., Croft, R. G., & Courrier, S.（1973）. Desensitization of children to television violence. *Journal of Personality and Social Psychology, 27*, 360-365.

Comerci, G. D., & Schwebel, R.（2000）. Substance abuse: An overview. *Adolescent Medicine: State of the Art Reviews, 11*, 79-101.

DiFranza, J. R., Richards, J. W., Paulman, P. M., Wolf-Gillespie, N., Fletcher, C., Jaffe, R. D., & Murray, D.（1991）. RJR Nabisco's cartoon camel promotes Camel cigarettes to children. *Journal of the American Medical Association, 266*, 3149-3153.

Doyle, R.（1996）. Deaths due to alcohol. *Scientific American, 6*, 30-31.

Durant, R. H., Rome, E. S., Rich, M., Allred, E., Emans, S. J., & Woods, E. R.（1997）. Tobacco and alcohol use behaviors portrayed in music videos: A content analysis. *American Journal of Public Health, 87*, 1131-1135.

Farrar, K. M., Krcmar, M., & Nowak, K. L.（2006）. Contextual features of violent video games, mental models, and aggression. *Journal of Communication, 56,* 387-405.

Ferguson, C. J.（2007）. Evidence for publication bias in video game violence effects literature: A meta-analytic review. *Aggression and Violent Behavior, 12*, 470-482.

Feshbach, S., & Singer, R. D.（1971）. *Television and aggression: An experimental field study.* San Francisco: Jossey-Bass.

Gentile, D., Anderson, C. A., Yukawa, S., Ihori, N., Saleem, M., Ming, L. K., Shibuya, A., Liau, A. K., Khoo, A., Bushman, B. J., Huesmann, L. R., & Sakamoto, A.（2009）. The effects of prosocial video games on prosocial behaviors: International evidence from correlational, longitudinal, and experimental studies. *Personality and Social Psychology Bulletin, 35*, 752-763.

Goethe, J. W. von（1774）. *Die Leiden des jungen Werthers.*（竹山道雄（訳）（2010）. 若きウェルテルの悩み　岩波書店（岩波文庫））

Greitemeyer, T., & Mügge, D. O.（2014）. Video games do affect social outcomes: A meta-analytic review of the effects of violent and prosocial video game play. *Personality and Social Psychology Bulletin, 40*, 578-589.

Greitemeyer, T., & Osswald, S.（2010）. Effects of prosocial video games on prosocial behavior. *Journal of Personality and Social Psychology, 98*（2）, 211-221.

Harris, R. J., & Scott, C. L.（2002）. Effects of sex in the media. In J. Bryant & D. Zillmann （Eds.）, *Media effects: Advances in theory and research*（2nd ed., pp.307-331）. Mahwah, NJ: Lawrence Erlbaum Associates.

Hoffner, C., & Cantor, J.（1985）. Adolescents' coping with frightening mass media. *Communication Research, 22*, 325-346.

Hogben, M.（1998）. Factors moderating the effect of televised aggression on viewer behavior. *Communication Research, 25*, 220-247.

Huesmann, L. R., Moise-Titus, J., Podolski, C., & Eron, L. D.（2003）. Longitudinal relations between children's exposure to TV violence and their aggressive and violent behavior in young adulthood: 1977-1992. *Developmental Psychology, 39*, 201-221.

井堀宣子・坂元章・小林久美子・木村文香（2003）．小学生のテレビゲーム使用と攻撃性の因果関係に関するパネル研究：身体的暴力に対する影響　シミュレーション＆ゲーミング，*13*(2), 139-148.

井堀宣子・坂元章・渋谷明子・湯川進太郎（2008）．テレビゲームが子どもの攻撃行動および向社会的行動に及ぼす影響：小学生を対象にしたパネル研究　デジタルゲーム学研究，*2*(1)，34-43.

Irwin, R., & Gross, A. M.（1995）. Cogntive tempo, violent video games, and aggressive behavior in young boys. *Journal of Family Violence, 10*, 337-350.

Ishii, K.（1991）. Measuring mutual causation: Effect of suicide news on suicides in Japan. *Social Science Research, 20*, 188-195.

自殺対策支援センターライフリンク（2006）．「いじめ自殺」の報道について改善を求めます　http://www.lifelink.or.jp/hp/jisatsuhoudou.html（2017 年 1 月 31 日アクセス）

Krahé, B.（2001）. *The social psychology of aggression*. East Sussex, UK: Psychology Press. （秦一士・湯川進太郎（編訳）（2004）．攻撃の心理学　北大路書房）

Krahé, B.（2013）. Violent video games and aggression. In K. E. Dill（Ed.）, *The Oxford handbook of media psychology*（pp.352-372）. New York: Oxford University Press.

Laugesen, M., & Meads, C.（1991）. Tobacco advertising restrictions, price, income, and tobacco consumption in OECD countries, 1960-1986. *British Journal of Addiction, 86*, 1343-1354.

Leyens, J. P., & Picus, S.（1973）. Identification with the winner of a fight and name mediation: Their differential effects upon subsequent aggressive behavior. *British Journal of Social and Clinical Psychology, 12*, 374-377.

Malamuth, N. M., & Chek, J. V. P.（1983）. Sexual arousal to rape depictions: Individual differences. *Journal of Abnormal Psychology, 92*, 55-67.

Malamuth, N. M., Heim, M., & Feshbach, S.（1980）. Sexual responsiveness of college students to rape depictions: Inhibitory and disinhibitory effects. *Journal of Personality and Social Psychology, 38*, 399-408.

峯優子（2003）．テレビゲームと攻撃行動：仲良しの友達と格闘系ゲームをするとき　京都女子大学大学院文学研究科研究紀要教育学・心理学論叢，*3*, 145-154.

Mundorf, N., Allen, M., D'Alessio, D., & Emmers-Sommer, T.（2007）. Effects of sexually explicit media. In R. W. Preiss, B. M. Gayle, N. Burrell, M. Allen, & J. Bryant（Eds.）, *Mass media effects research: Advances through meta-analysis*（pp.181-198）. Mahwah, NJ: Lawrence Erlbaum.

Murnen, S. K., & Stockton, M.（1997）. Gender and self-reported sexual arousal in response to sexual stimuli: A meta-analytic review. *Sex Roles, 37*, 135-153.

National Institute on Drug Abuse（1995）. *Drug use among racial/ethnic minorities 1995*（NH Publication No. 95-3888）. Rockville, MD: Author.

NHK「日本人の性」プロジェクト（編）（2002）．データブック　NHK 日本人の性行動・性意識　日本放送出版協会

日本禁煙学会（2006）．漫画、テレビアニメ「NANA」の喫煙描写に対する抗議文と要請　http://www.nosmoke55.jp/action/0606nana.html（2017 年 1 月 31 日アクセス）

尾崎米厚・樋口進・鈴木健二・和田清・大井田隆・箕輪眞澄・谷畑健生・林謙治（2007）．日本における青少年飲酒の実態 1996, 2000, 2004 年全国調査の結果から　日本アルコー

ル・薬物医学会雑誌, *42*(6), 590-594.

Paik, H., & Comstock, G.（1994）. The effects of television violence on antisocial behavior: A meta-analysis. *Communication Research, 21,* 516-546.

Peter, J., & Valkenburg, P. M.（2016）. Adolescents and pornography: A review of 20 years of research. *The Journal of Sex Research*, *53,* 509-531.

Phillips, D. P.（1974）. The influence of suggestion on suicide: Substantive and theoretical implications of the Werther effect. *American Sociological Review, 39,* 340-354.

Pollay, R. W., Siddarth, S., Siegel, M., Haddix, A., Merritt, R. K., Giovino, G. A., & Eriksen, M. P.（1996）. The last straw? Cigarette advertising and realized market shares among youth and adults, 1979-1993. *Journal of Marketing, 50,* 1-7.

Primack, B. A., Dalton, M. A., Carroll, M. V., Agarwal, A. A., & Fine, M. J.（2008）. Content analysis of tobacco, alcohol, and other drugs in popular music. *Archives of Pediatrics and Adolescent Medicine, 162*(2), 169-175.

Quinsey, V. L., Chaplin, T. C., & Upfold, D.（1984）. Sexual arousal to nonsexual violence and sadomasochistic themes among rapists and on sex offenders. *Journal of Consulting and Clinical Psychology, 52,* 651-657.

渋谷明子（2003）. テレビゲームと暴力　坂元章（編）メディアと人間の発達：テレビ、テレビゲーム、インターネット、そしてロボットの心理的影響（pp.95-114）学文社

渋谷明子（2012）. メディア表現の影響に関する学術的検討：心理学的検討と問題となる表現を中心に　シミュレーション＆ゲーミング, *22*(1), 85-98.

Shibuya, A., Sakamoto, A., Ihori, N., & Yukawa, S.（2008）. The effects of the presence and contexts of video game violence on children: A longitudinal study in Japan. *Simulation & Gaming, 39,* 528-539.

渋谷明子・坂元章・井堀宣子・湯川進太郎（2011）. テレビゲームの暴力シーンの影響を左右する視点の調整効果：小学校高学年児童を対象にしたパネル研究の検討　デジタルゲーム学研究, *5*(1), 1-12.

Silvern, S. B., & Williamson, P. A.（1987）. The effects of video game play on young children's aggression, fantasy, and prosocial behavior. *Journal of Applied Developmental Psychology, 8,* 453-462.

Slater, M. D., Henry, K. L., Swaim, R. C., & Anderson, L. L.（2003）. Violent media content and aggressiveness in adolescents: A downward spiral model. *Communication Research, 30,* 713-736.

Staffer, H.（1991）. Alcohol advertising bans and alcohol abuse: An international perspective. *Journal of Health Economics, 10,* 65-79.

Steele, J. R., & Brown, J. D.（1995）. Adolescent room culture: Studying media in the context of everyday life. *Journal of Youth and Adolescence, 24*(5), 551-576.

Strasburger, V. C.（2001）. Children, adolescents, drugs, and the media. In D. G. Singer & J. L. Singer（Eds.）, *Handbook of children and television*（pp.415-445）. Thousand Oaks, CA: Sage.

Strasburger, V. C., & Wilson, B. J.（2002）. *Children, adolescents, & the media*. Thousand Oaks, CA: Sage.

Turner, C. W., & Berkowitz, L.（1972）. Identification with film aggressor（covert role taking）and reactions to film violence. *Journal of Personality and Social Psychology, 21,* 256-264.

While, D., Kelly, S., Huang, W., & Charlton, A.（1996）. Cigarette advertising and onset of smoking in children: Questionnaire survey. *British Medical Journal, 313*, 398‒399.

Wiegman, O., & van Schie, E. G. M.（1998）. Video game playing and its relations with aggressive and prosocial behaviour. *British Journal of Social Psychology, 37*, 367‒378.

Wilson, B. J., Kunkel, D., Linz, D., Potter, J., Donnerstein, E., Smith, S. L., Blumenthal, E., & Gray, T.（1997）. Violence in the television programming overall: University of California, Santa Barbara study. In *National television violence study*（Vol. 1, pp.3‒268）. Newbury Park, CA: Sage.

湯川進太郎・泊真児（1999）．性的情報接触と性犯罪行為可能性：性犯罪神話を媒介として　犯罪心理学研究，*37*(2)，15-28.

湯川進太郎・吉田富二雄（2001）．暴力的テレビゲームと攻撃：ゲーム特性および参加性の効果　筑波大学心理学研究，*23*，115-127.

Zillmann, D.（1991）. Television viewing and physiological arousal. In J. Bryant & D. Zillmann（Eds.）, *Responding to the screen*（pp.103-133）. Hillsdale, NJ: Lawrence Erlbaum Associates.

Zoglin, R.（1984, June 25）. Gremlins in the rating system. *Time*, 78.

この章で言及した映画（掲載順）

『ザ・デイ・アフター』（The day after），Nicholas Meyer, ABC Circle, 1983（テレビ映画）.

『ジョーズ』（Jaws），Steven Spielberg, Universal, 1975.

『エクソシスト』（The exorcist），William Friedkin, Warner Brothers, 1973.

『インディ・ジョーンズ 魔宮の伝説』（Indiana Jones and the temple of doom），Steven Spielberg, Lucasfilm/Paramount, 1984.

『グレムリン』（Gremlins），Joe Dante, Amblin Entertainment/Warner Brothers, 1984.

出所：www.imdb.com

＊上記の情報は、作品名、監督名、制作会社名、初公開年の順である。

第 **11** 章　消費者

　ほんの十数年前、今日ほど日常的にインターネットが利用されていなかったときと比べて、消費者を取り巻くメディア環境は大きく変化した。消費者は、問題を認識し、情報を収集し、様々な選択肢を評価し、特定の製品やサービスを選択する購買意思決定者である。今日では、その意思決定過程のすべての段階に、インターネットが深く関わるようになった。

　インターネットの普及やモバイル化の進展によって最も劇的に変化したことの一つは、消費者同士のコミュニケーションのあり方だろう。マスメディアや店員を通じて提供される商業的目的をもった情報よりも、消費者同士の口コミの方が購買意思決定に大きな影響を及ぼすことは古くから知られてきた。しかし、今や消費者たちは友だちや家族の意見を参考にするだけでなく、カスタマーレビューを読み、情報共有サイトを閲覧し、SNS で検索することが可能になった。こうしたオンライン口コミ（**eWOM**：electronic word-of-mouth communication）は、消費者の購買意思決定を左右するものとして、近年大きな注目を集めている。

　そこで第 11 章では、まず eWOM が実際にどれくらい、どのように利用されているのかを概観する。そして、多くの研究者や実務家たちが注目する eWOM の影響力について、そのコミュニケーション特性から検討を加える。最後に、消費者たちは、なぜこれほどインターネット上に自分たちの意見や感想を書き込むのか、eWOM 発信を促す要因について学ぼう。

1．消費者のメディア利用状況

　メディア環境が大きく変わりつつある中、消費者は、**購買意思決定過程**においてどのようにメディアを利用しているのだろうか。クチコミサイトやインターネットショッピングサイトのレビューなど eWOM が、新聞広告、雑誌広告、テレビ CM などのマスメディア、そして対面的な対人コミュニケーションである友人や家族といった様々な消費者情報源の中でどのように利用されているのか。いくつかの統計データからみてゆこう。

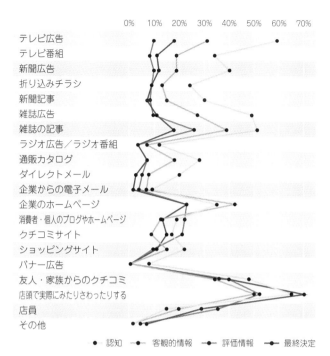

図 11-1　購買意思決定過程における情報源の利用（濱岡，2007, p.7）

前段階はマスメディア、後段階は対人間チャネル

　濱岡（2007）は購買意思決定における段階ごとに、どのような情報源が利用されているかについて報告している（図11-1）。人々は、あるとき突然に製品やサービスを買うのではない。どんな製品やサービスがあるのかを知る段階、それらの製品やサービスを理解し評価する段階、そしてどの製品やサービスを購入するかを決定する段階を経て購買に至る。これら購買意思決定の段階ごとに重要となる情報源が異なることは、古くから指摘されてきた。例えばロジャース（Rogers, 1983）はイノベーション普及研究の中で、**知識段階**ではマスメディアが、**態度段階**では対人間チャネル（友人や知人など）が相対的に重要であることを示したが、この知見はその後の広告やマーケティング研究において広く応用されている。

　図11-1をみると、映画、書籍、音楽などを購入する際、認知段階ではテレビ広告、雑誌の記事、雑誌広告を利用する人が非常に多いことがわかる。客観的情報の理解段階では雑誌の記事、テレビ広告に加えて企業のホームページが重要な

役割を果たしている。そして、主観的な評価情報の理解段階や最終決定段階では店頭や友人・家族が圧倒的に多く利用されており、購買意思決定過程における前の段階ではマスメディア、後の段階では対人間チャネルが重要な情報源であるという従来の知見を支持する結果となっている。

オンライン口コミの躍進

しかし、2010年代以降メディア環境は大きく変化し、特に若年層においては購買意思決定のあり方が様変わりしている。「消費者意識基本調査」によると、「商品やサービスを選ぶときの知識・情報の入手先」として10代後半の66.4%が「インターネットサイト」をあげ、「家族、友人、知人からの情報」（54.2%）を上回っている。そして「SNS」（40.9%）は「テレビ・ラジオCM」（27.2%）よりも10ポイント以上多い[1]（消費者庁，2017）。20代でも「インターネットサイト」（80.9%）、「家族、友人、知人からの情報」（51.7%）、「SNS」（32.6%）、「テレビ・ラジオCM」（24.3%）と知識・情報の入手先の順位は変わらない。また、SNSに「友達がアップやシェアをした情報」や「芸能人や有名人がアップやシェアをした情報」がきっかけで商品購入・サービス利用をしたことがあるのは、10代後半、20代共にそれぞれ約3割と約2割となり、全年齢平均の「友達」（14.3%）、「芸能人や有名人」（8.9%）を大きく上回った。

また、総務省の調査によると、Amazon、楽天市場、Yahoo!ショッピングなどのインターネットショッピングサイトのレビューによって購入商品を決定した経験が「何度もある（5回以上）」と回答した人が20代と30代では約5割、「何回かある（5回未満）」を合わせると約9割に達した[2]（総務省，2016）。これらの調査結果は、より若い世代では購買意思決定過程における前の段階においても後の段階においても、インターネット上で発信、共有される口コミが重要な役割を果たしていることを示すものである。

2．オンライン口コミの影響力の源泉

皆さんが音楽や書籍を買おうとしたり、映画やレストランに行こうとしている

---

[1]　2016年11月に全国の満15歳以上の日本国籍を有する者を対象に実施された「消費者意識基本調査」（2016年度）による。10代は15歳〜19歳。

[2]　20代〜60代を対象にICT化による経済社会の非貨幣的側面の変化に関するアンケート調査を実施。インターネットショッピングサービスの代表的なサービスとしてAmazon、楽天市場、Yahoo!ショッピングを提示して回答を求めた。

認知的不協和理論

　認知的不協和理論（principle of cognitive consistency）とは、個人の知識、意見、信念などの認知的要素の間に矛盾が生じると、人はその「不協和」を解消しようと動機づけられる、というフェスティンガー（Festinger, 1957=1965）が提唱した理論である。例えば、「タバコを吸う」という行動と「喫煙は健康を害する」という知識は不協和を引き起こし、心理的に不快である。喫煙は健康に悪いからとタバコをやめ、禁煙に成功することができれば不協和は生じないが、多くの人はなかなか自分の行動を変え、禁煙することができない。そこで、「喫煙が健康に悪いという調査結果は確かなものではない」などと自分の認知を変えることによって不協和を低減しようとする、というのである。

　フェスティンガーによれば、認知的不協和は①選択的決定の後、②強制的にある行動をとらされたとき、③新しい情報に接したとき、④集団の流れに逆らうとき、⑤大きな出来事が生じたときに生じる。このうち消費者行動研究においては、特に①のケース、すなわち多くの選択肢の中から特定の製品やサービスを購入するという購買意思決定後に生じる認知的不協和が注目され、様々な実証的研究がなされてきた（阿部, 1973）。例えばエールリッヒら（Ehrlich et al., 1957）は、新車を購入した人々は不協和を低減する情報を探す傾向をもつため、実際に購入した自動車の広告は読もうとするが、購入を検討した他の自動車の広告は読もうとしない、という情報への選択接触が生じるかについて検証した。実験の結果、協和を増大させる情報へ接触することは支持されたが、不協和情報を避ける行動がとられるということを支持する結果は得られなかった。

　また、認知的不協和の大きさは不協和要素の重要性や数によって決まるとされている。これに関連してドイチュら（Deutsch et al., 1962）は、自我関与が低く、購買意思決定の重要度が小さい場合には、ほとんど不協和が生じないことを実験によって明らかにしている。つまり、人は失敗が許されない高関与の状況、例えば高額なものを買う、こだわりのあるものを買うといった状況の方が不協和を生じやすいということである。

　一般に、製品の評価は購入後に高まることが知られているが、この現象も認知的不協和理論から説明できる。「買い物に失敗した」という認知的要素は、「私は愚かではない」という要素と矛盾し、不協和を生む。そこで、人は不協和が生じないように、買い物が終わった後でその製品の良いところ、好きな理由をさらに探し、製品評価を上げようとするというわけである。

ときのことを考えてみよう。おそらく多くの人は、Amazon など EC サイトのカスタマーレビューを読んだり、価格 .com や食べログなどの情報共有サイトで口コミを読んだり、Twitter で検索してみたりするだろう。今や、オンライン口コミをチェックせずに買い物をすることはないといってもよいほどである。

第 1 節でみてきたように、インターネットを利用して発信される消費者個人の口コミ、すなわち eWOM は、多くのオーディエンスを獲得し、購買意思決定過程における様々な局面で利用されている。こうした現象は、多くの研究者や実務家たちの注目を集め、古典的な口コミ研究の知見を生かし、発展させる取り組みが盛んになされている。そこで第 2 節では、eWOM がどうしてこのように多くの消費者に利用されるのか、その影響力の源はどこにあるのかについてコミュニケーション特性から考えてみよう。

WOMのコミュニケーション特性と対人的影響

eWOM の影響力について検討する前に、まずは対面的状況における口コミ（WOM；word-of-mouth communication）について理解しておこう。WOM は、古くから消費者の購買意思決定に及ぼすその強い影響力が知られてきた（Arndt, 1967 など）。企業のプロモーションや店員の説得よりも、よく知っている友だちや家族からの一言によって購入する製品を決めたという経験は誰にでもあるだろう。社会心理学的視点からは、主に WOM の対人的影響を説明するため、対人コミュニケーションの送り手や受け手の諸要素、あるいは両者の関係性がいかに受け手の意思決定を左右するかが検討されてきた。

アーント（Arndt, 1967）の定義にみられるように、WOM とは、口伝えに人から人へ対面的になされるコミュニケーションで、その受け手が非商業的とみなしたブランドや製品、サービスに関するものである。WOM の影響力の源泉を理解するために、この対人コミュニケーションとしての WOM の特性を、マス・コミュニケーションとしてのマスメディア広告の特性と比較してみよう（表 11-1）。

マスメディア広告はマスメディアから不特定多数のオーディエンスへ向けた一方向的コミュニケーションである。受け手からみた「送り手と受け手の関係」は、あえていうならば企業と顧客、あるいはマスメディアとその視聴者、読者の関係である。そのメッセージは商業的、すなわちプロモーション目的の内容であり、商品やサービスの売り上げ増加を意図して計画的に伝えられる、と受け手は認識している。さらに、不特定多数が相手のコミュニケーションであるため、多くの人が好むような、ある意味当たり障りのない内容になりがちである。一方で、

表 11-1　マスメディア広告と WOM，eWOM のコミュニケーション特性

	マスメディア広告	WOM	eWOM*
送り手	マスメディア（新聞・雑誌・ラジオ・テレビ）	消費者	消費者
受け手	不特定多数	特定の個人（友人知人・家族・同僚など）	不特定多数
メッセージ	商業的	非商業的	非商業的
送り手と受け手の関係	企業と顧客／マスメディアとオーディエンス	社会的関係	互いに匿名状態でのオンライン上の関係

＊情報共有サイトの場合

WOM は消費者たち自身によって、自分の家族や友人・知人、同僚などよく知っている特定の個人を相手になされるものであり、**双方向的コミュニケーション**である。このことにより、受け手は自分の情報処理能力や知識、必要に応じて送り手に内容を柔軟に変えてもらうことができる。

　ところで、既知の相手との対人コミュニケーションというのであれば、馴染みの店員との会話も WOM だろうか。店員とのやりとりは WOM ではない。それは、店員は商品やサービスを売ることを最終的な目的としていることは明らかで、そのことを受け手も十分知っている。すなわち、アーントの定義にもあるように、受け手が非商業的とみなさないメッセージのやりとりは、WOM とはいえないのである。WOM の受け手は、送り手が物質的報酬のためではなく、純粋に心理的報酬のために商品やサービスを薦めると思うからこそ WOM を利用する（Dichter, 1966）。一消費者の消費体験や商業的利害にとらわれない意見、特に広告では決して知ることができない商品やサービスに関する否定的な情報が得られることは、人々が WOM を利用する最大の理由なのである。

　もう一つ重要なことは、WOM ではコミュニケーションの送り手と受け手には社会的関係があり、その関係に根ざした情報の信頼性の担保があるということである。「あの人の言うことなら信頼できる」「あの人が推薦する商品なら間違いがない」という経験があなたにもないだろうか。また、自分と仲の良い友人であれば、自分と様々な点で類似していることが多く、その体験談や評価情報はより参考になると考えられるのである。

eWOM とは何か

　それでは次に、eWOM とは何か、対面的状況でなされる WOM と比較しながらその特性と影響力についてみてゆこう。eWOM は、インターネットを通じて

表11-2　ソーシャルメディアの種類と代表的なサービス例

種類	サービス例
ブログ	アメーバブログ、ココログ、Seesaa ブログ、ライブドアブログ
SNS（ソーシャルネットワーキングサービス）	Facebook、Twitter、mixi、Instagram、LinkedIn
動画共有サイト	YouTube、ニコニコ動画、ツイキャス、Vine
メッセージングアプリ	LINE、WhatsApp、Viber、WeChat
情報共有サイト	価格コム、食べログ、クックパッド
ソーシャルブックマーク	はてなブックマーク

出典：『平成 27 年版情報通信白書』（総務省，2015，p.199）

なされる口コミであり、**CMC**（Computer-Mediated Communication：電子メディアによるコミュニケーション）である。具体的には、それは主に様々なソーシャルメディアによってなされることが多い。ソーシャルメディアは、その種類によって提供されるサービス特性に大きな違いがあり、一口に eWOM といっても、具体的にどのようなサービス、コミュニケーションを指すのかに注意する必要がある。ソーシャルメディアの種類と代表的なサービス例を**表 11-2** に示した。利用経験がある人ならば、Facebook と食べログでは得られる情報の質や量に大きな違いがあることがわかるだろう。

　ここでは情報共有サイトに焦点をあて、先に示したマスメディア広告や WOM とのコミュニケーション特性の違いを考えてみよう（表 11-1 参照）。例えば、2020 年 1 月現在「食べログ」の月間利用者数は 1 億 810 万人（うち、PC 1,677 万人、スマートフォン 9,133 万人）、月間総 PV[3] は 19 億 8,583 万 PV に上るという（カカクコム，2020）。利用者数や閲覧されるページ数だけでは一つの口コミがもつ影響力を測ることはできないが、それは対面的な WOM とは比較にならないほど多くの人が関わるコミュニケーションであり、限られた受け手に対するもの（narrowcast）ではなく、広範囲の人々に対するもの（broadcast）であることがイメージできるだろう。情報共有サイトでなされる口コミは、消費者個々人を送り手として、不特定多数の受け手へなされるコミュニケーションだと考えることができる。

　しかし、不特定多数を受け手とするマスメディア広告とは異なり、eWOM はかなり双方向的な性質をもっており、WOM 同様に受け手の情報処理能力や知識、

[3]　PV（ページビュー）：Web サイト内のページへアクセスがあった総数。

必要に応じたやりとりが可能である。例えば、「価格.com」の「クチコミ掲示板」には、「○○について教えて下さい」「なんで○○なんですか?」「○○できますか?」といった、特定の製品やサービスに関する疑問が多数投稿され、それに対する一般消費者の回答もまた公開されている。自分の知りたいことを会ったこともない誰かに尋ねることもできるし、自分と同じような疑問を抱いた人の投稿と回答を読むこともできる。

やりとりされるメッセージについてはどうだろう。eWOM がたとえインターネットによってなされるとしても、口コミである以上それは受け手に非商業的だと認識される必要がある。商業的利害にとらわれず、一消費者の体験や評価情報が得られるからこそ、eWOM は多くの消費者に利用され、その購買意思決定を左右する力をもっているのである。

eWOM の弱み

このように、情報共有サイトによる eWOM は対面的な WOM と同じいくつかの強み、すなわち購買意思決定への大きな影響力の源泉となる要素を維持している。自分にあったカスタマイズされた情報を手に入れることができ、非商業的な製品やサービスの評価情報(場合によっては否定的な情報)が得られる。この強みがあるからこそ、消費者は eWOM を利用するのである。

しかしながら、一方で対面的な対人コミュニケーションである WOM とは異なる特性もある。それは、eWOM の送り手と受け手の関係である。情報共有サイトでは、送り手も受け手も基本的に**匿名性**が高く、その関係はオンライン上での一時的なものにすぎない。したがって、社会的関係によって担保されていた情報の信頼性はそこにはなく、いわゆる「やらせ」である可能性が排除できない。匿名でなされるコミュニケーションである以上、その送り手が「一般消費者」であるか、メッセージが「非商業的」であるかについては保証されていない。

実際に、2005 年頃から一般消費者を装ったいわゆる「やらせ」ブログや情報共有サイトにおける「やらせ」評価がたびたび問題になってきた。2012 年 1 月には、多くの利用者がいる人気グルメサイトで、金銭を受け取って好意的な口コミを投稿するなど、業者による「やらせ」eWOM が大量になされていたことが発覚、「食べログやらせ事件」として大きく報道され、世間の耳目を集めた。送り手と受け手の社会的関係によって担保される情報の信頼性を失ってしまったことは、CMC である eWOM 最大の弱点だといえよう。

様々なソーシャルメディアの利用者である私たちは、「やらせ」があり得るこ

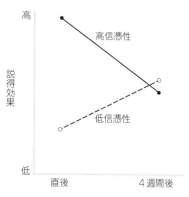

図11-2　仮眠効果（Hovland & Weiss, 1951, p.646 をもとに作成）

とを十分に知っており、いわゆる口コミサイトやブログ記事は「話半分」に読んでいる、と思っているかもしれない。しかし、メディア効果研究の古典は、匿名性が高く信憑性の低い送り手から発せられた eWOM だと十分警戒していたとしても、誰もが「やらせ」口コミの影響を受ける可能性があることを示唆している。1950 年代から 1960 年代にかけて、エール大学のホブランド（Carl Iver Hovland）を中心とする研究グループは、説得的コミュニケーションに関する一連の研究を行い、信憑性の高い送り手からの説得的コミュニケーションは効果が高い、つまり説得されやすいことを示してきた。そうした中、ホブランドとワイス（Hovland & Weiss, 1951）は、信憑性の高い相手からの説得は時間が経つと効果が減じる一方で、信憑性の低い相手からの説得は説得効果が高まることを実験によって明らかにした（図11-2 参照）。説得された直後は、信憑性の高い相手、例えば映画に詳しい友人の言うことなら受け入れ、薦められた映画を観に行こうと思う。一方で、信憑性の低い、例えば「やらせ」かもしれない映画レビューは「話半分」にしておこうと思うので説得効果は低い。ところが、4 週間後の説得効果を調べてみると、信憑性の低い相手からのオススメ情報であっても説得効果を生じることを示す結果となっていた。ホブランドらは、このような現象を**仮眠効果**（sleeper effect）と名づけた。

　なぜこのような現象が生じるのかについて、ケルマンとホブランド（Kelman & Hovland, 1953）は**手がかり分離仮説**を提唱している。すなわち、信憑性の低い相手からの説得コミュニケーションであっても一定時間後には説得効果をもつようになる理由は、送り手についての記憶とコミュニケーション内容についての記憶が分離するためだという。送り手の信憑性の低さは説得効果を抑制する働きを

する。説得直後はコミュニケーション内容自体の説得効果が信憑性の低さによって割り引かれ、低い説得効果しかもたない。しかし、時間が経過すると送り手についての記憶が失われ、コミュニケーション内容自体の効果のみが残る。したがって、割り引かれていた分の効果が回復する。一方で、信憑性の高い相手からの説得は、上積みされていた説得効果の分、時間が経つと効果が減るという現象が生じるというのである。

レビューサイトやブログの eWOM を「話半分」にしようと十分警戒している人でも、時間が経つとその製品やサービスの情報をどこで知ったかは忘れてしまう。しかし、「そういえば、誰かにそのレストランが美味しいって聞いたな」とか「その PC、すごくいいって誰かが言ってたな」というように、コミュニケーション内容は覚えていて、その影響を受けるかもしれないのだ。

eWOM ならではの強み

eWOM は先述したように大きな弱点をもっているが、それでもなお、多くの人が日常的に便利に利用している。改めて考えてみよう。それはなぜだろうか。対面的な対人コミュニケーションである WOM にはなく、CMC である eWOM にある利点は何だろうか。それは、膨大な量の口コミ情報がインターネット上に蓄積され、網羅性や検索性を備えたことだ、と澁谷（2007）は指摘する。そのことによって、従来 WOM がもっていた**社会的文脈依存性**を克服し、eWOM は多くの消費者に強力な影響力をもつようになったという。

WOM は友人・知人などとの社会的関係を前提とした対人コミュニケーションである。そのため、例えばある映画やレストラン、PC に関する WOM を参考にしたいと思っても、特定の映画やレストラン、PC に詳しい人、あるいは購入経験がある人が周りにいなければ、情報を得ることができない。つまり、有益なWOM を得ることができるか否かは、各消費者がもっている交友関係に大きく左右されるのである。澁谷（2007）は、この WOM がもつ限界を社会的文脈依存性と呼んだ。

今日、膨大な口コミ情報がインターネット上に蓄積されるようになった。「食べログ」や「ぐるなび」「ホットペッパー」などのいわゆるグルメサイトを思い浮かべれば、社会的文脈依存性の克服がもつ意味がすぐにわかるだろう。どんなに多くの友人をもっている人でも、全国あらゆるエリアにある、あらゆるジャンルのレストランについて口コミ情報を得ることは難しい。しかし、多くの利用者をもつグルメサイトでは、日本全国にある様々なジャンルのレストランに関する

口コミ情報が網羅的に蓄積され、しかも、駅やキーワードなどによって容易に検索できる。多くの友人に聞いて回ったり、返事を待ったりする必要もなく、即時に口コミ情報が得られるのである。多くの消費者がeWOMを利用する理由がここにある。

3．オンライン口コミを促進する要因

なぜ、人々は口コミをするのか。この問いかけは、ソーシャルメディアの利用が急速に広がり、そこでの「会話」や「推奨」が消費者の購買意思決定過程に大きな影響を及ぼすようになってから、ますます重要なものになってきた。情報共有サイトに口コミを投稿した経験はなくても、昨日食べたラーメンやスイーツのことをTwitterやFacebookに投稿したことがある人は多いのではないだろうか。自分の消費経験を公開したり、誰かのコメントや興味をもった情報を共有し、拡散したりする行動は日常的なものであるが、何が人々を消費経験の社会的共有に駆り立てるのだろうか。

本節では、消費者の購買意思決定過程に多大な影響を及ぼすeWOMが、どのような要因によって喚起されるのかについて理解を深めよう。

製品やサービスについて語る動機

対面的状況にしても、インターネット上にしても、人々はなぜ自分たちが購入した製品やサービスの話をするのだろうか。これまで、こうした問題はWOMまたはeWOMの動機研究として、多くの研究者たちによって取り組まれてきた。例えばディヒター（Dichter, 1966）は、WOM動機として①製品関与、②自己関与、③他者関与、④メッセージ関与という4つの心理的要因をあげている。つまり、製品やサービスを使うことでワクワクする、人に情報を教えることで注目を集めたり自分の知識などを誇示することができる、相手の役に立ったり感情を共有できる、あるいは広告などのメッセージに刺激されるほどポジティブなWOMがなされるということである。ディヒターは対面的状況でのポジティブな内容のWOM、すなわち推奨行動が生じる要因にのみに注目していたが、その後、不協和低減（Engel et al., 1993）、利他主義、企業への報復（Sundaram et al., 1998）といったネガティブWOMの動機についても研究が進んだ。

さらに、これらWOM動機研究をベースとして、2000年代以降eWOMの動機研究も盛んに行われるようになった。ここではその代表的研究として、消費者

オピニオンリーダーシップ尺度

　「オピニオンリーダー」は、消費者の購買意思決定過程や情報伝播のカギを握る影響者（influencer）として、多くの注目を集めてきた。もともとはマス・コミュニケーション研究において提唱された概念であるが、オピニオンリーダーによるインフォーマルな対人コミュニケーションが人々の意思決定において重要な役割を果たすという知見は、消費者研究に多大な影響を及ぼした。

　オピニオンリーダー概念を提唱したラザースフェルドら（Lazarsfeld et al., 1968=1987）の研究では、二つの質問からなる自己指名法によってオピニオンリーダーを非リーダーから識別していた。しかし、影響力というのはオピニオンリーダーとフォロワーというように二分法で表されるものではなく、連続変数として捉えられるべきである（Rogers, 1983=1990）との指摘から、オピニオンリーダーシップ尺度、すなわち影響を与えることができる度合いを測る尺度が作成されるようになった。ここでは、最もよく知られており、多くのマーケティング研究や実務的な目的で用いられてきたチルダーズ（Childers, 1986）の尺度を紹介する。

1）全般的に言って、あなたは友人や近所の人と＿＿＿について話をすることがありますか？（頻繁にする 5—1 全くしない）

2）友人や近所の人に＿＿＿について話をするとき、あなたは？（多くの情報提供をする 5—1 ほとんど情報提供しない）

3）過去6ヶ月間、あなたはどれくらいの人に＿＿＿について話をしましたか？（多くの人々に話をした 5—1 誰にも話をしなかった）

4）友人の中であなたは＿＿＿についてどれくらい助言を求められる方ですか？（非常によく助言を求められる方だ 5—1 助言を求められることは全くない）

5）＿＿＿について話をするとき、よくあるのは？（あなたが友人に話をする 5—1 友人があなたに話をする）

6）全般的に言って、あなたが友人や近所の人と話をするとき、あなたは？（頻繁にアドバイスを求められる 5—1 アドバイスを求められることは全くない）
（注：空所には、「映画」や「PC」など、具体的なサービスや商品カテゴリー名が入る）

　意見プラットフォームの利用者を対象に eWOM 動機を実証的に検討したヘニッヒ＝トゥーラウら（Hennig-Thurau et al., 2004）を紹介しよう。彼らはまず、以下のような eWOM が果たす5つの効用に注目し、11の動機を考えた。

①コミュニティへの価値付与：他の消費者への配慮、企業支援、社会的便益、力の行使

②消費効用：購買後のアドバイス収集

③承認効用：自己高揚、経済的報酬

④媒介者関連効用：利便性、問題解決支援

⑤ホメオスタシス効用：ポジティブ感情の解放、ネガティブ感情の解放

　これら11動機を27項目で測定し、探索的因子分析を行っている。11動機のうち、**社会的便益**とはそのオンラインコミュニティの人々と話をすることが楽しいから商品やサービスについて話をするという動機である。また、**自己高揚**とは自尊心の維持や自分の価値を高めるために、**経済的報酬**とはポイントや送料無料など経済的に得をするためにeWOMをするという動機を指す。

　分析の結果、「プラットフォームの援助」「ネガティブ感情の解放」「他の消費者への配慮」「自己高揚」「社会的便益」「経済的動機」「企業支援」「アドバイス収集」という8因子が抽出された。そして、これらの因子のうちeWOM頻度を規定している要因を明らかにするために重回帰分析を行ったところ、①「他の消費者への配慮」、②「自己高揚」、③「社会的便益」、④「経済的動機」⑤「アドバイス収集」が有意な正の効果をもっていた。すなわち、これらの動機が高くなるほどeWOMがなされるということである。これらの結果から、eWOMが「他の消費者への配慮」といった他者志向の動機と「自己高揚」といった自己志向の動機の両者に規定されることが明らかになった。また、「社会的便益」、つまりコミュニティの他の人々と話をすることが楽しい、といった他者関与の動機も重要であることが示された。

　eWOM動機を実証的に検討した日本での研究についても紹介しよう。宮田（2008）は、消費者間オンラインコミュニティを利用する人に、そこでの情報発信の動機5項目を提示し、あてはまるものを複数回答で選んでもらっている。最も回答が多かったのは「他の人と話題にするのが楽しい」という社会的便益を示す動機で、ヘニッヒ＝トゥーラウらの結果と一致するものであった。一方、「人の知らない情報を教えてあげたい」という他者志向の動機は相対的に回答が多かったが、「自分の評判を高めたい」という自己志向の動機はほとんどみられなかったことが報告されている。

　また、濱岡・里村（2009）はeWOM発信とeWOM動機の関係を構造方程式モデルによって分析している。彼らは、eWOM動機を自己のみに注目した動機（ポジティブな感情の解放、ネガティブな感情の解放、コミュニケーションの楽しさ、

経済的報酬）と自己以外にも注目した社会的動機（アイデンティティ、自己効力感、一般的交換[4]）に大別して検討している。分析の結果、「コミュニケーションの楽しさ」「経済的報酬」「アイデンティティ」から eWOM へのパスが有意な正の効果をもっていた。すなわち、「社会的便益」「経済的報酬」「自己高揚」が eWOM を喚起するという点ではヘニッヒ＝トゥーラウらの結果と一致するものであった。

口コミを促進する５つの機能

　以上のように、多くの研究が WOM や eWOM を動機づけられた行動とみなし、消費者が口コミ行動によって達成しようとしている目的を明らかにしようとしてきた。しかし、人々はいつも意識的に、目的をもって eWOM 行動をしているのだろうか。バーガー（Berger, 2014）が指摘するように、それらはより自動的で、無意識的になされていると考えた方がよいのではないだろうか。バーガーは大規模なレビューを行い、オフライン、オンラインに限らず、口コミが果たす５つの主要機能を導き出している。人々はなぜ口コミをするのか。それは意識的、目的的ではなくても、以下にあげた５つの機能を口コミが果たしているからだという。それぞれ、少し詳しく紹介してゆこう。

①印象管理（impression management）：人は誰しも、社会的相互作用において他者を考慮し、相手に好ましい印象を与えようと意識的あるいは無意識的に行動している。例えば、人々はおもしろいこと、役立つ情報、ステイタスの高い商品、他にないユニークなものなどについて語り、自分が価値ある人、特別な人に見えるように振る舞うことがある（自己高揚のための口コミ）。また、グルメとみなされるように新しいレストランについていつも話をする（アイデンティティ提示のための口コミ）。

②感情調整（emotion regulation）：感情に強い影響を与える出来事に遭遇しても、人はそれについて語ることで平常心を取り戻すことができる。例えば、電車が止まってひどい目にあったときに友だちに話すことで慰められたり、感情のはけ口を得ることができる。また、ポジティブな感情体験を誰かに話すことで、その経験をくり返して楽しむことができる。

　人々は感情をより強く揺り動かされたものについて、例えばより驚きを強く感

---

[4]　濱岡・里村（2009）の「アイデンティティ」は、ヘニッヒ＝トゥーラウら（2004）における「自己高揚」にあたる。また、「一般的交換」は eWOM 特有の動機として検討されている。対面的コミュニケーションでは、一対一での情報の授受を前提とした互酬性への期待が WOM の動機となるが、匿名性の高いオンラインではコミュニティの誰かに助けてもらったので、他の誰かを助けてあげるという一般的交換が eWOM の動機となる。

じた映画についての方がそうではない映画についてよりも話をする。また、手に汗握る不安や頭に血がのぼるような怒り、ドキドキするような興奮など、生理的興奮を感じる**覚醒状態**（emotional arousal）にさせるものは、感情調整のために語られやすいことがわかっている。内容の**感情価**（valence）、つまりネガティブな感情を生じさせるものと、ポジティブな感情を生じさせるもの、どちらが感情調整のために語られやすいかについては諸説ある。

③情報獲得（information acquisition）：消費者は必要な情報を得るために特定の商品の話を持ち出すことがある。一つには、ゴシップに参加することによって振る舞い方を学習するように、例えばある携帯電話会社の顧客サービスがひどいという話を聞くことは、その会社の製品を避ける助けとなる。また、困った消費体験を語ることで、その解決方法を得ることができる場合がある。リスクが高い意思決定をするときや、信頼性の高い情報が欠如している場合には、情報獲得のために会話が起こりやすい。

④社会的結束（social bounding）：人と話をしたり情報を共有したりすることは、社会的なつながりを強める働きをする。人には社会的関係をもちたいという根源的な欲求がある。対人コミュニケーションはこのニーズを満たすものである。共通の話題、より感情に訴えるものは、社会的結束を高める働きをするために語られやすい。

⑤説得（persuasion）：他者を説得するために話をする。説得というと、店員や企業による販売促進場面が思い浮かびがちであるが、例えば友だちや配偶者を説得するためにあるレストランについてポジティブに話したり、別の映画を観たいがためにある映画についてわざとネガティブに話をしたりすることがないだろうか。説得するためには、より極端にポジティブ（ネガティブ）な内容、より覚醒的な（例えば、怒りや興奮を含む）、行動を起こさせるような内容が語られる。

バーガーは、人々は必ずしも口コミによって果たされる機能を認識しているわけではないし、目的を果たすためにある特定の事柄について口コミをするわけでもないと述べている。例えば、就職活動中の面接でもない限り、「よい印象を与えるために、あの商品について語ろう」と思うことは稀である。ときには意識的に商品に対するネガティブな感情を吐き出したり、誰かを説得するために能動的に話す内容を選択することもあるかもしれないが、そうした状況はそれほど多くないだろう。消費者は、はっきりと動機づけられた場合だけでなく、感情などの心理的状態や環境刺激によって口コミをすることが明らかになってきたのである。

コミュニケーション特性の違いは eWOM 内容にどう影響するのか？

　これまでみてきたように、意識的にしろ無意識的にしろ、人は様々な要因によって商品やサービスについて話をする。さて、ここでどのようなときに、どのような内容の口コミをするかについて考えてみよう。皆さんは、目の前にいる友だちと話すとき、Twitter でつぶやくとき、Facebook に投稿するとき、あるいは商品やサービスを買ってレビューを書くとき、すべて同じ内容を伝えるだろうか。もしかしたら（無意識のうちに）それぞれの場面において伝える内容を変えていないだろうか。

　近年、対面状況とインターネット上では、そのコミュニケーション特性の違いによって働きやすい口コミ要因が異なり、結果として伝えられる内容が違ってくるということがわかってきた。例えばラベットら（Lovett et al., 2013）は、米国の 600 以上の最もよく話されるブランドに対する合計 4,769 人の口コミデータを分析し、対面状況とインターネット上では口コミされるブランド特性が異なることを明らかにした。彼らは、ブランド特性を①社会的要因（差別化のレベル、プレミアム品質など）、②感情的要因（楽しさ、満足など）、③機能的要因（ブランドの成熟度、複雑性など）の 3 つに分け、それぞれ対面状況とインターネット上でどれくらい口コミされているかを検討した。その結果、社会的要因に分類されるブランド特性は、対面状況よりもインターネット上の方がはるかに多く口コミされることが明らかになった。それは、**非言語的手がかり**が制限されている、オーディエンスの数が非常に多い、というインターネット上のコミュニケーションがもつ特性に起因すると説明されている。すなわち、表情や身振り手振りなどの非言語的手がかりが少ないインターネット上では**選択的自己呈示**が可能で、より思い通りに自己を「演出」することができる。そのため、対面状況よりも自己高揚動機、すなわち自分の価値を高めたいと感じる欲求が働きやすくなる。また、オーディエンスの数が非常に多いことも、自己高揚動機を働きやすくしているというのである。

　また、バーガーとアイエンガー（Berger & Iyengar, 2013）は、eWOM がもつ**非同期性**というコミュニケーション特性が自己高揚動機を働きやすくし、その結果として対面状況でなされる WOM よりも、よりおもしろい、より興味をもってもらえるような内容が選ばれやすいと考えた。人は誰しも自己高揚動機をもっているが、自己の評価を高めるために適切な内容を選択するためには時間が必要である。したがって、自分たちが話す内容を時間をかけて作り上げ、練り上げることができる非同期的な eWOM の方が、対面的な WOM よりもおもしろく、より

興味を引くような内容が多くなるだろうというのである。

　彼らは、自分たちの仮説が正しいかを検証するため、次のような実験を行った。実験計画の参考になるよう、少し詳しく説明しよう。実験に参加した被験者はペンシルバニア大学の学生218名で、対面状況でコミュニケーションする「口伝え（oral）条件群」とインスタントメッセンジャーでコミュニケーションする「テキストベース（written）条件群」にランダムに振り分けられた。そして、2人1組のペアを作って製品やサービス、ブランドについて会話をするように依頼された。「口伝え条件群」は同期性の高いコミュニケーション、「テキストベース条件群」は、非同期的なコミュニケーションを行うことになる。そして、各条件群はさらに「高自己高揚条件群」と「統制群」に分けられ、①口伝え－高自己高揚群、②口伝え－統制群、③テキストベース－高自己高揚群、④テキストベース－統制群という4つのグループを作成した。

　高自己高揚条件群に割り当てられた被験者たちは、会話を始める前に「会話の後に、あなたのパートナーに『会話内容がどれくらいよかったか』と、『他の人があなたのパートナーと友だちになりたいと思うか』について尋ねます」と告げられる。他の人からあなたは評価されますよ、と告げることによって、少しでも高く評価されたいという自己高揚動機を高めたわけである。比較のための統制群に割り当てられた被験者たちには、特にそうした教示はしなかった。

　次に、話題とされた製品・サービスやブランドの興味レベルをどのように測定したかを説明しよう。4つのグループごとに会話された内容を記録し、各被験者ペアが最初に話題にした製品やサービス、ブランドを分析データとして用いた。実験参加者と同じペンシルバニア大学の学生に、被験者が最初に話題にした製品やサービス、ブランドについて「たいていの学生たちはどれくらい興味をもって話をすると思うか」を「1＝まったく興味をもたずに」から「7＝非常に興味をもって」までの7点尺度で評定してもらった。

　バーガーとアイエンガーはこれらの実験データを用いて、言及された製品やサービス、ブランドの興味レベルを従属変数、コミュニケーションモダリティ（口伝え vs. テキストベース）と自己高揚（統制 vs. 高自己高揚）を要因とした二元配置分散分析（コラム17参照）を実施した。その結果、各要因の主効果に加えて、交互作用がみられた（図11-3）。すなわち、コミュニケーションモダリティによる興味レベルの違いは統制群でも高自己高揚群でもみられ（統制群：テキストベース 4.79－口伝え 4.28, 高自己高揚群：テキストベース 5:88－口伝え 4.56）、非同期的でコミュニケーションに時間がかけられるテキストベースの eWOM の方がより

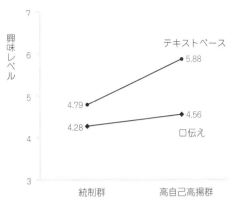

図 11-3　コミュニケーションモダリティと自己高揚の影響
（Berger & Iyengar, 2013 をもとに作成。数値は各群の興味レベル平均値）

興味深い内容が伝えられていた。しかし、その違いは高自己高揚群で顕著であった。このことから、より興味レベルの高い口コミがなされるのは、非同期的なコミュニケーションにおいて自己高揚動機が働くときであることが明らかになった。

　ブログ、情報共有サイト、SNS など、様々なソーシャルメディアのコミュニケーション特性と eWOM の関連については、まだ共通の理解が確立しているとはいえない。スマートフォンの利用などによって消費者の購買意思決定のあり方自体が大きく変化している今日、メディアオーディエンスとしての消費者研究は今後ますます注目すべき分野だといえよう。

演習問題

1．最近購入した製品やサービスについて、あなたが選んだ製品やサービスをどこで知ったのか、購入するまでにどのような情報をどこから得たのか、最終的に購入の決め手となった情報は何だったかについて書き出し、それぞれの情報源の特徴について考えてみよう。
2．あなたが最近誰かに口コミをしたり、写真を共有した製品やサービスは何だろうか。バーガー（Berger, 2014）を参考に、そのことはあなたにとってどのような機能を果たしたか考えてみよう。

さらに学ぶための文献・資料案内

濱岡豊・里村卓也（2009）．消費者間の相互作用についての基礎研究：クチコミ、e クチコミを中心に　慶應義塾大学出版会
宮田加久子・池田謙一（編著）（2008）．ネットが変える消費者行動：クチコミの影響力の

実証分析　NTT 出版

M. R. ソロモン（著）松井剛（監訳）(2015). 消費者行動論　丸善出版

引用文献

阿部周造 (1973). 認知的不協和理論と消費者行動　一橋論叢, *70*(2), 181-190.

Arndt, J. (1967). *Word of mouth advertising: A review of the literature.* New York: Advertising Research Foundation.

Berger, J. (2014). Word of mouth and interpersonal communication: A review and directions for future research. *Journal of Consumer Psychology, 24*(4), 586-607.

Berger, J., & Iyengar, R. (2013). Communication channels and word of mouth: How the medium shapes the message. *Journal of Consumer Research, 40*, 567-579.

Childers, T. L. (1986). Assessment of the psychometric properties of an opinion leadership scale. *Journal of Marketing Research, 23* (May), 184-187.

Deutsch, M., Krauss, R. M., & Rosenau, N. (1962). Dissonance or defensiveness?. *Journal of Personality, 30*(1), 16-28.

Dichter, E. (1966). How word-of-mouth advertising works. *Harvard Business Review, 44*(6), 147-160.

Ehrlich, D., Guttman, I., Schönbach, P., & Mills, J. (1957). Postdecision exposure to relevant information. *The Journal of Abnormal and Social Psychology, 54*(1), 98-102.

Engel, J. F., Blackwell, R. D., & Miniard, P. W. (1993). *Consumer behavior.* Fort Worth, TX: Dryden.

Festinger, L. (1957). *A theory of cognitive dissonance.* Stanford, CA: Stanford University Press. (末永俊郎（監訳）(1965). 認知的不協和の理論：社会心理学序説　誠信書房)

濱岡豊 (2007). バズ・マーケティングの展開　*AD STUDIES, 20*, 5-10.

濱岡豊・里村卓也 (2009). 消費者間の相互作用についての基礎研究：口コミ、e 口コミを中心に　慶應義塾大学出版会

Hennig-Thurau, T., Gwinner, K. P., Walsh, G., & Gremler, D. D. (2004). Electronic word-of-mouth via consumer-opinion platforms: What motivates consumers to articulate themselves on the Internet?. *Journal of Interactive Marketing, 18*(1), 38-52.

Hovland, C. I., & Weiss, W. (1951). The influence of source credibility on communication effectiveness. *Public Opinion Quarterly, 15*(4), 635-650.

カカクコム (2020). 「食べログ」レストランのネット予約サービス、累計予約人数が 9,500 万人を突破　https://corporate.kakaku.com/press/release/20200117 (2020 年 11 月 30 日アクセス)

Kelman, H. C., & Hovland, C. I. (1953). " Reinstatement " of the communicator in delayed measurement of opinion change. *The Journal of Abnormal and Social Psychology, 48*(3), 327-335.

Lazarsfeld, P. F., Berelson, B., & Gaudet, H. (1968). *The people's choice: How the voter makes up his mind in a presidential campaign* (3rd ed.). New York: Columbia University Press. (有吉広介（監訳）(1987). ピープルズ・チョイス　芦書房)

Lovett, M. J., Peres, R., & Shachar, R. (2013). On brands and word of mouth. *Journal of Marketing Research, 50*(4), 427-444.

宮田加久子 (2008). オフラインとオンラインで重層化する対人コミュニケーション　宮田加久子・池田謙一（編著）ネットが変える消費者行動：口コミの影響力の実証分析

（pp.77-113）NTT 出版

Rogers, E. M.（1983）. *Diffusion of innovations*（3rd ed.）. New York: The Free Press. （青池
慎一・宇野善康（監訳）（1990）. イノベーション普及学 産能大学出版部）

澁谷覚（2007）. ネット上の消費者情報探索とネット口コミのマーケティング利用 *AD*
STUDIES, 20, 11-15.

消費者庁（2017）. 平成 29 年版消費者白書 若者の情報の活用や向き合い方 https://www.
caa.go.jp/policies/policy/consumer_research/white_paper/2017/white_paper_133.
html#zuhyo-1-3-1-22（2020 年 11 月 30 日アクセス）

総務省（編）（2015）. 平成 27 年版情報通信白書 日経印刷

総務省（2016）. 情報通信白書平成 28 年版 IoT・ビッグデータ・AI：ネットワークとデー
タが創造する新たな価値 https://www.soumu.go.jp/johotsusintokei/whitepaper/ja/h28/
html/nc114230.html（2020 年 11 月 30 日アクセス）

Sundaram, D. S., Mitra, K., & Webster, C.（1998）. Word-of-mouth communications: A
motivational analysis. *Association for Consumer Research, 25*, 527-531.

第12章　有権者

　町中のポスター掲示場に候補者と政党の選挙ポスターが貼られ、選挙遊説や選挙カーの放送が駅や町中に響き、駅前では候補者が演説し、選挙運動員が声をかけながらビラを配る。選挙シーズンになると、誰もが目にする光景である。新聞は選挙の争点、各政党のマニフェストや政策、選挙キャンペーンの様子を報じ、テレビのニュース・報道番組では、各政党の主張や選挙遊説の様子、選挙情勢が連日のように報道される。政党や候補者の政治広告が党首・代表、候補者の写真つきで新聞に掲載され、政党の党首・代表が出演し、各政党の政策や主張をアピールする政党 CM の出稿も選挙期間に集中する。ニュースサイトやポータルサイトで選挙関連のニュースを閲覧し、サイトのバナー広告をクリックすると政党のページに飛べる。政党や候補者のホームページやブログに訪問し、各政党が開設している YouTube の政党チャンネルなど、動画共有サイトで政党や候補者の主張を見ることもできる。Twitter や Facebook などのソーシャルメディアで、マスメディアの選挙・政治報道、政党と政治家自身の発言や動静、一般の人による選挙や政治に関する投稿などをフォローすることも可能である。

　メディアによって「媒介」される選挙情報、それによって「構成」される政治的現実は、有権者の政治意識や政治参加にどのような役割を果たしているか。本章では政治的情報源として、メディアによる選挙・政治報道、インターネット上の政治をめぐるコミュニケーション、政党や候補者による政治広告・選挙キャンペーンについて検討し、政治情報が、有権者の政治意識、投票行動や政治参加にどのような影響を及ぼしているかを考える。

1．有権者の政治意識と政治情報

投票率の推移と投票に対する有権者の意識

　多くの民主主義社会では、国民を代表して国民のための決定を行う議員を選挙で選んでいる。しかし、すべての成人男女が平等に投票できる選挙権を獲得するまではかなりの年月がかかった。20 歳以上の成人であれば誰もが平等に投票し、政治過程に参加できる参政権を獲得するまでは、並々ならぬ努力があったのであ

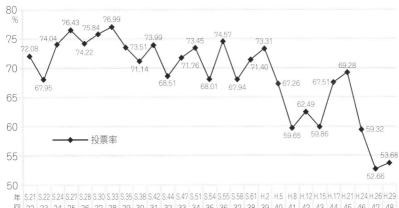

図12-1　衆議院議員総選挙における投票率の推移
（総務省，2019a；国政選挙における投票率の推移，元の表の注は省略）

る。しかし、投票率は年々下がり、2014年衆院選の投票率は、当時、戦後最低水準を記録した2012年衆院選の59.32%より6.66ポイント低い52.66%で戦後最低となったが、2017年衆院選の投票率は53.68%で微増している（総務省，2019a）。年代別に見ると（総務省，2019b）、50歳代から70歳代の投票率は6割から7割程度で、10歳代から30歳代は5割を下回った。とりわけ、20歳代の投票率は33.85%で、若年層の政治離れは深刻さを増している（投票率の推移は図12-1を参照）。2017年総選挙は、選挙権年齢が18歳以上に引き下がり、実施された初めての衆院選であった。2016年の参院選での18歳の投票率は、51.28%から47.87%に低下し、19歳の投票率も42.30%から33.25%に低下した（明るい選挙推進協会，2018）。

　投票に対する意識を明るい選挙推進協会の調査データからみてみよう（明るい選挙推進協会，2018）。回答者の29.5%が「投票することは国民の義務である」、36.5%が「投票することは、国民の権利であるが、棄権すべきではない」、31.3%が「投票する、しないは個人の自由である」、2.7%が「わからない」と回答している。年代別に見ると、18〜19歳17.6%、20歳代25.3%、50歳代27.1%、60歳代29.4%、70歳代39.9%、80歳以上42.2%と、年齢が高くなるほど、投票義務感意識は高くなっていた。一方で、若年層ほど投票は「個人の自由」という意識が高く（18〜19歳52.9%、20歳代47.8%、30歳代42.5%、40歳代37.8%、50歳代32.7%など）、選挙に対する意識において年代差が大きくなってい

た。

政治や選挙に関する情報源

近年、選挙や政治に関する情報源は、従来の対人的情報源、マスメディアに加え、インターネットやソーシャルメディアなど、多様化している。明るい選挙推進協会（2018）の調査によると、政治や選挙に関する情報源で、依然として政治・選挙に関する主な情報源はテレビで、各年代とも6割前後を占めていた。一方で新聞は全体で19.3%とかなり少ない。とりわけ、新聞は年代による差が大きく、18〜20歳代は3.2%と極端に低く、70歳代は38.2%、50〜60歳代は19.8%であった。それに対してインターネットは全体で12.7%となり若い世代ほど選択率が高い（18歳〜20歳代27.7%、30〜40歳代22.5%、50〜60歳代7.3%、70歳代1.0%）。

2013年の**公職選挙法**の改正で**インターネット選挙運動**が認められ、同年に実施された第23回参議院議員選挙は、インターネット選挙解禁後、初めて実施された選挙であった。明るい選挙推進協会（2018）の調査では、2017年衆院選でのインターネット利用について、インターネット上の選挙運動など8つの選択肢を示し、調査を行っている。質問項目に修正が加わっている点に留意する必要があるが、2017年衆院選で「政党や候補者のホームページ・ブログを見た」と回答した人は9.3%で、前回7.6%から微増した。また、「政党や候補者のツイッター、フェイスブックを見た」と回答した人は5.6%であった。

2．政治報道の影響

コミュニケーションの二段階流れ仮説

ラザースフェルドらの著書『ピープルズ・チョイス（People's Choice）』（Lazarsfeld et al., 1948=1987, 原著1944）は、投票行動に対するメディアの影響に関する古典的研究で、1940年アメリカ大統領選挙を対象に、新聞、雑誌、ラジオなどのマスメディアを介した各政党の選挙キャンペーン情報が有権者の投票行動にどう影響するかを、アメリカのオハイオ州エリー郡で行った6回のパネル研究結果に基づいて報告したものである。

当初、マスメディアによる選挙キャンペーンの態度変容や説得効果を検証することを目的としていたこの研究の結果は、予想に反して、選挙キャンペーンの「顕在化」、「補強」、「改変」の3つの効果のうち、選挙キャンペーンによって投

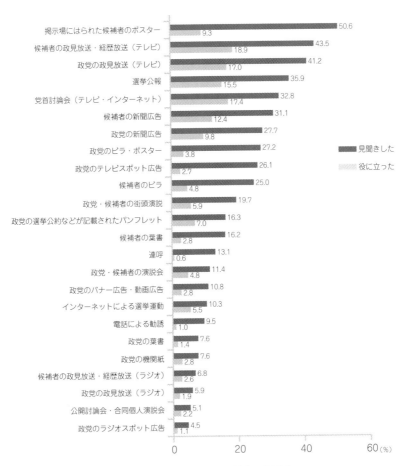

図 12-2　選挙運動への接触度と有用度
（複数回答、2017 年衆院選；明るい選挙推進協会，2018，p.65）

票意図を変える改変効果が最も起こりにくく、補強効果が最も起こりやすいことを示すものであった。

ラザースフェルドらによれば、「顕在化」とは、マスメディアの選挙キャンペーンや対人的影響により、潜在的な先有傾向が顕在化され、投票先が決定される効果である。ラザースフェルドらは、選挙キャンペーンの最初の時期に投票先が未定で、その後のキャンペーン期間中に意思決定を行った人々を「結晶化型」と呼んだ（Lazarsfeld et al., 1948=1987, p.133）。結晶化型の多くは、先有傾向どおりの投票意思を決めていた。すなわち、選挙キャンペーンは、新たな意思決定を

促進したわけではなく、既存の態度を活性化し、意思決定ができるようにしたのである。

　また、調査対象者の半数の人々は、選挙キャンペーン開始前にすでに投票先が決まっていて、当初の決定を変えることなく投票をしていた。選挙キャンペーンに最も多く接触していたのは、熱心な政党支持者で、選挙キャンペーンは、彼らの投票意思を維持し、「補強」する効果があったのである。

　そして、選挙キャンペーンの後半で投票先を決定した有権者は、その理由をマスメディアの影響より、対人的影響から説明する傾向があった。選挙キャンペーン期間中に投票先を変えた有権者は、そうでない有権者より、友人や家族を、投票判断の手がかりとしていた人がより多かった。このような研究結果から、「どんな公共問題についても、その問題への関心がもっとも高く、かつそれについてもっともよく発言する人々」（Lazarsfeld et al., 1948=1987, p.105）がいることを指摘し、そのような人々を「オピニオン・リーダー」とした。そして、オピニオンリーダーを、選挙キャンペーン期間のほぼ中頃に次の質問により選び出し、そうでない人との比較を行っている。具体的に、「最近、あなたはご自分の政治的見解をどなたかに納得させようとしたことがありますか」、「最近、どなたかに政治問題について助言を求められたことがありますか」（Lazarsfeld et al., 1948=1987, p.105）という2つの質問のうち、どちらかに、あるいは両方に当てはまると回答した人々をオピニオンリーダーとした。オピニオンリーダーは、あらゆる職業集団に広く存在し、他の人々より、選挙により高い関心をもっており、ラジオ、新聞、雑誌の情報により多く接触する傾向がみられ、影響源として対人的関係より、マスメディアを挙げていたと報告している。ラザースフェルドらは、このような結果から、「観念はしばしば、ラジオや印刷物からオピニオン・リーダーに流れて、そしてオピニオン・リーダーからより能動性の低い層に流れる」（Lazarsfeld et al., 1948=1987, p.222）という**コミュニケーションの二段階流れ仮説**を提唱した（コラム1参照）。

議題設定効果

　その後、第2期の**限定効果論**が注目していた選挙キャンペーンの短期的説得効果の側面だけでなく、有権者はマスメディアの選挙キャンペーンから多くの情報を学習しており（McCombs & Shaw, 1972=2002）、政党などの政治に対するイメージが有権者の政党支持に及ぼす影響など、人々の政治行動に対するマスメディアの長期的影響力を検討する必要性が指摘された（Lang & Lang, 1959=2002）。

マコームズとショー（McCombs & Shaw, 1972=2002）は、①ラング夫妻の「マス・メディアは人々をある争点に注目させたり、政治的要人の公的イメージを作り上げたりする。大衆に対して、何について考えるべきか、何について知るべきか、何について感情的な意見をもつべきかを示唆することによって、思考する対象をつねに提示している」（Lang & Lang, 1959=2002, p.80）、②コーヘンの、マスメディアは「受け手にどのように考えるかを教えることに成功しないが、何について考えるかについては十分成功することができる」（原著は Cohen, 1963, p.13；McCombs & Shaw, 1972=2002, p.112）という指摘を引用しながら、メディアの**議題設定効果**を、アメリカ大統領選挙の報道分析と有権者調査により検証した。

　彼らは、1968 年アメリカ大統領選期間中に、①ノースカロライナ州チャペルヒルの有権者が接したマスメディアの報道と、②有権者が同選挙で重要な争点として認識した問題が、どの程度対応しているかを分析した。まず、選挙キャンペーンにより影響されやすい人々を対象にするため、投票先を決めていない有権者を特定し、面接調査に基づいて、対象期間中の記事やニュースに接した調査対象者が回答した争点を 15 のカテゴリーに分け、有権者の争点の重要度認知を順位づけした。それと同時に、同地域の主要新聞と雑誌の記事のスペースや紙面などの掲載の仕方、テレビニュースの放送順位や時間など、マスメディアの報道の強調度に応じて争点の重要度の順位づけを行った。分析の結果、有権者による争点の重要度認知と、マスメディアによって選挙の重要争点として強調された記事・ニュースは非常に強い相関を示していた。

　さらに、有権者が、同選挙のハンフリー、ニクソン、ウォーラスの 3 人の候補者への選好・支持別に回答した争点の重要度についてみると、全体のニュースで強調された争点の重要度との相関が、有権者の支持政党や支持候補者に関する記事における争点の重要度との相関をかなり上回っていた。有権者の争点の重要度認知において、マスメディア全体のニュースの重要度との関連性がより強いという結果は、有権者が、支持政党や支持候補者に関する記事の争点により注目するという選択的認知より、マスメディアの議題設定効果が強いことを示すものであった。

　日本においては竹下（1998）による一連の研究で議題設定効果が検証されている。また、特定の争点や候補者の報道においても、その争点や候補者のもつ様々な属性のうち、強調するものと無視するものという取捨選択が行われ、こうした報道の仕方が、有権者が争点や候補者について認識する際、どの属性を基準にするかという側面において影響する可能性が指摘されている。こうした議題設定効

第三者効果

マスメディアの第三者効果（third-person effect）は、デイビソン（Davison, 1983）が「人々は、マス・コミュニケーションが他者の態度と行動に及ぼす影響を過大に評価する傾向がある」（p.3）と指摘して以来、多くの研究関心が寄せられてきた。第三者効果とは、人々は、マスメディアは、自分より他者に対しより大きな影響を与えていると知覚する傾向のことで、**「知覚的効果」**（第三者知覚）と**「行動的効果」**（第三者効果）が検討されてきた（Perloff, 1999）。

まず、知覚的効果は、人々が自分自身へのメディアの影響を過小評価し、他者へのメディアの影響を過大評価する傾向である。行動的効果は、こうした偏った第三者知覚が好ましくないメディア内容の規制を支持するなどの態度や行動を促す可能性のことである。第三者知覚とメディア規制との関連性を中心とした行動的効果については一貫した結果が得られていない。ピーター（Peter, 2008）によれば、一般に、説得的メッセージのうち、信頼性が低く、ネガティブな影響を与える可能性のある偏向的メディア内容が第三者知覚を増加させる傾向がある。

そして、第三者効果の規定因としては、知識や争点への関与、年齢などが指摘されてきた。とりわけ、ピーター（Peter, 2008）は、特定の問題に対して自身が知識をもっているという知覚や特定争点への関与、他者より教育程度が高いという信念、自尊心などの要因が第三者知覚を増大させる傾向があると指摘する。

果は、**「基本的争点型議題設定」**に対して「第2レベルの議題設定」、あるいは**「属性型議題設定」**という（竹下，2007）。

プライミング効果

議題設定効果は、マスメディアによる争点報道の仕方と有権者による争点の重要度認知の順位づけとの関連性の強さを比較することにより立証されてきたが、認知レベルの効果が態度や行動レベルの変化にどう関連するかについては説明できないという問題があった（竹下，1998）。この点について、アイエンガーを中心とする研究グループは、認知心理学分野の**プライミング**（priming）の概念を応用し、検証している。フィスクとテイラー（Fiske & Taylor, 1984）によれば、プライミングとは、「先行するコンテクストが、情報の解釈と想起、検索に及ぼす

影響」（p.231）である。プライミング効果は、議題設定効果が示すように、マスメディアは争点の重要度の順位に影響するのに加え、政治的リーダーに対する有権者の判断の場合、どの争点を基準として用いるかということにも影響すると仮定する（Cappella & Jamieson, 1997=2005）。

　アイエンガーとキンダー（Iyengar & Kinder, 1987）の研究をみてみよう。実験参加者は、防衛問題が強調されたニュースと防衛問題が含まれていないニュース（実験1）、防衛問題が強調されたニュースとインフレに関するニュース（実験2）、失業問題に焦点を当てたニュースと失業問題が含まれていないニュース（実験9）を視聴する実験にそれぞれ参加した。ニュース視聴の1日後に、強力な防衛の維持（実験1）、インフレの低減（実験2）、失業率の低減（実験9）を含む様々な問題における大統領の成果を評定させた。

　その結果、防衛問題が含まれていないニュースを視聴した人たちより防衛問題が強調されたニュースを視聴した人たち（実験1）が、インフレに関するニュースを視聴した人たちより防衛問題が強調されたニュースを視聴した人たち（実験2）が、大統領を評価する際に防衛問題を基準としていた。それに対し、失業問題を対象とした実験9においては、マスメディアによるプライミング効果はそれほど強くなかった。アイエンガーとキンダーは、このような結果は、実験が行われた1982年当時のアメリカ社会でかなり高まっていた失業問題に対する懸念が影響していた可能性を指摘する。

　またアイエンガーとキンダーは、実験の問題点を改善し、プライミング効果を直接的に検証するための実験を行っている（実験8）。アメリカ東部の町であるニューヘイブンの住民が実験に参加し、失業（10分間にわたる3つのニュース）、軍縮（9分間にわたる3つのニュース）、市民の権利（7分間にわたる3つのニュース）に関するニュースを一週間の間視聴する条件にランダムに配置された。ニュース内容は、問題の原因や解決に、大統領にかなりの責任があることを示唆するものが選定された。実験の結果は、失業、軍縮、市民の権利ともに、プライミング効果を強く支持するものであった。

フレーミング効果——争点型フレームと戦略型フレーム

　現代の多くの民主主義社会で、政治に対する不信感やネガティブな態度の拡大、投票率の低下などが問題となっている。現代社会において、マスメディアが人々の政治的現実を構築しているという状況が、むしろ政治現象に対する広範な不信をもたらし、蔓延させているのである（Lang & Lang, 1959=2002）。本来ならば、

政治に対する知識を増大し、政治参加を促進すべきメディアの報道スタイルがその原因として指摘され（山田，1990）、こうしたメディア報道の特徴と影響を検討している研究の一つに**フレーミング**効果がある。エントマン（Entman, 1993）によれば、「フレーミングは本質的に選択と顕出性を伴う。フレーミングとは、特定の問題の定義づけや因果的解釈、道徳的評価、扱い方を促進するように、知覚された現実のいくつかの側面を選択し、コミュニケーションコンテクストにおいてそれらの側面をより顕出させること」（p.52）である。

　選挙や政治報道に多くみられる「**戦略型フレーム**」は、「(1)勝ち負けが中心的な関心事となる、(2)戦争、ゲーム、競争に関する用語が用いられる、(3)パフォーマー、評論家、オーディエンス（有権者）からなるストーリー、(4)パフォーマンス、スタイル、候補者がどう見られているかが中心に据えられる、(5)世論調査やそこに示された候補者の順位に重点を置くこと」（Cappella & Jamieson, 1997=2005, p.44）として特徴づけられる。ここでは、カペラ＆ジェイミソン（Cappella & Jamieson, 1997=2005）の一連の実験のうち、選挙報道におけるフレーミング効果について検討する。

　彼らは、**争点型フレーム**と戦略型フレームの選挙報道が、人々の**政治的シニシズム**や投票意図などに及ぼす影響を分析するため、次のような研究を行っている。まず戦略型フレームの影響に関する仮説は、「戦略型報道は統制群や争点ベースの報道を見た群以上にシニシズムを上昇させる」（p.224）、争点型フレームの影響に関する研究仮説は、「争点条件下の人々では、キャンペーンニュースを見なかった人々よりもシニシズムが高くなることはないだろう」（p.224）であった。1993年3月に、①学生を対象にした予備実験、②アメリカの7つの都市におけるテレビニュースを用いたフィールド実験、③同じ7つの都市におけるテレビと新聞の両方のニュースを用いたフィールド実験が行われた。実験では1991年のフィラデルフィア市長選挙がニューストピックとして選定された。

　まず、①予備実験では、新聞記事とテレビニュース両方とも戦略型報道に接触する戦略群、争点型報道に接触する争点群、市長選挙キャンペーンの報道に接触しない統制群の3つのグループに分けられ、すべての実験参加者は30分間の候補者のテレビ討論番組を視聴した後、実験条件の操作が有効であったかを確認するための質問、記事・ニュースの再生、投票参加の可能性、選挙戦に対するシニシズムなどの質問に回答した。分析結果から、戦略群が、統制群より、高いシニシズムを示し、争点群と統制群の間には有意差はみられなかった。

　次に、多くの有権者がテレビで政治ニュースを見ていることを考慮し、②テレ

ビニュースのみを視聴するフィールド実験が行われた。実験参加者は、戦略群、争点群、統制群に分けられた。分析の結果、争点群と統制群の間には政治的シニシズムの有意差はみられなかったが、戦略群が、争点群あるいは統制群より、政治的シニシズムが高いことが示された。

③次のフィールド実験では、新聞記事とテレビニュース両方を呈示刺激とし、どちらの戦略型報道がシニシズムを活性化しているかを検討している。実験は、ニュースメディア（新聞とテレビ）とニュースフレーム（戦略型と争点型）の2元配置で行われ、実験参加者は、争点型新聞記事・争点型テレビニュース群、戦略型テレビニュース・争点型新聞記事群、争点型テレビニュース・戦略型新聞記事群、戦略型新聞記事・戦略型テレビニュース群、統制群の5つのグループに分けられた。分析の結果、戦略型新聞記事・戦略型テレビニュース群は、争点型新聞記事・争点型テレビニュース群、統制群より政治的シニシズムが高く、仮説を支持するものであった。また、新聞とテレビ両方とも、戦略型報道によって政治的シニシズムが高まることが示された。このことから、戦略型報道が、政治的シニシズムを活性化させていることが明らかにされた。争点型報道の場合は政治的シニシズムを抑制している可能性が示されたが、利害関係者の対立など、否定的な内容のニュースでは、戦略型報道と同様、政治的シニシズムが高かった。

日本におけるフレーミング効果

谷口（2002）は、2000年総選挙を対象に、NHK『ニュース10』とテレビ朝日『ニュースステーション』の、解散直前から投票前々日までの平日20日間の選挙報道について比較分析を行った。両ニュース番組の主な違いは以下のとおりである。

①選挙報道の本数と時間を比較すると、『ニュース10』は短いニュースを多く伝えていたのに対し、『ニュースステーション』は時間をかけて報道する傾向がみられた。②選挙報道のニュース形式・タイプは、『ニュース10』はストレートニュースが6割ほどを占めていたのに対し、『ニュースステーション』はニュース解説や特集が6割ほどとなっていた。③選挙報道の内容については、両番組とも、社会保障、経済、安全保障、外交など、政策争点に焦点を当てた報道が1、2割と少なく、選挙運動や候補者の資質が上位となっていた。④ニュースフレームは、アメリカと同様、全体的に戦略型フレームが、争点型フレームより多く、戦略型は『ニュースステーション』、争点型は『ニュース10』が多かった（戦略型：『ニュースステーション』76.3%、『ニュース10』55.6%、争点型：『ニュース10』

40.3%、『ニュースステーション』15.3%）。⑤ニュースの方向性においても、両番組の違いは顕著で、『ニュース 10』は 98.6% と、ほとんどの選挙報道がストレートで記述的なもので、『ニュースステーション』も同様の報道が 45.8% に上っていたが、一方で否定的報道が 27.1%、肯定・否定の混合は 16.9% で肯定的な報道は 10% にとどまっていた。政治家に対しては否定的なものが多く、肯定的な言及は、政治家以外の部分に向けられていた。

　谷口（2002）は、『ニュースステーション』の戦略型フレームのニュース、政治家に対する否定的な報道が政治的シニシズムを高めている可能性があり、争点型フレームによる報道が多いものの、政策争点に関する解説が少なかった『ニュース 10』の視聴が、政治的シニシズムの減少効果をもたらしているとは考えにくいと指摘する。これを検証するため、JESII[1]のデータをテレビニュース視聴パターン、政党支持強度、政治・社会活動、過去の政治的シニシズム、社会的属性を独立変数とし、政治的シニシズムを従属変数とした重回帰分析が行われた。その結果、『ニュースステーション』の視聴が政治的シニシズムに対して正の影響力をもっていることが明らかになった。この結果について、谷口（2002）は、同ニュース番組は、比較的否定的報道が多く、それを視聴することで政治的シニシズムが高くなる可能性があるとしている。NHK の『ニュース 10』の視聴の場合は、統計的に有意な結果はみられなかった。その他、政党支持が強いほど、政治的シニシズムが低いことが明らかになった。この結果について、谷口（2002）は、支持政党に関する好ましい情報だけが記憶される傾向があるためと解釈する。また女性が男性より、また、年齢が高いほど、政治的シニシズムが強く、過去の政治的シニシズムが現在の政治的シニシズムに対して正の影響力をもっていた。

　総じて、『ニュースステーション』は、戦略型フレームやネガティブな報道が多く、こうした報道の視聴が政治的シニシズムを高めており、『ニュース 10』の場合も政策争点の詳細な解説報道は少なく、政治的シニシズムを減少させるような効果はみられなかったと結論づけている。

---

[1] 「平成 5〜9 年度文部省科学研究費特別推進研究「投票行動の全国的・時系列的調査研究」に基づく「JESII 研究プロジェクト」（参加者・三宅一郎：神戸大学名誉教授、綿貫譲治：創価大学教授、蒲島郁夫：東京大学教授、小林良彰：慶應義塾大学教授、池田謙一：東京大学教授）が行った研究成果」である（http://www.coe-ccc.keio.ac.jp/data_archive/data_archive_jesII.html 参照）。

3．ジェンダー・メディア・政治

女性政治家報道のフレーミング

　近年、女性の社会進出が進んでいるにもかかわらず、政治分野における女性の参加は著しく立ち後れている。女性の政治参画を阻害してきた要因として、構造的、制度的要因に加え、政治文化的要因が指摘されてきた（Inglehart & Norris, 2003）。マスメディア報道においても、政治家として男性のもつ特徴や資質が重視され、女性政治家にとって不利なフレーミング（framing）が行われてきた。

　ノリス（Norris, 1997）は、女性政治家に関する報道の主なフレームとして、初の女性リーダーなど、女性政治家の政治的斬新性と成果が強調される「突破口フレーム」、女性政治家の政治的経験の少なさが強調される「アウトサイダーフレーム」、政治的変化への期待が強調される「チェンジエージェントフレーム」を見出している。

　日本では、女性候補者が注目された 2005 年総選挙で全議席の 9% を占める 43 名、2009 年総選挙で全議席の 11.3% を占める 54 名の女性議員が誕生した。かつて消費税導入が争点となった 1989 年参院選では、相次いだ自民党の不祥事で女性候補が注目され、日本初の女性党首となった土井たか子氏率いる社民党が、消費税や生活に身近な問題を女性の視点からアピールし、いわゆる「マドンナブーム」を巻き起こし、多くの女性候補者が当選を果たした。女性議員は、2000 年以降実施された 4 回の総選挙で増加傾向をみせたが、2012 年の総選挙で 7.9%（480 議席のうち 38 議席）と後退し、2014 年総選挙では 9.5%（475 議席のうち 45 議席）を占めた（内閣府男女共同参画局，2015）。

　近年の選挙で女性候補が注目され、女性候補や女性政治家に関する報道も増えている。しかし、各政党の女性候補擁立は「集票」のための選挙戦略で、「小泉チルドレン」、「小沢ガールズ」といった表現にみられるように、当選は女性自身の能力というより、男性が優位を占めている政党や有力な男性政治家の力によるものと報道される傾向がある。

　自民党から多数の女性候補が立候補し、女性政治家が注目された 2005 年の総選挙では、自民党の女性候補擁立戦略について「目新しさや人気取りのための選挙戦術であり、評価できない」（相内，2007，pp.362-363）と否定的見方をする人が多かった。また、民主党が多くの女性候補者を擁した 2009 年総選挙を対象とした調査からも、全体的には男女平等的態度をもちながらも、多くの有権者が

政治的シニシズム、政治的有効性感覚

　カペラとジェイミソン（Cappella & Jamieson, 1997=2005）は、多くの民主主義国家でみられる政治に対するネガティブな態度は、マスメディアの報道にその原因があると指摘する。マスメディアの政治報道は、選挙での争点より、選挙キャンペーンでの勝ち負けが最大関心事となる戦略型フレームを多用しており、こうした報道が健全な政治批判意識を活性化させるより、政治的シニシズムを助長しているというのが彼らの主張である。

　政治的シニシズムとは「政治的アクターにとっては自己利益が主要な目的であり、共通の利益はせいぜいが二次的なものか、でなければ政治的に優位に立つためだけに演じられるもの」（Cappella & Jamieson, 1997=2005, pp.219-220）であるという信念で、その中心にあるのは、現代の多くの民主主義国家が直面している政治に対する「信頼感の欠如」（Cappella & Jamieson, 1997=2005, p.218）である。

　政治的有効性感覚とは、「個人の政治的行為が政治的過程において影響をもっている、または影響力を発揮できると感じる感覚」（Campbell et al., 1971, p.187）で、「政治的、社会的変化は可能で、個々の市民がそうした変化をもたらす過程で何らかの役割を果たすことができると感じる感覚」である（Campbell et al., 1971, p.187）。政治に対する態度を測定する尺度として、山田（1994）の政治的疎外意識を紹介する。

・政治的無力感
　　我々が少々騒いだところで政治はよくなるものではない
　　政治の動きは我々にはどうにもならない力で決定されている
　　国民の意見を政治に反映させるのはむずかしい

・政治的不信感
　　代議士は有権者のことを考えてくれていない
　　政治家のいうことは全く信用できない
　　政治家は政策よりも派閥闘争や汚職に明け暮れている

・政治的疎遠感
　　政治のことは政治家にまかせておけばよい
　　日常生活のなかに政治のことが入ってくるとわずらわしい
　　政治で騒ぐより自分自身の仕事に精を出した方がよい

「女性候補者自身の能力というより、民主党の勢いが影響した結果」（p.91）と評価し、「政治家としての女性の能力や資質が評価された結果」（pp.91-92）とする評価は少なかった（李，2011）。

それでは、女性政治家は、有権者にどのようにみられているか。李・李（2013a, 2013b）は、2012年総選挙後に、520名の有権者（男：265名，女：255名）を対象としたWeb調査データに基づき、①ジェンダーステレオタイプと、②争点能力評価の両面から、女性政治家に対する有権者の評価を分析している。

まず、ジェンダーステレオタイプに関する分析結果をみると、女性政治家は、「きめ細かい」、「正義感が強い」、「正直」、「誠実」などのイメージ評価が高く、「経験豊富」、「リーダーシップ」、「有能」など、リーダーとしての資質に関するイメージ評価は低かった。次に、女性政治家の争点能力評価は、「子育て・教育」、「女性の権利推進政策」、「社会保障」、「環境問題」の分野においては、比較的高く評価されていた。その他の10分野においては、能力評価が低く、特に、「安全保障」、「憲法改正」、「外交問題」、「原発問題」などの分野における評価が低かった。これら14分野における女性政治家の争点能力評価に対して因子分析を行い、景気対策、外交、税金、雇用・失業などの「統治的争点」と社会保障、子育て・養育などの「人権的争点」の2因子を抽出した。両方の争点における能力を比較した結果、女性政治家の人権的争点能力が、統治的争点能力より高く評価されていた。総じて、女性政治家の争点能力は、男性政治家より低くみられていたのである。特に男性有権者においてそういう傾向が強かったが、女性の認識も基本的には同じであった。政治に関心がある人も、よく投票に行く人も、同じ眼差しを女性政治家に向けており、そういう点では、女性政治家に対するかなり強固なジェンダーステレオタイプが社会的に広く共有されているといえる。

政治に関する情報と経験の多くはメディアによって媒介されていることから、女性政治家のジェンダーステレオタイプおよび争点能力評価は、有権者のメディア利用に影響されている可能性が高い。リーとリー（Lee & Lee, 2016）は、この点について、女性候補者が注目された2009年総選挙後に実施されたWeb調査より、分析を行っている（調査対象者518名，男：268名，女：250名）。因子分析より、女性政治家のイメージは、「誠実イメージ」、「能力イメージ」の2因子（表12-1）、また女性政治家の争点能力評価は、「統治的争点能力評価」、「人権的争点能力評価」の2因子が抽出された（表12-1）。

次に、女性政治家の「誠実イメージ」、「能力イメージ」、「人権的争点能力評価」、「統治的争点能力評価」をそれぞれ目的変数とし、性別、年齢、学歴、政治

表 12-1　女性政治家のイメージと争点能力評価の因子と項目
(Lee & Lee, 2016, p.30, p.33 に基づいて作成)

因子	項目
女性政治家のイメージ	
第 1 因子：誠実イメージ	道徳的である、清廉である、思いやりがある、きめ細かい、正直である、信頼できる
第 2 因子：能力イメージ	力強い、リーダーシップがある、経験豊富である、推進力がある、専門性がある
女性政治家の争点能力評価	
第 1 因子：統治的争点能力評価	国家の安全保障、貿易問題、外交問題、政治改革、景気対策
第 2 因子：人権的争点能力評価	子育て・教育、年金・医療などの社会保障、環境問題

知識、政治的シニシズム、政治情報源としてのメディア利用を説明変数とした重回帰分析を行った。その結果、女性が男性より、政治的シニシズムが低いほど、女性政治家の誠実イメージ、能力イメージが高くなっていた。政治情報源としての民放の視聴、新聞閲読のようなマスメディア利用は、誠実イメージ、ネット利用は、能力イメージと関連していた（表 12-2）。これは、伝統的マスメディアとネットメディアの利用が、女性政治家に対する異なるイメージを形成している可能性を示す結果である。

　さらに、政治的シニシズムが低いほど、女性政治家の人権的争点能力評価、統治的争点能力評価が高くなっていた。政治情報源としての民放の視聴、新聞閲読のようなマスメディア利用は、統治的争点能力評価に対しては有意な影響を及ぼしていなかったが、人権的争点能力評価に影響していた（表 12-2）。カン（Kahn, 1996）などの研究で、争点や政策において、軍事、外交、経済などと関連する問題においては男性政治家が、教育、健康、環境、福祉問題などにおいては女性政治家が注目され、力を発揮すると報道される傾向が指摘されている。この結果は、こうしたマスメディアの報道が、女性政治家の争点能力評価に影響している可能性を示しているといえる。

　有権者の根強いジェンダーステレオタイプや、メディア報道における**ジェンダーフレーム**は、政治分野における男性優位をさらに強化し、女性の政治的役割の限定化、政治的周辺化を拡大しかねないものである。今後、女性の政治参画における構造的、制度的問題の議論とともに、社会レベルの政治文化および個人レベルの政治的社会化に影響する要因としてメディア報道の重要性を再認識し、そのあり方を議論していく必要がある。

表 12-2　女性政治家のイメージと争点能力評価の規程因
（Lee & Lee, 2016, p.31, p.34 に基づいて作成）

	誠実イメージ	能力イメージ	人権的争点能力評価	統治的争点能力評価
デモグラフィック要因				
性別	-.124**	-.133**	-.071	-.123**
年齢	.014	-.067†	-.076†	-.037
学歴	-.020	-.001	-.008	.063
政治知識とシニシズム				
政治知識	-.025	-.037	-.003	-.061
政治的シニシズム	-.181***	-.221***	-.137**	-.267***
政治情報源としてのメディア利用				
NHK ニュース視聴	-.024	.004	-.008	-.036
民放視聴	.203***	.036	.189***	.049
新聞閲読	.124*	.066	.145**	.078
インターネット利用	.067	.114*	.032	.065
雑誌利用	-.004	.018	-.007	.049
対人コミュニケーション	.015	-.003	.032	.027
自由度調整済 R^2	.086***	.061***	.073***	.090***

* $p < .05$, ** $p < .01$, *** $p < .001$, † $p < .1$
性別：男性 1、女性 0、学歴：高卒まで 0、大学卒以上 1

4．多様化するメディア環境における政治広告

政治情報としての政治広告

　選挙や政治に関する報道は、マスメディアによって「加工」、「構成」され、政党、政治家や候補者の意図と一致しないことも多いのに対し、政党、政治家や候補者にとって政治広告は、政治的ビジョンや主張を有権者に向けて直接発信し、アピールできるという特徴をもつ（Holtz-Bacha & Kaid, 2006；高瀬，1999；政治広告の定義は、第 4 章「広告」を参照）。しかし、政治広告は有権者にとって客観性の低い意図的な説得メッセージであるため、政治報道より信頼性が低い傾向がある（Holtz-Bacha & Kaid, 2006）。これは、前述した国政選挙における情報源の有用度評価にもよく現れている。

　また、政治広告の政治情報としての位置づけは、政治文化や制度によって異なる。**選挙公営**の観点から、政治広告をはじめとする選挙運動におけるメディア利用を規制してきた日本に対し、社会的に個人の表現の自由が尊重され、長期戦となるアメリカの選挙戦において政治広告のもつ意味は大きい。長期にわたる選挙期間中に、候補者陣営、各種利益団体や支持団体などによる政治広告が数多く出

稿されている。前述したように、有権者は、候補者の勝ち負けなどに焦点が当てられる政治「報道」より、争点をめぐる候補者間の攻防や政治的主張が打ち出される政治「広告」から、候補者の公約や政策、政治的ビジョンに関する情報を得ている傾向も指摘されている（West, 1997）。

政治広告の国際比較

　有権者が十分な政治情報に基づいて判断するために、政治広告はイメージより争点を打ち出す政治情報である必要があるという考えから、その内容と表現戦略に対しても多くの検討が行われてきた（Kaid, 2006）。ここでは、カイドとホルツ＝バッハ（Kaid & Holtz-Bacha, 2006）による 12 か国の政治広告研究のレビューから、各国のテレビ政治広告の特徴についてみてみる。

　まず、ほとんどの国の政治広告において、候補者のイメージより選挙における争点が強調されていることが確認されている。しかし、問題は、単なる争点の言及、スローガンにとどまり、政策案を評価できる充分な情報が提示されない場合が多いということである（Kaid, 2006）。

　政治広告のアピール技法は、カイド（Kaid, 2006）が提示した論理的アピール、感情的アピール、信頼性アピールの 3 つに分類され、それぞれ「論理的証拠、事実情報と例、統計的データによってアピールする」もの、「愛国心、怒り、自負心のような感情を喚起する言語とイメージによってアピールする」もの、「資質、誠実さ、信頼性のような情報で人柄や人物をアピールする」（p.450）ものと定義された。論理的アピールは、アメリカ、フランスおよびイギリスが多く、イタリアが最も少なかった。感情的アピールは、ポーランド、ギリシャ、アメリカ、イタリアなどで多用されていた。信頼性アピールは、12 か国のうち唯一アジアの国であった韓国で多くみられ、その理由として、人柄や人物を重視する文化が政治広告の表現戦略に影響している可能性を指摘する。さらに、アメリカの選挙戦でみられる対立候補に対する攻撃など、過剰な**ネガティブ広告**キャンペーンは、有権者の政治的シニシズムや政治に関するネガティブな態度を助長していると批判されてきた。12 か国のテレビ政治広告研究のレビューから、アメリカ以外は、ネガティブ広告よりポジティブ広告が多かった。

日本における政治広告

　次に日本における政治広告の特徴について、1965 年から 2007 年までの衆参院選選挙期間中に朝日新聞に掲載された政党広告 576 件を対象とした研究、

1989 年から 2008 年まで関東民放 5 局で放送された政党広告 222 本（ビデオリサーチ社収録）を対象とした研究（李, 2011）に基づいて検討する。

　まず、新聞政党広告における争点や関連する言及をみると、「改革・未来志向」（38.4％）が最も多く、次いで「経済」（23.3％）、「福祉」関連（17.2％）であった。すなわち、各政党は、有権者に改革を訴え、未来や希望を語り、経済・福祉などの身近な暮らしの問題をアピールする傾向があったのである。年代別には、「改革・未来志向」と「福祉」関連が増加傾向にあった。政党別にみると、自民党は、全体的には長期執権与党としての政権担当能力や安心感、愛国心などに訴える表現を多用していた。ネガティブ表現は、他政党や党首、党関係者の直接的言及による明示的ネガティブ表現（7.8％）より、不祥事の言及、政策や争点、社会的諸問題に対する批判によって他政党や党首、党関係者を連想させる暗示的ネガティブ（27.3％）が多く、自民党より非自民党の政党広告で用いられる傾向があった。

　次に、テレビ政党広告の訴求戦略としては、「信頼性アピール」（74.3％）が多く、次いで「感情的アピール」（47.7％）、「論理的アピール」（23％）の順であった。政党別にみると、自民党が、執権与党としての安心感や愛国心などを訴える信頼性アピールと感情的アピールを用いる傾向があった。テレビ政党広告の争点としては、「医療・福祉」関連（22.5％）が最も多く、次いで「改革」（18％）、「経済・財政」（17.6％）、「税金」（13.5％）、「教育・子育て」（9％）、「雇用」（5.4％）、「憲法」（5％）、「環境」（3.6％）の順であった。政党別にみると、自民党は改革、非自民党は税金と雇用関連が多かった。

　また、クラスター分析により、自民党と非自民党の違いがさらに浮き彫りになった。上記のテレビ政党広告の特徴に基づいて実施したクラスター分析から、「福祉中心の争点広告」、「改革・未来志向アピールのイメージ広告」、「経済中心の争点広告」の 3 つのクラスターが抽出された。政党別にみると、非自民党は「経済中心の争点広告」が多く、税金や景気、雇用などの経済問題に焦点を当て、自民党を批判するネガティブキャンペーンを展開してきたのに対し、執権与党として優位に立ってきた自民党は首相を前面に出し、改革や未来、安心感と愛国心をアピールする「改革・未来志向アピールのイメージ広告」で有権者に訴えてきたことが確認された。

オンライン政治広告

　政治情報源と有権者の情報行動の変化により、政治広告もマスメディア時代からオンライン時代に移行してきている。オンライン政治広告については、有権者

の行動データを活用し、より関心の高い情報に簡単にアクセスできる選挙キャンペーンを展開し、民主主義を促進すると擁護する声がある一方で、選挙キャンペーン費用の増加、個人情報の問題、オンライン上の自由な政治議論の萎縮など、むしろ民主主義への脅威となっているという批判も根強い（Turow et al., 2012）。

　アメリカでは、2000年大統領選挙の選挙キャンペーンでバナー広告、2004年大統領選挙の選挙キャンペーンで検索エンジン広告とターゲティング広告を活用するなど、いち早くインターネットを利用した選挙キャンペーンが行われてきた。2008年大統領選挙ではバラク・オバマ陣営がソーシャルメディアとデジタルマーケティングを駆使して支持層を拡大し、2012年の大統領選挙ではユーザーの行動履歴データを利用しターゲットを絞った広告配信が多く行われた（Barnard & Kreiss, 2013）。しかし、2012年の選挙キャンペーンではこうしたオンライン政治広告に対する有権者の否定的な態度が目立った。テュローら（Turow et al., 2012）は、支持政党や政治的志向に関係なく調査対象者の86%がオンライン行動データを利用し、ターゲティング政治広告が配信されることに対し否定的な態度を示していたことを報告している。そして調査対象者の64%が、特定の候補者が、オンライン行動データを購入し、政治メッセージを配信していることがわかった場合、その候補を支持する可能性は減少すると答え、有権者のオンライン政治広告に対する不信感が浮き彫りとなった。

　日本では長年にわたって懸案となっていたインターネットを利用した選挙運動が2013年の公職選挙法改正で解禁され、2013年参議院議員選挙で初めてインターネットによる選挙運動が行われた。2013年参院選は、2012年総選挙で政権復帰を果たした自民党の中間評価という意味をもつ選挙で、インターネットにおける選挙キャンペーンが有権者の投票行動に及ぼす影響について多くの注目が集まった。しかし、Google社などが共同で行った「ネット選挙動向調査」によると、政治情報源としてのテレビ利用が95%、インターネットが41%で、政党ホームページ（候補者含む）の訪問率は自民党が1.18%、民主党、維新の会、公明党共に0.34%、みんなの党0.29%と少なかった（The Huffington Post, 2013年7月30日）。同様に、投票日の7月21日に共同通信社が全国の8万784人の有権者を対象に実施した出口調査によると、投票の際、インターネットの情報を参考にしたと答えた人はわずか10.2%にとどまった（産経新聞，2013年7月22日）。また同調査で、年齢の高い男性ほどインターネットから選挙に関する情報を得る傾向がみられた。一般的にインターネット利用は若年層において多い傾向があるが、政治情報源としてのインターネットは、政治に対する関心度の低い有権者層

に働きかける政治情報源というより政治に関心の高い有権者層における選挙情報源の拡大という意味をもっている可能性がある。また、本来、金のかからない選挙の切り札だったはずのインターネット選挙も、自民党がオンライン政治広告において他の政党を大きくリードする結果となり、新たな政党間のデジタル格差を生じさせた（李，2014）。

5．新しい限定効果の時代へ

　メディア環境の多様化により、有権者は多様な政治情報や意見に簡単にアクセスできるようになった。従来のマスメディアによる政治情報に加え、インターネット空間で発信、共有される政治に関する情報の飛躍的増加によって、有権者の政治に対する関心と**政治的有効性感覚**を高める効果があると期待されていた。しかし、インターネットやソーシャルメディア上では、支持政党や候補者が発信する情報や、政治的志向に一致する政治情報により積極的に接触するなど、既存の政治態度を強化する情報行動が頻繁に行われている。これは、**政治的寛容**を低減させ（Knobloch-Westerwick, 2012）、多様な情報に基づいた世論形成を制限し、**政治的分極化**を生じさせている（前島，2013）。

　こうしたメディア環境の多様化と人々の**選択的接触行動**によって、メディアの効果に関する再考が行われている。政治に関しても、インターネット以前の伝統的マスメディアの時代においては、今と比べると、有権者の政治情報源の選択肢は限定され、似たような情報や見解に接触するという状況があった。それが、インターネットやソーシャルメディアの発達により、政治に関する情報や意見を発信する場と主体、その内容は飛躍的な広がりをみせており、政治的関心や傾向によって政治情報源を能動的に選択し、きわめて細分化された政治情報への接触行動がみられるようになった。ベネットとアイエンガー（Bennett & Iyengar, 2008）は、これまでにないほどの多様なニュース情報源に接することができるようになり、人々の情報源への選択的接触行動がますます強くなってきていると指摘する。そしてこうしたメディア接触により、マスメディアが人々の政治的態度を改変させることは容易ではなく、政治的先有傾向を補強する効果が優勢で、メディアの限定効果は新しい時代に向かっているとした。

演習問題

1．国政選挙や地方選挙に関する記事を5件集め、本章で紹介している争点型

フレームと戦略型フレームのどれに該当する記事であるか考えてみよう。また
それぞれの記事のフレームは、有権者にどのような影響を与える可能性がある
か考えてみよう。

2．直近の国政選挙や地方選挙のとき、どの情報源を参考にしたか、マスメディ
アの選挙報道とインターネット上の情報は、選挙情報源としてどのような違い
があったか考えてみよう。またメディアの選挙報道が、投票先を決めるとき、
どのような影響を与えたかについて、本章で紹介している理論に基づいて考え
てみよう。

さらに学ぶための文献・資料案内

J. N. カペラ・K. H. ジェイミソン（著）平林紀子・山田一成（監訳）（2005）．政治報道と
シニシズム：戦略型フレーミングの影響過程　ミネルヴァ書房

谷藤悦史・大石裕（編訳）（2002）．リーディングス政治コミュニケーション　一藝社

山腰修三（編）（2017）．入門メディア・コミュニケーション　慶應義塾大学出版会

引用文献

相内眞子（2007）．女性政治家に対する有権者の態度：誰が女性政治家を支持するのか　川
人貞史・山元一（編）政治参画とジェンダー（pp.347-371）　東北大学出版会

明るい選挙推進協会（2018）．第48回衆議院議員総選挙全国意識調査 http://www.
akaruisenkyo.or.jp/wp/wp-content/uploads/2018/07/48syuishikicyosa-1.pdf（2020年11月
30日アクセス）

Barnard, L., & Kreiss, D. (2013). A research agenda for online political advertising:
Surveying campaign practices, 2000-2012. *International Journal of Communication, 7*,
2046-2066.

Bennett, W. L., & Iyengar, S. (2008). A new era of minimal effects? The changing
foundations of political communication. *Journal of Communication, 58*(4), 707-731.

Campbell, A., Gurin G., & Miller, W. E. (1971). *The voter decides* (New ed.). Greenwood
Press.

Cappella, J. N., & Jamieson, K. H. (1997). *Spiral of cynicism: The press and the public good.*
New York: Oxford University Press.（平林紀子・山田一成（監訳）（2005）．政治報道とシ
ニシズム：戦略型フレーミングの影響過程　ミネルヴァ書房）

Cohen, B. C. (1963). *Press and foreign policy*. Princeton, NJ: Princeton University Press.

Davison, P. W. (1983). The third-person effect in communication. *Public Opinion Quarterly*,
47(1), 1-15.

Entman, R. M. (1993). Framing: Toward clarification of a fractured paradigm. *Journal of
Communication, 43*, 51-58.

Fiske, S. T., & Taylor, S. E. (1984). *Social cognition*. New York: Random House.

Holtz-Bacha, C., & Kaid, L. L. (2006). Political advertising in international comparison. In L.
L. Kaid & C. Holtz-Bacha (Eds.), *The Sage handbook of political advertising* (pp.3-13).
Thousand Oaks, CA: Sage Publications.

Inglehart, R., & Norris, P. (2003). *Rising tide: Gender equality and cultural change around the world*. Cambridge: Cambridge University Press.

Iyengar, S., & Kinder, D. R. (1987). *News that matters: Television and American opinion*. Chicago: University of Chicago Press.

Kahn, K. F. (1996). *The political consequences of being a woman: How stereotypes influence the conduct and consequences of political campaigns*. New York: Columbia University Press.

Kaid, L. L. (2006). Political advertising in the United States. In L. L. Kaid & C. Holtz-Bacha (Eds.), *The Sage handbook of political advertising* (pp.37-61). Thousand Oaks, CA: Sage Publications.

Kaid, L. L., & Holtz-Bacha, C. (Eds.) (2006). *The Sage handbook of political advertising*. Thousand Oaks, CA: Sage Publications.

Knobloch-Westerwick, S. (2012). Selective exposure and reinforcement of attitudes and partisanship before a presidential election. *Journal of Communication, 62*(4), 628-642.

Lang, K., & Lang, G. E. (1959). The mass media and voting. In E. Burdick & A. J. Brodbeck (Eds.), *American voting behavior* (pp.217-235). Glencoe, IL: The Free Press.（マス・メディアと投票行動　谷藤悦史・大石裕（編訳）（2002）．リーディングス政治コミュニケーション（pp.65-86）一藝社）

Lazarsfeld, P. F., Berelson, B., & Gaudet, H. (1948). *The people's choice: How the voter makes up his mind in a presidential campaign* (2nd ed.). New York: Columbia University Press.（有吉広介（監訳）（1987）．ピープルズ・チョイス：アメリカ人と大統領選挙　芦書房）

李津娥（2011）．政治広告の研究：アピール戦略と受容過程（東京女子大学学会研究叢書24）新曜社

李津娥（2014）．多様化するメディア環境における政治広告　マス・コミュニケーション研究，*85*，23-39.

李津娥・李光鎬（2013a）．女性政治家はどう見られているか(1)：ジェンダー・ステレオタイプについて　日本社会心理学会第54回大会論文集，373.

Lee, J. A., & Lee, K. H. (2016). Gendered reactions to women politicians in Japan: The role of media use and political cynicism. *Keio Communication Review, 38*, 21-38.

李光鎬・李津娥（2013b）．女性政治家はどう見られているか(2)：争点能力評価について　日本社会心理学会第54回大会論文集，374.

前島和弘（2013）．「下からの起爆剤」か「上からのコントロール」か：変貌するアメリカ大統領選挙のソーシャルメディア利用　清原聖子・前島和弘（編）ネット選挙が変える政治と社会：日米韓に見る新たな「公共圏」の姿（pp.47-66）慶應義塾大学出版会

McCombs, M. E., & Shaw, D. L. (1972). The agenda-setting function of mass media. *Public Opinion Quarterly, 36*(2), 176-187.（マス・メディアの議題設定機能　谷藤悦史・大石裕（編訳）（2002）．リーディングス政治コミュニケーション（pp.111-123）一藝社）

内閣府男女共同参画局（2015）．女性の政策・方針決定参画状況調べ　http://www.gender.go.jp/research/kenkyu/sankakujokyo/2014/pdf/00set.pdf（2015年9月1日アクセス）

Norris, P. (1997). Women leaders worldwide: A splash of colour in the photo op. In P. Norris (Ed.), *Women, media, and politics* (pp.149-165). New York: Oxford University Press.

Perloff, R. M. (1999). The third-person effect: A critical review and synthesis. *Media Psychology, 1*, 353-378.

Peter, J. (2008). Third-person effect. In L. L. Kaid & C. Holtz-Bacha (Eds.), *Encyclopedia of political communication* (pp.789-790). Thousand Oaks, CA: Sage Publications.

産経新聞（2013年7月22日）．ネット選挙、有権者冷ややか 「参考にした」わずか1割 http://www.sankei.com/politics/news/130722/plt1307220052-n1.html （2015年9月1日アクセス）

総務省（2019a）．衆議院議員総選挙（大選挙区・中選挙区・小選挙区）における投票率の推移 https://www.soumu.go.jp/main_content/000255919.pdf （2020年11月30日アクセス）

総務省（2019b）．衆議院議員総選挙における年代別投票率（抽出）の推移 https://www.soumu.go.jp/senkyo/senkyo_s/news/sonota/nendaibetu/ （2020年11月30日アクセス）

高瀬淳一（1999）．情報と政治 新評論

竹下俊郎（1998）．メディアの議題設定機能：マスコミ効果研究における理論と実証 学文社

竹下俊郎（2007）．議題設定とフレーミング：属性型議題設定の2つの次元 三田社会学, *12*, 4-18.

谷口将紀（2002）．マス・メディア 福田有広・谷口将紀（編）デモクラシーの政治学 (pp.269-286) 東京大学出版会

The Huffington Post（2013年7月30日）．Google調査「ネット選挙は空振り」ビッグデータ分析で参院選を総括 http://www.huffingtonpost.jp/2013/07/29/google-net-bigdata_n_3674078.html （2015年9月1日アクセス）

Turow, J., Carpini, M. X. D., Draper, N., & Howard-Williams, R.（2012）. Americans roundly reject tailored political advertising. Annenberg School for Communication, University of Pennsylvania. http://www.asc.upenn.edu/news/Turow_Tailored_Political_Advertising.pdf （2014年3月20日アクセス）

West, D. M.（1997）. *Air wars: Television advertising in election campaigns, 1952-1996.* Washington, D.C.: Congressional Quarterly.

山田一成（1990）．現代大学生における政治的疎外意識の構造 社会心理学研究, *5*(1), 50-60.

山田一成（1994）．現代社会における政治的疎外意識 栗田宣義（編）政治心理学リニューアル：ポスト・モダンな政治心理を分析する (pp. 91-113) 学文社

第13章 生活者

　現代社会において、**生活者**は、自然災害、事故、環境問題、健康問題など、様々な**リスク**に直面している。こうしたリスク社会において、リスクに関する適切な情報を獲得し、対処していくことが不可欠である。本章では、生活者を取り巻くリスクのうち、とりわけ現代社会において、人々の生活に直結する問題として、「**環境**」と「**健康**」に注目する。メディアは環境と健康に関する重要な情報源となっており、従来のマスメディアに加え、インターネットやソーシャルメディアの発達で環境と健康に関する情報源も多様化している。また、ニュース、情報番組、広告、インターネット上の情報など、環境と健康に関するメディアコンテンツも様々である。環境行動と健康行動は、**予防的イノベーション**として、その効用と報酬がすぐに得られないことから、その採用や普及が他のイノベーションより遅れる傾向がある（青池，2007；Rogers, 2002）。そのため、生活者の環境行動、健康行動の促進には、どのようなキャンペーンが効果的であるかという問題に関しても実証的研究が行われている。本章では、報道、広告などのメディアコンテンツにおいて、環境と健康に関するリスク情報がどのように提示、媒介され、生活者にどのような影響を与えているかについて考えてみたい。

1. 環境報道における環境問題の表象

日本における地球温暖化報道の展開

　環境問題は、一部の地域や特定の国に限定される公害や、地球温暖化問題のように世界規模で影響を与える問題など、多岐にわたっている。また、環境問題は、社会、政治、経済など、幅広い観点から論じられている。環境問題の中には、個人が直接的に経験し、実感することができないものや、専門的で科学的知識を要するものも多く、生活者は、メディアによって「媒介」される現実に基づいて、環境に関する問題と状況を理解し、個人と社会レベルでどのような取り組みが必要であるかを考え、判断する必要がある。そのため、メディアにおける環境問題の表象は、生活者の環境問題に対する意識に一定の影響を及ぼす可能性がある。ここでは影響範囲の広い世界規模の環境問題として、地球温暖化問題を中心とし

たメディアの**環境報道**の特徴についてみてみたい。

　日本は、1997 年 12 月に開かれた地球温暖化防止京都会議で、気候変動枠組条約に関する議定書である京都議定書を採択するなど、地球温暖化問題において中心的役割を果たしてきた（Grubb, 2003）。同じ分析枠組みによる研究ではないが、① 1985 年から 1994 年までの 10 年間（永井，2015）、② 1998 年から 2007 年までの 10 年間（Sampei & Aoyagi-Usui, 2009）、③ 3.11 より以前の 3 年間（2008 年 3 月〜2011 年 2 月）とそれ以降の 3 年間（2011 年 3 月〜2014 年 2 月）（瀬川，2015）の期間を対象とした研究を通して、地球温暖化問題に関する報道の特徴と変遷をみることにしたい。

　まず、地球温暖化問題が台頭してきた時期の研究として、永井（2015）の研究を紹介する。この研究では、1985 年から 1994 年までの 10 年間において、地球温暖化問題に関する新聞の報道内容と主な情報のソースがどのように変わってきたか、報道内容と主な情報のソースがどのように組み合わされていたかに関する分析を行っている。分析対象は、「温暖化」または「気候変動」、「温室効果」を含むニュース記事のうち、いずれかが中心テーマとなっているもので、具体的対策を報じている記事の場合は、温暖化対策、二酸化炭素抑制などが目的とされるもの、省エネルギーや炭素税など温暖化対策として位置づけられるもののみを対象とした。最終的に、朝日新聞 484 件、読売新聞 457 件、毎日新聞 311 件で、計 1,252 件の新聞記事が分析の対象となった。

　分析の結果、地球温暖化問題に関する新聞報道は、「行為」（60%）として分類された、地球温暖化への対応に関する発言・主張記事が最も多く、「対策」（22%）、「問題」（10%）、「実証」（8%）は、1 割から 2 割前後であった。地球温暖化への対応に関する発言・主張記事が多くを占めていたのは、世界的に地球温暖化問題が議論され、国際交渉会議に関する報道が増えたことに起因していると解釈している。そして、時期別に検討した結果、地球温暖化報道は、「問題」から「行為」、「行為」・「対策」へと報道内容が変わっていく傾向がみられた。情報のソースとしては、「政治行政関係者」（61%）が最も多く、「科学者」（25%）、「利害関係者」（14%）は 2 割前後であった。永井（2015）は、政治行政関係者の割合が高い理由として、新聞社の取材体制を指摘する。

　次に、1997 年の地球温暖化防止京都会議後の報道に関するサンペイとアオヤギ＝ウスイ（Sampei & Aoyagi-Usui, 2009）の研究では、地球温暖化に関する報道量に注目し、報道量の推移が、人々に及ぼす影響に焦点を当てた分析を行っている。具体的に、読売新聞、朝日新聞、毎日新聞を対象に、地球温暖化防止京都会

議直後の 1998 年 1 月から 2007 年 7 月までの 10 年間の期間で、「地球温暖化」または「気候変動」を含む 25,532 件の記事を抽出し、記事数の推移を検討した。地球温暖化と関連する記事は、10 年間で徐々に増加し、①アメリカの京都議定書離脱表明などを受け、COP6（気候変動枠組条約第 6 回締約国会議）再開会合が開かれた 2001 年 7 月、②京都議定書が発効された 2005 年 2 月、③環境省による Cool Biz キャンペーンが始まった同年 6 月、④国内外で環境に関する様々な出来事があった 2007 年 1 月から調査時点まで、4 つの時期において急増していた。また、この研究では、環境キャンペーンが行われた 2005 年 7 月以降、2,000 名の成人男女を対象に、世界の重要イシュー、日本の重要イシューについて、全国規模のサンプル調査を継続的に実施した。調査結果から、2007 年 1 月以降、地球温暖化に関する報道が急増した時期に、日本における重要イシューとして地球温暖化問題を挙げた回答者の割合が増加したことが明らかになった。

　地球温暖化報道は、2011 年東日本大震災による原発事故を機に、大きな転換期を迎えている。瀬川（2015）は、3.11 以前の 3 年間（2008 年 3 月〜2011 年 2 月）と以降の 3 年間（2011 年 3 月〜2014 年 2 月）の朝日新聞、日経新聞、毎日新聞、読売新聞の計 4 紙の社説のうち、「温暖化」または「気候変動」を含むものを抽出し、比較分析を行っている。3.11 以前と 3.11 以降を比較すると、「温暖化」または「気候変動」を含む社説は、4 紙とも、減少していた。頻出語の分析からも、3.11 前の最頻出語は「日本」で、「世界」、「米国」、「中国」、「温暖化」、「対策」などが各紙とも多かったのに対し、3.11 後は朝日を除く 3 紙の最頻出語は「原発」で、そのほか「日本」、「電力」、「温暖化」、「政府」などが多かったことを明らかにしている。このことから、原発事故により、地球温暖化報道は、日本と主要国、世界の温暖化問題や対策に重点をおいた報道から、懸案の原発、国内のエネルギー・電力に重点をおいた報道へと変化しているといえる。

環境報道の影響

　環境報道は生活者の環境問題の認知、環境意識にどのような影響を与えているか。アトワターら（Atwater et al., 1985）は、人々が、メディアによって強調された環境問題を重要な問題として認知する**議題設定効果**（12 章参照）の視点から考察している。前述したサンペイとアオヤギ＝ウスイの地球温暖化報道量の推移と重要イシューの知覚との関連性に関する研究も、こうしたメディアの影響を支持する結果である。

　さらに、シャナハンら（Shanahann et al., 1997）は、1993 年、1994 年の GSS

（総合的社会調査、General Social Survey）のデータを用いて**培養理論**（6章参照）の視点から、テレビ視聴と環境問題に対する意識との関連性を分析している。テレビへの接触度と「環境のためなら犠牲を払ってもよい」という意識、テレビへの接触度と公害の脅威に対する知覚、テレビへの接触度と環境に対する科学と技術の影響に対する知覚の相関分析を行った結果、テレビ視聴が、環境問題全般に対する懸念と関連しているものの、特定の環境問題からの脅威に対する知覚との関連性はそれほどみられなかった。また全体的にみて、テレビ視聴時間の長い人は、環境問題を理由に犠牲を払いたくないと考える傾向がみられた。この結果から、シャナハンらは、テレビは、ニュース・情報だけでなく、娯楽的番組も多く放送しており、長期間のテレビ視聴によって環境問題に対して関心を払わなくなってしまうというネガティブな影響を与える可能性を指摘している。

2. 環境広告・キャンペーンのフレームと効果

環境広告の訴求内容

環境広告は、政府や自治体、AC ジャパン、企業などによって出稿されており、環境に関する情報源の一つとなっている。広告において、環境問題がどのように表象され、どのような環境問題のフレーミングが行われているだろうか。まず、環境広告の分析枠組みを提示した初期の研究として、カーソンら（Carson et al., 1993）による研究を紹介したい。

カーソンらは、環境広告における主張を、1)主張のタイプ、2)誤解を与える可能性のある内容の有無に分けて分析を行っている。まず、1)主張のタイプは、①商品の環境志向的特徴に焦点を当てた「商品」志向、②環境的効用のある企業のテクノロジー、生産技術、廃棄方法などの「プロセス」志向、③消費者の支持を得ている環境に関わる活動と企業を関連づける「イメージ」志向、④「環境的事実」、⑤「混合型」（p.31）に分類した。また、2)誤解を与える可能性のある内容は、①主張が曖昧なもの、明白な意味をもつには広すぎる表現を含むものなどの「曖昧」なもの、②主張の真実性や妥当性の評価に必要な情報が「省略」されたもの、③主張が正確でない、またはでっち上げである「間違い・虚偽」、④「混合型」、⑤「許容可能」に分類した（pp.30-31）。これらの分類に基づいて、1989年から1990年の2年間の経済誌、一般誌などの16誌と環境情報と関連する雑誌2誌を検討し、雑誌広告100件を分析した。

分析の結果、主張のタイプは「イメージ」志向が最も多く、「プロセス」志向

が最も少なかった。また、全体的に誤解を与える可能性のある内容が多いという結果となった。誤解を与える可能性のある内容は、「プロセス」志向と「環境的事実」より、「商品」志向と「イメージ」志向において多くみられた。また、主張の多くが、「省略」や「間違い・虚偽」より、「曖昧」な内容を多く含んでいた。さらに、「イメージ」志向の広告においては、「省略」や「間違い・虚偽」より、「曖昧」な内容が多くみられた。

　カーソンらの分析枠組みを用いた別の研究（Easterling et al., 1996）では、1969年から1994年の専門誌・時事誌3誌の環境広告681件を対象にした分析から、次のような結果を明らかにしている。まず、全体的にカーソンらと同様に「イメージ」志向が最も多いことを明らかにした。年代別には、1970年代の半ばまでは「イメージ」志向が最も多く、1980年代は減少傾向、1990年代は再び増加傾向にあった。1975年から1994年まで、とりわけ1975年から1984年までの期間においては「商品」志向が最も多く、「プロセス」志向と「環境的事実」はかなり少なかった。これは、環境広告における製造過程の説明、企業の環境的事実や情報公開の難しさに起因していると指摘する。

　これらの初期の研究は、環境広告が、環境に関する具体的な情報提供より、商品の特徴や環境問題に関する抽象的で表面的なイメージの提示にとどまり、環境に関する情報提供機能を十分に果たしていない可能性を示している。次のところでは近年の研究動向について検討してみよう。

日本における環境広告の特徴

　日本では、地球温暖化防止京都会議をはじめとする国際的環境イベントの日本開催、1990年に展開された自動車会社Volvoによる環境広告、1997年のトヨタのエコプロジェクトキャンペーンなどを機に、1997年を前後に環境広告やキャンペーンが増加した（Ongkrutraksa, 2002；関谷，2009）。

　リー（Lee, 2014）は、前述したカーソンらの枠組みを用いて、地球温暖化防止京都会議の翌年の1998年から2007年までの10年間を対象とし、日本の新聞広告における地球温暖化問題の表象を分析している。1998年から2007年までの10年間の奇数月の最初の7日間の朝日新聞の広告を検討し、地球温暖化の原因と解決策を直接的または間接的に言及している広告153件を対象とした。商品・企業などの商業的広告がほとんどを占め（商品広告106件、企業広告38件）、政府広報が6件、業界団体が3件であった。

　環境広告の訴求内容として、カーソンの「商品」志向、「プロセス」志向、

実験集団と統制集団

本書で紹介している実証研究の多くは、実験（experiment）という方法を用いている。**実験**とは、簡単にいえば、実験参加者にある刺激 X を与え、その刺激による変化 Y を確かめようとする方法である。その際、実験参加者において生じたある変化が、与えた刺激によるものなのか、それともそれとは別の何かによるものなのかをはっきりさせることが大事になってくる。したがって、実験では刺激 X を与える参加者集団（**実験集団**という）のほかに、刺激を与えない参加者集団（**統制集団**という）を用意し、両集団を比較することになる。もしある変化 Y が実験集団においてはみられたが、統制集団においてはみられなかったということになれば、その変化 Y は、与えた刺激 X によってもたらされたことになり、X は Y の原因であると判断できることになる。

このような**因果関係**の判断ができるためには、理想的には、実験集団と統制集団の間に、刺激 X のありなしの他には異なる点が全くないという条件が必要である。もしそうではなく、実験集団と統制集団の間に、刺激 X のありなし以外にも属性 Z において違いがあったとなれば、実験集団において観察された変化 Y が、刺激 X によってもたらされたものなのか、それとも属性 Z の違いによってもたらされたものなのかがわからなくなり、X が Y の原因であると判断することができなくなってしまう。このような場合、「この実験は内的妥当性が低い」という。**内的妥当性**（internal validity）とは、ある実験デザインに、変数間の因果関係を検証できる能力がどれくらいあるのかということである。一方、実験の結果を実験室の外部世界にも一般化して適用できる能力を、**外的妥当性**（external validity）という。実験の状況が普段の環境と違えば違うほど、外的妥当性は低くなる。

「イメージ」志向、「環境的事実」に加え、「信頼性」についても分析を行った。「信頼性」は、第三者による商品テスト、承認、推奨などの情報に基づいた商品のアピールである（Polonsky et al., 1998）。分析の結果、商品やサービスの環境志向的特徴を強調する「商品」志向（81.2%）が最も多く、次いで「イメージ」志向（41.7%）、「信頼性」（26.4%）であった。一方、「プロセス」志向（6.2%）と「環境的事実」（6.9%）は少なかった。広告のタイプ別に分析したところ、商品広告は「商品」志向（96.2%）、企業広告は「イメージ」志向（86.8%）がほとんどを占めていた（表 13-1）。

　それでは、実験集団と統制集団を、刺激 X のありなし以外の側面でなるべく類似するようにするためにはどうすればよいのだろうか。そのためには、**無作為配置**（random assignment）という手続きを用いればよい。実験参加者を実験集団と統制集団に分けるとき、例えば、参加者自身にコインを投げてもらう、かくじを引いてもらうなどの、何らかの無作為を保証するやり方を用いて集団を分ければよいのである。こうすれば、実験集団と統制集団が類似の集団になる「確率」が高くなる。無作為配置を行ったからといって、実験集団と統制集団の類似性が「保証」されるわけではない。両集団が類似の集団になる確率は高くなり、そうでない確率は低くなるということである。そして、参加者の数が多くなればなるほど、この傾向はさらに強くなる。何らかの理由で無作為配置が難しい場合には、**対応法**（matching）という手続きが使われることもある。これは、特に、実験結果に影響を与える参加者の属性がはっきりとわかっている場合に、あらかじめその属性の面で、実験集団と統制集団を同じにしておくやり方のことである。例えば、ある実験結果に性別が影響を与えることがはっきりしている場合には、実験集団と統制集団の性別分布を、あらかじめ同じにしてから実験を行うのである。

　実験集団は、一つとは限らない。また統制集団を作る必要がない場合もある。例えば「画面の大きさによってサッカー観戦の興奮度が異なる」ということを検証しようとするときには、大きさの異なるディスプレイを 3 種類用意し、それぞれのディスプレイでサッカーを観戦する実験集団を作り、その集団間の興奮度を比較すればよい。この場合ももちろん、3 つの実験集団は、ディスプレイの大きさ以外は、すべての面においてなるべく類似していることが理想である。

　また、この研究では、環境広告フレームを、健康行動を促進するメッセージのフレーム（Rothman et al., 2006）に基づき、分析している。健康行動の促進メッセージのフレームは、①対策となる行動をとることの効用を強調する「**利益フレーム**」、②対策となる行動をとらなかったときの損失を強調する「**損失フレーム**」に分類される。さらに「利益フレーム」においては、①利益が得られることと、②損失を被らないこと、「損失フレーム」においては、①損失を被ることと、②利益が得られないことに言及することができる。個人の利益や損失に焦点が当てられる健康行動に対し、環境行動の場合は、個人的利益と損失、公的利益と損

表 13-1　地球温暖化広告の訴求内容

訴求内容	商品広告 (n=106)	企業広告 (n=38)	合計 (n=144)
商品志向[a]	102(96.2%)	15(39.5%)	117(81.2%)
プロセス志向	3(2.8%)	6(15.8%)	9(6.2%)
イメージ志向[b]	27(25.5%)	33(86.8%)	60(41.7%)
環境的事実	4(3.8%)	6(15.8%)	10(6.9%)
信頼性	31(29.2%)	7(18.4%)	38(26.4%)

[a] $\chi^2 = 59.139$　$df = 1$　$p < .001$
[b] $\chi^2 = 43.345$　$df = 1$　$p < .001$
出典：Lee, 2014

表 13-2　業種別にみた利益フレームのタイプ

	家庭用品 (n=17)	自動車 (n=40)	住宅 (n=39)
個人的利益	14(82.4%)	13(32.5%)	18(46.2%)
公的利益	2(11.8%)	6(15.0%)	9(23.1%)
混合	1(5.9%)	21(52.5%)	12(30.8%)

$\chi^2 = 15.193$　$df = 4$　$p < .05$
出典：Lee, 2014

失の両方を強調することができるため、この研究では、環境広告のフレームを、①「個人的利益」フレーム、②「個人的損失」フレーム、③「公的利益」フレーム、④「公的損失」フレームの4つのフレームに分類した。

　分析の結果、商品広告の45.3％が個人的利益フレームを、19.8％が公的利益フレームを用いていた。6件の政府広報はすべて公的利益フレームであった。業種別には、家庭用品が個人的利益フレーム（82.4％）を多用し、公的利益（11.8％）、混合（5.9％）は少なかった。自動車は、混合（52.5％）、個人的利益（32.5％）、公的利益フレーム（15.0％）の順であった。住宅の場合は、個人的利益（46.2％）、混合（30.8％）、公的利益（23.1％）の順であった（表13-2）。すなわち、個人の利用や利益が優先される家庭用品広告と住宅広告においては、個人的利益フレームが、個人の利用や利益とともに大気への影響など、公的影響の大きい自動車広告においては、個人的利益と公的利益が両方とも強調されていたのである。

　以上、新聞の環境広告に関する研究結果を述べてきたが、テレビ広告において環境問題はどのように描かれ、アピールされているか。関谷（2009）は、2005年9月の時点で東京地区で視聴可能なテレビ広告のうち、83本の環境広告を対象に、①登場人物、②映像技法、③音・音楽について分析を行っている。まず、①登場人物については、匿名性の高い無名の人物が多数出演する傾向がみられ、

「環境問題をみんなで考える」というメッセージを伝えていると考察している。また、未来と将来性をイメージさせる子どもの出演が多いことも特徴的であった。子どもは、新聞の環境広告においても、ポジティブなフレームの広告によく登場していた（Lee, 2014）。次に、②映像技法としては、カット数が少なく、なめらかでゆったりした表現や、自然描写が多く、③音・音楽においてもゆったりしたものが多い傾向がみられた。また、テレビ環境広告においては、商品広告に多いタイアップソングは使われておらず、歌詞がない、または英語の歌詞のものが多く、宣伝的イメージより、環境をイメージさせる手法が使われていることを明らかにしている。

環境広告の国際比較

　環境問題は、世界規模の問題として、環境広告の国際比較研究も行われている。環境問題が注目され始めた 1990 年代については、日・中・タイの環境広告を比較した小泉とオンクルタラクサ（1999）の研究がある。この研究では、日本（読売新聞、197 件）、タイ（タイラット新聞、273 件）、中国（人民日報、129 件）における 1997 年と 1998 年の 2 年間の新聞広告の分析を行っている。広告主の業種として、日本は、「自動車」（35%）が最も多く、次いで「住宅」（13%）であった。タイは、「新聞社自社環境広告」（85%）がほとんどを占めていた。中国は、「鉄鋼・鋼業・機械」（66%）の環境広告が最も多かった。広告コピーを、現実の環境問題の厳しさを強調する「ネガティブ」訴求、消費者に前向きに訴えかける「ポジティブ」訴求、「製品情報・技術型」訴求、「あいまい型」訴求に分類し、分析した結果、日本ではポジティブ訴求、タイではネガティブ訴求を用いる傾向があり、対照的であった。小泉とオンクルタラクサ（1999）は、環境意識の低い消費者に対しては、ネガティブ訴求が環境行動を促進する傾向があり、この時期は、タイ人の環境意識が日本より低い方であったため、ネガティブ訴求が多用されていた可能性を指摘する。

　次に、中国とアメリカの雑誌における環境広告を比較したシュエとゾウ（Xue & Zhou, 2012）の研究を紹介する。この研究では、中国の『リアオワン（Liao Wang）』（109 件）、『チャイナニュースウィークリー（China News Weekly）』（141 件）と、アメリカの『タイム（Time）』（130 件）、『ニューズウィーク（Newsweek）』（120 件）に掲載された環境広告を対象に、環境広告のテーマ、環境広告戦略、広告主の比較分析などを行っている。具体的に、雑誌広告の「環境性（greenness）」の測定モデルに基づき、①業種と広告主の特徴、②広告目的、③環境と関連する

制作的特徴、④環境メッセージ、⑤消費者効用、⑥広告の訴求形式を分析した。

　まず、①広告主は、国内と外資企業、業種は、エネルギー、自動車、家庭用品などに分類した。②広告目的は、環境を意識した商品とライフスタイルを通して環境に配慮しようとする環境企業の動機で、企業イメージ、環境商品、環境アイデアに分類し、分析を行った。③環境と関連する制作的特徴は、環境企業としてのイメージを促進しようとする制作アプローチで、会社やブランドロゴ、緑や自然などのビジュアル、環境に関する言語による主張、エコラベルなどに分類された。④環境メッセージは、持続可能な原材料の使用、資源の効率的な利用、リサイクル可能性などを促進する内容に分類された。⑤消費者効用は、消費者ニーズの充足に関する効用、商品の質、価格に関する効用の3つに分類された。⑥広告の訴求形式は、情緒的アピール、理性的アピール、混合に分類された。また、ホール（Hall, 1976）が提唱したコンテクスト理論に基づき、次のような仮説が立てられた。コンテクスト共有性や依存度が高く、それほど直接的な言語表現を必要としないアジアを中心とした**ハイコンテクスト文化**の広告においては、**ソフトセル**アプローチ、すなわち間接的で調和を追求するアピールが多用される傾向がある。また、コンテクスト共有性や依存度が低く、直接的な言語表現が重要となる欧米を中心とした**ローコンテクスト文化**の広告においては、**ハードセル**アプローチ、すなわち直接的で価格情報や比較広告のようなアピールが多用される傾向がある。分析の結果を**表13-3**に示す。

　①広告主の特徴を見ると、アメリカは国内企業（69.6%）が多かったのに対し、中国は外資企業（73.2%）が多かった。業種別に見ると、アメリカはエネルギー（32.4%）、自動車（28.4%）、NPO（14.8%）、中国は、自動車（31.2%）、テクノロジー（23.2%）、家庭用品（22.0%）の順に多かった。②広告目的については、中国は環境に配慮した商品に焦点を当てた広告（78.4%）が多かったのに対し、アメリカは企業の環境イメージをアピールする広告（58.8%）が多かった。③環境と関連する制作的特徴としては、アメリカが中国より、環境ロゴやビジュアル、エコラベルを多用する傾向があった。次に、④環境メッセージとしては、アメリカが中国より、再使用やリサイクルを促進するメッセージが多かった。⑤消費者効用としては、いずれも「ニーズ充足」が強調されていた。価格に関しては、アメリカが中国より強調されていた。⑥広告の訴求形式として、アメリカと中国とも、雑誌広告の半数近くが理性的アピールを用いていた。予想に反して、ハイコンテクスト文化とされる中国の環境広告において、ソフトセルよりハードセルアプローチが多かったが、このような結果は、分析対象の広告に高関与商品が多

表 13-3　中国とアメリカの雑誌環境広告の分析

		中国 (n=250)		アメリカ (n=250)	
		件数	%	件数	%
業種 **	自動車	78	31.2	71	28.4
	エネルギー	47	18.8	81	32.4
	家庭用品	55	22.0	6	2.4
	テクノロジー	58	23.2	32	12.8
	洗浄剤	0	0.0	7	2.8
	食飲料	0	0.0	3	1.2
	小売店	1	0.4	1	0.4
	非営利	3	1.2	37	14.8
	その他	8	3.2	12	4.8
広告主 **	国内	67	26.8	174	69.6
	外資系	183	73.2	76	30.4
広告目的 **	企業イメージ	52	20.8	147	58.8
	環境商品	196	78.4	63	25.2
	環境アイデア	2	0.8	40	16.0
環境と関連する制作的特徴	ロゴ **	36	14.4	79	31.6
	ビジュアル **	108	43.2	172	68.8
	言語	250	100.0	250	100.0
	エコラベル **	15	6.0	57	22.8
環境メッセージ	再生可能材料 **	45	18.0	119	47.6
	効率利用	162	64.8	144	57.6
	リサイクル *	9	3.6	26	10.4
消費者効用	ニーズ充足 *	197	78.8	135	54.0
	質 **	142	56.8	74	29.6
	価格 **	11	4.4	56	22.4
広告の訴求形式	情緒的アピール **	1	0.4	24	9.6
	理性的アピール	116	46.4	123	49.2
	混合 *	130	52.0	101	40.4

** $p < .01$, * $p < .05$
出典：Xue & Zhou, 2012, p.9　％は筆者が追加。

かったことや、近年、中国の消費者がより詳しい情報を求める傾向があることに
起因していると考察している。

　以上のように、環境広告の訴求戦略は、各国の環境問題の特徴、広告戦略やコ
ミュニケーションスタイルの違いなどの影響を受け、国によって大きく異なるこ
とが確認されている。

環境広告の影響

　それでは、環境広告は、生活者の環境意識や行動にどのような影響を及ぼして
いるだろうか。この点について、高浦・池田（2013）が環境広告のフレーミング

の効果に関する実験研究を行っているので、紹介したい。この研究では、1)消費者の心理的要因として、①環境配慮の指標として「環境への関与」、②消費行動の指標として「エコ商品への関与」、③メディア利用の指標として「メディアリテラシー」を取り上げ、これらの要因が環境広告の評価に及ぼす影響を分析した。さらに、2)環境配慮を強調した「環境強調」、経済的メリットを強調した「経済強調」のような**環境広告フレーミング**によってこれらの影響がどのように異なるかについても分析を行っている。

　研究では、デモグラフィック要因において全国平均と大きく離れていない東京都板橋区の選挙人名簿を用いた2段階確率比例抽出法により抽出された、20歳から70歳の男女540名を対象に郵送調査によるシナリオ実験を行っている。呈示刺激は、車・冷蔵庫の広告で、有効回答数は204人（回収率：37.8%）であった。環境広告は、エコ商品として認知度の高いエコカーと冷蔵庫の架空の広告を制作し、言語情報により「環境強調」と「経済強調」の2条件の操作を行った。これらの条件は、実験参加者間要因で、「環境強調」104人、「経済強調」100人の回答が得られた。環境広告に対する評価としては、広告、商品、企業に対する評価の計6項目で評定させた。具体的に、「この広告によいイメージを持つ」、「この広告の商品に好感を持てる」、「この広告の商品を買ってみたいと思う」、「この広告の商品を出している企業に好感を持てる」、「この広告を出している企業はうさんくさい」（逆転項目）、「この広告はイメージ戦略的でうさんくさい」（逆転項目）、である。

　まず、1)環境への関与、エコ商品への関与、メディアリテラシー、年齢、性別（年齢・性別は統制変数）を独立変数、環境広告評価を従属変数とする重回帰分析を行った結果、車・冷蔵庫ともに、環境広告評価に対して、エコ商品への関与の有意な正の影響、メディアリテラシーの有意な負の影響がみられた。これは、エコ商品への関与の高い人は、環境商品広告を好意的に評価している可能性、またメディアリテラシーの高い人は、環境商品広告の意図を批判的にみている可能性を示す結果である。一方で、環境への関与は、広告の商品や企業に好感をもつなどの環境広告評価には影響していなかった。これは、環境配慮行動のうち、購買と関連する行動、すなわち環境に配慮した商品の購入のような行動は、環境意識の影響が少ないとする先行研究と同様の結果であるとしている。

　次に、2)「環境強調」と「経済強調」フレーミングによる環境広告評価の違いはみられなかったが、条件ごとに重回帰分析を行った結果から、メディアリテラシーの高い人には、環境配慮による社会貢献が強調される環境広告が、エコ商品

への関与の高い人には、経済的メリットが強調される環境広告が、より効果的であることが示された。

3. 健康に関する情報源としてのメディア

健康報道の国際比較

　健康関連の報道には、健康に関する情報を提供し、健康問題と関連するリスクを喚起し、健康行動を促進する機能がある。タングとペング（Tang & Peng, 2015）は、健康関連の報道は、健康問題に関する社会全体の集合的認知に影響し、健康関連の政策にも影響する可能性があると指摘する。彼らは、健康関連の報道スタイルに文化が影響する可能性に注目し、西洋と東洋の比較として、アメリカと中国の健康関連のメディア報道について分析を行っている。生活者の積極的情報行動ではないものの、両国とも、新聞が依然として健康関連の情報源として重要な役割を果たしていることから、新聞を分析対象とした。健康問題の報道記事は、アメリカと中国、それぞれ全国紙 1 紙、アメリカの主要都市を代表する地方紙 4 紙、中国の主要都市を代表する地方紙 5 紙から、2015 年の 2 週間分を収集した（アメリカ 495 件、中国 558 件）。分析の枠組みとして、ホフステードとホフステード（Hofstede & Hofstede, 2005）の文化差の次元のうち、①個人主義／集団主義、②権力格差、③長期志向／短期志向が、健康関連の報道における病気予防と治療の統制可能性に関する**原因帰属**、時間志向、責任ある当局の引用に影響する可能性に注目した。

　最初に、個人主義／集団主義は、「特定の社会が独立性または結合性を強調する度合い」（Tang & Peng, 2015, p.188）で、アメリカを個人主義の高い文化、中国を集団主義の高い文化として分類し、こうした文化差の次元は、統制可能性に関する原因帰属と関連があるとした。ヘルスコミュニケーション研究分野において、統制可能性に関する原因帰属は、次のように説明されている。まず統制可能な原因への帰属は、「ある健康問題の原因を、食習慣のように、個人でコントロールでき、個人に責任のあるものに求めること」（p.188）で、統制不可能な原因への帰属は、「ある健康問題の原因を、遺伝、環境、社会的原因を含む、個人の分別や統制の範囲を超える要因に求めること」（p.188）である。タングとペングは、病気やリスク要因など、健康問題の原因を統制可能なものに求めるか統制不可能なものに求めるかは、健康問題に影響される個人の態度や行動だけでなく、社会全体が健康問題をどのように認知するかにも影響される可能性があるとする。

以上の検討を踏まえ、集団主義社会の中国の新聞は、健康関連報道において統制不可能な要因に原因を求める傾向があり、個人主義のアメリカの新聞は、統制可能な要因に原因を求める傾向があるだろうと仮定した。しかし、予想に反して、集団主義の中国の新聞は、病気の原因やリスク要因の原因を統制可能な個人の行動に求める傾向がみられた。また、個人主義のアメリカの新聞は、遺伝的、社会的原因に言及しながら、統制不可能な要因に原因を求める傾向があった。この結果について、タングとペングは、中国では、ヘルスコミュニケーション分野と健康報道の概念が比較的新しく、個人向けに健康的習慣を教育するような初期段階にあるためであると解釈している。一方、アメリカでは、従来の個人主義的社会の特徴が、現代的社会生態系モデルにとって代わり、単に個人向けに健康的習慣を教育するより、組織的行動や、コミュニティの物理的、社会的環境を改善する努力が重視されるようになったことが背景にあると考察している。他にも、中国では病気や健康関連のリスクの原因が、社会的要因にあるとする報道は、政府に対する攻撃として捉えられる可能性があり、ジャーナリストたちは、それを避けるため、個人的要因に言及することが多いと指摘する。

　タングとペングは、個人的要因を強調することで、健康関連の問題に関する偏った認識と重大な問題を生じさせる可能性があることを看過してはならないと指摘する。それと同時に、中国の新聞における個人的要因の強調は、健康は自分でコントロールできるという認識を与え、ポジティブな健康行動の採用を促進する可能性があるが、一方で、とりわけスティグマをもつ病気の場合、個人的責任の強調で病気に対する誤った認識を与え、病気に対する政策的サポートを支持してもらえない事態になる可能性があることを問題としている。それとは対照的に、アメリカの新聞で強調されている、健康問題を個人が統制できないものとする報道によって、個人レベルで、健康行動の採用や改善に積極的にならないという問題を引き起こす可能性も問題として指摘する。

　2つ目の権力格差は、特定の文化の人々が権力の不平等を受け入れる度合で、76か国のうち、中国文化圏は12位から14位という順位だったのに対し、アメリカは、57位だった。研究では、権力格差の度合の高い社会では、責任のある当局に信頼を置く傾向がみられることを踏まえ、権力格差の度合の高い中国の新聞が、アメリカの新聞より、責任のある当局をニュースソースとして引用する傾向があると仮定したが、支持されなかった。その理由として、タングとペングは、文化的要因より、政治的要因が働いている可能性を指摘する。中国において政府当局は、彼らの意思や社会的、制度的制約から、公衆の健康促進にあまり関わら

ない傾向があり、アメリカの民主的政治制度は、より透明な政府を求め、その結果として政府当局が健康問題に言及することが多く、メディアでも取り上げられることが多い可能性を指摘する。

　3つ目の時間志向については、東アジアで典型的にみられ、将来の報酬のため、美徳の修養が強調される長期志向と西洋の短期志向という文化差の次元が健康関連新聞報道の仕方に影響している可能性についても分析している。ホフステードらの研究で、中国は76か国のうち、最も長期志向の強い社会とされ、アメリカは31位だった。分析の結果、予想どおり、中国の新聞は、アメリカの新聞より、健康関連の報道において長期的な予防方法と治療の長期的影響に言及する傾向がみられた。

　さらに、統合／分析次元という文化差の次元に注目し、科学的合理主義と実証主義に依拠する傾向があるアメリカの新聞は、儒教の全体的世界観から統合的アプローチをとる傾向がある中国の新聞より、健康関連の報道において、統計データを多く使う傾向があるとの仮説も支持された。

健康報道における健康問題の原因帰属

　健康関連の報道が、健康問題の原因帰属に影響する可能性に注目したもう一つの研究を紹介したい。サンら（Sun et al., 2016）は、アメリカで深刻化している肥満問題を取り上げ、肥満問題がメディア報道において個人的な問題としてフレーミングされてきたと指摘する。しかしながら、こうした報道フレームと肥満に対する人々の認知と行動の関連性に関する研究はそれほど多くない。肥満を個人レベルの問題とする報道は問題で、肥満に対する公衆健康モデルで指摘されているように、肥満問題における環境的要因、公衆、政府、企業の責任などを考慮する必要がある（Sun et al., 2016）。

　また、サンらはこれまでのヘルスコミュニケーションにおいて、前述した利益フレームと損失フレームの効果に関心が集まり、主に健康報道が予防行動と検診行動のような望ましい健康行動に及ぼす影響が検討されてきたとする。しかし、肥満のような健康問題については、同じ情報を、利益フレームと損失フレーム、すなわちポジティブまたはネガティブフレームで提示する際の影響を比較するより、個人的フレームまたは社会的フレームの影響を検討することで、肥満に関する問題提起において別の視点を与えることができるとした。このような観点から、サンらは肥満に関する個人的フレームと社会的フレームの報道が、肥満問題の原因帰属、問題解決の責任者の認知に及ぼす影響について検討を行った。

リスク認知

　メッセージのフレーミングがリスク認知に及ぼす影響について、ツベルスキとカーネマンが行った、不確実な状況における意思決定に関する実験を紹介する（Tversky & Kahneman, 1981）。実験では、アメリカで600人もの人が死に至ると予想される疫病が発生したとして、2つの条件を設定し、2種類の対策案のうち、どれを採用するか尋ねた。①ポジティブ条件では、対策A（確実に200人が助かる）と対策B（600人が助かる確率は1/3で、誰も助からない確率は2/3）のうち、対策Aを選択する傾向があった。それに対し、②ネガティブ条件では、対策C（確実に400人が死亡する）と対策D（誰も死なない確率は1/3で、600人が死亡する確率は2/3）のうち、対策Dを選択する傾向がみられた。対策A（確実に200人が助かる）と対策C（確実に400人が死亡する）、対策B（600人が助かる確率は1/3で、誰も助からない確率は2/3）とD（誰も死なない確率は1/3で、600人が死亡する確率は2/3）は、客観的な情報内容は同じであるが、ポジティブ条件では、確実に200人が助かるという「利益」に接したことで「リスク回避」的選択が行われていた半面、ネガティブ条件では、確実に400人が死亡するという「損失」に接したことで「リスク志向」的選択が行われていた。

　研究では、Web調査から得られた377名のアメリカの男女大学生のデータより、肥満に関する社会的フレームの報道によって、肥満問題の原因が社会的要因にあるという帰属を行う傾向があり、その結果、問題解決のためには、政府、食品産業、マーケティング部門の責任が大きいという知覚を高めることを明らかにした。一方、個人的フレームと、肥満問題の原因が個人的要因にあるという帰属との関連性はみられなかった。これについて、サンらは、西洋社会の自己責任という根強い思考スタイルがその背後にあるとする。すなわち、個人的フレームは、肥満問題を考えるうえで基本的な考え方で、こうした報道フレームに接触しても参加者の信念に特に変化はみられなかった。サンらは、この研究の結果が、肥満問題に関する報道フレームが、社会的問題として肥満問題に対する意識を高め、肥満問題を改善するための集団的行動を促進するうえで効果があることを示しているとする。

健康情報源としてのメディア・エンタテインメント

　健康関連の情報は、報道だけでなく、ドラマなどのメディア・エンタテインメントでも提示され、注目されることがある。ヘルスコミュニケーション研究分野において、E-E（entertainment-education）は、人々の健康関連問題の知識、態度、行動に一定の影響を与えているという視点から、その特徴について実証的検討が行われている。シンガルとロジャース（Singhal & Rogers, 1999）によれば、「E-Eとは、教育的問題に対するオーディエンスの知識を深め、好意的態度を形成し、社会的規範や個人とコミュニティの顕在的行動を変容させる目的で、楽しみながら学べるメディアメッセージをデザインし、実行する過程」（p.9）である。子ども向けの教育番組『セサミストリート』もその一例である。E-Eコンテンツの増加で、視聴者がこのようなコンテンツの説得手法や戦略の倫理的問題をどのように評価しているかが、重要な研究テーマの一つとなっている（Asbeek Brusse et al., 2015）。

　アスビックブリスら（Asbeek Brusse et al., 2015）は、健康に関する重要な情報源になりうる医療ドラマを対象に、**プロダクトプレイスメント**（番組中の商品提示と使用で宣伝する手法）、フレーミング、論争が続いている健康関連の問題に関する内容をどのように評価しているかを検討した。研究では人気医療ドラマシリーズの視聴者525名を対象にWeb調査を行った。医療ドラマは、オランダのテレビで放送され、病院のような医療現場という設定で、エンタテインメント番組というフォーマットで教育的メッセージを伝達するドラマを基準に、『グレイズ・アナトミー恋の解剖学（Grey's Anatomy）』、『ドクターハウス（Dr. House）』、『ER緊急救命室（ER）』、『プライベート・プラクティス　迷えるオトナたち（Private Practice）』、『ダナ＆ルー　リッテンハウス女性クリニック（Strong Medicine)』の5つの医療ドラマシリーズを選定した。

　視聴者は、コンドームと日焼け止めのような商品の特定ブランド名が使用されたドラマシリーズに対してネガティブな態度を示したが、商品の種類として両方の商品を使用する内容についてはポジティブに評価していた。また、性行為感染症と臓器移植と関連し、適切な行動をとらない登場人物がネガティブに描かれた内容をネガティブに評価し、中立的内容をより好む傾向がみられた。さらに、論争が続いている健康関連の問題に対しては、中絶の場合は、中絶に賛同または反対するストーリーより、中立的なストーリーに対し、より倫理的に望ましいと評価していた。整形手術の場合は、視聴者は、整形手術が推奨される内容に対し、最も非道徳的であると判断しており、次いで、整形手術に対する中立的内容、反

対する内容の順で非道徳的と判断していた。E-E は、健康の情報源として注目されているが、適切でない手法や戦略を採用することで、E-E の向社会的効果を減少させる可能性がある。このことから、アスビックブリスらは、健康関連の重要な情報源の一つである E-E の制作において説得手法や戦略の適切性を考慮する必要性があると考察している。

4．健康キャンペーンのフレームと効果

ここでは、健康キャンペーンのフレームとその効果について、望ましい健康行動の促進に関するレビュー研究と、望ましくない不健康行動の中止に関する実験研究を中心に紹介する。

健康キャンペーンのフレームと健康行動の促進

前述したように、望ましい健康行動の採用を促進するメッセージのフレームとして、利益フレームと損失フレームの影響に関心が集まり、多くの研究が行われてきた。先行研究についてレビューを行ったロスマンら（Rothman et al., 2006）によれば、健康行動を促進する情報のフレームは、対処行動をとることの効用の強調（利益フレーム）、対処行動をとらなかったときの損失の強調（損失フレーム）に大別できる。「**利益フレーム**」は、利益が得られることと、損失を被らないことが、「**損失フレーム**」においては、損失を被ることと、利益が得られないことが強調され、個人の利益や損失に焦点が当てられる。ロスマンらは、利益フレームは、病気を予防する行動を促進する際により効果的である可能性を指摘する。すなわち予防的行動は、健康を維持する機会を与え、病気のリスクを最小化するため、利益フレームのメッセージが、予防的行動に対する関心や採用を促進すると予測できる。例えば、皮膚がんを予防するため、日焼け止めの使用を勧めるメッセージにおいて、利益フレームが損失フレームより効果があったことが検証されている。これまでは、主に、日焼け止めのような健康行動の採用における研究と検証が行われてきたが、禁煙のような不健康行動の中止において、同様の効果が得られるかどうかははっきりしていない（Rothman et al., 2006）。

一方、ロスマンらは、損失フレームは、病気を調べる検査を受ける行動を促進する際により説得効果がある可能性を指摘する。ロスマンらによれば、これまでの研究で、損失フレームが、利益フレームより、乳がんのスクリーニング検査としてよく用いられるマンモグラフィや自己診断、大腸がんのスクリーニング検査

に対する関心や採用を促進する効果があることが明らかにされてきた。がんのスクリーニング検査の促進において、利益フレームがより効果的であるという研究は報告されていないが、研究によっては利益フレームと損失フレームの説得効果に違いがみられなかった場合もある。

　さらに、ロスマンらは、健康情報のフレームの効果は、受け手要因に左右される可能性を指摘する。損失フレームは、メッセージで取り上げられる健康問題への関与が高く、メッセージの情報を体系的に処理する場合、効果的である可能性があるという。利益フレームは、メッセージで取り上げられる健康問題への関与が低く、メッセージに対してヒューリスティックな情報処理を行う場合、説得効果が高い可能性があるとする。ロスマンらは、これについてはさらなる研究が必要であるが、予防的行動、検診行動両方において、メッセージにより注目させることで、メッセージで取り上げられる健康問題への高関与は、利益フレームと損失フレームの効果を増大することができると指摘する。

健康キャンペーンのフレームと不健康行動の中止

　次に、望ましくない、不健康行動の中止に影響するメッセージフレームについて分析したカンとリン（Kang & Lin, 2015）の研究を紹介する。この研究は、禁煙広告のフレームと視覚的**恐怖アピール**が禁煙意向に及ぼす影響を検討した。30代の男性喫煙者125名を対象に、禁煙広告におけるメッセージフレームと視覚的恐怖アピールが広告によって喚起される恐怖、脅威への評価、禁煙意図に及ぼす影響を分析している。実験は、2（利益フレーム、損失フレーム）× 2（視覚的恐怖アピールの有無）の実験参加者間デザインで、事前、事後テストが行われた。

　実験の結果、禁煙広告への接触で、広告によって喚起される恐怖の度合が高くなり、禁煙意向も高くなることを明らかにした。また実験参加者の楽観的バイアスは、利益フレーム条件、損失フレーム条件両方とも、禁煙広告に視覚的恐怖アピールが含まれていなかったときにより強いことが示された。さらに禁煙広告への接触前に表明した禁煙意向、禁煙広告接触後の喫煙による結果の深刻さの知覚が喫煙者の禁煙広告接触後の禁煙意向にポジティブな影響を与えることを明らかにした。

　以上、現代社会で生活者が直面するリスクという観点から、環境問題と健康問題に注目し、メディアにおける環境問題と健康問題のフレーミング、環境キャンペーンと健康キャンペーンのフレームとその影響について検討した。環境問題と

健康問題に関する情報源やメディアコンテンツの多様化により、リスクに関する情報を獲得し、対処していくうえで、環境問題と健康問題に関するメディアの情報を主体的に評価し、判断するメディアリテラシーは、リスク社会を生きる生活者にとってますます重要な能力となるだろう。

演習問題

1. 新聞、雑誌、テレビなどの環境広告を10件集め、本章で紹介している環境広告の内容分析研究を参考にし、分析してみよう。本章で紹介している研究との一致点または相違点について記述してみよう。またそれらの環境広告の表現が人々にどのような影響を与える可能性があるかについて考えてみよう。
2. 健康に関する情報源として、健康問題に関する報道、ドラマなどのエンタテインメント、健康問題に関する広告やキャンペーンは、どのような意味をもつか。本章で紹介している研究に基づいて考えてみよう。

さらに学ぶための文献・資料案内

関谷直也・瀬川至朗（編）（2015）. メディアは環境問題をどう伝えてきたのか：公害・地球温暖化・生物多様性　ミネルヴァ書房

C. エイブラハム・M. クールズ（編）竹中晃二・上地広昭（監訳）（2018）. 行動変容を促すヘルス・コミュニケーション：根拠に基づく健康情報の伝え方　北大路書房

引用文献

青池愼一（2007）. イノベーション普及過程論　慶應義塾大学出版会

Asbeek Brusse, E. D., Fransen, M. L., & Smit, E. G. (2015). Educational storylines in entertainment television: Audience reactions toward persuasive strategies in medical dramas. *Journal of Health Communication, 20*(4), 396-405.

Atwater, T., Salwen, M. B., & Anderson, R. B. (1985). Media agenda-setting with environmental issues. *Journalism Quarterly, 62* (Summer), 395-397.

Carson, L., Grove S. J., & Kangun, N. (1993). A content analysis of environmental advertising claims: A matrix method approach. *Journal of Advertising, 22*(3), 27-39.

Easterling, D., Kenworthy, A., & Nemzoff, R. (1996). The green advertising: A twenty-five year look at environmental advertising. *Journal of Marketing Theory and Practice, 4*(1), 20-34.

Grubb, A. (2003). The economics of Kyoto Protocol. *World Economics, 4*(3), 143-189.

Hall, E. T. (1976). *Beyond culture*. Garden City, NY: Anchor Press.

Hofstede, G., & Hofstede, G. J. (2005). *Cultures and organizations: Software for the mind* (2nd ed.). New York: McGraw-Hill.

Kang, J., & Lin, C. A. (2015). Effects of message framing and visual-fear appeals on smoker responses to antismoking ads. *Journal of Health Communication, 20*(6), 647-655.

小泉真人・オンクルタラクサ　ウォラワン（1999）. 日本・タイ・中国の新聞媒体における

環境広告の一考察　東海大学紀要文学部，*72*，78-96.

Lee, J. A.（2014）. Advertising ″global warming″: Verbal and visual communication in Japanese advertisements. Faculty of Social Innovation, Seijyo University, *Social Innovation Studies*, *9*（1）, 35-47.

永井健太郎（2015）. 地球温暖化へのメディア・アテンション：科学より重視される政治　関谷直也・瀬川至朗（編）メディアは環境問題をどう伝えてきたのか：公害・地球温暖化・生物多様性（pp.210-229）ミネルヴァ書房

Ongkrutraksa, W.（2002）. A content analysis of environmental advertising: Studies of Japanese, Thai, Chinese and American advertisements. *Asia Pacific Advances in Consumer Research*, *5*, 120-126. Retrieved on October 17 2013 from http://www.acrwebsite.org/volumes/display.asp?id=11778

Polonsky, M. J., Bailey, J., Baker, H., & Basche, C.（1998）. Communicating environmental information: Are marketing claims on packaging misleading?. *Journal of Business Ethics*, *17*, 281-294.

Rogers, E. M.（2002）. Diffusion of preventive innovations. *Addictive Behaviors*, *27*（6）, 989-993.

Rothman, A. J., Bartels, R. D., Wlaschin, J., & Salovey, P.（2006）. The strategic use of gain- and loss-framed messages to promote healthy behavior: How theory can inform practice. *Journal of Communication*, *56*（Suppl.）, S202-S220.

Sampei, Y., & Aoyagi-Usui, M.（2009）. Mass-media coverage, its influence on public awareness of climate-change issues, and implications for Japan's national campaign to reduce greenhouse gas emissions. *Global Environmental Change*, *19*, 203-212.

瀬川至朗（2015）. 3.11後の環境ジャーナリズム：地球温暖化報道はなぜ後退したのか　関谷直也・瀬川至朗（編）メディアは環境問題をどう伝えてきたのか：公害・地球温暖化・生物多様性（pp.117-151）ミネルヴァ書房

関谷直也（2009）. 環境広告の心理と戦略　同友館

Shanahann, J., Morgan, M., & Stenbjerre, M.（1997）. Green or brown? Television and the cultivation of environmental concern. *Journal of Broadcasting & Electronic Media*, *41*（3）, 305-323.

Singhal, A., & Rogers, E. M.（1999）. *Entertainment-education: A communication strategy for social change*. Mahwah, NJ: Lawrence Erlbaum Associates.

Sun, Y., Krakow, M., John, K. K., Liu, M., & Weaver, J.（2016）. Framing obesity: How news frames shape attributions and behavioral responses. *Journal of Health Communication: International Perspectives*, *21*（2）, 139-147.

高浦佑介・池田謙一（2013）. 環境広告の評価要因の社会心理学的分析：環境への関与、エコ商品への関与、メディア・リテラシーを用いて　環境科学会誌，*26*（4），366-373.

Tang, L., & Peng, W.（2015）. Culture and health reporting: A comparative content analysis of newspapers in the United States and China. *Journal of Health Communication*, *20*（2）, 187-195.

Tversky, A., & Kahneman, D.（1981）. The framing decisions and the psychology of choice. *Science, 211*（4481）, 453-458.

Xue, F., & Zhou, P.（2012）. Greener on the other side? A comparative content analysis of environmental claims in magazine advertisements in China and the United States. *Journal of Magazine & New Media Research*, *13*（2）, 1-18.

第14章 ファン

　皆さんは、誰かのファンになったことがあるだろうか？　対象は、ミュージシャン、スポーツ選手、俳優、タレントなどなど……。もちろん、映画、野球、サッカーなど、その対象が人ではなく、ある特定の作品や趣味カテゴリーだという人もいるかもしれない。あるいは、アニメやゲームに登場する架空の人物のファンだという人もいるだろう。

　いずれにしても、「ファンであること」は私たちの生活を楽しく、充実したものにしてくれる。お目当ての俳優が出演しているドラマをチェックして、雑誌に載っていれば購入し、切り抜いて保存して……。ミュージシャンであれば、新曲の発売日を心待ちにして、発売日になれば早速ダウンロード。でも CD に特典で付いている DVD も欲しいから、初回特典版を予約して購入。ジャケットを眺めてウットリしながら、次のライブのツアーでどのグッズを買おうかお財布と相談しながら計画を立てて……。想像するだけでワクワクする。どういう人物が対象か、どういう行動を楽しむのかにこそ違いはあれ、こういったファン活動は間違いなく楽しいものだ。人によっては、ファン活動に「生きがい」を感じる人もいるくらいだ。そう考えると、ファン心理やファン活動というテーマは、私たちの日常の重要な一部ともいえるだろう。

　一方で、「ファン」というのは、個人の楽しみのみならず一種の社会的な現象として捉えることもできる。そのあまりに典型的な例は、「SMAP 解散」をめぐる一連の騒動に見て取ることができる。SMAP は 20 年以上にわたってテレビ・ラジオ・新聞・雑誌など、ほぼすべてのメディアで圧倒的なプレゼンスを占めた稀有なアイドルグループであるが、2016 年 1 月になって各週刊誌やスポーツ紙が一斉に「SMAP 解散」を報じた。以来、事務所内の対立やメンバーの確執などいわば裏舞台のニュースが物語化され、テレビや新聞のみならずインターネット上で大いに交わされ、それに社会的・文化的な意味づけまでされて報じられた。一方ファンの間では、一種の署名活動のようなかたちで、SMAP の最も売れたシングル CD である『世界に一つだけの花』を購入し、一定の数を事務所や業界に見せることで、解散を思いとどまらせようという "運動" も自然発生的にスタートした。テレビや新聞といったメディアにとって大きな出来事であったのみ

ならず、ファンの間でも行動が惹起されたこの一件は、社会心理学の対象として
も十分検討する価値があるものである。

　なぜ、ファンの間でこのような現象が起きるのだろうか。本章では、まず
「ファン心理」の構造が社会心理学の諸研究ではどのように捉えられてきたのか
をみていくことにしよう。次に、ファン活動の中で、ファンは様々なメディアを
どのように利用しているのか、またメディアの変化がファンの行動や心理にどの
ような影響を及ぼしているのかについて理解を深めていこう。

1．ファン心理の構造

ファンになるきっかけ

　現在、誰かの、あるいは何かのファンであるという読者の方は、自分のその
"出発点"を考えてみてほしい。そもそも、どういったいきさつでファンになっ
ただろうか？　ファンになったきっかけを覚えているだろうか？

　小城（2002）が大学生297名に対して実施した自由記述形式の調査では、ファ
ンになったきっかけとして、"テレビで見て""ラジオで聴いて"など「メディ
アの影響」が全体の44.1％で最も多く、次いで"友達に勧められて""家族が
ファンだったから"など「周囲の影響」が37.1％であった。その他のきっかけ
としては、自分自身の趣味や興味がファン対象を知るきっかけとなってファンに
なったという「興味」が10.2％、「偶然」が8.6％であったという。

　このようにして、小城（2002）は、ファンになったきっかけがおおよそ「メ
ディアの影響」と家族や友人など「周囲の影響」に二分されることを見出したの
であるが、彼女はのちに、この結果は「コミュニケーションの二段階流れ仮説」
（Katz & Lazarsfeld, 1955=1965）にも合致し得る、興味深い知見であると指摘して
いる（小城，2004）。「コミュニケーションの二段階流れ仮説」とは、マスメディ
アの影響は、まずオピニオンリーダーに及び、オピニオンリーダーから集団の
「フォロワー」へと影響が伝わるというもので、カッツとラザースフェルドが提
唱したコミュニケーション論における重要な考え方である（コラム1参照）。確か
に、私たちは自分で偶然にある特定のファン対象と出会い、ファンになることも
あるが、友人をはじめとする周囲の人々が好きであるという理由でとあるファン
対象に興味をもちはじめることも、同じくらい多くあるように思える。カッツら
による理論は、このような実感とも合致している。

内集団／外集団

ファン活動に従事していると、ファン同士で親近感を抱きあったり、連帯感が生まれたりする。「自分は○○のファンである」という意識やファン集団に対する所属意識も芽生え、中にはファンであることを自分のアイデンティティの重要な一部であると感じる人もいる。

ファンであれば、ファン対象や自分が所属しているファン集団を肯定的に評価したり、賞賛したりすることは容易に理解できよう。しかし、中にはそれ以外の対象や集団を否定したり差別したりする方向へ行動を起こす者もいる。例えば、オリンピックやサッカーのワールドカップなどの試合において、私たちは「われわれは日本人だ」という意識のもと連帯し、ともに日本チームを熱心に応援したり、そのプレーを賞賛したりする。一方で、一部の人々は対戦相手のチームメンバーを罵倒したり差別的な発言をしたり、その国を応援している人々を否定的に評価したりする。

このような現象は、社会心理学における「内集団／外集団」の概念によって説明することができる。内集団とは自分が所属する集団（日本チーム）、外集団とはそれ以外の集団（対戦相手のチーム）のことを意味する。人々はポジティブな自分の（集団）アイデンティティを維持するために、自分が所属する集団（内集団）をそれ以外の集団（外集団）よりも高く評価する。これを内集団ひいき（in-group favoritism）あるいは内集団バイアス（in-group bias）という。例えば、客観的にみて技術的にも試合に臨む態度にも応援の仕方にも差がないと思われるチーム同士であっても、内集団に対してはフェアプレーである、技術が優れている、サポーターも礼儀正しいといった評価をし、外集団に対してはフェアではない、人格が劣っている、ずる賢い、応援が下品であるといった評価をする。このようなファンにみられる偏った評価は、この内集団バイアスに起因していると考えることができるのである。

様々なファン心理

ひとことでファン心理といっても、そこにはきわめて多様な感情が存在している。芸能人に対しまるで恋心に似た感情を抱くようなファン心理もあれば、尊敬の念を抱いたり、人生の目標にしたりするような、憧憬の対象としてのファン心理もある。対象のどの側面に惹かれるかは様々であり、そのファン対象に直接会った場合にも、失神したり、涙したりといろいろな反応となって現れてくる。

このようにファン心理が様々な形をとりうることは、おそらくみなさんも経験的に知っているのではないだろうか。それは日常生活における恋愛と同じで、誰かを好きになるとき、「顔が好み」「スタイルがいい」と外見的な魅力に惹かれて相手を好きになる人もいれば、「優しい」「気が合う」「趣味が合う」というように、相手の内面に惹かれて好きになる人もいる。「相手が自分を好きだと言ってくれたから」好きになるという人もいるかもしれない（心理学ではこれを「好意の返報性」という）。ただ、日常生活における恋愛関係と、ファンとファン対象の関係とで決定的に異なるのは、後者はマスメディアを介した間接的な関係であり、直接コミュニケーションをとることはほとんどないということである[1]。

　社会心理学の領域では、1980年代からファン心理に関する研究が蓄積されてきている（小城, 2010）。例えば、プロ野球ファンのファン心理に関する一連の研究（広沢ら, 2006；広沢・小城, 2005；井上ら, 2006；岩井ら, 2006；小城・広沢, 2005）や、宝塚の男役の女性ファン層とファンでない層に意識調査を行い宝塚ファンの性格や家族関係の特徴などを分析した研究（上瀬, 1994）、大相撲ファンへの意識調査により大相撲ブームの心理的背景やファン意識の形成過程について検討を行った研究（上瀬・亀山, 1994）などがあり、その中心は、ある特定のファン心理に焦点を当てた事例研究である。いくつか例をみてみよう。

特定のファン心理

　広沢ら（2006）は、20代から50代までのプロ野球ファン800名を対象にインターネット調査を実施し、プロ野球ファンのファン心理にはどのようなものがあるか、その類型化を試みている。彼らの調査の結果、プロ野球ファンのファン心理は、①尊敬・憧れ、②共依存的感情、③ファン・コミュニケーション、④熱狂的ファンの弱さへの両価感情、⑤疑似恋愛感情、⑥不安定性への魅力、⑦メジャー志向、⑧Bクラス的戦力への魅力、⑨強さの魅力の9つに分類されることが明らかになった。

　このように、「プロ野球」という限定された範囲にみられるファン心理だけでも、ファンとして惹きつけられる要因は実に多様であることがわかる。この多様性を実際の、具体的な状況に当てはめて考えてみると、プロ野球が社会的に強い影響力をもっていた昭和40年代は、ジャイアンツが9年連続で優勝する大変強い時代であり、ジャイアンツのファンはこの「強さ」のファンであり、またその

---

[1]　メディアの多様化により、このようなファンとファン対象との関係のあり方にも変化がみえはじめている。詳しくは最終節を参照されたい。

主力選手であった長嶋、王といった選手の「かっこよさ」のファンであった。しかし、野球ファンはすべてそうか、というとそうでもなく、例えば当時は弱小球団の代名詞だったスワローズのファンはその「弱さっぷり」のファンでもあり、あるいはそんなチームがたまにはジャイアンツに勝つ「意外性」のファンでもあった。さらにいえば、例えばカープなどは、東京から離れた地方都市という「共感性」のファンが多かっただろう。

　別の研究では、歌手の小田和正のファン心理について、質問紙調査を用いて検討している（上野・渡辺, 1994）。幅広い世代に今も人気のある小田和正だが、調査の結果、そのファン心理には①曲で想いを支える、②小田和正を崇拝する、③声・メロディのやさしさにひかれるという3種類の要因が存在することが明らかにされている。また、調査対象の女子大生と愛好会のメンバーとでは好きな曲が分かれるというデータも示されている。すなわち、一般的なファンと、より「コア」なファンとでは、ファン対象への向かい方に違いがあるのだ。

　これらの研究は事例研究であり、ある特定の領域のファン心理について理解を深めることに成功している。一方で、他の領域のファン心理も含めた、より抽象的で一般的な「ファン心理」全般について検討した研究も存在する。

一般的なファン心理

　小城（2004）の研究は、それまでの事例研究を包括する形で、個別の対象に限定されない一般的なファン心理全般の構造を解明した。そこではファン心理の下位側面として①作品の評価、②疑似恋愛感情、③外見的魅力、④同一視・類似性、⑤ファン・コミュニケーション、⑥流行への同調、⑦尊敬・憧れ、⑧流行への反発・独占の8因子があることが明らかにされている。さらに小城（2018）は、近年のメディア状況や社会状況をふまえたうえでファン心理尺度の改訂版を作成し、その心理構造を解明しているので紹介しよう。

　小城は18〜26歳の男女380名に、もっとも好きな有名人1人を挙げてもらい、それを「A」として、Aの魅力を尋ねた96項目に5件法で回答してもらった。小城は、調査で得られたデータに対して因子分析を行い、ファン心理は①ファン・アイデンティティ、②育成の使命感、③作品の評価、④流行への反発、⑤人間性の評価、⑥ファン・コミュニケーション、⑦外見的魅力、⑧隠れファン、⑨疑似友人、⑩流行への同調の10の因子に分類されることを明らかにした（各因子を構成している主な質問項目は、表14-1を参照）。

　また、小城の分析では、ファン心理の主軸が「作品の評価」「外見的魅力」「疑

表 14-1　ファン心理 10 因子と主な質問項目（小城，2018 をもとに作成）

因子	主な質問項目※
ファン・アイデンティティ	A は，自分の人生に強い影響を与えていると思う A は，私の生活の一部になっている A のいない人生は考えられない　他
育成の使命感	A を大きく成長させることが自分の務めだと思っている A のことを本当に理解しているのは自分だけだ A を自分が育てているような気持ちで応援している　他
作品の評価	A の作品（歌・演技・プレーなど）が好きである A の作品（音楽・本・演技・プレーなど）は心に残る A の作品（音楽・本・演技・プレーなど）の世界に引き込まれる　他
流行への反発	A には有名になってほしくない A が流行することが嫌だ A が今以上に有名になってしまったら，よい気分がしない　他
人間性の評価	A は自分の目標としたい人物である A のような生き方をしたい A には，共感できる要素が多い　他
ファン・コミュニケーション	私は，他の A のファンがとても好きである 他の A のファンに親近感を感じる A のファンに愛着を感じている　他
外見的魅力	A の顔が好きである A は目鼻立ちが整っている A はスタイルがよいと思う　他
隠れファン	A のファンであることは，あまり大っぴらにしたくない A のことは心の中にひそかに応援しているだけで，他人には言いたくない A のファンだということを周囲には隠している　他
疑似友人	友だちとして A と遊びたい A と友だちになりたい 友人として，A に身近にいてほしいと思う　他
流行への同調	A は知名度が高いから好きだ A は世間一般に人気があるから好きだ A の人気がなくなったら興味がなくなると思う　他

※「ファン・アイデンティティ」と「育成の使命感」は 1 つの因子として抽出されたが，その後の下位因子分析によって 2 因子構造と判断された。
※因子負荷量の高い 3 項目を記載した。

似友人」ついで「人間性の評価」であることも明らかにされている。なお，尺度改訂前の研究では，ファン心理の主軸は「作品の評価」と「尊敬・憧れ」の 2 因子であった（小城，2004）。一方，中高生を対象にした川上（2005）の研究においても同様にファン心理の構造について検討されているが，こちらの研究でファン心理の主軸として機能しているのは「なりたい対象への気持ち」と「恋愛感情様相」の 2 因子であった。小城（2004）と川上の研究の間でファン心理の構造が一致していないことについて，川上は，調査対象者の年代の違いに起因している

のではないかと考察している[2]。

　さらに小城の研究（2018）では、ファン対象の職業とファン心理との関連についても言及されている。ファン対象Aの職業が質問紙に提示した7項目（ミュージシャン、アイドル、俳優、声優、お笑い芸人、スポーツ選手、作家・漫画家）にそれぞれどの程度該当するかを4件法で尋ねたうえで、ファン心理の10の下位尺度との相関を検討したところ、ミュージシャンとアイドルについては多くのファン心理の下位尺度との相関が認められたという。とくにミュージシャンに関しては「人間性の評価」との相関が最も高く、アイドルに関しては「育成の使命感」や「ファン・アイデンティティ」との相関が高いという結果であった。一方、俳優に対しては「外見的魅力」以外は負の相関であったという。ミュージシャンやアイドルは「作品（音楽）の評価」や「外見的魅力」との相関が高いのではないかという推測も自然なように思われるが、実際には「人間性の評価」や「ファン・アイデンティティ」をはじめさまざまな心理的側面とのかかわりがあった。俳優についても、その「外見的魅力」にファンが惹かれるという点は容易に理解できるが、本業である演技を含む「作品の評価」をはじめとする他のファン心理とは負の相関関係にあることから、ファン対象の職業そのものに直接かかわる側面がとくに着目されてファン心理が構成されるわけではなく、職業の周辺の部分（人間性など）に対する印象もファン心理を形づくる重要な構成要素になっているようだ。小城は2001年にも類似の調査を行っており、そこではファン対象の職業がアイドルや俳優の場合には相対的に「疑似恋愛感情」や「外見的魅力」のスコアが高くなることなどが明らかにされていた（小城，2005）。この結果をみると、2018年の研究よりも、2001年当時のほうがファン心理のありようがシンプルであったように感じられる。もちろん、質問方法が若干変更されていることも影響しているかもしれないが、2001年と2018年の間で、一部の有名人の職業がマルチ化してきたことや、アイドルの位置づけの変化などにともない、ファン心理を構成する要素も複雑化してきているように思われる。

　ファン心理の構造に話を戻そう。上にみてきたようなファン心理に関する諸研

---

[2]　川上（2005）は、中高生を対象とした自身の研究結果においてファン心理の主軸として認められた要素が、大学生を対象とした小城の研究結果と一致しなかったことこそが、中高生の思春期・青年期心性を反映しているのではないかと主張している。すなわち、『なりたい対象への気持ち』は、エリクソンらによって当該年代の発達のテーマとして掲げられている「同一化」という心理機制をもとに考えると、中高生が「同一化」する対象の一つとしてファン対象が選択されている可能性があるとしている。また、『恋愛感情様相』に関しては、中学女子と高校女子との間でファン対象への恋愛感情に違いがみられたことから、当該年代のファン心理における恋愛感情とその他の年代のそれとは異なる様相なのではないかとの見解を示している（川上，2005）。

表 14-2　各研究におけるファン心理の構造

研究者	広沢ら（2006）	小城（2004）	小城（2018）	川上（2005）	向居ら（2016）
研究対象	プロ野球ファン	一般的ファン	一般的ファン	一般的ファン	一般的ファン
調査対象年齢	20代〜50代	大学生	18〜26歳	中学生・高校生	大学生・社会人
ファン心理の構造	①尊敬・憧れ ②共依存的感情 ③ファン・コミュニケーション ④熱狂的ファンの弱さへの両価感情 ⑤疑似恋愛感情 ⑥不安定性への魅力 ⑦メジャー志向 ⑧Bクラス的戦力への魅力 ⑨強さの魅力	①作品の評価 ②疑似恋愛感情 ③外見的魅力 ④同一視・類似性 ⑤ファン・コミュニケーション ⑥流行への同調 ⑦尊敬・憧れ ⑧流行への反発・独占	①ファン・アイデンティティ ②育成の使命感 ③作品の評価 ④流行への反発 ⑤人間性の評価 ⑥ファン・コミュニケーション ⑦外見的魅力 ⑧隠れファン ⑨疑似友人 ⑩流行への同調	①なりたい対象への気持ち ②人生、生活への被影響感・生きがい／犠牲的好意 ③作品への評価／恒常的な好意 ④恋愛感情様相 ⑤外見への好意 ⑥同対象への好意を持つもの同士がコミュニケーションを楽しむ気持ち ⑦類似性・同一視／人間性への関心 ⑧私生活への関心 ⑨流行への同調心 ⑩流行への反発心／独占願望	①熱狂・熱愛 ②作品への評価 ③外見への好意 ④目標・共感・同一視 ⑤ファン・コミュニケーション ⑥流行への同調

注：川上（2005）の研究では「好きな対象への気持ち尺度」、向居ら（2016）の研究では「ファン態度尺度」として測定されている。

究から、広沢ら（2006）や上野・渡辺（1994）のような事例研究でみられるファン心理の構造と、小城が示したような一般的なファン心理の構造では、その要素に一致するものとそうでないものとが存在することがわかる（表14-2）。例えば、広沢らと小城（2018）の研究結果を比較すると、「ファン・コミュニケーション」「尊敬・憧れ（小城の研究では『人間性の評価』）」などは、どちらにも共通して見出されるファン心理であり、様々なカテゴリーで、ファン心理の要素として広く見出されうる部分であることがわかる。一方、広沢らの研究に独自でみられたもの、すなわち、「共依存的感情」「熱狂的ファンの弱さへの両価感情」「不安定性への魅力」などは、プロ野球という対象ジャンルでの独自のファン心理の特質である可能性が高い。ジャンルを越えて共通している魅力と、ジャンル独自の魅力とが合わさって、それぞれのファン対象がファンを惹きつける魅力を構成しているのだ。

　もう一つ、別の視点からこれらの結果をみると、ファン心理が大きく以下の2つの軸から構成されているともいえる。

　ひとつは、ファンにとってファン対象がどのような存在であるのかをあらわし

ているもの、すなわち、「ファンが対象をどう思っているか」という軸である。もう一つはファンとファン、もしくはファンと社会、というふうに、ファン同士がもつ関係性である。ファン同士は、ファン対象を媒介として、他者や社会とどのような関わりをもつか、というものである。

便宜的にそれぞれを「ファン対象志向」、「ファン間関係志向」と表現するとすれば、前者には「作品の評価」「疑似恋愛感情」「外見的魅力」「同一視・類似性」「尊敬・憧れ」といった因子が、後者には「ファン・コミュニケーション」「流行への同調」「流行への反発・独占」といった因子が含まれる。

「ファン対象志向」は、「広瀬すずに憧れる」「ワンオクのライブで感動する」など、「ファン」という言葉でイメージされるいたってオーソドックスなファン心理である。一方で「ファン間関係志向」は、同じ対象を愛好する者同士が、その対象について会話を交わす、メールのやりとりをするなどして盛り上がるようなことを捉えている。

そして、前者は主にマスメディアによって（場合によってはファン対象自身のSNSなどを通じて）、後者は主にSNSなどに代表されるようなパーソナルメディアを通じて充足させられているのがメディア技術やサービスが発達した現在の姿だといえよう。

ファン心理を構成する因子は多くあるが、すべてのジャンルに普遍的な因子と個別的なものとがあり、それらが「ファン対象志向」「ファン間関係志向」の軸の中でそれぞれ機能しているのが、ファン心理の構成としておおまかに把握できることになる。

2．ファンのメディア利用

ファン心理とメディア利用行動

ここからは、ファン心理とメディアの関わりをみていきたい。上述のように、ファン心理が「ファン対象志向」と「ファン間関係志向」の2つに大別されると分析するならば、前者はマスメディア、つまり一斉同報型のメディアによって、後者はパーソナルメディア、つまりSNSをはじめとしたインターネットなどの双方向性の高いメディアによって関係が構築されていると考えられる。この視点を、従来の研究と照合しつつ、ファン心理とメディア利用行動との関係をみていこう。

向居ら（2016）の研究では、ファン心理（向居らはファン態度と呼んでいる）と

表 14-3　ファン行動 2 因子と質問項目（向居ら，2016 をもとに作成）

因子	質問項目
一般的ファン行動	・A に関する情報は、テレビ・雑誌・SNS などでまめにチェックしている ・A が出ているテレビ番組（ドラマ・映画・音楽番組・バラエティ・試合中継等）は必ず見る ・A の作品（CD・本・ビデオなど）は、必ず買う ・暇さえあれば、A の作品（音楽・本・演技・プレーなど）を見たり聴いたり読んだりしている ・A のイベント、コンサート、試合、映画などに足を運ぶ ・A が出演している CM の商品や、A が使用している商品を買う ・友人と、A に関する話をすることが多い ・友人や家族に、A や A の作品のことを積極的に宣伝している ・A の作品（CD・本・ビデオなど）をよく友人にあげたり、貸したりする
積極的ファン行動	・A 自身の SNS、ホームページ、ブログなどにコメントを書き込む ・SNS で知り合った A のファンと一緒にイベント、コンサート、試合、映画などに行く ・A にファンレターを書いたり、プレゼントを贈ったりする ・A と同じような言葉遣いや話し方になってきた ・A の「追っかけ」をしている ・A の作品（CD・本など）を持ち歩いている ・SNS で頻繁に A のことを投稿したり、共有（リツイートやシェアなど）したりする ・文具や小物など、A のグッズを持ち歩いている ・SNS で A のファンと「友達」になったり、「フォロー」し合ったりする ・A の作品（音楽・本・プレーなど）を手本に、真似たり、練習したりしている

ともに「ファン行動」を測定するための尺度を作成している。手順としては大学生と社会人 337 人に、先行研究を参考に作成したファン行動項目（27 項目・6 件法）に回答してもらう（ファン行動に関する質問は調査の一部であり、調査全体では他の内容についても尋ねている）。収集したデータに対し因子分析を実施し、多重負荷している 8 項目を削除し、「一般的ファン行動」と「積極的ファン行動」の 2 因子を抽出している（項目の詳細は**表 14-3** を参照）。一般的ファン行動にはマスメディアや SNS からの情報収集や、出演しているテレビ番組の視聴、作品の鑑賞、友人との会話で話題にしたり、作品を貸したりするといった行動が含まれている。一方、積極的ファン行動は一般的ファン行動よりも強い能動性が感じられる行動であり、SNS 等への書き込みや共有、「追っかけ」行動、SNS でファン同士がつながる、作品やグッズを持ち歩くなどといった行動が含まれる。

　この研究に「ファン対象志向」と「ファン間関係志向」という見方を導入すれば、以下のようなことがいえる。すなわち、「一般的ファン行動」と「積極的ファン行動」の双方に、「ファン対象志向」につながるマスメディア利用の要素と「ファン間関係志向」につながる SNS 利用の要素があるが、その詳細を見て

いけば、一般的ファン行動の多くでは、テレビや雑誌、本やCDなどのマスメディアがより重要な役割を担っていることがわかる。また、「積極的ファン行動」について向居らは、SNSを通じた行動が多く含まれていると指摘しており、マスメディアの利用が中心であった一般的ファン行動とは対比をなしている。

　さらに向居らはファン心理（ファン態度）がこれらのファン行動にどのように影響しているのかを明らかにするために、ファン態度尺度の6因子の尺度得点（6因子については表14-2を参照）を説明変数として、ファン行動尺度の2因子の尺度得点それぞれを目的変数とした重回帰分析を実施した。結果は表14-4のとおりである。概要をまとめると、「一般的ファン行動」と「積極的ファン行動」の両者とも、ファン態度の「熱狂・熱愛（Aに対する強い愛情）」の影響を最も強く受けていた。それ以外に影響を与えたファン態度因子は、それぞれの行動因子で異なり、まず「作品への評価」と「ファン・コミュニケーション」を重視することが一般的ファン行動に影響を及ぼしていた。これに対し、積極的ファン行動は「目標・共感・同一視」から正の影響を、「外見への好意」から負の影響を受けていた。つまり、ファン対象を目標としていたり、共感・同一視する気持ちが強い人ほど、そして外見をそれほど重視していない人ほど、積極的なファン行動をとっているということである。この向居らの研究から考えられるのは、ファン対象を強く好きだと思う気持ちが前提にあることは共通しているが、それに加えて作品自体を評価したり周囲との共有によって盛り上がる気持ちが「一般的ファン行動」につながっており、ファン対象本人の内面的部分により強く感情移入したり惹かれたりした際に行われるのが「積極的ファン行動」であるということである。

ファン行動におけるインターネットの活用

　ファン活動において、ファン対象の情報やパフォーマンスが発信されるマスメディアは欠かせないものであるが、それと同等にインターネットの存在も重要である。当然のことながら、インターネットもマスメディアと同様に情報収集や作品鑑賞といったファン活動に活用される。その一例として、魏・陸（2014）は、中国語圏のジャニーズファンのファン活動について調査を行っている。日本と比較すると、中国語圏のファンたちがマスメディアから入手できるジャニーズアイドルの関連情報はかなり限られており、グッズや映像などの入手も困難な環境下にあるが、ファンの一部の人たちは「Weibo（ウェイボー）」（中国版Twitterともいうべきミニブログサービス）でジャニーズ系のアカウントをフォローし、更新さ

表14-4　ファン態度（ファン心理）6因子とファン行動の重回帰分析結果（向居ら，2016 を
もとに作成）

	一般的ファン行動			積極的ファン行動		
	β	偏相関	t 値	β	偏相関	t 値
熱狂・熱愛	.71	.70	18.68**	.74	.63	15.79**
作品への評価	.19	.27	5.29**	-.05	-.05	-1.04
外見への好意	-.06	-.10	-1.95	-.11	-.15	-2.96**
目標・共感・同一視	-.05	-.07	-1.34	.13	.13	2.57*
ファン・コミュニケーション	.18	.26	5.12**	.08	.10	1.93
流行への同調	-.01	-.02	-.42	-.03	-.04	-.82
R^2		.78**			.66**	
調整済 R^2		.77**			.66**	

*$p < .05$.　**$p < .01$

れた情報を自動的に入手しているという。ツイートのコメント機能で交流したり、
リツイート機能で情報をさらに伝達させていくことも可能なのに加え、スマート
フォンの端末などで頻繁にチェックできるため、その利便性からも広く普及して
いる（魏・陸，2014）。このようなインターネットの存在はファンにとっての情
報源であるだけでなく、アーティストが国境の壁を超えてより広く活躍するため
の足がかりとしても機能しており、またファン同士の交流を従来以上に拡大させ
ている。

　情報収集や作品鑑賞をはじめとしたファン活動は、ファン対象を見て満足する
ファン心理という内面的な、言い換えるならば関心がファン対象そのものに向い
ている「ファン対象志向」型のファン活動として捉えられるが、さきにみたよう
に、ファン活動、ひいてはファン活動におけるメディア利用は必ずしも「ファン
対象と私」という閉鎖的な関係性にとどまるものばかりではない。インターネッ
トの時代にはより開放的な領域が広がっていることは十分実感できることである。
ここからは、「ファンとファン」「ファンと社会」といった「ファン間関係志向」
的なファン活動におけるメディア利用の様相を、研究を通してみていくことにし
よう。

　さきにみた魏・陸（2014）の研究では、中国人のファン同士がオンライン匿名
コミュニティで交流を深め、オフラインの友人関係に発展するケースがかなり多
いと報告されている。中国では、日本のようにアイドルを「オッカケ」るチャン
スがめったにないので、ファン同士のコミュニティ作りもインターネットが主な
ルートになるという。さらに、そのコミュニティは、ときにアイドル関連の内容

コーダー間信頼度

　新聞記事やテレビ番組などのメディアコンテンツに、どのような特徴があるかを調べる**内容分析**（contents analysis）という方法がある。チェックする項目とその項目の要素をあらかじめ決めておき、それをすべての分析対象に対して一律に適用することで、項目ごとの要素の出現頻度などを計量的に調べる方法である。例えば、テレビドラマの登場人物の社会階層（項目）を調べようとする場合、分析対象としたすべてのドラマの登場人物に対し、「①上、②中、③下」（要素）のどの社会階層に属するかを判断し、「テレビドラマでは上流階層の登場人物が〇〇％出ている」などの集計結果を出していくのである。この場合、登場人物の社会階層に対する研究者の判断が、恣意的なものだったということになれば、分析の結果は研究者の主観的な印象にすぎないということになり、テレビドラマの客観的な特徴を捉えたものではなくなってしまう。したがって、内容分析研究においては、チェック項目に対する研究者の判断が、どれくらい「客観的な」ものだったのかを示す必要がある。その「判断の客観性」を示す指標が、「コーダー間信頼度」というもので、いくつかの計算方法が存在する。**コーダー**（coder）とは、チェック項目に対する判断をして、その判断を数値などのコードにして記入する者をいう。

　最もわかりやすいコーダー間信頼度の計算方法は、研究者ともう一人のコーダーとの間でどれくらい判断が一致しているかをパーセントで表すやり方である。登場人物 100 人の社会階層を判断した結果、研究者ともう一人のコーダーとの間で 95 人の登場人物に対して判断が一致したとすれば、コーダー間信頼度は 0.95、すなわち一致率 95％ということになる。こうなれば、研究者の判断は、少なくとももう一人の人間との間では、「客観的な」ものであったということになる。もう一つの計算方法は、コーダー間の判断が偶然に一致する確率を考慮するやり方である。研究者ともう一人のコーダーが、実際には何も考えず、登場人物の社会階層をランダムに分けたとしても、選択肢が 3 つしかないので 3 分の 1 の登場人物に対しては、たまたま判断が一致してしまう可能性がある。そこで、この偶然に一致する確率を差し引いて、判断の「本当の」一致度を計算する方法が考案されている。スコット（Scott, 1955）の *pi* は、そのような方法の一つであるが、次のような計算式を用いる。$\pi = \dfrac{P_o - P_e}{1 - P_e}$　この式で、P_o はコーダー間の一致率、P_e は偶然に一致する確率を表す。

にとどまらず、実生活に関する交流に拡大する傾向がみられ、ファンコミュニティでありながら、ファンという身分を脱した一般的なコミュニティにもなっているという。魏・陸はこの現象について「『ファン同士の集まり』よりも、『同じ趣味をキッカケとした交友関係』であると認識したほうがより妥当だと考えられる」（p.76）と評している（この点については、「第16章　オンライン・コミュニケーション」も参照されたい）。

　このように、インターネットとそこで構築される人的ネットワークというものは、ファン活動を継続していくうえで重要な資源となっている（魏・陸, 2014）だけでなく、ファン活動をきっかけとして、それ以外の私生活におけるネットワークの拡充にもつながっているといえる。もちろん、このようなインターネットを駆使したファンネットワークの形成は、日本国内においても同様にみられる現象である。

　実はこうしたファンネットワークの形成はインターネットが普及する以前からすでにファンの間で行われていた。インターネットではなく何を使って人的ネットワークを広げていたかというと、「手紙」である。昔は雑誌内でペンフレンド（ペンパル）募集などが掲載され、そこで共通のファンを見出して文通したり一緒にコンサートに出かけるといった行動が広く行われていた（信じられないかもしれないが、当時はペンフレンドを募集するために投稿者は自分の名前や住所を雑誌に掲載していたのだ）。しかしインターネットの登場は、手紙などに比べて、ファン対象をどのように共有しているか、といった情報を得やすくし、パーソナルメディアの発達はファン間関係志向的な活動を促進した。また、海外のファンであれば、マスメディアからの情報が限られている環境下であるため、なおさらインターネットを利用する時間は長くなる。その中で、ファン対象志向的な情報を入手するだけでなく、ファン間関係志向的な人的ネットワークを広げたりすることは多いかもしれない。

ファンによるメディアの生成①——同人誌・コミックマーケット

　ファン活動には、上記でみてきたもの以外に、「ファンがメディアを生成する」という動きもみられる。これもファン間関係志向的な活動の一環とみることができる。

　ファンが生成するメディアをめぐるコミュニケーションには、大きく分けてポジティブなものとネガティブなものがある。

　ファンが生成するポジティブなメディアとして代表的なものは「同人誌」であ

ろう。同人誌の多くは、既存のマンガ、アニメ、ゲーム作品をベースとした二次創作のマンガや小説のことである（玉川，2007）。基盤となる設定はマスメディアからの情報であるが、そこから「外伝」的なストーリーを発展させ、まったく別の作品を作り出しているという点で、同人誌はファンによる積極的なメディア生成といってもよいだろう。別の言い方をすれば、「同人誌はファンが自らの作品への愛を表現するメディア」（玉川，2007，p.13）といえる。そのような作品を持ち寄り、共有し、ファン同士で交流を行う場が同人誌即売会、いわゆるコミックマーケットである。

　コミックマーケットとは同人誌の売り買いを行う同人誌即売会で、1975年から始まった（小林，1999）。同人誌自体は、小説や俳句、短歌などの同好の士、とくにある傾向を同じく好む同好のメンバーが集まり私的に雑誌を作ることをいい、これ自体は明治の文芸誌『白樺』など文学史の中で大きな影響をもったものもあるが、ここでいう「同人誌」は漫画やアニメ、ゲームなどをもとにして、愛好者の間で共有することを目的に二次創作された雑誌のことである。こういった二次創作（対象となる漫画の登場人物によって別のストーリーを展開するなど）された同人誌を交換する場がコミックマーケット、コミケである。

　漫画やアニメなどは、雑誌やテレビといったマスメディアから流れてくるものであり、視聴者は久しくそれを受動的に見るのみであった。しかし同人誌やコミケなどの場が用意されることにより、受け手であった読み手に自律性が生まれた（平井，2014）。同人誌はそうした自律性の象徴とみることができる。

　一方で、二次創作である同人誌にあっては、オーディエンスによるオリジナル作品のキャラクターや状況設定の流用という実態もある。正統派の漫画の登場人物を使って卑猥なストーリーを展開するといったイメージもあり、同人誌はネガティブな印象をもたれている面もある。しかし、ファンによる自由なテクストの解釈およびその共有によって、オリジナル作品の存在のみで見込むことのできる以上の社会的影響やムーブメントが生起する可能性が拓けることも事実なのである。

　コミックマーケットをファンカルチャーの中に位置づけ、単に雑誌としての同人誌などメディア媒体が交換されるマーケットとしてのみならず、その「場」としての機能に焦点を当てた分析を行った玉川（2007）によると、「アメリカではファンジン（ファン＋マガジン）と呼ばれるように、同人誌はファンによるメディアである。ファンによる作品の紹介や批評、ファンクラブの会報、二次創作の発表の場として、ファンジンはファン活動に深く結びついている」（p.14）。またか

つて同人誌は漫画やアニメのファン、世間からは「おたく」と呼ばれていた人たちの集まりが製作するものとみられていたが、最近のコミケでは芸能人やスポーツ選手のファンが同人誌を製作している。漫画やアニメに限らず、様々なジャンルのファンが同人誌を核として集まってきている。

　こうしたメディアを介したコミュニティ形成が、新たな積極的活動として捉えられる。このファンのコミュニティは、地理的に同じ地域に住んでいることに基盤を置くものではなく、伝統的な意味でのコミュニティとは様相が異なる。地縁的な結びつきではなく、同じ趣味をもつ者が集団となりコミュニティを形成している。同人誌という、あるテクストを解釈することで集まったコミュニティが、ファンダム的な、ファンにとっては日常から離れた「第三の場」を用意することで、新たな展開を示しているのである（玉川，2007）。

ファンによるメディアの生成②——「怪文書」の事例

　一方で、こうしたファンによるメディアの生成活動にはネガティブな一面もある。いわば「ウラ情報」を通じて、対象のみならずファンの価値を貶める活動も出てきている。この象徴が「怪文書」だ。

　辻（2006, 2007）は、ファンたちの「ネガティブ」なコミュニケーションの実態を把握するために、誹謗中傷を目的にかわす「怪文書」について、計量的な内容分析を行っている。この「怪文書」とは、ジャニーズ系男性アイドルのファンたちが他のファンやアイドルを誹謗中傷するために作成したものであり、マスメディアから受動的に情報を授受する「情報収集」のファン活動とは対極的な位置にある、まさに積極的な発信型のファン活動であるといえよう。

　辻は1枚1枚の「怪文書」について、「怪文書」のテーマ（7つのテーマ）および「怪文書」の主要属性（「形式」上の特徴と「内容」上の特徴[3]）の各項目をカウントし、全体的および基本的な傾向の把握を行っている。ここではテーマについての分析結果をみてみよう。

　辻は「怪文書」のテーマが主に、①「ウラ情報の伝播」②「アイドルの個人情報の流出」③「他のファンへの攻撃」④「女性アイドルへの攻撃」⑤「ジャニーズ系アイドルへの攻撃」⑥「彼女への攻撃」⑦「交際の妄想」に分類できることを明らかにした。テーマ別に怪文書の割合を示したものが図14-1である。また、①②を「ウラ情報」、③～⑦を「他者攻撃」としてまとめ、その割合を集計した

---

[3]　「形式」上の特徴とは、発行年月日、発信者、大きさ、作成方法、表記形式などを指す。「内容」上の特徴とは、写真や図表の有無、情報源、登場人物などを指す（辻，2006）。

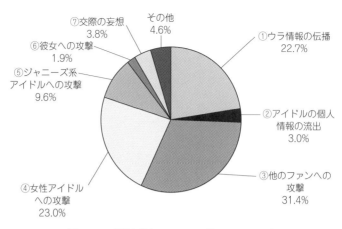

図 14-1 「怪文書」のテーマ（辻，2006，p.11）

①ウラ情報の伝播
22.7%

②アイドルの個人
情報の流出
3.0%

③他のファンへの
攻撃
31.4%

④女性アイドル
への攻撃
23.0%

⑤ジャニーズ系
アイドルへの攻撃
9.6%

⑥彼女への攻撃
1.9%

⑦交際の妄想
3.8%

その他
4.6%

ところ、「ウラ情報」が 25.7%、「他者攻撃」が 69.7% を占めていた（図 14-2）。
辻は、ジャニーズ系のファンの特徴として、自分（＝ファン）とアイドルの関係、
さらに自分（＝ファン）と他のファンの関係における満足の方が、歌詞の内容や
その表象に対する憧れや自己投影よりも強いと述べ、その傾向を「関係性の快
楽」と呼んでいるが（辻，2006）、この「怪文書」のテーマの割合を示した結果
にも、その傾向が関連していると指摘している。つまり、「なにがしかの『デキ
ゴト』にたいするあこがれや自己投影というよりも、むしろ『ヒト（＝他者）』
との関係に対する関心のほうが多くを占めている」（辻，2006，p.13）ということ
である。

　また、辻は怪文書が製作される動機として、ファンとアイドルの関係を維持す
るという目的があることを指摘している。つまり、「『ウラ情報』を知りたがるの
もアイドルとの関係をより身近で強固なものにしたいがためであるし」、「同担
（同じアイドルを好きな他のファン）」を攻撃するのも、「その関係の障害となるも
のを取り除くため」だということだ（辻，2006，p.20）。さらに辻は、怪文書が
ファンの間で広まるのは、それがファン同士の関係を維持することに役立つから
であるという見解を示している。つまり、直接「怪文書」の作成に関与していな
くても、それをファン同士で共有することで楽しみを得たり、どれだけ怪文書を
持っているかがファン同士の間での自分の価値を高めることにもつながるのだと
いう（辻，2006）。なお、辻は、近年この「怪文書」は「怪メール」や「掲示板」
に取って代わられつつあると指摘している（辻，2006）。

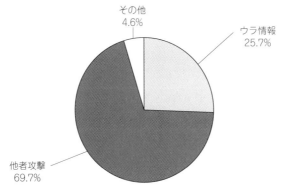

その他
4.6%

ウラ情報
25.7%

他者攻撃
69.7%

図14-2 「怪文書」の２大テーマ（辻，2006，p.11）

3．メディアの発達とファンをめぐる関係性の変化

　これまでみてきたように、ファンとファン活動、それを媒介するメディアの関係は変化してきた。かつて、ファン対象となりうる「有名人」は、テレビの向こう側にいる手の届かない存在だった。しかし、近年のSNSの普及やYouTubeをはじめとした動画配信サービスの登場により、いわゆる芸能人やスポーツ選手等ではない一般人も容易に「有名性」を獲得することが可能になり（向居ら，2016；小城，2019）、有名人と一般人の境界が曖昧になりつつある。つまり、こちら側（一般人）の世界とあちら側（有名人）の世界を隔てていた壁が見えづらくなってきているということだ。

　ファンとファン対象との関係は、昔は有名人一人に、マスメディアを介した無数のファン、という構図しかなかった。近年では、芸能人がSNSを開設したりYouTubeに参入する事例も急増し、ファンと直接メッセージを交わす機会が増え、有名人をこれまでより「身近な存在」として感じられるケースも増えている。SNS等を通じた新しい、よりファンとファン対象との距離が近い間接的関係ができつつある。

　ファン同士の関係についていえば、かつては、手紙を書いたり直接会ったりというリアルな交流が中心だった。しかし、インターネットの時代になると、SNSを通じて、ファン間関係志向的な関係にも間接的なものが多く存在するようになった。このような交流は、例えばTwitterのような既存のプラットフォームにのっかったまま構築されることが多い。これはファン同士の社会的関係を促進す

る一方で、喜怒哀楽のような感情を増幅させる傾向が強い。すなわち、これまで以上に強いつながりを感じられることがある一方で、ときには収拾のつかない罵詈雑言の投げつけあいが止まないこともある。

このようなファンとファン対象との距離感の変化、ひいてはファン同士の関係の変化は、ファン心理の構造にも変化を及ぼし続けている。例えば、アイドルとの疑似恋愛関係の「当事者」であったファンが、アイドル同士の関係性の観察者に遷り変わる「観察者化（辻，2012）」の心理や、ファン対象やファンから自分の存在を「認知」してもらい、認められることに喜びを感じるという承認欲求の心理（NHK，2018）、などといったファン心理が新たに報告されている。また、ファン同士が出資して大規模な応援広告を出すといったような、新たなそして大規模なファン活動としてのメディア生成の事例も報告されている（モデルプレス編集部，2020）。

ファン心理、そしてファンと対象、ファン同士の関係性は、大きな転機の時代にさしかかっている。メディアの変化によって、ファン心理や関係性に関わる可能性と課題が一挙に顕在化しているともいえる。こうした現象を捉えつつ、今後どのような新時代のファン心理が構築されていくのかという課題を、メディアの新たな展開と伴走しながら捉えていかなければならない。

演習問題

1．これまでファンになったことがあるファン対象を思い返し、小城（2018）による10因子からなるファン心理のうち、どの因子がそれぞれのファン対象に抱いている（抱いていた）心理に最も近いか考えてみよう。
2．あなた自身が経験した「ファン間関係志向」的な行動をひとつ挙げてみよう。

さらに学ぶための文献・資料案内

小城英子（2019）．ファン心理を科学する　松井豊（監修）髙橋尚也・宇井美代子・畑中美穂（編），社会に切りこむ心理学：データ化が照らし出す社会現象（pp.41-59）サイエンス社
松井豊（編）（1994）．ファンとブームの社会心理　サイエンス社

引用文献

魏然・陸一菁（2014）．中国語圏ジャニーズファンの活動及びファンコミュニティの特性　神戸松蔭女子学院大学研究紀要，人間科学部篇，3，63-79.
平井智尚（2014）．一般の人々によるメディア・コンテンツ生産の理論枠組み：ファン研究の有効性　メディア・コミュニケーション：慶應義塾大学メディア・コミュニケーショ

ン研究所紀要, *64*, 65-74.

広沢俊宗・井上義和・岩井洋（2006）．プロ野球ファンに関する研究（V）：ファン心理、応援行動、および集団所属意識の構造　関西国際大学地域研究所叢書, *3*, 29-40.

広沢俊宗・小城英子（2005）．プロ野球ファンに関する研究（I）：阪神ファンと巨人ファンの比較　関西国際大学地域研究所叢書, *2*, 3-18.

井上義和・岩井洋・広沢俊宗（2006）．プロ野球ファンに関する研究（Ⅵ）：プロ野球のあり方への態度の規定要因　関西国際大学地域研究所叢書, *3*, 49-54.

岩井洋・広沢俊宗・井上義和（2006）．プロ野球ファンに関する研究（Ⅵ）：阪神ファンと巨人ファンのイメージ　関西国際大学地域研究所叢書, *3*, 41-48.

上瀬由美子（1994）．タカラヅカファン　松井豊（編）ファンとブームの社会心理（pp.53-70）サイエンス社

上瀬由美子・亀山尚子（1994）．大相撲ブーム　松井豊（編）ファンとブームの社会心理（pp.73-90）サイエンス社

Katz, E., & Lazarsfeld, P. F. (1955). *Personal influence: The part played by people in the flow of mass communications.* Glencoe, IL: The Free Press. (竹内郁郎（訳）(1965). パーソナル・インフルエンス：オピニオン・リーダーと人々の意思決定　培風館)

川上桜子（2005）．ファン心理の構造：思春期・青年期の発達課題との関連から　東京女子大学心理学紀要, *1*, 43-55.

小林義寛（1999）．テレビ・アニメのメディア・ファンダム：魔女っ子アニメの世界　伊藤守・藤田真文（編）テレビジョン・ポリフォニー：番組・視聴者分析の試み（pp.182-215）世界思想社

小城英子（2002）．ファン心理の探索的研究　関西大学大学院人間科学：社会学・心理学研究, *57*, 41-59.

小城英子（2004）．ファン心理の構造（1）ファン心理とファン行動の分類　関西大学大学院人間科学：社会学・心理学研究, *61*, 191-205.

小城英子（2005）．ファン心理の構造（2）ファン対象の職業によるファン心理・ファン行動の比較　関西大学大学院人間科学：社会学・心理学研究, *62*, 139-151.

小城英子（2010）．スキャンダルとファン心理　聖心女子大学論叢, *114*, 200-166.

小城英子（2018）．ファン心理尺度の再考　聖心女子大学論叢, *132*, 182-224.

小城英子（2019）．ファン心理を科学する　松井豊（監修）髙橋尚也・宇井美代子・畑中美穂（編），社会に切りこむ心理学：データ化が照らし出す社会現象（pp.41-59）サイエンス社

小城英子・広沢俊宗（2005）．プロ野球ファンに関する研究（Ⅱ）：ファン心理の球団別比較　関西国際大学地域研究所叢書, *2*, 19-26.

モデルプレス編集部（2020）．JO1 川尻蓮、NY タイムズスクエアのファン出資広告額に驚愕　https://mdpr.jp/news/detail/2019480（2020 年 11 月 29 日アクセス）

向居暁・竹谷真詞・川原明美・川口あかね（2016）．ファン態度とファン行動の関連性　高松大学・高松短期大学研究紀要, *64・65*, 233-257. https://www.takamatsu-u.ac.jp/wp-content/uploads/2018/11/64-65_1_233-257_mukai-etc.pdf（2020 年 11 月 29 日アクセス）

NHK（2018）．ねほりんぱほりん「トップオタ登場！アイドルとの結ばれぬガチ恋、衝撃の結末は？」NHK E テレ 2018 年 1 月 17 日放送

Scott, W. A. (1955). Reliability of content analysis: The case of nominal scale coding. *Public Opinion Quarterly*, *19*(3), 321-325.

玉川博章（2007）．ファンダムの場を創るということ：コミックマーケットのスタッフ活動　玉川博章・名藤多香子・小林義寛・岡井崇之・東園子・辻泉　それぞれのファン研究

（pp.11-53）風塵社

辻泉（2006）.「怪文書」の社会心理：ファン文化の「ウラの顔」　社会学論考, *27*, 1-27.

辻泉（2007）. 関係性の楽園／地獄：ジャニーズ系アイドルをめぐるファンたちのコミュニ
ケーション　玉川博章・名藤多香子・小林義寛・岡井崇之・東園子・辻泉　それぞれの
ファン研究（pp.243-289）風塵社

辻泉（2012）.「観察者化」するファン：流動化社会への適応形態として　AD STUDIES,
40, 28-33. http://www.yhmf.jp/pdf/activity/adstudies/vol_40_01_05.pdf（2020年11月29
日アクセス）

上野行良・渡辺麻子（1994）. 小田和正ファンの心理　松井豊（編）ファンとブームの社会
心理（pp.35-50）サイエンス社

この章で言及した楽曲

『世界に一つだけの花（シングル・ヴァージョン）』, SMAP, ビクターエンタテインメント,
2003（CD）.

第IV部

オンラインとモバイル

第15章 インターネット上の情報共有・検索

　本章では、最も注目すべきメディア現象の一つとして、インターネット上の情報共有・情報検索がもたらす社会的影響についてみてゆこう。2000年代半ば、Twitter や YouTube、Wikipedia など、様々な情報共有のしくみが登場した。これらのインターネットメディアは、誰でも容易に自らの考えや作品、日々の出来事に関する感想などを発信し、世界中の人々とつながることを可能にした。Google などの情報検索技術の進歩と相まって、その情報伝播力や社会に及ぼす影響力は、ときにはマスメディアを凌駕するほどになっている。

　そこでまず最初に、Twitter などのソーシャルメディアに焦点をあて、マスメディアとの違いを念頭に、その情報拡散力から社会的影響力について検討しよう。次に、Wikipedia などに代表される知識共有コミュニティに注目し、インターネット上の情報共有が可能にした新しい「知」のあり方について学ぶ。最後に、これらの新しい情報共有・情報検索のしくみがもたらした社会的課題について、特に情報の真偽や信頼性に注目して考察する。

1. ソーシャルメディアの普及と情報検索システムの技術発展

　Twitter や YouTube、Instagram などに投稿された作品やパフォーマンスなどに多くの「いいね」がついたり、瞬く間に数万、時には数十万もの人に拡散することが珍しくなくなった。しかし、一般の人々がインターネットを利用できるようになってすぐにそれらの現象が生じたわけではない。2000年代半ば以降、いわゆる Web2.0 と呼ばれる変化が起きた後、ソーシャルメディアや検索エンジンの発展がどのような変化をもたらしたのかについて理解を深めよう。

ソーシャルメディアと検索サービスの利用状況

　まず、主なソーシャルメディア系サービスやアプリの利用状況をみてみよう。総務省の調査によると、ユーザー同士の交流やコミュニケーション、動画等の共有を目的とする主なソーシャルメディア系サービス／アプリの利用率[1]は、LINE（86.9%）、Twitter（38.7%）、Instagram（37.8%）、Facebook（32.7%）、

YouTube（76.4%）、ニコニコ動画（17.4%）、TikTok（12.5%）であった（総務省，2020）。それぞれの利用率は年代による差が大きく、特に Twitter や Instagram は10代、20代では6〜7割であるのに対し、年代が上がるほど利用率は減少し、60代では1割未満となっている。また、TikTok は10代の利用率のみが47.9%と高く、20代以上では利用率が激減するという特徴がある。LINE や YouTubeは年代が上がるにつれて利用率は下がる傾向があるものの、各年代において高い利用率を示しており、60代でも利用率は YouTube で44.8%、LINE では67.9%に達していた。

また、図 15-1 をみると、Facebook は実名でアカウント登録している割合が高いのに対し、LINE では実名と**匿名**が約半数ずつ、Twitter や Instagram は匿名で登録している人の割合が高いことがわかる（マクロミル，2017a, b）[2]。

公表されている日本国内の月間アクティブユーザー数は、Facebook 約 2,600万人（2019年3月）、Instagram 約 3,300万人（2019年6月）、Twitter 約 4,500万人（2017年10月）、LINE 約 8,600万人（2020年10月）となっている。Facebookは全世界での利用者数が突出して多い[3]が、日本国内では LINE や Twitter、Instagram の利用者が Facebook よりも多い。

次に、検索エンジンの利用状況を確認しよう。StatCounter（2020）によると、日本の検索エンジンは、「デスクトップ」「モバイル」ともに Google が圧倒的シェアを占めている。「デスクトップ」では Google（79.7%）、Yahoo!（12.5%）、Bing（7.4%）、Baidu（0.2%）、DuckDuckGo（0.1%）などとなっており、Googleと Yahoo! のみで9割以上を占めている。また、「モバイル」では Google（74.5%）、Yahoo!（24.9%）、Bing（0.3%）、Baidu（0.2%）、DuckDuckGo（0.1%）で、Googleと Yahoo! を合わせると99%以上となる[4]。

これらの SNS や検索サービスは、2010年代前半以降スマートフォンからの利用が急増した（ニールセン，2014）。総務省の調査によれば、今や端末別のイン

---

[1]　2020年1月、13歳から69歳までの男女 1,500 人を対象に訪問留置調査を実施した。「利用率」とは「自分が利用している」と回答した割合である。

[2]　2016年12月、全国の20歳から59歳の男女 8,500 人を対象にインターネットリサーチを実施した。実名／匿名比率は、各 SNS にアカウント登録している人数に対する割合である。

[3]　Facebook の全世界での月間アクティブユーザー数は、27億 4,000万人（2020年10月）にも達しており、前年比 12% 増であった（Facebook, 2020）。

[4]　2020年10月現在。また、Yahoo!JAPAN の検索エンジンアルゴリズムは 2010年12月から Google を採用しているため、事実上ほとんどのシェアを Google が占めると考えられる。ただし、検索順位は検索エンジンのデータベースやインデックス作成に用いられるクローラーと呼ばれるプログラムが Web サイトの情報を取得するために巡回するタイミングやパーソナライズ検索の影響で違いが出る。

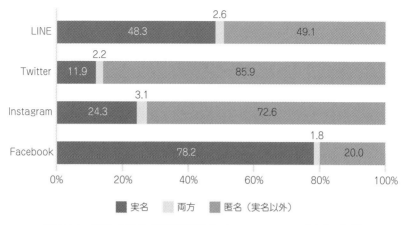

図 15-1　SNS の実名／匿名登録率（マクロミル，2017a, b をもとに作成）

ターネット利用率は「スマートフォン」（63.3%）が「パソコン」（50.4%）を大き
く上回っている（総務省，2020）。近年はその増加率は鈍化傾向にあるが、50〜
60 代のスマートフォン利用率は 2015 年からの 4 年間で大きく上昇し、全世代
でスマートフォンがインターネット利用のメインデバイスとなっている（ニール
センデジタル，2019）。スマートフォンからの利用が増えることによって、通勤通
学途中など、場所や時を選ばずに、興味や必要に応じた情報共有・検索行動が起
こる傾向が強まるだろう。

ソーシャルメディアによる社会的告発

インターネット上では、優れた作品や口コミなどの生活情報の共有だけでなく、
一個人の問題提起や不正告発が広く共有され、大きな力となることがある。これ
まではほとんど力をもちえなかった一般の人々の情報発信がきっかけとなり、企
業や組織などが対応を迫られる事例がみられるようになったのである。インター
ネット黎明期から「東芝クレーマー事件」[5]など、一個人の情報発信をきっかけ
として世論が喚起され、大企業が対応せざるをえなくなる事例はあった。しかし、
近年はソーシャルメディアによる告発に多くの人が反応し、その問題の検証作業
に自ら参加するという現象が生じている。

---

[5]　1999 年、東芝のビデオレコーダを購入した男性が商品に関する苦情を電話したところ暴言を
　　浴びせられたとして、録音した暴言の音声データを自身の Web サイトで公開し、大きな社会的
　　反響を呼んだ事件。

例えば、2014年1月に発表されたSTAP細胞は、当初は世紀の大発見と大々的に報道されたものの、電子掲示板やブログ、Twitterなどに発表論文に対する疑惑が次々と投稿された。その結果、7月には論文は取り下げられ、12月には理化学研究所の調査委員会がSTAP細胞の存在を否定する報告書を公表するに至った。読売新聞（2014年3月16日付）はSNSを通じてつながる世界中の研究者たちが競うように情報の検証を行った経緯を紹介する記事の中で、「もともとは世界中の研究者やブロガーが最先端の研究情報を交換するため、巨大なネットワークを構築した。それが第三者が科学論文をチェックする体制としても働いている」と評価し、「これまで決定打がなかった科学の不正を抑止する力として、今後も重要な役割を果たすのではないか」と予測する研究者の意見を紹介している。

　また、2015年7月にデザインが発表された2020年東京オリンピック・エンブレムに関する一連の騒動も、インターネット上での疑惑検証が一気に拡散した事例である。画像検索によってエンブレムのデザイナーが手がけた様々な作品の検証に多くの人々が参入し、得られた結果はソーシャルメディアによってすぐに日本中に拡散された。さらにそれを新聞やテレビなどのマスメディアが報道し、またそれがソーシャルメディアで拡散されるといった現象が生じた。その結果、9月には東京オリンピック・パラリンピック競技大会組織委員会がデザインの白紙撤回を決めるに至った。

　こうしたインターネット上の情報共有機能や情報検索機能を駆使した社会的告発は、社会的公正の回復や逸脱された規範の価値を再確認するための**攻撃行動**と考えられる。攻撃性の社会的機能論（Tedeschi & Nesler, 1993）によると、人は自分が不公正に扱われたり、他者が不当に利益を受けたりする**規範逸脱**に対して怒りの感情が喚起され、制裁や罰を与えるといった攻撃行動を起こす。ソーシャルメディアによる疑惑の検証が、過度な個人攻撃や誹謗中傷に陥らず、第三者としてのチェック機能を果たし、不正を抑制する健全な力となるよう議論してゆく必要があるだろう。

ソーシャルメディアにおける「炎上」

　ソーシャルメディアの普及がもたらす変化の一つとして、TwitterやFacebookなどのSNSにおけるいわゆる「炎上」が増えていることが挙げられる。「炎上」とは、「ウェブ上の特定の対象に対して批判が殺到し、収まりがつかなさそうな状態」「特定の話題に関する議論の盛り上がり方が尋常ではなく、多くのブログ

や掲示板などでバッシングが行われる」ことである（荻上，2007）。その背景には SNS がもつ機能上の特性、すなわち情報共有機能の充実によって投稿された情報の伝播力が格段に大きくなったことがある（総務省，2015）。実際に、日本国内における炎上発生件数は SNS が普及し始めた 2011 年を境に急激に増加し、2010 年の 102 件から 2011 年には 341 件、2015 年には 1,002 件に達している（山口，2018）。一般個人や著名人だけでなく、企業・団体も炎上対象となり、2020 年にはマスメディアの新型コロナウイルス関連報道や自治体の施策に関する炎上も生じた（エルテス，2020）。炎上のきっかけとなったソーシャルメディアの比率は圧倒的に Twitter が多く、2013 年には 44％を占めていた（ガイアックス，2014）。Twitter は先述したように匿名での利用が多く、リツイート機能によって簡単に多くの人々に情報を拡散できる特徴がある。

　匿名でのコミュニケーションが敵対的、攻撃的になりやすいという指摘は、インターネット黎明期からなされていた。例えばシーガルら（Siegel et al., 1986）は、匿名的な状況ではそうではない状況よりもはるかに敵対的発言の数が多くなることを見出している。なぜ、匿名状況では敵対的、攻撃的になるのだろうか。匿名性が保証されているなどの条件が満たされると**脱個人化**（deindividuation）が促進される。すると自己評価がなされなくなり、他者からの評価の恐れも薄らぐために、集団リンチや暴動などの衝動的、非合理的行動が出現しやすくなる、とジンバルド（Zimbardo, 1970）は考えた。これを検証するため、フードと白衣によって匿名性を確保した匿名群と、名前を明らかにする名札群において、他の人に電気ショックを与える時間（すなわち脱抑制的な攻撃性の程度）を比較する実験を行った。その結果、脱個人化された匿名群は相手に電気ショックを与える時間が有意に長いことが明らかになった。すなわち、匿名性の高いソーシャルメディアにおいては社会や集団の規範を守ろうという意識が働きにくく、無秩序な状態に陥るため、過度に攻撃的な投稿行動が生じると考えられるのである。

　しかしその一方で、従業員がアイスクリームケースに入った写真を Facebook に投稿したことがきっかけで電子掲示板や Twitter で写真が多くの人に共有され炎上、閉店に追い込まれた事例、あるいは芸能人やアスリートの不倫報道の後に本人や家族の Twitter や Instagram などに非難する投稿が殺到して炎上する事例など、近年多発している社会的に不適切な行為に対する批判の殺到については、インターネット上での攻撃や誹謗中傷の応酬と同じように脱個人化による規範意識の欠如と解釈することは難しい（三浦，2010）。冷蔵庫に入った従業員や不倫をした著名人に対して、社会や集団の規範を守るべきだと糾弾する行為であると

捉えられるからである。三浦（2010）は、**SIDE モデル**（the social identity model of deindividuation effects：脱個人化効果の社会的アイデンティティ的解釈モデル）（Lea & Spears, 1991）に基づいて、これらの違いを次のように説明している。

　アイデンティティには個人的に構成されるものと社会的に構成されるものがある。**個人的アイデンティティ**が個人の性格や能力などから自分が他者とは異なる存在であると認識することであるのに対し、**社会的アイデンティティ**は所属している集団と自分を同一化したり、集団の一員として自己を理解し行動することである（Tajfel & Turner, 1979）。ライヒャー（Reicher, 1987）は、脱個人化が進むと個人は集団に埋没し、社会的アイデンティティが顕現化するため、集団規範への同調が生じやすくなると主張した。すなわち、社会的アイデンティティが低い状況（例えば、A 大学の学生である、争点 B に対して賛成意見をもつ一人である、などと意識しない状況）で脱個人化すると、個々人は孤立化し、他者に対して攻撃的な行動が生じる。これに対して、社会的アイデンティティが高い状況（A 大学の学生である、争点 B に対して賛成意見をもつ一人であると意識する状況）で脱個人化すると、個々人の違いは意識されなくなり、集団が一体となって行動する傾向が強まる、というわけである。

　スピアーズら（Spears et al., 1990）は、こうしたライヒャーの考え方を理論化した SIDE モデルを CMC（Computer-Mediated Communication）に適用し、実験によって実証的に検討した。実験は、視覚的匿名性（同じ部屋に入室／個別の部屋に入室）と社会的アイデンティティの顕現性（参加者は同じ集団に所属すると教示／無関係の個人であると教示）の 2 条件によって、電子会議による議論の後で態度がどのように変容したかを検討した。集団としての規範的態度は、事前に議論テーマについての意見分布情報（賛成と反対のどちらが多数派か、など）として与えられ、議論後に議論前の態度からどれだけ集団の規範的態度に近づいたかが分析された。分析結果を匿名性がある場合に注目して検討してみよう。匿名性があり社会的アイデンティティの顕現性が高い条件では、集団の規範的態度への極性化の値は 1.20 となり、最も集団の規範的態度に近い方向に態度が変容したことを示していた。しかし、匿名性があっても社会的アイデンティティの顕現性が低い条件では値が−1.51 となり、逆に集団の規範的態度からは遠い方向に態度が変容したことが明らかになった（図 15-2）。

　これらのことから、匿名的なインターネットコミュニティにおける過度な攻撃、誹謗中傷合戦は、社会的アイデンティティが顕在化せず、個々人が孤立した状況で生じがちであることがわかる。他方、社会規範に反した行動に対しては、それ

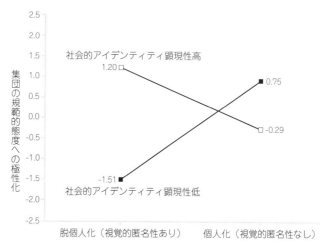

図 15-2　脱個人化による態度変容と社会的アイデンティティの顕現性
（Spears et al., 1990, p.129 をもとに作成）

が「けしからんことだ」「許すべきではない」といった共感が社会的アイデンティティを顕在化させ、匿名性の高いソーシャルメディアでの批判的な投稿へとつながったと考えることができる。

　ところで、こうした「炎上」現象はソーシャルメディアによってのみ生じているのだろうか。吉野（2016）によると、炎上の認知経路として最も多かったのは「テレビのバラエティ番組」（58.8%）であり、「Twitter」（23.2%）、「Facebook」（9.2%）や「2チャンネルまとめサイト」（14.1%）を大きく上回っていた。「テレビのニュース番組」も 33.2% で、テレビというマスメディアが炎上認知に大きな役割を果たしていることが示されている。「炎上」はインターネット上の現象ではあるが、マスメディアが情報拡散に密接に関わっている。ソーシャルメディア上の批判や攻撃的な投稿をネットメディアやまとめサイトなどのミドルメディアが「炎上事例」として取り上げ、さらにそれをテレビや新聞、雑誌などのマスメディアが取り上げることで、炎上がさらに拡大してゆくというメディア共振の構図があると指摘されている（山口，2020）。

2．知識共有コミュニティへの期待と可能性

　例えば気になった用語の意味を調べるとき、歴史上の人物について詳しく知りたいとき、皆さんはどうやって調べるだろうか。おそらく、まず Wikipedia を読

む、という人が多いのではないだろうか。

　Wikipedia（日本語版 https://ja.wikipedia.org/）はインターネット上のフリーライセンスの百科事典で、誰でも記事を自由に編集でき、閲覧者は無料でそれを利用することができる知識共有コミュニティの一種である。後述するように、2001年にスタートした Wikipedia という知識共有のしくみは、わずか数年で大きな成功を収め、世界中の人々に利用されるようになった。無数のボランティアたちが自主的にオンラインコミュニティを作って参加し、協力し合ってきた結果、全体としてみればブリタニカ百科事典の正確さにも劣らない（Giles, 2005）、と評価されるまでになったことは大きな驚きをもたらした。その情報の質には批判的な評価もあるものの、Wikipedia という知識共有のしくみがここまで成功したのはなぜだろうか。

　Wikipedia の編集者で管理者でもあるリー（Lih, 2009＝2009）は、Wikipedia は技術革新ではなく社会革新だ、我々が発見したのはコミュニティをどのように築き上げるかというアイデアだ、と述べている。前節では、インターネット上のコミュニケーションがときに攻撃的で敵対的なものになることについて述べたが、Wikipedia での人々の振る舞いは協力的で、お互いに信頼し合い、ボランティア精神にあふれているように思われる。人々はなぜ自発的にオンライン上にコミュニティを築き上げ、多くの時間と労力をかけて、無償で情報を提供するのだろうか。

　第 2 節では、Wikipedia をはじめとする知識共有コミュニティに焦点を当てよう。インターネット上のコミュニティに集い、協働する人々の心理や、それが人間の知的営みに及ぼした社会的影響について考察してゆく。

Wikipedia が体現した「フリー」なメディア

　今や世界中で 293 言語の Wikipedia が開設され、2013 年には毎月 5 億人もが訪れるサイトに成長した（ASCII.jp, 2013）。日本語版だけでも記事数は 102 万近くあり（2016 年 6 月 21 日現在）、2016 年 4 月の月間ページビューは約 10 億7,273 万に達している（ウィキペディア, 2016）。

　その記事は多数のボランティアたちによって編集されている。日本語版で 1か月に 5 回以上記事を編集した人は、2008 年以降 4,000 人から 5,000 人の間で推移している（ウィキペディア, 2016）。記事の編集をする参加者に資格制限はなく、専門家ではなくても、誰でも記事の編集に携わることができる。編集への参加に際してはアカウントを取得することが推奨されてはいるが、匿名（ハンドル

ネーム）でもかまわない。

　Wikipedia の最大の特徴は、**フリーライセンス**だということにある。ここでの「フリー」とは自由という意味である。Wikipedia は、自由に複製、改変、利用してかまわないという百科事典なのである（Lih, 2009=2009）。Wikipedia が登場するまでは、情報の知的財産権は管理、保護されるべきだと考えられてきた。「誰か」が情報を自由に書き変えるなどということは、当然許されないことであった。しかし、Wikipedia は利用者へ根本的な信頼を置き、人間の知的営みを共有して共に発展させていこう、という考え方を採用した。

　リーは、「物事に制約を設けないこと、人々を信頼すること、良い行動を促し合うこと。それがウィキペディアなのだ」と述べている（Lih, 2009=2009, p.13）。Wikipedia が採用したこの新しい考え方は、従来の「その分野の権威ある専門家が執筆した、完成された著作物」という百科事典の概念に変革を迫っただけでなく、インターネット上での人々の振る舞いや人間の「知」のあり方に対する考え方に大きな影響を与えることになった。

インターネット上の集合知への期待

　多くの人々が協力しあって「知」を生み出しているのは Wikipedia に限らない。日本では、2011 年に知識共有コミュニティをはじめオンライン上に集積された「知」の存在に注目が集まる大きな出来事があった。それは、福島第一原発事故である。西垣（2013）は、先の東日本大震災時における福島第一原発事故が遠因となって、人々が専門家によって提供される「専門知」へ決定的な不信を抱き、他方でインターネット上の「**集合知**」に期待が集まったと指摘している。ここでの集合知とは、いわゆる衆知、特にインターネットを利用して不特定多数の人々が知恵を出し合って構築する知のことである。

　東日本大震災時における福島第一原発事故が起きた際、放射能汚染に対する不安を払拭するために、日本中の人々が情報を必要としていた。事故直後から、政府や原子力安全・保安院、あるいは原子力発電や放射線医学などの専門家が、テレビや新聞を通じて放射能が人体や環境に与える影響は限定的で「安全である」との主張をくり返したことを記憶している人も多いだろう。しかし、これらの専門家がマスメディアを通じて発信する情報に納得できない人々が大勢いたというのである。

　例えば、知識共有サイトの一つ「Yahoo! 知恵袋」には、2011 年 3 月 11 日から 4 月 10 日までの 1 か月間だけで「放射能」及び「福島」を含む質問が 7,191

件投稿されている。典型的な質問は、「福島原発から漏れた放射能はどこまで飛んでくるか」「原発事故による放射能の健康被害はどの程度のものか」「被爆しないためにどのような対策をとったらよいのか」といった内容で、テレビや新聞が伝える政府や保安院の発表は信じられないので「本当のこと」を知りたい、という発言が目立つ。多くの質問には複数の回答が寄せられ、このやりとりが閲覧された回数は数万に達しているものもある。

このように、専門家ではなくてもそれなりの知識と当事者意識に裏づけられた情報発信は信頼に値するものも少なくなく、原発事故直後にマスメディアを通じて届けられた情報よりもある意味正確であったともいえる（西垣, 2013）。インターネットの普及、そして Web2.0 は、専門知識のない一般の人々が知の構築に参加することを可能にした。もちろん、インターネット上には信頼性の低い情報やデマもあふれていた。しかしその一方で、Q&A 型の知識共有サイトやブログといったインターネット上のしくみを利用して知恵を出し合う集合知に、多くの人が期待を感じたのである。

3. 情報共有・検索における社会的課題

これまでみてきたように、インターネットメディアによって多くの情報を共有、利用できるようになったことは私たちの生活を大きく変え、そして大きなメリットをもたらした。しかし同時に、新しい課題を私たちに突きつけている。それらのいくつかは普段気づきにくいものであることが、その課題をいっそう複雑なものにしている。インターネット上で自由に情報共有や情報検索ができることの利点を享受しつつも、私たちはそこにどのような社会的課題があるのかを知っておく必要があるだろう。

オンライン情報の信頼性はどのように判断されているのか

皆さんは、普段どのようにインターネット上の情報を利用しているだろうか。改めて自問してみよう。その情報が信頼できるものかどうか、確認しているだろうか。インターネット上には膨大な情報が存在し、私たちは日々それを便利に利用している。今や、何かについてインターネットで検索し、私たちと同じ一般の人々が提供してくれた情報を利用しない日はないほどである。しかし、その信頼性が制度的に担保されているマスメディアからの情報とは異なり、誰でも投稿、編集できるインターネット上の情報は、その信頼性に疑問が呈されてきた。例え

コラム30

多項目からなる質問群をまとめる方法

　質問紙調査法では、ひとつの物事について複数の質問項目を用いて回答者に尋ねる場合がある。例えば、第14章で取り上げた小城（2018）の研究では、「ファン心理」というものについて、96の質問項目を使って回答者に尋ねている。こういった複数の質問で得られたデータを用いて分析を行う際は、質問をひとつに、あるいはいくつかのグループに分けて加工するという、いわゆる「下準備」が有効である。なぜなら、ひとつひとつの項目それぞれについて分析を行ったのでは、内容がピンポイントすぎるし、場合によっては分析作業を何回も行わなければならない。複数の質問をいくつかのまとまりにすることで、分析作業は簡潔になり、また、まとめられた質問項目はそれらの内容に共通する意味のまとまりをもつようになるので、結果の解釈もスムーズになることが期待できる。

　多項目からなる質問群をまとめる方法は、主に以下の2つがある。

　第1に、全質問項目の各得点を合計する（その尺度の合計得点を算出する）方法である。注意点としては、あらかじめ信頼性分析を行い、その尺度の信頼性が十分に確保されていることを確認しておくことである。

ば新聞記事であれば、新聞社のデスクなどしかるべき人たちが責任をもって記事の内容をチェックし、社会的責任のもとに情報発信をするというしくみがある。そのため、私たちはマスメディアから得られる情報に一定程度信頼をおいているといってよいだろう。しかし、口コミサイトやブログ、知識共有サイトなど個人が発信する情報は玉石混淆であり、その信頼性が問題にされてきた。信頼性が保証されていない以上、本来私たちはオンライン情報を利用するたびに何らかの方法でその信頼性を判断する必要に迫られる。しかし、実際に私たちは毎回精査してオンライン情報を利用しているのだろうか。

　ハルギッタイら（Hargittai et al., 2010）は、大学の新入生に対する質問紙調査と実際のオンライン上の情報収集行動の観察、そしてインタビュー調査によって、大学生たちはどのようにインターネット上の信頼性評価をすべきであるかを知っているにもかかわらず、実際にはそのとおりにはしていないことを明らかにしている。例えば、大学の課題のためにインターネット上で情報を探すときには「著者が誰であるか調べる」「著者の資格や実績を調べる」と答えた場合でも、実際

　第2に、因子分析を行い、質問項目をいくつかのグループ（下位尺度）にまとめる方法である。因子分析とは、複数の質問項目から得られたデータの背後に共通して潜む因子を探る分析手法である。まず、因子分析を行い、分析の結果、同一の因子に含まれた質問項目の内容に基づいて各因子名を命名する。次に、因子得点を算出する。これには主に2つの方法がある。第1に、各因子を構成する質問項目に対し信頼性分析を行い、十分な信頼性が確保されていることを確認したうえで、各因子を構成する質問項目の合計得点を算出し、下位尺度得点として得点化する方法である。第2の方法として、因子負荷量の多寡を考慮した因子得点を分析に用いることも有効である。

　単純合計を算出するか、因子分析を行うか。どちらの方法を用いるかは、質問の意図や構成概念によって適切に選択されることが望ましい。既存尺度を援用した場合は、先行研究においてどちらの方法がとられているのかを確認し参考にしよう。先行研究で因子分析が用いられているのであれば、同様に因子分析をしてみるとよい。しかし、その際、必ずしも先行研究と同一の因子構造になるとは限らない。異なる因子構造が見出された場合は、なぜ先行研究と異なる因子構造になったのか、その理由を考えてみることも新たな知見につながるかもしれない。

に特定の情報を探す課題を与えたときに、それを徹底して実施している学生はいなかった。また、利用する検索エンジンはGoogleに偏っており、多くの学生は検索結果として一番目に表示されたサイトをクリックしていた。その理由として、検索エンジンでは信頼できるサイトが上位に表示されるからだとの回答が少なからずあったことが報告されている。

　またメッツガー（Metzger, 2007）は、インターネット上で得られる情報は注意深く分析するべきだと人々はわかっているが、そうするだけの時間やエネルギーがあることはほとんどないと述べ、信頼性評価の過程におけるユーザーの動機に注目すべきだと主張した。彼女は、精緻化見込みモデル（コラム9参照）などで知られる二重過程モデル（dual processing model）に基づき、オンライン情報の信頼性評価のために十分な動機と能力がない場合には、**ヒューリスティック**な評価がなされると考えた。例えば、信頼性評価をする十分な動機と能力がある場合（大学生が卒業論文を書くときなど）ではなく、気になったスポーツ選手やレストランについてちょっと調べてみるようなとき、信頼性評価のための動機はそれは

クラスター分析

　クラスター分析とは、異なる特徴をもっている個人や対象の集合データにおいて、お互い類似した属性をもっている個人や対象を、異なる属性をもっている他の個人や対象から分類し、グループ化する方法である。個人や対象などの個々のデータは、特定の特徴に基づいてクラスターのいずれかに分類され、クラスター内の個人や対象などのデータは同質性が高く、クラスター間の個人や対象などのデータは異質性が高くなる。

　クラスター分析は様々な領域で用いられており、例えば以下のような活用方法がある。

・消費者行動の特徴から、似たような傾向をもつ消費者を分類する。
・政治意識の特徴を用いて、有権者をグループ化する（表参照）。

表　政治意識と性別・年代による政治関与クラスター

	CL1 中年 政治低関与群 (n=102)	CL2 若中年 政治高関与群 (n=231)	CL3 若年 政治低関与群 (n=157)	CL4 中高年 政治高関与群 (n=184)
性別				
男性	31(30.4%)	141(61.0%)	74(47.1%)	100(54.3%)
女性	71(69.6%)	90(39.0%)	83(52.9%)	84(45.7%)
年代				
20代	0(　.0%)	50(21.6%)	87(55.4%)	0(　.0%)
30代	15(14.7%)	94(40.7%)	65(41.4%)	0(　.0%)
40代	46(45.1%)	87(37.7%)	5(　3.2%)	0(　.0%)
50代	34(33.3%)	0(　.0%)	0(　.0%)	111(60.3%)
60-65歳	7(　6.9%)	0(　.0%)	0(　.0%)	73(39.7%)
政治意識				
政治的関心	1.99(　.517)	3.25(　.523)	2.06(　.637)	3.39(　.532)
政治報道接触度	2.00(　.507)	3.26(　.470)	2.02(　.625)	3.41(　.515)
投票参加度	3.14(　.965)	3.64(　.524)	2.17(　.999)	3.80(　.449)
支持政党あり	49(48.0%)	119(51.5%)	54(34.4%)	116(63.0%)

注）「政治的関心」、「政治報道接触度」、「投票参加度」は4点尺度で、数値はM（SD）、平均が高いほど肯定的評価を示す。「性別」、「年代」、「支持政党あり」の数値は人数（%）
出典：李，2011，p.127

ど高くなく、人々はWebサイトのデザインやグラフィックスなどによって信頼性の判断を下すというのである。

オンライン情報の信頼性評価がシステマティックな情報処理によってではなく、ルーティン化したヒューリスティックな方法でなされていることは、その後メッツガーたちによるフォーカスグループインタビュー調査によって支持されている。さらに彼女たちは、人々がオンライン情報の信頼性評価を行う際に「社会的な」評価手段を用いていると指摘した。すなわち、人々は個々にオンライン情報の信頼性評価を時間と手間をかけて行っているというよりは、他者から提供された手がかりによって、社会的にヒューリスティックな方法で行っていることが多いというのである。例えば、オンライン上に社会的に蓄積された「オススメ情報」やレビューなどのユーザー生成コンテンツ（use-generated content）、専門家にも匹敵する知識をもつ「ファン」がもたらしてくれる情報、あるいは友人や家族など身近な人々が勧めてくれた Web サイトの情報などは、信頼できるとみなされていた。権威ある専門家や制度によるトップダウンの信頼性評価ではなく、インターネットメディアによって可能になったボトムアップの信頼性評価方法が構築されているのである（Metzger et al., 2010）。

オンライン情報は信頼できるか

　利用者の信頼性評価のあり方とは別に、インターネット上の情報内容そのものの正確さや質などを検証する試みも行われている。Wikipedia は、インターネット上で個人が投稿、編集する情報の中でも、最もその信頼性について議論され、研究されてきたものの一つだろう。先述したように、2005 年に Wikipedia の正確さはブリタニカ百科事典にも比肩するという調査研究（Giles, 2005）が英科学雑誌『ネイチャー』に掲載され、驚きをもって受けとめられた。

　その後、様々な研究者によって Wikipedia の記事内容の信頼性評価が行われている。例えばクローゾンら（Clauson et al., 2008）は、薬品に関する Wikipedia の記事には不十分なものが多く、その信頼性は専門家のためのデータベースと比較して大きく劣っていることを明らかにした。薬品情報を得る際、消費者にとって Wikipedia は便利ではあるが、追加的な情報源としての利用にとどめるべきだと述べている。一方、チェスニー（Chesney, 2006）は、専門家の方がより高く Wikipedia の記事を評価していることを調査によって示している。

　また、日本語版に参加し、管理者他の権限をもつ日下（2012）は次のように述べている。Wikipedia は、例えば論文や新聞記事に引用できるほど信頼性の高いものにはなりえないが、利用者が何かを知るための手がかりになり、公共的な知識のインフラとして社会的役割を果たしている。読者のメディアリテラシーに

よって信頼性に留保をつけながらも、多くの人々の参加で発展させてゆくものである。

「フェイクニュース」の共有・拡散

　総務省が 2020 年 5 月に実施した調査によると、新型コロナウイルスに関する「フェイクニュース」を見たり聞いたりしたことがある人は 72％ であった（総務省総合通信基盤局，2020）。それらの「フェイクニュース」を 1 つでも共有・拡散した人は、その情報を信じなかった人を除くと 35.5％ を占め、10 代では 45.4％、20 代でも 41.4％ に達した[6]。ペルーでは、「5G の電波を浴びると新型コロナウイルスに感染する」という「フェイクニュース」を信じた人々が通信事業社の技術者を監禁する事件も発生した。

　いわゆる「フェイクニュース」をめぐる問題は、2016 年米国大統領選挙をきっかけに世界的に大きな注目を集めた。「ローマ法王がドナルド・トランプ氏を次期大統領として支持」「ヒラリー・クリントン氏のメール問題に関わったと見られる FBI 捜査官が遺体で発見される」などといった「フェイクニュース」が Facebook をはじめとするソーシャルメディアで大規模に拡散し、大統領選の最終盤である 8 月からの約 3 カ月間には主要メディアの選挙関連記事を上回る反応[7]を引き起こした（BuzzFeed News, 2016）。その後、仏大統領選挙での有力候補に関する「フェイクニュース」拡散、ミャンマーの少数民族に対する「フェイクニュース」拡散など、問題はグローバル化した。さらに、人工知能テクノロジーの発達によって生じた「ディープフェイク動画」[8]の問題など、コンテンツは巧妙化し、「フェイクニュース」の共有、拡散は世界規模で深刻な混乱をもたらしている。

　デマや陰謀論、都市伝説など、事実ではない情報が拡散する現象は、特に新しいものではない。しかし、これまでも述べてきたように、ソーシャルメディアの登場は人々の情報共有のあり方を劇的に変化させた。誰もが容易に情報発信、情報共有可能な今日、インターネット上には真偽を問わず桁違いに大量の情報が氾濫し、現実社会に影響を及ぼすようになった。そこで、まず「フェイクニュー

---

[6]　調査は、普段インターネットのサービスを週 1 日以上利用している全国の 15 ～ 69 歳の男女を対象に Web アンケートで実施された。具体的な 17 の新型コロナウイルスに関する誤った情報、誤解を招く情報を提示し、接触や共有について回答を求めている。
[7]　共有数、「いいね！」などのリアクション数、コメント投稿数の合計。
[8]　人工知能（AI）テクノロジーによって本人が動いているように見える顔交換の偽ポルノ動画や政治家の偽スピーチ動画など。

ス」とは何なのかについて検討し、次に私たちはなぜ「フェイクニュース」を簡単に信じ、そして共有、拡散してしまうのかについて見てゆこう。

　ここまで「フェイクニュース」とフェイクニュースという語にカギかっこをつけて用いてきたのは、その意味する内容が多様で曖昧さを伴うものであるからである。「フェイクニュース」の定義については世界的に議論されてきたが、誰もが同意する定義は存在しないようである。それどころか、用いる人によって指し示す内容が異なるために混乱が生じている上に、今日のメディア環境が直面している複雑な問題を議論するには不十分であるとして、ウォードル（Wardle, 2017）は「フェイクニュース」問題を情報汚染（information pollution）や情報秩序の混乱（information disorder）という概念で捉えた。そして、「フェイクニュース」という語ではなく、その情報の性質によって**誤情報**（Mis-information）、**偽情報**（Dis-information）、**不正情報**（Mal-information）という語を用いることを提案している（Wardle & Derakhshan, 2017）。誤情報とは、誤った情報だが害を与えることを意図して作成されたのではない情報、偽情報とは害を与えることを目的に意図的に作成された虚偽の情報、不正情報とは真実の情報ではあるが害を与えることを目的に流出させた非公開の情報などのことを指す。また、情報秩序の混乱に対処するためには虚偽の情報がどのような意図で作成されているのかを明確にする必要があるとして、2016 年米国大統領選挙期間にインターネット上で流布した誤情報と偽情報を騙そうとする意図によって 7 つに分類し、それぞれどのような動機で作られたかを整理している（Wardle, 2017）。こうした情報分類の方法は様々であり、議論があるが、有害な虚偽の情報を「フェイクニュース」と一括りにせず、整理して考えることが問題に対処する上で重要だという点では国際的なコンセンサスが形成されている（耳塚, 2020）。

　一方で、「フェイクニュース」という語は、大統領などの政治家が自分に否定的なメディアのニュース報道を攻撃する際にも用いられている。こうしたラベルとしての「フェイクニュース」、すなわちニュースメディアを非公式化するための政治的道具（Egelhofer & Lecheler, 2019）は、上述した「フェイクニュース問題」をより複雑化し、表現の自由や民主主義の脅威となっている。

　続いて、なぜこれほどまでに偽のニュースが多くの人に信じられ、共有・拡散されるのかについて考えよう。ヴォスーギら（Vosougi et al., 2018）MIT の研究グループは偽ニュースが事実ニュースよりもはるかに遠く、深く、速く、そして幅広く拡散することを科学雑誌『サイエンス』に発表し、世界に衝撃を与えた。彼らは、2006 年から 2017 年にかけて英語でなされた約 300 万人の Twitter 投稿

のうち、真偽が明らかにされている[9]12万6,000件のニュース（事実ニュース2万4,400件、偽ニュース8万2,600件）がTwitter上でどのように拡散していったのか、ツイート・リツイート数、一定のエンゲージメント数に達するまでの時間、元アカウントから見たリーチ範囲などの指標によって検証した。その結果、事実ニュースが千人以上にリツイートされることは滅多にないのに対して、偽ニュースは多いもので10万人にも到達していたなど、いずれの指標からも偽ニュースの方が真実ニュースよりもはるかに拡散力があることが明らかになった。しかも、偽ニュースが拡散する原因は、ボット[10]、あるいはフォロワー数やツイート数などのネットワーク効果というよりも、「目新しさ」に注意を引きつけられる人間の心理的特性によるものであることが示された。ヴォスーギらは「目新しさ」の重要性を評価するため、5千人のユーザーを無作為に選んでそのTwitter上のアクティビティを分析し、偽ニュースが含まれるツイートと真実ニュースしか含まれていないツイートの目新しさを比較した。その結果、すべての目新しさの指標において、偽ニュースの方が事実ニュースよりも有意に高かった。さらに、真偽ニュースに対するリプライで用いられた感情を表す単語を分析したところ、偽ニュースには驚きや嫌悪といった感情を示すリプライが多かったが、真実ニュースには悲しみや期待、喜び、信頼を表現するリプライが多くなされていた。すなわち、偽ニュースはより新規性が高く、よりネガティブでショッキングな内容であるために、拡散されやすいのだと考えられる。ただし、新規性やネガティブ感情が原因で誤った情報が拡散されるのかについては、さらなる検討が必要だとも指摘されている。

　笹原（2018）は、私たちがインターネット上の誤った情報を簡単に信じてしまうのは人間のもつ認知バイアスによるものだと述べている。特に偽ニュースの拡散と深く関係しているのが、**確証バイアス**だという。確証バイアスとは、自分にとって都合のよい情報ばかりを集め、自分の意見や価値観に反する情報は無視してしまう傾向のことである。ソーシャルメディアで共有される膨大な真偽不明の情報の中から、人は見たいものを見て、信じたいものを信じる、というのである。さらに、自分の意見や価値観に反する情報に接すると、それを無視するだけでなく、自分の意見にさらに固執するようになる**バックファイア効果**も知られている。

---

[9]　Snopes、PolitiFact、FactCheck.org、Truth or Fiction、Hoax Slayer、About.comの6つのファクトチェッカーの少なくとも何か一つで真偽判定が行われたもの。
[10]　インターネット上で設定された処理を自動的に実行するプログラムのこと。Twitterのボット（bot）は、設定された内容を一定の間隔で自動的にツイートする。

偽ニュースを信じてしまうのは誤解や知識不足が原因であり、真実の情報を伝えれば問題が解決すると考えられがちであるが、強い意見や価値観をもつ人に対してはかえって逆効果になる可能性がある、と笹原（2018）は指摘している。「フェイクニュース」対策としてファクトチェック推進が求められているが、その有効性を高めるためには真実情報の伝え方が課題となるだろう。

情報検索サービスを利用することの弊害

非常に便利なインターネット上の情報検索にも、インターネットメディア特有のいくつかの社会的課題がある。まず、情報検索が商業的目的で利用されることへの認識が十分なされているか、という問題について考えてみよう。皆さんは、検索エンジンを利用したときに表示される結果や検索行動履歴が商業的目的で利用されていることを知っているだろうか。たとえ知っていたとしても、普段からそのことを十分意識して検索エンジンを利用しているだろうか。

現在広く行われている検索エンジンマーケティング（SEM: Search Engine Marketing）では、自社の Web サイトの訪問者数を増やすことを目的として、ある特定の検索エンジンの検索結果上位に自分たちのサイトが表示されるようにコンテンツを工夫する検索エンジン最適化（SEO: Search Engine Optimization）や、検索キーワードに連動した広告掲載を行っている。そのことを十分考慮せず、得られた検索結果の最初の 1 ページ目だけ、場合によっては検索キーワードに連動して表示されたリスティング広告だけをクリックして満足してしまうと、特定の商業的目的に即した情報のみに接触することになってしまう。

特に、子どもたちはこのことを十分理解できていない可能性がある。2015 年に 1,379 件の子どもたち（5〜15 歳）とその両親に家庭でのインタビュー調査を実施した英国情報通信庁の調査報告書によれば、Google で検索した結果、最上部に表示される「広告」と表示されたリンクを正しく広告であると答えられたのは、8〜11 歳で 16%、12〜15 歳でも 31% にすぎなかった。12〜15 歳の 24% が「（上位に表示されるのは）検索語と最も関連性の高い検索結果である」と回答しているのである（Ofcom, 2015）。

加えて、すべての情報を検索エンジン経由で得ることが当たり前になってしまうことの危険性が挙げられる。世の中には多様な情報があり、それらを比較検討することで信頼性の高い情報を選り分けたり、自分にとって新しい知見に遭遇したり、広い視野をもつことが可能になる。しかし、検索エンジンを通してのみ情報を得ることが常態化すると、接触する情報が減少したり、偏向する可能性があ

る。誤った情報を得ても気づきにくい。皆さんは、何かを知りたくて検索エンジンを利用したとき、クリックしてみるのは検索結果の1ページ目だけ、あるいはせいぜい2～3ページ目だけということはないだろうか。検索結果にどのような順番で各情報が表示されるかは、検索サービスを提供している一企業のアルゴリズムによって決まってしまう。私たちは常にこのことを意識して、インターネット上の情報検索サービスを利用する必要があるだろう。

演習問題

1．Twitterなど匿名性の高いソーシャルメディアにおける「炎上」のうち、社会的アイデンティティの顕現性が低い状態で起こった事例と、社会的アイデンティティが顕在化して起こった事例を挙げてみよう。

2．ファクトチェック・イニシアティブ（https://fij.info）の週刊レポートなどを参考に、Twitterなどのソーシャルメディア上で拡散した誤った情報の事例を集めてみよう。そうした情報にはどのような特徴があるだろうか。また、自分が共有した情報がないか検証してみよう。

さらに学ぶための文献・資料案内

相川充・高井次郎（編著）（2010）．展望 現代の社会心理学2 コミュニケーションと対人関係 誠信書房

三浦麻子・森尾博昭・川浦康至（編著）（2009）．インターネット心理学のフロンティア：個人・集団・社会 誠信書房

引用文献

ASCII.jp（2013）．「Wikimedia Conference Japan 2013」リポート 毎月5億人が訪れるウィキペディアの舞台裏（2013年02月19日） http://ascii.jp/elem/000/000/766/766133/（2016年6月21日アクセス）

BuzzFeed News（2016）．This Analysis Shows How Viral Fake Election News Stories Outperformed Real News On Facebook https://www.buzzfeednews.com/article/craigsilverman/viral-fake-election-news-outperformed-real-news-on-facebook#.guOYWzEG（2020年11月20日アクセス）

Chesney, T.（2006）. An empirical examination of Wikipedia's credibility. *First Monday, 11*（11）.

Clauson, K. A., Polen, H. H., Boulos, M. N. K., & Dzenowagis, J. H.（2008）. Scope, completeness, and accuracy of drug information in Wikipedia. *Annals of Pharmacotherapy, 42*（12）, 1814-1821.

Egelhofer, J. L., & Lecheler, S.（2019）. Fake news as a two-dimensional phenomenon: A framework and research agenda. *Annals of the International Communication Association, 43*（2）, 97-116.

エルテス（2020年8月13日／2020年11月19日更新）．ネット炎上レポート2020年上期（1月〜6月）https://digitalrisk-lab.com/report/2194/（2020年11月20日アクセス）

Facebook（2020年10月30日）．Facebook社2020年第3四半期（7月–9月）業績ハイライト　https://about.fb.com/ja/news/2020/10/2020-third-quarter-results/（2020年11月20日アクセス）

ガイアックス（2014年6月24日）．学生・生徒のツイートを見守る「セーフティプログラム for Twitter」を提供開始：大学・高校生のTwitterでの炎上トラブル増に対応　http://www.gaiax.co.jp/news/press/2014/0624/（2016年6月13日アクセス）

Giles, J. (2005). Internet encyclopaedias go head to head. *Nature, 438*(7070), 900-901.

Hargittai, E., Fullerton, L., Menchen-Trevino, E., & Thomas, K. Y. (2010). Trust online: Young adults' evaluation of web content. *International Journal of Communication, 4*, 468-494.

小城英子（2018）．ファン心理尺度の再考　聖心女子大学論叢, *132*, 182-224.

日下九八（2012）．ウィキペディア：その信頼性と社会的役割　情報管理, *55*(1), 2-12.

Lea, M., & Spears, R. (1991). Computer-mediated communication, de-individuation and group decision-making. *International Journal of Man-Machine Studies, 34*(2), 283-301.

李津娥（2011）．政治広告の研究：アピール戦略と受容過程（東京女子大学学会研究叢書24）新曜社

Lih, A. (2009). *The Wikipedia revolution: How a bunch of nobodies created the world's greatest encyclopedia.* NY: Hyperion.（千葉敏生（訳）（2009）．ウィキペディア・レボリューション：世界最大の百科事典はいかにして生まれたか　早川書房（ハヤカワ新書juice））

マクロミル（2017a）．ソーシャルメディアの利用状況調査＆ユーザープロファイル分析（2016年12月実施）

マクロミル（2017b）．全国8,500人に調査！ソーシャルメディア利用状況＆ブロガープロファイル分析．市場調査メディア ホノテ by Macromill https://honote.macromill.com/report/20170207/（2020年11月20日アクセス）

MarkeZine（2015年12月10日）．フェイスブック 日本代表の長谷川氏が語る、2016年のロードマップと日本における3つの注力領域　http://markezine.jp/article/detail/23579（2016年6月11日アクセス）

Metzger, M. J. (2007). Making sense of credibility on the Web: Models for evaluating online information and recommendations for future research. *Journal of the American Society for Information Science and Technology, 58*(13), 2078-2091.

Metzger, M. J., Flanagin, A. J., & Medders, R. B. (2010). Social and heuristic approaches to credibility evaluation online. *Journal of Communication, 60*(3), 413-439.

耳塚佳代（2020）．「フェイクニュース」時代におけるメディアリテラシー教育のあり方　社会情報学, *8*(3), 29-45.

三浦麻子（2010）．電子メディアのコミュニケーション　相川充・高井次郎（編著）展望 現代の社会心理学2 コミュニケーションと対人関係　誠信書房

ニールセン（2014年4月23日）．スマートフォンからのネット利用者は直近1年間で1,100万人増加：ニールセン、2013年度（2013年4月〜2014年3月）のネット利用動向を発表　http://www.netratings.co.jp/news_release/2014/04/Newsrelease20140423.html（2016年6月11日アクセス）

ニールセンデジタル（2019年11月21日）．全世代でスマートフォンがネット利用のメインデバイスに：ニールセン2019年上半期のデジタルメディアの利用動向をまとめた

「Digital Trends 2019 上半期」を発表 https://www.netratings.co.jp/news_release/2019/11/Newsrelease20191121.html（2020 年 11 月 20 日アクセス）

西垣通（2013）．集合知とは何か：ネット時代の「知」のゆくえ　中央公論新社（中公新書）

Ofcom（2015）. Children and parents: Media use and attitudes report. http://stakeholders.ofcom.org.uk/binaries/research/media-literacy/children-parents-nov-15/childrens_parents_nov2015.pdf（2016 年 8 月 23 日アクセス）

荻上チキ（2007）．ウェブ炎上　筑摩書房（ちくま新書）

Reicher, S. D.（1987）. Crowd behavior as social action. In J. C. Turner et al., *Rediscovering the social group: A self-categorization theory*（pp.171-202）. Oxford: Basil Blackwell.

笹原和俊（2018）．フェイクニュースを科学する：拡散するデマ、陰謀論、プロパガンダのしくみ　化学同人

Siegel, J., Dubrovsky, V., Kiesler, S., & McGuire, T. W.（1986）. Group processes in computer-mediated communication. *Organizational Behavior and Human Decision Processes*, *37*(2), 157-187.

総務省（編）（2015）．平成 27 年版情報通信白書　日経印刷

総務省（2020）．令和元年通信利用動向調査報告書（世帯編）https://www.soumu.go.jp/johotsusintokei/statistics/pdf/HR201900_001.pdf（2020 年 11 月 20 日アクセス）

総務省総合通信基盤局（2020）．新型コロナウイルス感染症に関する情報流通調査　https://www.soumu.go.jp/main_content/000693280.pdf（2020 年 11 月 20 日アクセス）

Spears, R., Lea, M., & Lee, S.（1990）. De-individuation and group polarization in computer-mediated communication. *British Journal of Social Psychology*, *29*(2), 121-134.

Statcounter GlobalsStats（2020）. Search Engine Market Share Japan – October 2020 https://gs.statcounter.com/search-engine-market-share/all/japan（2020 年 11 月 20 日アクセス）

Tajfel, H., & Turner, J. C.（1979）. An integrative theory of intergroup conflict. In W. Austin & S. Worchel（Eds.）, *The social psychology of intergroup relations*（pp.33-47）. Monterey, CA: Brooks/Cole.

Tedeschi, J. T., & Nesler, M. S.（1993）. Grievances: Development and reactions. R. B. Felson & J. T. Tedeschi（Eds.）, *Aggression and violence: Social interactionist perspectives*（pp.13-45）. Washington, DC: American Psychological Association.

Vosoughi, S., Roy, D., & Aral, S.（2018）. The spread of true and false news online. *Science, 359*(6380), 1146-1151.

ウォール・ストリート・ジャーナル日本版（2016 年 2 月 19 日）ツイッター利用者、日本でフェイスブック上回る　http://jp.wsj.com/articles/SB11865717880025093900050458154 9942149240876（2016 年 6 月 10 日アクセス）

Wardle, C.（2017）. Fake news. It's complicated. *First Draft.*　https://firstdraftnews.org/latest/fake-news-complicated/（2020 年 11 月 20 日アクセス）

Wardle, C., & Derakhshan, H.（2017）. Information disorder: Toward an interdisciplinary framework for research and policy making. *Council of Europe report.*　https://tverezo.info/wp-content/uploads/2017/11/PREMS-162317-GBR-2018-Report-desinformation-A4-BAT.pdf（2020 年 11 月 20 日アクセス）

ウィキペディア（2016）．ウィキペディア日本語版　https://ja.wikipedia.org/wiki/（2016 年 6 月 21 日アクセス）

山口真一（2018）．炎上とクチコミの経済学　朝日新聞出版

山口真一（2020）．COVID-19 で加速するネット炎上のメカニズムと社会的対処　一般財団

法人情報法制研究所「第4回情報法制シンポジウム」講演資料　https://jilis.org/events/data/20200622jilis_sympo-yamaguchi.pdf（2020年11月20日アクセス）

読売新聞（2014年3月16日）STAP細胞論文検証にネットの威力　画像切り貼り　1週間後に指摘

吉野ヒロ子（2016）. 国内における「炎上」現象の展開と現状：意識調査結果を中心に　広報研究. *20*, 66-83.

Zimbardo, P. G.（1970）. The human choice: Individuation, reason, and order versus deindividuation, impulse, and chaos. In W. J. Arnold & D. Levine（Eds.）, *1969 Nebraska symposium on motivation*（pp.237-307）. Lincoln, NE: University of Nebraska Press.

第16章 オンライン・コミュニケーション

インターネットの社会的な影響が広く認識され始めたのは、1995年の「Windows95」以降だといわれる。それから20年以上の月日が経った。かつてパソコン端末の前に座らなければ接することができなかったインターネットは、今や私たちの日常生活に深く浸透したものとなっている。電車では携帯電話やスマートフォンを介してWebページを閲覧する人を多数見つけることができる。調べ物、これから行く場所の地図、最新のニュースなど、インターネットを通じて様々な情報を得ることができる時代になった。

それに合わせて、インターネットを介した人と人とのコミュニケーション、すなわち、オンライン・コミュニケーションの拡大もまた、インターネットが普及した現在を象徴するような現象である。この本の読者の中にも、FacebookやTwitter、Instagram、YouTubeなどを介したオンライン・コミュニケーションに参加したことがある人は多くいるはずである。

本章では、様々なインターネットの利用行動の中から、オンライン・コミュニケーションに焦点を当て、その特性をつかんでいく。相手の顔が見えず、スマートフォンやパソコン等を介しているという点で「間接的」ともいえるオンライン・コミュニケーションは、「直接的」な対面コミュニケーションと比較してどのような特徴があるのだろうか？　私たちはなぜ、インターネットを介したコミュニケーションにこれほどまでに惹かれるのだろうか？　そして、オンライン・コミュニケーションは、私たちの生活をどのように変えていくのだろうか？以上のような問題について考えてみよう。

1. オンライン・コミュニケーションの特性

対面コミュニケーションとオンライン・コミュニケーション

直接相手に会って交流をもつ対面コミュニケーションと、オンライン上で行われるコミュニケーションとでは、どのような点が異なるのだろうか。ここで整理してみよう。

よくいわれているのは、オンライン・コミュニケーションは対面的なコミュニ

ケーションと比べ、コミュニケーションを遂行するうえでのあらゆる制約をクリアできるということである。ハンプトンとウェルマンは、オンライン・コミュニケーションによってクリアできる制約として、以下の 3 点を挙げている（Hampton & Wellman, 2002）。

　第 1 に、コミュニケーション上の物理的な距離の制約をクリアできるというものである。対面コミュニケーションでは、コミュニケーションをはかる者同士が同じ場所に存在している必要があるが、オンライン・コミュニケーションでは、互いが離れた場所にいたとしても情報を交わすことができる。第 2 に、コミュニケーションを交わすために必要となる金銭的なコストを抑えることができるという点である。上述したように、オンライン・コミュニケーションでは直接相手に会う必要がないので、交通費をはじめとした費用は不要となる。第 3 に、非同期のコミュニケーションであるという点である。つまり、メッセージの発信と受信が同時刻に行われなくても、コミュニケーションが成立するということだ。対面コミュニケーションでは、お互いが同時にコミュニケーションに従事する必要があるため、あらかじめ「何時にどこで」といった詳細を取り決めて約束をし、その時間の予定を空けておく必要がある。一方、オンライン上のコミュニケーションでは、それぞれが都合のよい時間にメッセージを送ったり、受け取ったりすることが可能となる。相手がその時間にスタンバイしていなくても情報のやりとりができる点が対面コミュニケーションとの大きな違いである。

　オンライン・コミュニケーションは物理的距離、経済的コスト、時間的コストといった面で対面コミュニケーションのあらゆる制約をクリアすることができ、日々忙しい現代人にとっては非常に自由で便利なコミュニケーションツールである。

オンライン・コミュニケーションの特性

　現代人の間に広く浸透したオンライン・コミュニケーションであるが、一言で「オンライン・コミュニケーション」といっても、メール、LINE、Twitter などコミュニケーションのために使用されるサービスは非常に多様であり、それぞれのサービスの性質は画一的でない。

　コミュニケーションとメディアの関係の中では、私たちがどのようなコミュニケーションをとりたいかによって、それに沿ったサービス、つまりコミュニケーションの方法が決まっていくこともある。しかし一方では、サービスすなわちコミュニケーションの方法の選択が先にあり、その選択がコミュニケーションの特

性や内実を大きく変えることもある。新しいサービスが登場したときに、その
サービスを使ったこれまでにない新たなかたちのコミュニケーションが生じ、人
間同士の関係にまで影響を及ぼす可能性につながることすらある。

　以下では、オンライン・コミュニケーションの内容と、それがどのような環境
のもとで交わされるのかに着目してみよう。また、オンライン・コミュニケー
ションが行われるとき、そこで交わされるメッセージはどのような属性や要素に
よって特徴づけられるだろうか。ここでは、以下の3つの切り口からみていこう。

①匿名か、実名か

　対面コミュニケーションにおいて初対面の相手と交流しようとするときは、ま
ず互いに自己紹介をするのが普通だろう。しかし、オンライン上のコミュニケー
ションでは、互いに名前も顔も知らない者同士が、名前も顔も知らないままいき
なり込み入った内容のコミュニケーションを進行させることも多い。いわゆる
「匿名」のコミュニケーションである。

　日本における匿名コミュニケーションで代表的なものは、「2ちゃんねる（2017
年に5ちゃんねるへと名称変更）」である。2ちゃんねるは、1999年に開始した電
子掲示板（BBS: Bulletin Board System）である。カテゴリごとに数多くのスレッ
ドと呼ばれるメッセージをやりとりする場が設けられている。

　2ちゃんねる（5ちゃんねる）においてコメントを投稿する際、実名を書く必要
がないのはもちろん、名前の欄を空白にして投稿すると、「名無しさん」と表示
される（スレッドの内容によってアレンジされる場合もある）。まれに固有のハンド
ルネームを語る者がいるものの、投稿者のほとんどが「名無しさん」である。まさ
に代表的な匿名性の高いコミュニケーションの例といえる[1]。

　匿名性は、他者とのコミュニケーションにおいてどのような効果をもたらすの
だろうか。まず考えられるのは、コミュニケーション上の地位の平等化である。
対面的なコミュニケーションにおいて、互いの立場が完全に平等ということはな
かなかない。相手が年上だったり目上の人だったりすると、なかなか自分の意見
を主張できないと感じたことはないだろうか。また、気の置けない友人同士で
あったとしても、イベントに招いたり招かれたりする"主客"の関係が、コミュ

---

[1]　平井（2007）によると、2ちゃんねるはきわめて匿名性の高い空間ではあるが、"完全な"匿
　　名ではない。犯罪予告をして逮捕される者がいるように、原則としてIPは記録されている。また、
　　書き込みをするとIDが表示される場合には、参加者をある程度特定することができる（平井,
　　2007）。

ニケーションの内容を規定することもある。

　オンライン・コミュニケーションにおける匿名性は、上記のような、対面コミュニケーションにはつきものの要素を取り除く効果がある。匿名コミュニケーションでは、コミュニケーション参加者の年齢や社会的地位などの属性が秘匿され、かつ、場に自由に参入したり退出したりできるため、参加者間の地位が対等であると感じられることが、対面コミュニケーションにはみられないコミュニケーション環境をつくっている可能性がある。スプロウルとキースラーは、オンラインの会合にみられる特徴を対面の会合と比較し、対面会合では個人の発言量はその者の社会的地位と高い相関を示していたのに対し、オンライン会合ではメンバーの上下関係を示す手がかりを読み取るのが難しいため、発言率の差が縮小したことを明らかにしている（Sproull & Kiesler, 1992=1993）。つまり、オンライン環境下においてコミュニケーション内容が外見や社会的地位といった情報を伴わずに相手に伝達されることは、参加者たちの「格差」に対する危惧を低減させる（三浦, 2008）。そのことが、より平等で自由な発言の機会を多くの人々に提供していると考えられる。

　匿名コミュニケーションのユニークな特徴は、プロフィールが明らかになる実名でのコミュニケーションよりも自己開示がむしろ促進されることである。コンピュータを介したコミュニケーションを、メディア研究では **CMC**（Computer-Mediated Communication）と呼ぶが、こうした **CMC** 環境は、相手の顔が見えないという「**視覚的匿名性**」を前提としている。そうした環境においては、利用者たちの自己開示が促進されることが指摘されている（Joinson, 2003=2004：折田, 2009）。バージら（Bargh et al., 2002）は大学生の男女 40 名に対して実施した実験結果から、インターネットを介したコミュニケーションでは、対面コミュニケーションよりも「本当の自己（true self）」を相手に表出することができると述べ、それはインターネットが比較的匿名的な性質を帯びていることに起因していると考察している。

　しかし一方で、匿名コミュニケーションであるがゆえの問題も発生している。例えば、身元がわからないということを過信し、自らの反社会的行為をオンライン上で堂々と公開するトラブルが頻発している。結果として他者の手によって過去の記事やプロフィールを手がかりに実名を特定され、ネット上で公開されるトラブルも多発している。また、自らの発言に対する責任感が希薄になり、暴言や誹謗中傷を行うことでトラブルに発展するケースも少なくない（匿名性が引き起こす問題点については「3. オンライン・コミュニケーションの課題と未来」で詳述する）。

インターネットリテラシー

インターネットが人々の生活やコミュニケーションにおいて大きな位置を占めるようになるにつれ、インターネット使用にあたって一定のリテラシーを身につける必要性が指摘されるようになった。リテラシー向上を目的とした対策を行うためには、まず人々がどれほどのリテラシーをもっているのかを把握することが必要となる。そのため、これまでに人々のインターネットリテラシーを可視化するためのいくつかの試みがなされている。

西川ら（2011, 2013）は、ネットコミュニティ研究およびメディア利用研究における理論研究により、インターネットリテラシー（西川らは「ネット・リテラシー」と呼んでいる）を以下の3つの概念に整理している。すなわち、インターネットで操作や情報探索ができる「ネット操作力」、ネットで多様な人々と関わることができる「ネット・コミュニケーション力」、ネット情報を批判的にみる「ネット懐疑志向」の3概念である。これらの構成概念を柱として尺度開発が行われ、表1に示すような「ネット・リテラシー概念一覧」が作成された。この尺度を用いることにより、サイト離脱者と継続者とのネット・リテラシーの比較や、ネット・リテラシーとサイト利用頻度との関係性の検証などが実施されている（詳細は西川ら，2013 を参照）。

また、総務省は2011年に「利用者視点を踏まえた ITC サービスに係る諸問題に関する研究会」の提言を受け、青少年がインターネットを安心して活用するためのリテラシー指標（ILAS: Internet Literacy Assessment indicator for Students）を継続的に開発している。過去のインターネットトラブルの事例集などをもとに、オンライン上のリスクを整理分類し、各リスクに対するリテラシーを定義（表2）、そこから必要なリテラシーを知識面と行動面などにさらに細分化し、設問化している。こういった青少年のリテラシーを可視化するた

このような匿名性の高いサービスに対して、「実名性」の高いサービスも存在する。それが一部のソーシャル・ネットワーキング・サービス（SNS）などを通じたオンライン・コミュニケーションである。この点については、次節で詳述する。

②誰と話すのか、何を話すのか

5ちゃんねるに代表されるような電子掲示板でなされるコミュニケーションは、

めの尺度が開発されることにより、現状把握が可能となり、リテラシー向上の
ための施策につながっていくのである。

表1　ネット・リテラシー概念一覧（西川ら，2013，p.113 より一部抜粋）

構成概念	項目
ネット操作力	自分はインターネットを使うことに精通している 自分はインターネットで情報を探すことに関して知識が深いと思う インターネットで必要な情報を探すことができる インターネット情報の真偽が判断できる
ネット・コミュニケーション力	インターネットで、新しい知り合いを作ることができる インターネットで、見知らぬ人とのコミュニケーションを待つようにしている インターネットで、積極的にコミュニケーションを行うことができる
ネット懐疑志向	概して、インターネットの情報は、それに関連する危険性の本当の姿を表せていない インターネットで伝えられるメッセージは、現実を表していない ほとんどのネット情報で示されることは、現実的ではない

表2　青少年に必要なリスク対応能力（総務省総合通信基盤局消費者行政課，2015）

1. インターネット上の違法コンテンツ、有害コンテンツに適切に対処できる能力
　a. 違法コンテンツの問題を理解し、適切に対処できる。
　b. 有害コンテンツの問題を理解し、適切に対処できる。
2. インターネット上で適切にコミュニケーションできる能力
　a. 情報を読み取り、適切にコミュニケーションできる。
　b. 電子商取引の問題を理解し、適切に対処できる。
　c. 利用料金や時間の浪費に配慮して利用できる。
3. プライバシー保護や適切なセキュリティ対策ができる能力
　a. プライバシー保護を図り利用できる。
　b. 適切なセキュリティ対策を講じて利用できる。

その多くが何らかの特定のトピックに基づいたものである。ユーザーは興味関心
のあるスレッドを選択し、コミュニケーションに参加する。志村（2005）による
と、このようなトピックベースのコミュニケーションにおいては、コミュニケーションを行う個々人は、場に自由に参入したり退出したりできることもあり、その存在がトピックの影に隠れて顕在化してきにくい。「つまりコミュニケーションにおいて、『何を話すか』が『誰と話すか』よりも優先される」（志村，2005，p.88）という。

一方で、「誰と話すか」が重視されるのが、個人ベースのコミュニケーションである（志村，2005）。例としては、個人ホームページ、ウェブログ（ブログ）、また、近年利用者数を飛躍的に伸ばしているソーシャル・ネットワーキング・サービス（SNS）も、その多くが個人ベースのコミュニケーションであると考えられるだろう。個人ベースのコミュニケーションは、個人ブログがブックマークされたり、フォロー、フォロワーの関係が形成されたり、ともだち登録されたり……と、相対的に長期にわたって関係が継続することが多い。このことは、オンライン・コミュニケーションが結果的にユーザーがすでにもっている人間関係などの社会的ネットワークを変容させる可能性を含んでいる。

　このような、コミュニケーションの特性がトピックベースか個人ベースかという要素の関係性は必ずしも排他的ではない。現実には多くのサービスが、両者の性質をもち合わせている。例えばTwitterでは、ホーム画面でタイムラインが表示されている状態であれば個人ベース、検索ワードやハッシュタグをもとに様々なつぶやきを画面に表示した状態であればトピックベースのコミュニケーションに従事していることになる。オンライン・コミュニケーションでは、トピックベース／個人ベースといった要素は実際にはむしろ相補的に機能している。

③オープンか、クローズドか

　オンライン・コミュニケーションには、書き込みやコメントが公開され、誰でも見ることができるオープンなものと、あらかじめつながりがある者同士のみが閲覧することのできるクローズドなものがある。例えば、SNSのひとつであるFacebookは、多くの場合、誰かの記事を読みたいと思ったら、その相手に「友だちリクエスト」を行い承認される必要がある。友だち関係が成立した時点ではじめて双方の記事を閲覧できるというしくみだ。このようなしくみはクローズドなコミュニケーションである。一方で、5ちゃんねるやTwitterでのコミュニケーションは、基本的には特別な手続きなしに誰でもつぶやきを閲覧することができるので、オープンなコミュニケーションであるといえる（ただし、FacebookやTwitterは設定によりオープン／クローズドの選択を変更することが可能である）。

　匿名性との関連でいうならば、オープンなコミュニケーションが匿名で行われることが多い一方で、クローズドなコミュニケーションは実名で行われやすくなる。Facebookを例にとるならば、そこでの利用登録は原則として実名であり、個人のプロフィールには年齢や出身地、出身校などの個人情報が登録できる。このような個人情報をもとにしてコミュニケーションを行う場合は、クローズドな

コミュニケーションが行われることが多い。Facebook に関していえば、その設計思想の根本に、その個人のアイデンティティの一貫性や信頼性を重視する考え方があり、SNS でありながら個人ベースに依拠したコミュニケーションを志向したものとなっている。

　現在、オンライン・コミュニケーションの特性は、各種サービスによって実に多様である。ユーザーたちは、コミュニケーションの目的や相手との関係がどのようなものかによって、随時、希望のかなうサービスを選択し、利用しているのである。これから先も次々と新たなコミュニケーションサービスが提供され続けるであろう。そのときは、ここでみた 3 つの切り口から、そのサービスはどのような点が新しいといえるか考えてみるとよい。オンライン・コミュニケーション・サービスへの理解がさらに深まるはずだ。

2．なぜ人々はオンライン・コミュニケーションを行うのか？

　オンライン・コミュニケーション、なかでもとりわけソーシャルメディア系のサービス／アプリや動画を共有するサイトの利用者は飛躍的に増加している。現在、主要なサービスである LINE、Twitter、Facebook、Instagram、YouTube の利用率（令和元年度）を図 16-1 に示す。調査を実施した総務省情報通信政策研究所（2020）によると、LINE は全年代では 86.9% と最も利用率が高い。年代別にみても各年代で最も利用率が高く、特に 10 代から 30 代の若年層の間では利用率が 9 割を越えている。動画共有系では YouTube が全年代および各年代において高い利用率を示している。利用されるサービスには多少の流行り廃りがあるものの、ソーシャルメディア系サービスや動画共有サービスが多くの人々にとって日常生活に欠かせないツールとなっていることがうかがえる。

オンライン・コミュニケーションの「利用と満足」研究

　なぜ人々は、対面コミュニケーションのみならず、オンライン上でコミュニケーションを行うのだろうか？　そしてなぜオンライン・コミュニケーションはこれほどまでに社会に影響力をもつようになってきたのだろうか。それらは、対面コミュニケーションと何が違うのだろうか。

　オンライン・コミュニケーションの利用者は年々増加し、技術的な側面の進展もあって、コミュニケーションに長時間を費やす人もいる。そういう意味では、人々のオンライン・コミュニケーションへの従事は非常に積極的であり、「能動

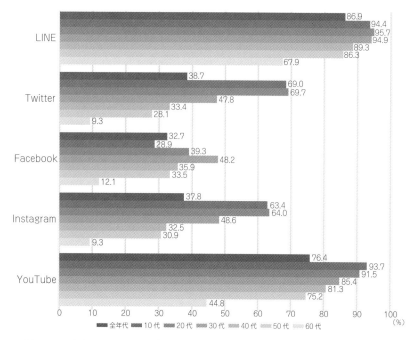

図 16-1　主なソーシャルメディア系サービス／アプリ等の利用率（全年代・年代別）
（総務省情報通信政策研究所，2020をもとに作成）

的」な側面も多分にあると考えられるだろう。そこには、人々を利用に導くよう
な、強力な利用動機が存在している可能性が高い。

　コンピュータを介したコミュニケーションのことを、メディア研究の分野では
CMC と呼ぶことは上述したとおりであるが、マスメディアの利用行動について
は古くから「**利用と満足**」研究というアプローチがあり、CMC についてもこの
利用と満足研究の枠組みが適用されてきた。例えば、電子掲示板の利用動機とし
て、コメントの書き込みのような積極的な利用には「自己表現・交流的利用動
機・効用」が関係していることを見出した研究や（金，2003）、社会的相互作用
動機のみがインターネット利用全体を予測するのに有効であることを示した研究
（Papacharissi & Rubin, 2000）などがある。これらの研究からは、CMC の利用行
動についての研究枠組みとして利用と満足研究を用いることは、非常に有効であ
ることがうかがえる。

　しかし、オンライン・コミュニケーションを研究対象として扱う場合、留意し
なければならない点がある。それは「どのような特性をもったコミュニケーショ

ンを研究対象にしようとしているのか」という点を明確にしておかなければならないことである。前節に示したとおり、オンライン・コミュニケーションは、「インターネット上で他者とコミュニケーションを行う」という点では共通しているものの、それぞれのサービスに備えられた機能は多岐にわたり、匿名か実名か、オープンかクローズドかといった、個々のサービスの様相によってその特性は大きく異なっている。利用者たちは、各自の利用動機に最も適うかたちでサービスを選択する（多くの場合、LINE の利用動機と Twitter の利用動機は同一ではないことは、読者の皆さんも容易に理解できるだろう）。したがって、「なぜ人々はオンライン・コミュニケーションを行うのか」という利用動機に関わる問題について考えるとき、そのコミュニケーションが行われる「場」、すなわち利用するサービスはどのような特性をもったものであるのか（匿名か実名か？　トピックベースか個人ベースか？　オープンかクローズドか？）ということを含めて検討を行うことが必要になってくる。

　このような経緯から、近年のオンライン・コミュニケーションに関わる研究は、その研究対象を「オンライン・コミュニケーション」という漠然としたくくりによるものではなく、特定のサービスに焦点を絞って検討したものが多くみられるようになってきた。では、オンライン・コミュニケーションの「利用と満足」研究によって、ユーザーのどのような利用動機が明らかになってきているのか、研究例をいくつか詳しくみていくことにしよう。

研究事例①——YouTube の利用と満足

　YouTube（2005 年〜／日本語版 2007 年〜）は、利用者自身が撮影・録画・編集した動画をサーバにアップロードすることで、他の利用者がその動画を視聴したり、コメントしたりすることができる動画共有サービスである。小寺（2012）は、YouTube の利用と満足について、大学生への質問紙調査にもとづいて検討を行っている。その研究の一部を紹介しよう。

　まず、小寺は YouTube の効用について調べるため、28 項目から成る効用リストを提示し、回答者に YouTube の利用理由としてどの程度当てはまるかを尋ねている。その後、収集したデータに対して因子分析（コラム 30 参照）を行い、YouTube 利用の効用は、①“自分のペースで利用できる”“無料で使える”といった便利で敷居の低いメディアとしての側面が評価されている「利便性」、②“最新の情報を見ることができる”“勉強になる”といった情報入手に関連する「情報性」、③“もう一度見たい番組を見ることができる”“見逃した番組を見る

表 16-1　YouTube の効用についての因子分析結果(最尤法・プロマックス回転)（小寺，2012）

効用リスト	I	II	III	IV
因子I：利便性 α=.874				
自分のペースで視聴できる	.910	-.069	-.049	-.077
見たい映像のみを見ることができる	.750	.002	-.017	.040
簡単にアクセスできる	.684	.088	-.070	-.091
購入するほどでもない音楽・映像をチェックできる	.669	.154	.001	-.099
自分で探している映像が見つかる	.648	.107	.038	-.055
無料で使える	.646	-.059	-.035	-.018
何度でも視聴できる	.592	-.014	.103	.085
気分転換になる	.576	-.121	-.004	.144
暇つぶしになる	.486	-.102	.117	.087
CD・DVD を買ったり借りたりする必要がない	.399	-.055	-.039	.169
因子II：情報性 α=.840				
最新の情報を得ることができる	-.077	.880	.014	-.070
世の中の話題を知ることができる	-.122	.785	.035	.130
新しいものに出会える	-.009	.730	-.042	-.110
勉強になる	-.006	.564	-.091	.156
地方・海外の映像を見ることができる	.091	.541	.053	-.055
他の手段で見るよりも時間の短縮になる	.293	.425	.028	-.011
文字ではなく映像で理解できる	.109	.408	-.009	.186
投稿されているコメントが面白い	.009	.353	-.003	.121
因子III：再現性 α=.835				
もう一度見たい番組を見ることができる	-.070	.001	1.003	.002
見逃した番組を見ることができる	.050	-.047	.791	.009
過去に放送された古い番組を見ることができる	.291	.069	.436	-.041
因子IV：社交性 α=.779				
友人と話題を共有できる	-.025	.065	.069	.759
友人と交流するきっかけになる	.029	.185	-.096	.662
他のメディアで紹介されている	-.092	.328	.045	.446
友人と一緒に見ることができる	.281	.092	-.015	.393

因子間相関	I	II	III	IV
I	-	.48	.51	.25
II		-	.35	.60
III			-	.31
IV				-

ことができる"といった「再現性」、④"友人と話題を共有できる""友人と交流するきっかけとなる"といった「社交性」の４つの因子から構成されることを示した（表16-1）。特に「再現性」という効用は、従来のマスメディアやインターネット全般を対象とした研究で見出されてきた効用と比べてユニークな特徴であるといえる（小寺，2012）。

　小寺はさらに、これらの効用と利用スタイルとの関連性について検討している。上記の４効用を変数としたクラスター分析（コラム31参照）によって利用者を３群に分けたところ、すべての効用を強く感じている高効用群、すべての効用をあ

まり感じていない低効用群に加えて、「利便性」「再現性」に高い効用感を示し、娯楽番組視聴を主とする限定効用群の存在がみられたという。小寺によると、この群の人々は、YouTube をインタラクティブに利用するわけではなく、テレビ番組を視聴する手段として利用していると考えられるという。

　つまり、同じ YouTube であっても、個人が作成した動画を不特定多数で共有しコメントを交わすことに楽しみを見出す人もいれば、単に過去のテレビ番組の再生装置として利用する人もいる（ただし、後者の使い方は違法である場合も多い）。このように、同一のサービスであっても、利用者がどのような機能を利用するのか（あるいは利用しないのか）によって、利用者がサービスから得られる効用は異なってくるということである。言い換えれば、利用者は自らの利用動機が満たされるようなサービスを選択し、さらにその中で特定の機能を選択し（あるいは選択せず）、それぞれが自分の欲求に適った使い方をすることで満足度を高めているといえる。そういう意味では、YouTube の利用者たちは、やはり非常に「能動的」な利用者である。

研究事例②——Twitter の利用と満足

　ミニブログ Twitter の利用についても、利用と満足研究の枠組みで研究が行われている。柏原（2011）は、Twitter の利用動機および利用頻度との関連性について検討している。調査の対象となったのは、東京都・神奈川県・埼玉県在住の10〜40歳代の Twitter アカウント保持者314名であり、彼らに対して行われたWeb 調査データをもとに分析が行われている。

　柏原は、調査において提示した Twitter の利用動機36項目が Twitter を利用する動機としてどの程度当てはまるかを尋ね、回答データに対して因子分析を行った[2]。その結果、Twitter の利用動機は、①自分の考えを開示したうえでの交流を目的とする「交流／自己表現動機」、②家族・友人・知人など日常生活においてすでに形成されている他者との関係を保つことを目的とした「既存関係維持動機」、③主にテレビ番組についてリアルタイムで実況したり、情報探索したりすることを目的とする「実況／情報探索動機」、④自分を目立たせたり、自分について知ってもらったり、自分と有名人が交流している様子を誰かに見てもらったりすることを目的とした「自己呈示動機」、⑤悩みやさみしさなど自分のネガ

---

[2]　調査において測定された質問項目は36であったが、因子分析の過程で0.4以上の因子負荷量を示さなかった項目および複数の因子に0.4以上の因子負荷量を示した項目を除外し再分析しているため、最終的に21項目による尺度構成になっている（柏原, 2011）。

表 16-2　Twitter の利用動機についての因子分析結果（柏原, 2011, p.97）

項目内容	I	II	III	IV	V
因子I：交流／自己表現動機　α=.867, M=3.17, SD=0.82					
自分と同じ考えを持つ人と会話・交流するため	.874	.042	.043	-.103	-.032
趣味・関心を共有する人と会話・交流するため	.776	-.023	.056	-.149	.044
自分とは異なる考えを持つ人と会話・交流するため	.693	-.069	.006	.129	.072
多種多様な人々と交流するため	.549	-.183	.224	.067	.096
自分を理解している人と関係を形成するため	.464	.353	-.035	.088	.029
自分の考えを人に知ってもらうため	.439	.266	-.027	.137	.029
因子II：既存関係維持動機　α=.897, M=2.88, SD=1.06					
家族・友人・知人などの発言を見るため	-.092	.928	.049	-.147	.075
家族・友人・知人などと会話・交流するため	.016	.889	-.008	-.106	.072
家族・友人・知人などとの関係を維持するため	-.008	.846	-.003	.129	-.107
因子III：実況／情報探索動機　α=.835, M=2.92, SD=0.87					
テレビ番組やネット生中継に対する誰かの実況を読むため	-.076	.098	.795	.075	-.013
テレビ番組やネット生中継を誰かと一緒に楽しむため	-.064	.056	.770	.038	.118
有益な情報・ニュースを探索するため	.196	-.062	.678	-.140	-.136
テレビ番組やネット生中継を実況するため	.008	.035	.613	.274	-.030
知識を広げるため	.335	-.076	.452	-.155	.040
因子IV：自己呈示動機　α=.844, M=2.35, SD=0.82					
自分が有名人と交流している様子を誰かに見てもらうため	-.157	-.117	.028	.863	.143
スリルを味わえるから	-.180	-.047	.040	.784	.201
良い意味で自分が目立つため	.243	.031	-.091	.775	-.237
自分の良いところを人々に知ってもらうため	.339	.141	-.034	.506	-.018
因子V：気晴らし動機　α=.846, M=2.66, SD=0.96					
悩みを忘れるため	-.073	.050	.007	.077	.818
さみしさを紛らわせることができるから	.083	.033	-.009	-.011	.751
使っていると元気がでてくるから	.302	-.022	-.082	.008	.675

因子間相関	I	II	III	IV	V
I	-	.576	.465	.509	.477
II		-	.257	.461	.366
III			-	.544	.633
IV				-	.606
V					-

ティブな状態を改善することを目的とした「気晴らし動機」といった5つの次元から捉えられることが明らかになった（表16-2）。

　柏原によるこの Twitter の利用動機についての分析結果には重要な示唆が含まれている。それは、「コミュニケーションの相手は一体『誰か』」という問題に関わっている。柏原は、従来の「『利用と満足』研究アプローチを用いたインターネットの利用の動機・効用に関する研究では、他者とのコミュニケーションに関連した動機・効用が明らかにされて」きたことを踏まえ、「しかし、その場合の他者、つまりコミュニケーションの相手がどのような存在かについてはそれほど

考慮がなされていない」こと、さらに「インターネットという技術が可能にした『これまで出会うことができなかった他者』とのコミュニケーションという視点が重視されてきた」ことを指摘している（柏原，2011，p.98）。

一方で、柏原の分析結果が示したのは、その「他者」が日常生活において既存関係を築いている相手なのか（「既存関係維持動機」）、そうでないか（「交流／自己表現動機」）によって、利用者の利用動機が区別されるということであった。「本調査はそのようなコミュニケーション（上記の「これまで出会うことができなかった他者」とのコミュニケーション※引用者注）の在り方のみでインターネット上のコミュニケーションおよびその動機・効用を明らかにすることには限界があるということを示している」（p.98）と柏原が指摘しているように、オンライン・コミュニケーションの「相手は誰か」という問題は、今後あらゆる関連研究において鍵となるファクターになるだろう。日常生活における家族・知人なのか、全く知らない人なのか、あるいはオンライン上でのみ継続的に交流する「ネット上の友だち」なのか。人間関係が複雑多様化している現代だからこそ、丁寧に考慮しなければならない側面であるといえよう。

また、柏原の分析では、5つの利用動機のうち、「既存関係維持動機」以外の4つの因子同士では比較的強い正の相関関係がみられており、各々の動機は相互作用的なものと考えられる（柏原，2011）。この結果は、Twitterという「ブログ」「SNS」「チャット」といったすべての要素を併せもつ「中間的なサービス」[3]の特性が、利用動機にも反映されていることを示すものとして解釈されている。

さらに、柏原はTwitterの利用を「TL（タイムライン）閲覧」「TL以外閲覧」「ツイート」「会話」に分類したうえで、5つの利用動機およびその他の説明変数[4]が、各利用頻度に与える影響を重回帰分析によって検討している。その結果、「自己呈示動機」以外の動機は上記4つのうちいずれかの利用頻度に正の影響を

---

[3]　これは、柏原が引いた津田（2009）による言葉である。津田（2009）は、「ツイッターは不特定多数への情報発信プラットフォームとしての『ブログ』、特定少数の友人や知人とコミュニケーションや情報交換を行うプラットフォームとしての『SNS』、そして緊密な関係の相手とリアルタイムで会話を行う『チャット』、それらのすべての要素を併せ持つ中間的なサービスだ」（p.27）と述べている。

[4]　柏原（2011）は、5つの利用動機のほかに、〈数〉への評価という尺度の下位尺度得点（自分のフォロワーが増えたり、ツイートをリツイートされることなど、〈数〉が増加することに喜びや満足感を覚える「〈数〉による満足」と、リツイートによる肯定的効果に対して意識的になったり、「RTされること」に対する戦略性・合理的判断をもち合わせている「〈数〉への希求」）を説明変数として重回帰分析を行っている。なお、統制変数として「性別」「年齢」「利用期間」を投入している。

もたらしていた。例えば、「交流／自己表現動機」が高い人ほど「ツイート」や「会話」の利用頻度が高く、「実況／情報探索動機」が高い人ほど「TL 以外閲覧」の頻度が高いことなどが示されたのである（柏原, 2011）。このことから、同じ「Twitter を使う」という行動であっても、利用者は自身が能動的に選択した動機にしたがって Twitter を利用しているという実態が明らかにされたのだ。

研究事例③——Facebook の利用と満足

　バムガーナー（Bumgarner, 2007）は、Facebook のユーザーである大学生 1,049 名からその利用傾向や利用動機についてのデータを収集し分析を行っている。調査参加者に 50 の利用動機を提示し「全く同意しない」から「強く同意する」の 5 件法で回答してもらい、主成分分析を行った結果、ユーザーの Facebook 利用動機は「気晴らし（diversion）」、「自己表現（personal expression）」、「（友だちの）収集とつながり（collection and connection）」、「アドレス帳（directory）」、「新たな人間関係の開始（initiating relationship）」、「覗き見（voyeurism）」、「社会的効用（social utility）」、「群本能（herd instincts）」[5] などに類型化できることを明らかにした。また、それぞれの利用動機の平均値を算出し、「社会的効用」や「アドレス帳」を動機とした利用が多い一方、「新たな人間関係の開始」を目的とした利用は少ないと指摘した。ここでいう「社会的効用」とは友だちと Facebook を利用したり、会話のトピックとして Facebook を利用したりすることを指すのであるが、友だちの写真を見たり、プロフィールを読んだり、彼らについてうわさ話をしたりして楽しむようなコミュニケーションにとって Facebook は理想的なツールである（Bumgarner, 2007）。また、授業についての情報を必要としているときに、クラスメイトの連絡先をリストアップしてくれるという点でも、Facebook は有用だと考えられているという。しかしこれらの 2 つの利用動機は Facebook に限られるものであり、一般的な SNS には当てはまらないであろうとバムガーナーは指摘する。なぜなら、Facebook のユーザーは自分のアドレス帳の中にいる人々のことを実際に知っていることが多いからである。うわさ話は知らない人よりも知っている人が関係しているときの方がおもしろいので、他の SNS はうわさ話のツールとして Facebook と同等には機能しないだろう。同様に、知らない人の連絡先情報は Facebook 上の友だちやクラスメイトたちの連絡先情報に比べてあまり役に立たないだろう（Bumgarner, 2007）。一方、Facebook のユーザー

---

[5]　ここでいう「群本能」とは、"周囲の人々が Facebook を使っているので自分も使う"、"孤立したくないので Facebook を使う" といった利用動機を指す（Bumgarner, 2007）。

には該当者が少なかった「新たな人間関係の開始」という利用動機は、むしろ他のSNS（そこでは新たな人々との出会いを目的としている）に当てはまるだろうとバムガーナーは指摘している。

Facebookではオフライン上ですでに交流がある人々とつながるケースが圧倒的に多い。バムガーナーの研究からはそのようなFacebookの特性を活かす形で個々の生活に取り入れるユーザーたちの利用実態が浮き彫りにされている。

インターネットに惹かれる人の心理特性

これまで、利用と満足研究という枠組みにおいて実施されたオンライン・コミュニケーションの利用動機に関わる諸研究についてみてきた。一方で、「インターネットの利用時間が長い人にはどのような心理特性がみられるか」という視点から、その利用動機を垣間見ることもできる。

橋元（2011）は、インターネットの利用時間が長い人がどのような心理傾向を強くもっているのかについて紹介している。その中では、「**公的自己意識**（自分が他人にどう思われているのか気になる）」が高かったり、特に30歳以下の若年層で孤独を感じていたり、「自分の意見や気持ちを文字で発信することに喜びを感じる」という表現欲求が高いという特性をもつ人ほど、インターネットの利用時間が長いとされている。また、高校生がミニブログでたえず友人の動静をチェックしたり、自らの行動や感情を報告したりすることによって、相手と心理的回路がつながっていることを確認する「儀式」の手段として、オンライン・コミュニケーションを利用している例が挙げられている。これらのことから、上記のような自分と他者との関係性にかかわる様々な心理特性が、オンライン・コミュニケーションへの参加と関連している可能性が考えられる。

オンライン・コミュニケーションと社会的ネットワーク

オンライン・コミュニケーションは、人々の社会的ネットワークを変化させることが指摘されており、このことが、人々がオンライン上で他者と交流を図ろうとする動機のひとつにもなっている。では、ここでみられる社会的ネットワークの変化とは、具体的にどのようなものなのだろうか。また、その変化は旧来の社会的ネットワークにどのような影響を与えるのだろうか。以下で詳しく考えてみよう。

オンライン・コミュニケーションにおいて形成される集団は、主に2つに大別される。ひとつは、実社会の既存集団を母体とするコミュニティであり、もう

ひとつはネット上ではじめて形成された集団である（小笠原，2006）。

　前者は家族、友人、恋人、同級生、知り合い、同僚など、もともと実社会で顔見知りである相手とオンライン上でも交流をもつケースが当てはまる。社会的ネットワーク論の中では、家族や恋人、友人など、日頃から親しくしている相手とのつながりを「**強い紐帯**」と呼び、疎遠になった同級生やあまり連絡をとっていない知り合いなどとのつながりは「**弱い紐帯**」と呼ぶが（Granovetter, 1973）、オンライン・コミュニケーションは「強い紐帯をより強く」し、「弱い紐帯を維持」する機能があるといわれている。つまり、親しい人とはより親しくなることができ、普段あまり交流をしない人とは、そのつながりを維持することができるということである。例えば、ある同級生と疎遠になったとしても、Facebook 上でつながっていれば必要が生じたとき連絡をとることができる（連絡先がわからないという事態は免れる）。このような状態は、弱い紐帯を維持できていると捉えることができる。

　一方、オンライン上のコミュニケーションが、ネット上ではじめて形成された集団で行われるとき、どのような社会的ネットワークの変化が期待できるだろうか。未知の者同士がオンライン上に集まって交流をはかるのは、その多くが同じ関心事をもっている場合である。同好の士が集まって、特定のトピックについてあれこれ議論を交わすケースである。この場合、コミュニケーションの相手は顔も名前も知らない人であるので、まったく新しいつながりが形成されることになる。このように、同じ関心事でつながること、またはその集団は「**情報縁**」（川上ら，1993）と呼ばれたり、「**COI（Community Of Interest）**」（濱野・佐々木，2011）と表現される。このような情報縁や COI を求めてネット上に集まる人は、いまとても増えているのではないだろうか。

　こうした新たなネットワークは、なぜ対面コミュニケーションの場ではなく、オンライン・コミュニケーションの場に相手を求めるかたちで生まれてくるのだろうか。筆者は、テレビ番組の話題をインターネット上で話題にする大学生たちにインタビュー調査を行ったことがある。そこで「なぜインターネット上でテレビ番組を話題にするのか」と大学生たちに尋ねたところ「他者がどのように（番組を）見ているのか知りたい」「ネット上には一緒に盛り上がれる人たちがいる」「アンチの意見を知りたい」「もっと詳しい人の意見を知りたい」といった理由が挙げられた（志岐，2013）。また、中学生へのインタビュー調査を行った渋谷（2013）は、彼らがインターネットや電子掲示板、SNS などを駆使しながら自分の好きなことをわかってくれる人を選択し、その「わかってくれる人」とのみ、

好きな芸能人、好きなアニメやスポーツなどの話題について語りたいという思いを抱いている様子を浮き彫りにしている。これらの研究が示しているのは、実社会における友人や知り合いにわざわざ話すほどではないが誰かと話題を共有したい場合や、同じ関心事をもつ人を周囲になかなか見つけられない場合、インターネット上であれば話題を共有できる相手を簡単に見つけることができ、結果として容易にコミュニケーション欲求を満たすことができるという事実である。とくに、少しマニアックなことについて話題にしたかったり、自分の関心事を周囲の人々に知られたくないときは、オンライン・コミュニケーションは非常に有用なツールとなる。

　もちろん、そこで行われるコミュニケーションは、名前も顔も知らない他者が相手であるので、関係が一過性のものとなるケースも多い。もしそこで得た関係を維持していきたいと思うならば、相互作用を継続していくことが必要となる。例えば、Twitter でプロフィールの内容をもとに自分と関心が似ている相手を探し、互いにフォローし合うことで関係を形成することがこれに該当する。このようにして新しいつながりが形成され、その後もお互いに相互作用が継続されれば、関係性が維持され、その人の社会的ネットワークにおいて重要な意味をもつようになるかもしれない。このような新たなつながりの形成も、人々がオンライン上で他者とコミュニケーションをはかる動機のひとつである。

3．オンライン・コミュニケーションの課題と未来

　前節でみてきたように、オンライン・コミュニケーションには通常の対面コミュニケーションでは得られない多くの効用が存在している。オンライン・コミュニケーションのメリットは、多くの人々を魅了し、取り込んで、日々その社会的存在感を増しつつある。

　しかし、オンライン・コミュニケーションには克服すべきいくつかの問題点も存在している。日常的にオンライン上のコミュニケーションを行っている人の中には、いくつか思い当たる点があるかもしれない。以下では、オンライン・コミュニケーションが抱える問題点についてみていくことにしよう。

非言語的手がかりの欠如がコミュニケーションを阻害する
　私たちは相手と直接向き合ってコミュニケーションをとるとき、相手のメッセージをどのようにして読み取っているだろうか。相手から発せられる言葉はも

縦断研究（パネル研究）

　質問紙を用いて行う調査研究は、横断研究（cross-sectional study）と、縦断研究（longitudinal study）に大きく分けられる。横断研究は、一時点で調査対象者に質問紙調査を実施する。それに対して、縦断研究は、同じ対象に複数回、似たような質問紙調査を実施して、時系列における変化を観察することによって、メディアの効果や影響の因果の方向を予測することが可能になる。パネル研究とも呼ばれる。

　例えば、テレビゲームの暴力シーンの影響について、次のような 2 つの仮説がある。①テレビゲームの暴力シーン（原因）の影響により、攻撃性が高まる（結果）。②攻撃性が高い人が（原因）、テレビゲームの暴力シーンを好む（結果）。横断研究では、テレビゲームの暴力シーンへの接触頻度と、攻撃性との関連性（相関係数などで示される）がわかるだけなので、因果の方向は予測できない。

　しかし、3 か月後、6 か月後、1 年後などに、同じ対象者に質問紙調査を実施することにより、①と②と、どちらの効果が強いのか、どちらも同じぐらいみられるかなど、原因と結果を推測することが可能になる。図は、パス解析という分析方法を用いて、因果の方向を予測したものである（渋谷ら，2011）。メディアの青少年への長期的影響が問題になる場合に実施されることが多い研究方法の一つである。

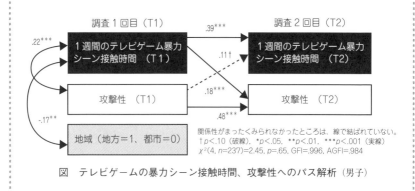

図　テレビゲームの暴力シーン接触時間、攻撃性へのパス解析（男子）

ちろんだが、果たしてそれだけだろうか？

　マレービアンは、人が発するメッセージは、表情が 55％、声の調子（声の高さや口調、早さなど）が 38％、言葉の内容が 7％の割合で構成されていると述べて

いる（Mehrabian, 1981=1986）。つまり、言葉の内容そのものに加え、表情や声の調子といった**非言語的な手がかり**が、相手の発するメッセージを読み取るうえで非常に重要であることを指摘したのである。もっといえば、それらの非言語的手がかりは、言葉の内容そのものよりも多くのメッセージを含んでいるといえる。対面コミュニケーションにおいて、相手の言っていることと表情とが一致しておらず、戸惑った経験をしたことがある人もいるだろう。例えば、相手を不快にさせるようなことをうっかり口にしてしまい、謝罪したところ「大丈夫、大丈夫」と言葉では許してくれているものの、目が吊り上がっていたり、口がへの字になっていたり……。そのようなとき、私たちは相手の言葉よりも表情の方から相手の真意を読み取るものである。

　そのことを踏まえて、改めてオンライン・コミュニケーションのあり方を考えるとどのような問題点が見出されるだろうか。オンライン上では主に文字テキストによってコミュニケーションが進行していく。マレービアンの法則に拠ると、単純に9割以上の情報が失われているということである。このことは、コミュニケーションを進行するうえで、様々な誤解や思い違いをもたらす一因となっていると考えられている。

炎上・フレーミング

　電子掲示板の5ちゃんねるや芸能人のブログなどで、暴言が飛び交ったり、誹謗中傷のコメントが殺到したり、一方的な攻撃が繰り広げられたりするのを目にしたことがある人も多いのではないだろうか。このような現象はいわゆる「炎上」[6]と呼ばれるものであるが、CMCの研究分野では「**フレーミング**（flaming）」と呼ばれる。フレーミングが発生する原因としては、非言語的手がかりの欠如や、相手の年齢、社会的地位などといった社会的情報が少ないことが挙げられる。

　スプロウルとキースラーは、フレーミング現象が発生する過程について、以下のように記述している。

　コンピューターによるコミュニケーションにおける*社会情報*[7]の度数の少なさと、その場かぎりのやりとりのために、人々は社会的な制裁を恐れることを忘れ

---

[6]　田代・服部（2013）の定義によると、ネットにおける「炎上」とは、「サイト管理者の想定を大幅に超え、批判や誹謗中傷が殺到すること」（p.160）を指す。

[7]　ここでいう社会情報とは、コミュニケーション相手の年齢や性別、社会的地位、外見などといった情報のことである（※引用者注）。

る。さらに、彼らは皆の注目を引くために、より激しい表現を使わなければならないと思いこむ。電子メッセージを組み立てる人は聴衆について実質的な感覚に欠けているため、こうした聴衆とのコミュニケーションの上で必要な規範を忘れてしまいやすい。また、彼または彼女は、アイデアの伝達を助ける言葉によらない方法を持っていない。……（Sproull & Kiesler, 1992=1993, p.88）

　CMCでは、社会的地位や年齢、居住地など社会的背景の異なる不特定多数の人間がコミュニケーションに参加する。相手がどんな人物かわからない、あるいは有名人などで顔は知っていても、その表情も、声の調子も、直接感じられない。こういった状況下では、自分の発言の受け手が、実在する生身の人間であるという意識（スプロウルらのいうところの「実質的な感覚」）が希薄になりがちである。こういった相手の存在感の欠如がフレーミングの一因となると考えられているのだ。

　加えて、このような現象に拍車をかけているのが「匿名である」という状況である。他者から「自分が何者であるか」を特定されない状況になると、人は社会的な制約から解放され、自らの発言に対する責任感も希薄になることがありうる。スプロウルらは、人々が匿名の状態になり状況が社会的慣習や価値を無視させるときに「没人格化現象」が起きることを指摘しており、こうした没人格化現象が、インターネット上でフレーミング現象を起こす原因となっている。

　フレーミングが、没人格化された投稿者による、対象人格への攻撃性をもつもの、と考えれば、田代・服部（2013）の次の指摘はひとつの示唆を与えてくれるだろう。田代と服部によれば、ネット炎上の戦略的な予防策は「テーマを設定すること」である。テーマを「自分」ではなく趣味など何らかの「関心事」にすることで、共通の関心をもつ人と肯定的につながることができ、かつ自分のことを書かなくてもよいので不適切な情報発信も少なくなる。田代・服部は、テーマが「自分」で許されるのは政治家・芸能人・研究者・個人事業主など、自らをプロモーションする必要がある人たちであり、それ以外（学生やサラリーマン）は自らのことを書く必要はない、と不用意に自らの生活をネット上に書き込むことについて警鐘を鳴らしている。

　非言語的な手がかりが欠如していることにより引き起こされる問題は、フレーミングのみではない。これまでの研究では、対話が課題遂行的、没個性的になり、自発性も低下するとする「キューレスネスモデル（cuelessness model：手がかり欠如モデル）」（Rutter et al., 1981）の報告や、CMC環境においては「確証バイアス

(confirmation bias)」の発生への注意が必要であるとの指摘もなされている（五十嵐，2010）。確証バイアスとは、真偽を確かめようとする命題を確証（肯定）する情報に注目し、反証（否定）する情報に注目しないという傾向のことである。例えば、自分の意見が正しいかどうかを判断するためにインターネットで情報を集めるとする。そのとき自分の意見と一致する情報を見つけると、自分の考えが正しいということが証明されたような気持ちになる。実際は、それだけでは自分の意見が正しいという証明にはならないのだが、自分の意見と対立する情報には注意が向かなかったり無視してしまったりする。非言語的手がかりがある場合には、情報の送り手が自信があるのか不安なのかといった、コミュニケーション上の環境の全体像が伝わりやすいのに比べ、そうした手がかりがない場合は、部分的な情報を抽出するかたちで確証バイアスがかかりやすくなることが想定される。

非言語的手がかりの欠如を補うもの

　もちろん、オンライン上のコミュニケーションであっても、文字テキスト以外の側面で相手のメッセージを読み取ることが可能である。その代表例が**絵文字・顔文字**である。メールや電子掲示板では早い段階から絵文字や顔文字が広く使用され、感情を伝達するための貴重なツールとして利用者の間に浸透してきた。顔文字をメッセージの中に豊富に使用すれば、感情豊かなコミュニケーションを遂行することができる。この絵文字に関して、ある調査では特に女性による使用が多く、「絵文字を使うと微妙なニュアンスを伝えやすい」とする人が、男性24％に対し、女性が53％と圧倒的に多いことが報告されている（小川，2011）。用件を伝えるだけが目的であれば、文字テキストのみであっても十分だが、特に女性のおしゃべりにおいては、絵文字は自分の気持ちを伝えたいときに用いる必須アイテムのひとつになっているようだ。逆に、普段は顔文字をたくさん使ったメッセージを送ってくる人が、突然顔文字が一切なしのメッセージを送ってきた場合、受け手は深刻な気持ちになったり、「何か怒らせるようなことをしただろうか」と不安になったりする。そういう意味では、絵文字や顔文字は、使うことによっても、使わないことによっても、非言語的手がかりの欠如を補う役目を果たしているといえる。最近では、メッセージアプリ LINE において、イラストや画像を加工した「スタンプ」と呼ばれるツールを使って、文字テキストなしにメッセージを伝える方法も広く普及している。また、相手の顔を見ながら通話ができる機能を備えたアプリが多数開発され、それらを気軽に使える環境も整ってきている。
　メッセージの表現手段が制限された環境の中で、可能な限り気持ちや感情を相

表 16-3　プロフィール上の情報公開範囲（太幡・佐藤，2016，p.34）

	偽の情報を公開	未記入，非公開	友人まで公開	友人の友人まで公開	全体に公開
名前	39.30	0.00	40.63	6.76	13.32
現住所	11.70	0.00	53.47	9.71	25.12
性別	3.33	0.00	30.92	6.76	58.99
誕生日	2.76	20.17	31.40	9.80	35.87
生まれた年	2.00	31.68	28.26	8.47	29.59
出身地	2.57	23.41	27.88	7.52	38.63
職業	3.24	38.82	23.79	6.57	27.59
所属	4.19	52.24	19.41	4.19	19.98

単位は％である。

手に伝えるための非言語的な技術が開発されている。今となっては上記のようなあらゆるツールが豊富に揃えられているため、読者の中にはオンライン上のコミュニケーションにおいて不自由さを感じたことがないという人も多いかもしれない。しかし、そのような現在の状況は、CMC における非言語的手がかりの欠如から引き起こされる問題に、様々な工夫や技術で対処してきた結果なのである。

プライバシーの問題

　最後に、プライバシーに関わる問題についても触れておこう。オンライン・コミュニケーションが契機となって様々な事件・トラブルが頻発していることは、皆さんも連日報道されるニュースを通じて知っていることだろう。しかし、「気をつけなければならない」という漠然とした意識をもちつつも、どこかで「自分は大丈夫だ」と思ってはいないだろうか。

　太幡と佐藤（2016）は、SNS のプロフィール上で利用者が自己情報をどの程度の範囲で公開しているかについて、mixi 利用者 1,051 名からデータを収集している。表 16-3 に示すとおり、プロフィール上での個人情報の公開の程度は情報によって異なること、個人情報を広く公開している者が存在することが示唆されている。太幡と佐藤はさらに、SNS 上での自己情報公開を規定する心理的要因について検討を行い、自己の属性情報（例えば性別）、識別情報（例えば本名）への情報プライバシー[8] が低いほど、不特定他者への自己情報公開数が多く、プロフィール上の自己表出性が高いこと、準拠集団の成員から人気を得たいという欲求である人気希求が高いほど、プロフィール上の自己表出性が高いことなどを

---

[8]　情報プライバシーとは、自己情報を他者に伝達することを統制しようと思う程度のことである（太幡・佐藤，2016）。

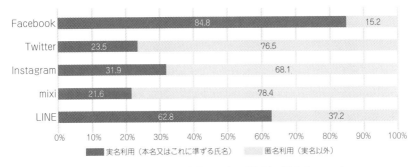

図 16-2　SNS における実名・匿名の利用率（総務省，2015）

明らかにしている。さらに、犯罪被害へのリスク認知が高いほど、自己表出性が高いという結果も得られており、これは太幡・佐藤の予測とは逆の結果であったという。太幡・佐藤は予測とは逆の結果が得られた理由として、SNS 上での自己情報公開が犯罪と直接的に結びつくと認識されていないことが影響した可能性を示唆している。

　オンライン上でプライバシーを保護するための対策として多くの人に用いられている方法のひとつが「匿名利用」であろう。図 16-2 はわが国における SNS 上での実名・匿名の利用率を示したものである。実名登録が推奨されている Facebook や実生活での知り合い、家族とのコミュニケーションに利用されることの多い LINE は実名での利用が多い。しかし一方で、それ以外の SNS や Twitter のようなミニブログといった場においては匿名利用が実名利用を大きく上回っている（総務省，2015）。

　私たちは、匿名のコミュニケーションであれば、自分のプライバシーは完全に守られ、素性は特定されないと思いがちである。しかし、実際はどうだろうか？私たちは、自分たちが思っている以上に、オンライン上に様々な個人情報を自ら流出している。日々のルーティーン、通学の時間帯や通学に使っている電車や駅での出来事、大学やサークルのイベントの日程、住んでいる地域の情報、ジオタグが含まれている写真、友人や恋人、家族のこと……。インターネット上に公開されている個人情報は、自分が意識的に公開しているプロフィールだけではない。日々に積み重ねられた些細な書き込みが蓄積することによって、それが個々人のデータベースとなり、人物を特定するいわゆるプロファイリングが可能になる。生活サイクル、居住地、通学先、人間関係のネットワーク、いつどこにいるかの情報など、あなた個人につながる情報をネット上に書き込んではいないだろう

か？

　オンライン・コミュニケーション・サービスの充実にともない、気軽にコメントやつぶやきを書き込めるようになった一方で、あまりにも無防備に個人情報をさらしてしまい、トラブルにつながるケースが増えてきている。あまり深く考えずに書き込んだ情報をつなぎ合わせることによって、個人が特定できる場合もあるのだということを、私たちは常に肝に銘じておく必要がある。

Web 会議システムの利用の拡大

　最後に、2020 年に顕著にあらわれている動向として、Web 会議システムの急速な利用拡大について言及しておきたい。**Web 会議システム**とは、遠隔拠点とインターネットを通じて映像・音声のやり取りや、資料の共有などができるコミュニケーションツールのことである（MM 総研, 2020）。

　全国の企業・団体の役員等を対象にした調査によれば、2019 年 12 月末で44％だった Web 会議システムの利用率は、2020 年 4 月末には 63％に上昇している（MM 総研, 2020）。テレワークを実施した男女を対象にした別の調査では、5〜6 月時点で 79.2％の利用率となっている（SalesZine 編集部, 2020）。もともと、東京オリンピック・パラリンピックの開催で人の移動が例年以上に増えることが予想されたこともあり、テレワーク環境の整備が求められていた。しかし新型コロナウイルスの感染が拡大するなかオリンピック・パラリンピックの延期が決まり、4 月には政府が緊急事態宣言を行う事態となった。感染拡大抑止につながる人の移動の抑制という観点からテレワークが普及し、それにともなって Web 会議システムの利用が急速に拡大した。学校の授業も Web 会議システムを通して行われるようになり、さらには友人同士の集まりなどにも活用されるようになっている。

　Web 会議システムの利用は、予定を合わせて同じ時間にひとつの場所に集まって行う従来の対面型の会議やミーティングに比べて圧倒的な利便性があり、時間とコストの節約にもなっている。これまで長時間のフライト移動を必要とした国際会議ですら、Web 会議システムを使えば手軽に、必要があれば何度も行うことができる。

　一方、Web 会議の普及が進むなかで、従来の対面型の会議との違いも意識されている。三浦（2020）によると、Web 会議参加者の約 4 割は顔出しをしない状態（ビデオ・オフ）で会議に参加している。顔出しをしたとしても参加人数によっては小さい画面となり、映像・音声の安定性も回線の状況に左右されやすい。

このため、「相手の表情を読み取りづらい（42.0％）」、「相手の音声が聞きづらい（38.7％）」、「話を聞くのに集中力がいる（33.5％）」などの問題が意識されている。また、「発言のタイミングが取りづらい（58.1％）」、「声量を大きく話さなければいけない（15.9％）」など（三浦, 2020）、対面型では無意識の前提となっている「場」の空気や流れなどが Web 会議では把握しづらいという課題も意識されているようだ。

今後、Web 会議システムでの会議において「場」、すなわちコミュニケーションを交わすための前提や文脈をどのように共有していくかということが、Web 会議の段取りや手続きとしてフォーマット化していけば、コミュニケーションの背景も意識され、構造的に把握するような研究も可能になるだろう。より人と人とのコミュニケーション心理を精確に捉える可能性を見出せる時代に入ってきたともいえる。

演習問題

1．小寺（2012）の研究で提示された YouTube の各効用のうち、あなたはどのような効用を期待し、具体的にどのような使い方をしているだろうか。周囲の人の回答と比較しながら、期待する効用とサービスの使い方の関係性について考えてみよう。
2．オンライン・コミュニケーションにおいて、相手とのトラブル（誤解や思い違い）を避けるためには、どのようなことに気をつければよいだろうか？　あなたの経験をもとに考えてみよう。

さらに学ぶための文献・資料案内

三浦麻子・森尾博昭・川浦康至（編）（2009）．インターネット心理学のフロンティア：個人・集団・社会　誠信書房
Lee Sproull & Sara Kiesler（著）加藤丈夫（訳）（1993）．コネクションズ：電子ネットワークで変わる社会　アスキー

引用文献

Bargh, J. A., McKenna, K. Y. A., & Fitzsimons, G. M.（2002）. Can you see me? Activation and expression of the "true self" on the internet. *Journal of Social Issues*, 58(1), 33-48.
Bumgarner, B. A.（2007）. You have been poked: Exploring the uses and gratifications of Facebook among emerging adults. *First Monday*, 12(11). http://firstmonday.org/article/view/2026/1897（2016 年 10 月 14 日アクセス）
Granovetter, M. S.（1973）. The strength of weak ties. *American Journal of Sociology*, 78, 1360-1380.

濱野智史・佐々木博（2011）．日本的ソーシャルメディアの未来　技術評論社

Hampton, K., & Wellman, B.（2002）. The not so global village of Netville. In B. Wellman & C. Haythornthwaite（Eds.）, *The internet in everyday life*（pp.345-371）. Malden, MA: Blackwell.

橋元良明（2011）．メディアと日本人：変わりゆく日常　岩波書店（岩波新書）

平井智尚（2007）．2ちゃんねるのコミュニケーションに関する考察：インターネットと世論形成に関する議論への批判　メディア・コミュニケーション：慶應義塾大学メディア・コミュニケーション研究所紀要, *57*, 163-174.

五十嵐佑（2010）．社会的ネットワークとメディアコミュニケーション　吉田俊和・元吉忠寛（編）体験で学ぶ社会心理（pp.145-153）ナカニシヤ出版

Joinson, A. N.（2003）. *Understanding the psychology of Internet behaviour*. Basingstoke, UK: Palgrave Macmillan.（三浦麻子・畦地真太郎・田中敦（訳）（2004）．インターネットにおける行動と心理　北大路書房）

柏原勤（2011）．Twitterの利用動機と利用頻度の関連性：「利用と満足」研究アプローチからの検討　慶應義塾大学大学院社会学研究科紀要：社会学・心理学・教育学：人間と社会の探究, *72*, 89-107.

川上善郎・川浦康至・池田謙一・古川良治（1993）．電子ネットワーキングの社会心理：コンピュータ・コミュニケーションへのパスポート　誠信書房

金相美（2003）．インターネット利用に関する日韓大学生比較研究：利用動機・効用の分析を中心に　マス・コミュニケーション研究, *63*, 112-129.

小寺敦之（2012）．動画共有サイトの「利用と満足」：「YouTube」がテレビ等の既存メディア利用に与える影響　社会情報学研究, *16*(1), 1-14.

Mehrabian, A.（1981）. *Silent messages: Implicit communication of emotions and attitudes*（2nd ed.）. Belmont, CA: Wadsworth.（西田司・津田幸男・岡村輝人・山口常夫（訳）（1986）．非言語コミュニケーション　聖文社）

三浦麻子（2008）．ネットコミュニティでの自己表現と他者との交流　電子情報通信学会誌, *91*(2), 137-141.

三浦志保（2020）．Web会議の困りごとと顔出しの状況：Web会議に関する調査（1）https://u-site.jp/survey/web-conference-1（2020年12月23日アクセス）

MM総研（2020）．Web会議システムの利用シェアはトップの「Zoom」が35%：テレワークの支援ツール調査を発表　https://www.m2ri.jp/release/detail.html?id=420（2020年12月23日アクセス）

西川英彦・岸谷和広・水越康介・金雲鎬（2011）．ネット・リテラシーとサイト利用との相互作用についての実証研究　吉田秀雄記念事業財団平成22年度助成研究報告書, 49-61.

西川英彦・岸谷和広・水越康介・金雲鎬（2013）．ネット・リテラシー：ソーシャルメディア利用の規定因　白桃書房

小笠原盛浩（2006）．オンラインコミュニティ類型を用いた利用と満足分析：日韓学生データを用いた利用行動の探索的研究　日本情報学会学会誌, *18*(2), 21-37.

小川克彦（2011）．つながり進化論：ネット世代はなぜリア充を求めるのか　中央公論新社（中公新書）

折田明子（2009）．知識共有コミュニティ　三浦麻子・森尾博昭・川浦康至（編著）インターネット心理学のフロンティア：個人・集団・社会（pp.182-216）誠信書房

Papacharissi, Z., & Rubin, A. M.（2000）. Predictors of internet use. *Journal of Broadcasting & Electronic Media*, *44*(2), 175-196.

Rutter, D. R., Stephenson, G. M., & Dewey, M. E.（1981）. Visual communication and the content and style of conversation. *British Journal of Social Psychology, 20*(1), 41-52.

SalesZine 編集部（2020）．ウェブ会議システム利用率は約 8 割、ビジネスチャットは 5 割弱：今後市場拡大の見込み／矢野経済研究所調査　https://saleszine.jp/news/detail/1663（2020 年 12 月 23 日アクセス）

渋谷明子（2013）．「好き」を選択的に共有するモバイル世代：中学生へのインタビュー調査　萩原滋（編）テレビという記憶：テレビ視聴の社会史（pp.177-196）新曜社

渋谷明子・坂元章・井堀宣子・湯川進太郎（2011）．テレビゲームの暴力シーンの影響を左右する視点の調整効果：小学校高学年児童を対象にしたパネル研究の検討　デジタルゲーム学研究, *5*(1), 1-12.

志岐裕子（2013）．インターネット世代のテレビ・コミュニティ：大学生のテレビ視聴　萩原滋（編）テレビという記憶：テレビ視聴の社会史（pp.158-176）新曜社

志村誠（2005）．ウェブ日記・ウェブログによるパーソナルネットワークの広がり　池田謙一（編）インターネット・コミュニティと日常世界（pp.87-111）誠信書房

総務省（2015）．平成 27 年版情報通信白書　SNS の利用率　https://www.soumu.go.jp/johotsusintokei/whitepaper/ja/h27/html/nc242220.html（2020 年 11 月 25 日アクセス）

総務省情報通信政策研究所（2020）．令和元年度情報通信メディアの利用時間と情報行動に関する調査報告書　https://www.soumu.go.jp/main_content/000708016.pdf（2020 年 11 月 27 日アクセス）

総務省総合通信基盤局消費者行政課（2015）．平成 27 年度　青少年のインターネット・リテラシー指標等　http://www.soumu.go.jp/main_content/000385926.pdf（2016 年 10 月 23 日アクセス）

Sproull, L., & Kiesler, S.（1992）．*Connections: New ways of working in the networked organization.* Cambridge: The MIT Press.（加藤丈夫（訳）（1993）．コネクションズ：電子ネットワークで変わる社会　アスキー）

太幡直也・佐藤広英（2016）．SNS 上での自己情報公開を規定する心理的要因　パーソナリティ研究, *25*(1), 26-34.

田代光輝・服部哲（2013）．炎上の過程と炎上事例　田代光輝・服部哲（著）情報倫理：ネットの炎上予防と対策（pp.160-176）共立出版

津田大介（2009）．Twitter 社会論：新たなリアルタイム・ウェブの潮流　洋泉社（新書 y）

第17章 デバイスの融合とモバイルメディア

　皆さんは、電話をするときや、音楽を聴くとき、ニュースを読むとき、地図を調べるとき、写真を撮って友人と共有するときなどに、どのようなものを使っているだろうか？　おそらく、多くの人がこれらすべての問いに対し「スマートフォン」や「タブレット」といった回答をするだろう。最近では、雑誌や本を読むときやテレビ番組や映画を見るときにも、これらの機器を使っている人が増えてきていることは疑いない。

　当然のことではあるが、以前は、日常生活におけるこれらの行動ひとつひとつに対応した道具や機器を使用していた。音楽はラジカセやポータブルプレイヤー、ニュースや地図は新聞や地図帳といった印刷メディア、テレビ番組はテレビ受像機、写真はフィルムカメラで写真屋に行って現像してもらう……といった具合にである。インターネットですら、一昔前まではパソコン端末で使用するのが当たり前だった。

　しかし、近年ではどうだろうか。電車の中で音楽を聴きながらインターネットでニュースをチェックし、待ち合わせの場所を地図アプリで確認し、最寄り駅に着くまで動画アプリで昨日のバラエティ番組を見る。友人と食べたランチを写真に撮って、SNSにアップロードして……といったメディア行動がスマートフォンひとつで賄えてしまう（果たして、いまの若い人々は「焼き増し」という言葉を知っているのだろうか？）。

　このように、これまで複数のデバイスが担ってきた役割が、現在では、ひとつないしは少数のデバイスに集約されるようになった。あれこれ多くのものを持たなくても、スマートフォンやタブレットがあれば、大抵のメディアにかかわる行動はカバーできるようになったのだ。昔の人が手のひらに収まる近年のスマートフォンとその機能を見たら、きっと夢のようだと思うに違いない。

　従来使われてきた複数のデバイスがひとつに集約されることによって、そのデバイスを使う人々自身の生活行動やメディアに対する意識も、少しずつ変化してきている。人々の行動や意識が、周りを構成する環境によって誘導されたり影響を受けたりするということは、以前から指摘されているが、メディア行動やメディアに対する意識も例外ではない。これまで複数あったデバイスが集約される

ということは、デバイス技術の発達という意味合いを越え、それを使う人々の意識にも大きな変化をもたらしていると考えるべきだろう。

現在はさらに、スマートフォンやタブレットも、新機種が発売されるたびに新たな機能が搭載されている。デバイスの発展も、それに伴う人々の行動や意識の変化も、まさしく「過渡期」に当たる時期である。したがって、デバイスの融合によって、人々のメディア利用行動やメディアに対する意識がどのように変化するかという研究領域も同様に、「過渡期」の中にあると考えられる。

現在も変化の中にある現象を捉えるのは簡単ではないが、本章では、インターネットやモバイル端末の技術進展と人々のメディア行動やメディアに対する意識について、これまで報告されているデータからその一端をみてみることにしよう。新たなメディアの登場、具体的には、現代の私たちの生活に最も深くかかわっていると考えられる「携帯電話」や「スマートフォン」といったモバイルメディアが広く普及している現在、それらの使用が私たちの社会心理にどのような影響を及ぼしているのか。この問題についても考えてみよう。

1. デバイスの融合とメディア利用の変化

モバイル端末へのメディアデバイスの融合

ここでの検討は社会心理学にもとづくものであるが、その変化に影響を及ぼしてきたデバイス技術の変化にもひととおり目を通しておく必要がある。テレコミュニケーション技術がアナログ中心からデジタルの時代に変わったことに伴い、テレビもラジオもパソコンも、紙媒体ですら様々な変革に向き合ってきているが、なかでも劇的な変化を遂げてきたのが電話媒体である。携帯電話、とりわけスマートフォンが最もユーザーに接触する可能性の高いデバイスとなっている現状にいたる経緯を簡単に確認しておこう。

自動車搭載型の移動電話を、個人向けに持ち運べるようにした「ショルダーホン」（1985 年）が、日本における携帯電話の歴史の始まりといってよいだろう（NTT ドコモ，n.d., b）。重さ 3 キログラムあったショルダーホンは、1987 年には 1 キロを切り、携帯の現実味を増してきた。やがて折りたたみ型を始め、手のひらで扱えるサイズになっていった。

そこで扱われるコンテンツは、電話である以上、音声情報がほとんどだった。かつては有線で交わされる情報量の多さや確実性に比して、無線を通じて交わされるものは情報量としても小さく、しかも途切れることが多かった。電話でも、

あくまで固定電話が主流であり、携帯電話は補助的な役割だった。無線で交わされる情報は、音声情報に加えれば多少のプッシュ型の文字情報（ポケットベルがこれにあたる）程度だった。

　しかし携帯電話が普及するにつれて、無線を通じたコミュニケーションも多様化する。1999年にNTTドコモが、文字情報中心だったものの、携帯を通したインターネットサービスであるiモードを開始した（NTTドコモ，n.d., a）。翌年には、カメラ付携帯で撮影した画像を送信できるサービスが始まるなど、内容面での進化が進んだ（このサービスは後に「写メール（J-PHONE）」と呼ばれる）。通信技術における「3G」世代以降は、有線のインターネットと遜色ない速度でコミュニケーションすることが可能になった。さらには、電話の基本であるボタンではなく、画面上の操作で文字だけでなく画像や映像を扱う、いわば小さなパーソナルコンピュータとしてのスマートフォンも登場した。

　こうした展開を受けて、2010年には10%弱だったスマートフォンの普及（世帯）は、2019年には83.4%と8割を超え、固定電話（69.0%）やパソコン（69.1%）を上回る広がりをみせている（総務省，2020a）。通勤／通学の電車の中など、時間と場所を選ばないスマートフォンをはじめとしたモバイルメディアの普及とそのありようは、今後のメディア研究において避けて通れないテーマである。

メディア利用の変化

　このような状況の中、人々のメディア利用はどのように変わってきているのだろうか。スマートフォンの爆発的な普及が進む中、他のメディアの利用はどのような変化をみせているのだろうか。この観点から、いくつかの調査をみていきたい。

①テレビの利用

　まず、テレビの利用行動の変化についてみていこう。図17-1、図17-2は過去8年の平日1日のテレビ（リアルタイム）視聴の行為者率と視聴時間を示したものである。ここでの行為者率とは、調査日2日間の1日ごとに、テレビを視聴した人の比率を求め、2日間の平均をとった数値である（総務省，2015, 2020b）。図17-1に示すとおり、テレビをリアルタイムで視聴する行為者率は50代以上ではそれほど大きな変化はないものの、年代が下がるにつれて減少率が大きくなる傾向が見て取れる。特に10～30代の層では行為者率が10ポイント程度もしくはそれ以上減少している。テレビ視聴時間の推移をみると（図17-2）、60代で

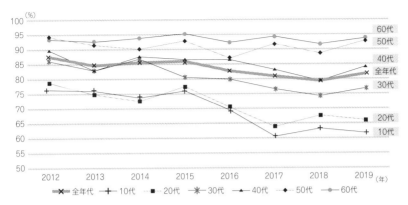

図17-1　平日1日のテレビ（リアルタイム）視聴の行為者率（総務省, 2015, 2020b）

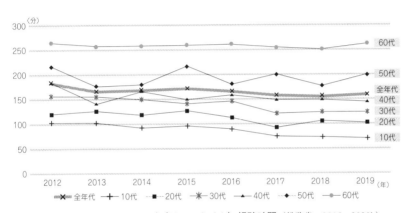

図17-2　平日1日のテレビ（リアルタイム）視聴時間（総務省, 2015, 2020b）

は大きな変化はないものの、10代・30代・40代では8年の間に30分以上減少している。

　テレビ利用の変化は、行為者率や視聴時間だけに反映されるものではない。「どのようなデバイスで番組を見るか」という点においても、大きな変化が起こっている。

　社会心理学者の萩原滋は、首都圏の大学生のメディア利用動向について、2001年から2012年まで継続的に調査を行っている。この萩原の調査が行われた期間は、デバイスの融合という点からみれば、**デジタル放送**の開始とともにワンセグ放送が開始され、また、法律的な問題は多いものの、デジタル化されたテレビ映像をYouTubeをはじめとしたインターネット上の動画サイトで視聴することが容易になるなどの大きな変化が起こった時期である。萩原の調査では、

「動画サイト（YouTube など）でテレビ番組を見ているか」という質問が 11 年に新設され、この質問に対する肯定率は 6 割を超えた（11 年 65.5%、12 年 60.5%）（萩原，2014）。ワンセグやチューナー付パソコンでのテレビ視聴以上に当時の大学生の間では YouTube をはじめとした動画共有サービスを通じてテレビ番組を見るという視聴の仕方が一般化しつつある様子が明らかにされたのである。

　2015 年 10 月、在京民放 5 社が運営するキャッチアップ（見逃し）配信サービス「TVer」が開始した。キャッチアップ配信とは、ドラマ・バラエティ・情報番組を中心に、主としてテレビ放送の直後にインターネットを通じてオンデマンド配信するサービスである（Paravi, 2018）。パソコンやスマートフォンアプリ、タブレットアプリなど視聴者が好む環境での視聴が可能で、TVer の場合は番組放送終了から 7 日間無料で番組を視聴することができる（TVer, n.d.）。TVer のアプリダウンロード数はサービス開始から 1 年間で 350 万を超え、2020 年 9 月には 3,000 万を突破した（Tver, 2020a）。2020 年 7 月には月間動画再生回数は 1 億回を超え（Tver, 2020b）、若年層を中心にテレビ番組を視聴するための主要なツールとなりつつある。

　誰もが「若者のテレビ離れ」という言葉を一度は耳にしたことがあるだろう。さきにみた萩原の調査によると、テレビ受像機をもたない下宿生の割合は徐々に増加して 11 年以降は 1 割近く（11 年 9.8%、12 年 9.4%）存在していたという。加えて、自宅生の所有するテレビ台数も 2010 年以降はそれ以前よりも少なくなる傾向が現れている。これらのことから、専用受像機以外でもテレビ番組を視聴することができるようになり、各戸に設置されるテレビ受像機の数が徐々に減り始めていることが示唆されている（萩原，2014）。つまり、調査当時、携帯電話やスマートフォンでワンセグ放送を受信したり、YouTube のような動画共有サービスを使ってテレビ番組を視聴できる機会が増えたため、「テレビ受像機」は以前よりも需要が減ったということである。現在は当時と比べ Hulu や Paravi をはじめとしたインターネットによる動画配信サービスも幅広く展開されるようになった。スマートフォンをはじめとする手軽なデバイスで、法律的にも問題なくテレビ番組を視聴できる環境が整い、時間や場所に制約されない形での視聴スタイルの普及は今後ますます加速していくと思われる。リアルタイムでのテレビ視聴時間や行為者率には確かに減少傾向がみられるが、若者が本当にテレビ「番組」自体を見なくなったのかどうかの判断には、さらなる検討が必要だろう。

　2012 年に実施された志岐による大学生を対象としたインタビュー調査では、若年層において他者とのコミュニケーションにおけるテレビコンテンツの重要性

が低下してきていることが指摘されている（志岐, 2013）。そこでは、若者が「大学入学」というライフイベントを契機に、アルバイトをはじめとしたライフスタイルの分散化が起こり、友人と同一の番組を視聴することが少なくなるためテレビ番組を話題にする機会が減少するというメカニズムが明らかにされた。しかし、見逃し配信サービスが浸透してきた現在においては、この現象にも変化が生じているかもしれない。世間で話題になったり、評判の良い番組は以前よりも容易にキャッチアップできる時代がすでに到来している。このキャッチアップのしやすさが人間関係におけるテレビの位置づけの変化につながっている可能性も十分に考えられる。

②印刷（活字）メディアの利用

　次に、新聞、書籍、雑誌といった印刷メディアの利用についてみていこう。

　まず新聞であるが、新聞の発行部数および世帯あたりの部数は年々減り続けている（図 17-3）。新聞通信調査会（2019）が全国の 18 歳以上の男女に実施した調査によると、「月ぎめでとっている紙の新聞」を読む人は 59.8%、「新聞や新聞記事は読まない」と回答した人は 27.9% であった（図 17-4）。つまり、約 3 割の人は新聞や新聞記事を読む習慣をもたないということである。年代別にみると、「月ぎめでとっている紙の新聞」を読む人は、20 代（19.6%）から年代の上昇とともに多くなり、70 代以上で 85.5% となっている。一方、「新聞や新聞記事を読まない」人は、年代が低いほど多くなり、20 代以下では 60% を超えている。これらのことから、新聞は高齢者層にとっては毎日接触する身近なメディアであるといえるが、年齢層が下がるにしたがってその特徴は薄らぎつつあることがわかる。

　かつては月ぎめで戸別配達される新聞を読むというスタイルが一般的であったが、新聞通信調査会（2019）によると、月ぎめで新聞を購読している人は調査開始の 2008 年度以降減少傾向にあるという（2019 年調査では 66.6%）。月ぎめで新聞をとっていない人々にその理由を尋ねたところ、「テレビやインターネットなど他の情報で十分だから」という回答が 70.7% と大多数を占めており、インターネットが普及したことによる余波が広がっているといえる。また、図 17-4 をみると、近年では図書館や学校、職場など公共の場所に設置されているもので代用したり、インターネット上のポータルサイトで記事を閲覧する人々が一定数存在していることがわかる。単に新聞を読む習慣をもつ人が減ったということのほかに、このような利用スタイルの変化も紙の新聞の発行部数が減少し続けている一

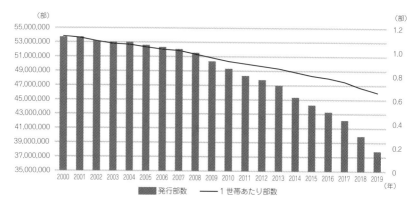

図 17-3　新聞の発行部数と世帯あたりの部数（日本新聞協会，2020 をもとに作成）

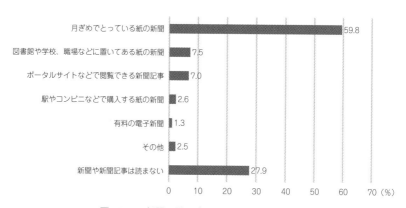

図 17-4　新聞の読み方（新聞通信調査会，2019）

因であろう。

　次に、書籍・雑誌の利用についてみてみよう。クロス・マーケティング（2019）が 15〜69 歳の男女を対象に 2 年ごとに実施している調査によると、2015 年時点では調査対象の約半数が「読書習慣がある」と回答していたが、2017 年では全体の 4 割程度に減少し、2019 年もほぼ横ばいとなっている（図 17-5）。読書が好きか嫌いかの好意度では、2015 年・2017 年・2019 年とも「好き」と答える人が 7 割程度と多く、「読書を頻繁にするような"習慣化"には至っていないが読書を好きという層が存在することが示されている」（クロス・マーケティング，2019）。

　出版物販売額の推移をみると、書籍・雑誌ともに年々減少傾向にあるが、とく

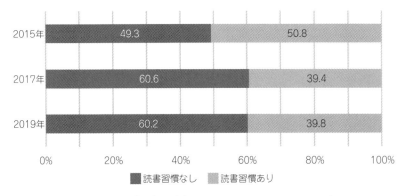

図 17-5　読書習慣の有無（クロス・マーケティング，2019）

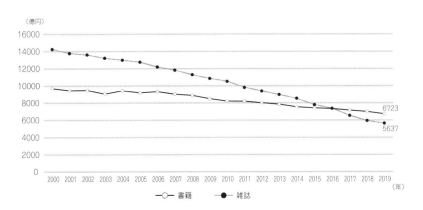

図 17-6　出版物の推定販売金額（全国出版協会・出版科学研究所，2020, p.3 をもとに作成）

に雑誌の減少幅は大きく、現在はピーク時（1997 年：1 兆 5,644 億円）の 3 分の 1
程度にまで落ち込んでいる（図 17-6）（全国出版協会・出版科学研究所，2020）。
2016 年には書籍と雑誌の販売金額が逆転し、以降、書籍の販売金額が雑誌を上
回るようになった。雑誌はかつて、趣味・娯楽の情報を得るための主たる情報源
として活用されてきた。しかし、趣味・娯楽に関する情報の主たる入手源を尋ね
た萩原（2014）の調査では、2004 年まで首位だった雑誌を 2005 年にインター
ネットが追い抜き、雑誌はその地位を譲る形となったことが明らかになっている。
主として趣味・娯楽情報から構成され、比較的インターネットの情報に代替され
やすい雑誌は、出版物のなかでもより苦境にさらされているといえる。

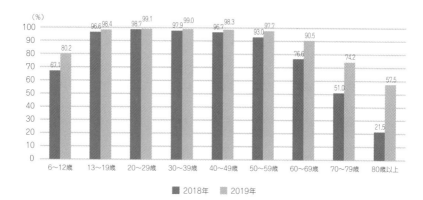

図17-7　インターネットの利用率（年齢階層別）（総務省，2020b）

③インターネットの利用

　次に、インターネットの利用についてみていこう。個人のインターネット利用率は、ここ10年ほどは8割前後と横ばいで推移していたが、2019年には89.8%まで上昇した（総務省，2020a）。端末別にみると、スマートフォン（63.3%）がパソコン（50.4%）を上回っており、手軽にインターネットを利用できる端末の普及がさらなるインターネット利用を後押ししているとも考えられる。図17-7は年齢階層別のインターネット利用率を示したものであるが、13〜59歳までの各階層においてはほぼ100%に迫るほどの利用率であることがわかる。それ以上の年代でも60代は2019年時点で90.5%、70代は74.2%、80代以上は57.5%の人々がインターネットを利用しており、とくに70代以上の利用率は近年になって飛躍的に上昇している。これまで、高齢者はインターネットとは縁遠い存在としてイメージされがちであったが、実際には多くの高齢者がインターネットを活用していることがわかる。また高齢者層と同様に、6〜12歳の低年齢層の間においても利用率の増加現象を確認することができる。

　かつては、政治経済は新聞、趣味は雑誌、娯楽はテレビ、といったようなそれぞれのメディアの「強み」のようなものが存在していた。それぞれのメディアにそれぞれの役割があったのだ。しかし現在、この役割関係はインターネットの登場によってそのバランスを崩しかけているといえよう。

　携帯電話やスマートフォンの普及はさらにその傾向に拍車をかけている。ニュースは新聞を買ったり、テレビを見て興味のあるニュースが流れるまで待ったりしなくても、通学や通勤時に気になる記事だけをニュースアプリで読むこと

ができる。趣味や娯楽の情報は、雑誌を買わなくてもスマートフォンで調べることができる。漫画はわざわざ本屋に買いに行かなくても電子書籍で購入できるし、真夜中に家に居ながらにして入手可能だ。音楽はCDを何枚も持ち歩かなくてもスマートフォンなら身軽なままで何千曲も持ち歩ける。

上記の研究結果でも示されているとおり、人々のメディア利用行動の変化の大きな契機となっているのは、いつでもどこでもインターネットにアクセスすることが、ほぼ問題なく可能になったことである。なかでも、インターネットに接続できるモバイルメディアは、人々の情報接触のあり方やコミュニケーションのあり方を決定的に変化させたといっても過言ではないだろう。そこで次節以降では、モバイルメディアにかかわる人々の利用行動や意識について考えるとともに、モバイルメディアの利用によって、現代のコミュニケーションの様相にどのような特徴がみられているのか、モバイルメディアの利用度が高い若年層を対象とした諸研究を中心に検討していこう。

2．モバイルメディアとコミュニケーション

モバイルメディアの利用実態

情報通信白書（令和2年版）によると、2019年におけるモバイル端末全体の世帯普及率は96.1%である（総務省，2020b）。また、「スマートフォン」の世帯保有率は、前述のとおり、2010年末時点では9.7%であったが、2019年には83.4%となっており、急速に普及が進んでいる（総務省，2020a）。また、電気通信事業者協会（n.d.）のデータによると、2020年9月時点での携帯電話契約数（スマートフォンを含む）は1億8522万8700であり、単純に考えると、一人一台携帯電話をもつ時代が到来しているといえる。

一人一台携帯電話をもつ、ということは、具体的にどのようなことを意味しているのであろうか。それは、個人個人が外部世界と接続するメディアを手に入れたということである。例えば、携帯電話が登場する以前、かつて電話は自宅に設置された固定電話のみであり「一家に一台」が主流であった。そのため、学生が友だちや恋人に電話をかけるときは、相手の家族に取り次いでもらうという関門が待ち受けていたものである。一方、「一人に一台」となった現在では、携帯電話やスマートフォンを介して、個人対個人で、相手の家族を介さずに、直接やりとりを行うのが主流である。

また、いつでもどこでも持ち歩ける携帯電話やスマートフォンは、インター

メタ分析

　メディアの影響についての論文や本を読んでいくと、ある研究では影響があると結論づけているが、もう一つの研究では影響がないと結論づけている場合がある。さて、どちらが正しいのだろうかと思い悩む人も多いだろう。

　そんなときに、ぜひ参考にしてほしいのが、メタ分析（meta-analysis）だ。メタ分析では、同じ仮説や研究課題について実施された様々な実験や調査を、統計的な手法により統合し、その仮説の検定、研究課題に対する効果量を推計しようとするものだ。

　研究者によって、実験の方法、実験対象者の人数、調査で用いられた尺度などが異なること、また、メディアの影響がみられた研究の方が学術誌に論文として掲載されやすいなどの問題点はある。しかし、その分野の研究全体を概観できるというメリットがある。

　ファルケンブルフら（Valkenburg et al., 2016）は、コミュニケーション研究で行われたおもなメタ分析を紹介している。その一部を以下に紹介する。メタ分析は英語で書かれたものが多いが、自分の関心がある領域のメタ分析の論文を、まず読んでみては、どうだろうか。

ネットへの常時接続はもちろん、常に電話やカメラ、ミュージックプレイヤーを身につけているという新たなメディア環境を私たちに提供している。これまでは写真に撮らなかったような日常の些細な出来事をカメラに収め、それを他者と共有するといった行動は、今や当たり前のように行われているが、これはカメラ付携帯電話やスマートフォンの登場によって広まったメディア行動である。このように、新たなメディア環境やそれに伴う技術は、私たちのメディア利用やコミュニケーションの様相を変化させる。メディア利用については、第1節で述べたとおりの変化が起こっているが、では、コミュニケーションについてはどうだろうか。

モバイルコミュニケーションの機能
　岡林（2009）によると、コミュニケーションは、その機能的側面から2通りに分類される。すなわち、「**達成性コミュニケーション**」と呼ばれる課題達成性の目標がはっきりしているコミュニケーションと、「**コンサマトリー性コミュニ**

表　メディアの影響についてのメタ分析の例

論文	メディア利用の種類	メディアの影響が みられた変数	r
Paik & Comstock (1994)	メディアの暴力シーン	反社会的行動	.31
Allen et al. (1995)	ヌードへの接触	攻撃行動	-.14
	暴力的な性描写	攻撃行動	.22
Wellman et al. (2006)	メディアにおけるタバコ の描写	喫煙に対する態度	.11[a]
		喫煙の開始	.22
Desmond & Garveth (2007)	広告への接触	ブランドへの態度	.15
		製品の選択	.15
Ferguson & Kilburn (2009)	メディア暴力	攻撃性	.08
Boulianne (2009)	インターネット利用	政治活動への参加	.07
	オンラインニュースの利用	政治活動への参加	.13
Mares & Woodard (2005)	子どものポジティブなメ ディア利用	ポジティブなやりとり	.24
		利他的行動	.37
		ステレオタイプの低減	.20
Anderson et al. (2010)	テレビゲーム	攻撃性	.19
Song et al. (2014)	Facebook の利用	孤独感	.17
Pearce & Field (2016)	怖いテレビ番組への接触	恐怖、不安	.18

[a] 異なる効果量（オッズ比、コーエンの d など）を相関係数（r）に変換したもの。
出典：Valkenburg et al., 2016 の表 1 をもとに、その一部を掲載した。

ケーション」と呼ばれる、任意で何気ないコミュニケーションである。

　達成性コミュニケーションは、意図そして課題をもったコミュニケーションであり、明確な目的が存在している。目標達成の手段（道具）となるので、「道具的コミュニケーション（instrumental communication）」とも呼ばれる。例えば、待ち合わせの計画（明日、何時にどこで会うか）や、明確な連絡事項がある場合などに交わされるコミュニケーションがこれにあたる。

　一方、明確な意図や課題をもたず、若者が電話でとくに用もないのに"なんとなく"話をしているといったような任意で何気ないコミュニケーションを「コンサマトリー性コミュニケーション（consummatory communication）」と呼ぶ（岡林, 2009）。これは、コミュニケーションの中で交わされるおしゃべりそれ自体を楽しむもので、「自己充足的コミュニケーション」とも呼ばれる。達成性コミュニケーションが課題達成を目的とするコミュニケーションである一方で、コンサマトリー性コミュニケーションは過程（プロセス）志向、過程重視だという。

　このコミュニケーションの分類の観点からみると、近年の人々（特に若年層）

のコミュニケーションの特徴は、コンサマトリー性コミュニケーションの増加という形で表現できるかもしれない。目的のない恋人同士の長電話や、仲間同士での日常的な写真のやりとりなどは、特に達成すべき明確な目的があるわけではないように思える。このようなコミュニケーションの形が増加した理由のひとつとしては、コミュニケーション相手に到達するまでのハードルが下がり、相手と気軽に連絡がとれるようになったことがあるだろう。そのハードルには、経済的なコストのハードルと、心理的なハードルがある。経済的な面では、昔は電話をすれば通話料が必ずかかっていたが、今では携帯電話会社が多彩な料金プランを準備しているうえ、無料で通話できるアプリなども存在する。心理的な面では、上述したように、昔はコミュニケーションをとりたい相手に到達するまでのハードルが高かった。電話の場合は、大半が固定電話であるため、話をできる場所が限られていたり、他の家族の存在を気にしながら会話をしなければならなかったものである（その後、コードレスの子機の普及により、場所の制限からは多少解放されたものの、通話をしているという事実を家族に認識されることには変わりなかった）。このように考えると、コンサマトリー的なコミュニケーションをとりたいという欲望があって、それに応えるようにスマートフォン等の機器が開発されたというよりも、気軽に連絡がとれる機器があるから、人々は消費的なコミュニケーションをとるようになった、といえるのかもしれない。

3．モバイルメディアの発達で変化する行為可能性

　なぜ人々は、モバイルメディアの発達によって、コンサマトリー性コミュニケーションをとるように促されたのだろうか。そこにはどのような社会的意味があるのだろうか。

　これから紹介するのは、カメラ付ケータイで撮影した写真を他者とやりとりする若者に対して実施された有元と岡部（2008/2013）によるインタビュー調査の結果である。調査が実施された当時はまだメールを介したやりとりが主流だったようだが、ここで描かれている若者の姿は、現在 SNS や LINE 等で（そして今後はおそらくさらに進化した技術で）写真や会話をやりとりする若者の姿と一致するだろう。彼らは、日常の些細な出来事の断片を互いに報告しあうことに、どのような意味を見出しているのだろうか。そして、そこで交わされるコミュニケーションは、彼らの現実の生活にどのような影響を及ぼしているのだろうか。

　まず、有元と岡部が強調しているのは、新しい技術＝人工物が私たちの行為可

能性を変えるという点である。ただし、新しい技術＝人工物が人間の行為を一義に決定するわけではなく、「新しい技術は、私たちの行為の中で取り扱われる過程で初めて社会的な意味を獲得する」（有元・岡部，2013，p.58）としている。彼らは、カメラ付ケータイという（当時は）新しい技術とそれに喚起される私たちの行為について、以下のように述べている。

> カメラ付ケータイを手にした今、私たちは他者に自分が撮った日常の断片を送る、そんな欲求をもつようになる。このように考えると、新しい技術は私たちの行為可能性と、欲求のデザインに貢献するといえよう。つまり私たちの欲求や目的は、人工物とともにあるといえる。言い換えれば主体が、私たちの頭の中だけでなく、技術＝人工物との相互作用で成り立っているということである。（有元・岡部，2013，p.59）

彼らによると、若者のケータイでのやりとりは、友だちであることの具体性を目に見せるためのデバイス（工夫・装置）であり、その通話の送信量や頻度は親密度を示す指標であるという。そして、短いつぶやきの連鎖によって生み出される「ケータイ空間」とも呼ぶべき場では、常に一緒にいるかのような感覚（**場の共有感：co-presence**）を経験しているという。時折、電車の中で若者が以前のLINEでのやりとりを画面をスクロールしながら反芻している様子を見かけることがある。彼らにとって、コミュニケーションの形跡が「目に見える」形で残っていることは、「友だちである」こと、そしてその親密度を再確認するために重要であるのかもしれない。

有元・岡部（2013）は、日常的なカメラ付ケータイ利用に関するデータから、友人関係という現実の構築とメディアの関わりについて検討している。大学生たちの写真のやりとりに関するインタビューでの語りから、有元らは大きく3点の特徴を見出している。第1に、写真を共有するか否かの意思決定には共有された「社会的プロトコル」が存在するということ、第2に、写真のやりとりによって「場の共有感」が達成されるということ、第3に、カメラ付ケータイは日常生活におけるニュースの視覚的な共有を促進するということである。

第1の特徴の「プロトコル」とは、複数の人たちが同一のことがらを実行するために協約した手順のことを指す（有元・岡部，2013）。有元と岡部は、ヘアスタイルの写真を彼氏に送ることはできるが、友だちには送ら（送れ）ないと話す大学生の語りを紹介し、「写真を送信できるか否か、どんな写真を送信するか、

ということの意思決定は、親密さの度合いという社会的関係と不可分である。もしくは、写真を送り合うという実践が、社会的関係を構築、維持している」（有元・岡部，2013, p.65）と指摘している。無配慮に写真を他者に送信することは押しつけがましく、ナルシシスティックなものとして見なされ、友だちと共有してもいい（もしくは共有したい）という写真か否かの意思決定には、コミュニケーションをとり合うメンバー間で共有された「社会的プロトコル」があるというのだ。

　第2の「場の共有感」は、親友、家族、恋人などの間で、互いの「視点」を映す写真を送信し合うことによって達成される。「今、○○しているよ」といったお互いの状況に関する情報を送り合ったり、ケータイで撮影した写真を送り合い視覚情報を共有したりすることで、「場の共有感」が達成されるという。

　また、多くの調査協力者が、友だちが興味をもちそうな「ニュース価値のある」写真を端末に保存して他者と共有していたことから、第3の特徴（カメラ付ケータイは日常生活におけるニュースの視覚的な共有を促進する）が見出される。こういった写真は、「ネタ写真」として語られることが多く、社会的に重大な出来事や事件の「ネタ」というよりも、比較的狭い範囲の友だち間や家族間でのみ価値のある「ネタ」となりえるような、日常的な写真が共有されていたという。有元と岡部は、このような実践はカメラ付ケータイの登場によって常にカメラが携行可能となったことに起因しているとし、「カメラ付ケータイは、『日常の些細なフォト・ジャーナリズム』を作り出したともいえる」（pp.69-70）と指摘している。この有元と岡部の研究では、携帯電話をもつことによって常にカメラ（機能）も身につけるようになった人々が、その新たな技術に、「写真を他者と共有したい」という新たな欲望を喚起され、新たなコミュニケーションを構築する様子が描かれている。そして、そこには、コミュニケーションにかかわる目には見えない規範が存在し、感情が存在し、志向が存在するのである。

4．モバイルメディアとネット依存

　携帯電話やスマートフォンといったモバイルメディアは、今や多くの人々にとって（特に若者にとって）最も重要なメディアとなっている。渋谷（2013）は、2010年当時、中学3年生だった21名を対象に行ったインタビュー調査において、「あなたにとって、今、大切なメディアは何ですか」と尋ね、テレビ、テレビゲーム、携帯ゲーム、携帯電話、パソコン、インターネット、音楽プレイヤー、

コミック、本などの各メディアに順位をつけてもらっている。その結果、1位では携帯電話をあげた人が7名と最も多く、17名が携帯電話を1位から3位までにあげていたという。また、放送倫理・番組向上機構（BPO）（2009）による調査では、「あなたが余暇を過ごすにあたって重要なことがらは何ですか？」という問いに対し、「携帯電話のメール」が74.2％と最も多かったことが示されている。

これらの結果が示すように、モバイルメディアは人々の生活に根強く定着している。それに伴い、この新しく、かつ、便利なメディアの登場は、人々の心や行動に変化をもたらしつつある。その代表的なものが「ネット依存」である。

インターネット依存の定義と測定

近年、「**インターネット依存**」、「スマホ依存」といった言葉が社会的関心を集めている。テレビや新聞でも話題にのぼることが多く、特集が組まれることも珍しくない。その多くが依存による身体的・精神的な悪影響について説明し、警鐘を鳴らすものである。おそらく読者の皆さんの中にも、「インターネット依存」という言葉を耳にしたことがあったり、もしかしたら自分はそれに該当するのではないかと感じている人もいるのではないだろうか。しかし、具体的にどの程度インターネットを利用していたら「依存」であると判断できるのだろうか？　もしくは、どのような"症状"が出たら「依存」状態なのだろうか？　これらは、容易に答えの出ない問題となっている。

「インターネット依存」は、アメリカの精神科医イヴァン・ゴールドバーグ（Ivan Goldberg）がDSM-Ⅳ（アメリカ精神医学会による診断分類）の病的ギャンブルの基準をインターネットに当てはめたのが始まりとされている（小寺，2013）。アルコールやコカイン、大麻などのいわゆる一般的な依存症とは異なり、インターネット依存は長らく正式な精神疾患としては認められていなかったが、2013年に発行された**DSM-5**において「**インターネットゲーム障害**（Internet Gaming Disorder）」が今後検討すべき精神疾患のひとつとして新たに提案された（American Psychiatric Association, 2013=2014）。

瀧（2013）によると、インターネット研究の先進国であるアメリカでは、インターネット依存について主に2つの考え方がある。ひとつは、インターネット依存はアルコール依存や薬物依存と同じ治療を必要とする精神疾患であるというヤング（Young, 1998）の立場である。もうひとつは、インターネット依存が実在するか否かは不明であるが、もし実在するならば、何に対して依存しているの

表17-1 「インターネット依存」の定義（小寺，2014 をもとに作成）

研究者	定義
小林ら（2001）	寝食を忘れてインターネットにのめり込んだり，ネットへの接続を止められないと感じるなど，インターネットに精神的に依存した状態
鄭（2008）	インターネットに過度に没入してしまうあまり，コンピュータや携帯が使用できないと何らかの情緒的苛立ちを感じること，また実生活における人間関係や日常生活の心身状態に弊害が生じるにもかかわらず，インターネットに精神的に依存してしまう状態
井田（2003）など	心が乱れて落ち着かない，不安になってしまう心理状態
大野ら（2011）など	過剰な利用，長時間利用し，それによって学業や社会生活に支障をきたす

かをインターネットへの接触状況から考えるべきであるというグリフィス（Griffiths, 1998）の立場である（瀧，2013）。

　グリフィス（1998）は過剰摂取が障害を生むという物質依存のモデルを一般行動に拡大する考え方をインターネットに適用し（小寺，2014），インターネット依存にも適用可能な6つの「行動依存」の基準を提示している。以下の症状がインターネット利用に際して認められれば，それは行動依存と判断される。すなわち，①（生活の中で対象となる行為が）最重要視されている（salience）、②利用時に気分が変容する（mood modification）、③耐性ができてしまう（tolerance）、④禁断症状が出現する（withdrawal symptoms）、⑤（対人関係、仕事や社会生活などの他の活動、自己の精神面との）葛藤（conflict）が生じる、⑥（使用を禁止したりコントロールしたりしても依存状態が）再発する（relapse）、の6つである（Griffiths, 1998）。

　では、日本において「インターネット依存」の概念はどのように扱われてきたのかをみてみよう。小寺（2014）は、日本国内で行われてきた「インターネット依存」に関する実証的調査のメタ分析を行い、「インターネット依存」がどのように定義されているのか、そしてどのようにして「インターネット依存」が測定されているのかについて明らかにしている。まず定義の問題については、表17-1 に示したような説明がされていることが示されており、統一的な定義は存在していないといえる。

　また、インターネット依存の指標の問題については、大きく2つのアプローチに分けられるとしている。ひとつは心理学者ヤングによる尺度を用いたもの（Young, 1996, 1998；表17-2、コラム 35 参照）、もうひとつは鄭（2007）の「インターネット依存傾向尺度」、戸田ら（2004）の「CPDQ（a cellular phone dependence questionnaire）」、今野ら（2004）の「ケータイ依存尺度」、吉田ら（2005）の「携

表 17-2　ヤングによるネット依存尺度（Young20）
（Young, 1998：総務省，2014，p.473 を一部改変）

1．気がつくと、思っていたより長い時間ネットをしていることがありますか
2．ネットを長く利用していたために、家庭での役割や家事（炊事、掃除、洗濯など）をおろそかにすることがありますか
3．配偶者や友だちと過ごすよりも、ネットを利用したいと思うことがありますか
4．ネットで新しく知り合いを作ることがありますか
5．周りの人から、ネットを利用する時間や頻度について文句を言われたことがありますか
6．ネットをしている時間が長くて、学校の成績や学業に支障をきたすことがありますか
7．他にやらなければならないことがあっても、まず先に電子メールや SNS などをチェックすることがありますか
8．ネットが原因で、仕事の能率や成果に悪影響が出ることがありますか
9．人にネットで何をしているのか聞かれたとき、言い訳をしたり、隠そうとしたりすることがありますか
10．日々の生活の問題から気をそらすために、ネットで時間を過ごすことがありますか
11．気がつけば、また次のネット利用を楽しみにしていることがありますか
12．ネットのない生活は、退屈で、むなしく、わびしいだろうと不安に思うことがありますか
13．ネットをしている最中に誰かに邪魔をされると、いらいらしたり、怒ったり、言い返したりすることがありますか
14．夜遅くまでネットをすることが原因で、睡眠時間が短くなっていますか
15．ネットをしていないときでも、ネットのことを考えてぼんやりしたり、ネットをしているところを空想したりすることがありますか
16．ネットをしているとき「あと数分だけ」と自分で言い訳していることがありますか
17．ネットをする時間や頻度を減らそうとしても、できないことがありますか
18．ネットをしている時間や頻度を、人に隠そうとすることがありますか
19．誰かと外出するより、ネットを利用することを選ぶことがありますか
20．ネットをしていないと憂うつになったり、いらいらしたりしても、再開すると嫌な気持ちが消えてしまうことがありますか

選択肢：いつもある（5 点）、よくある（4 点）、ときどきある（3 点）、まれにある（2 点）、まったくない（1 点）
20−39 点＝ネット依存的傾向低、40−69 点＝ネット依存的傾向中、70−100 点＝ネット依存的傾向高

帯メール依存尺度」といったオリジナル尺度、あるいはそれが改変されたものである（小寺，2014）。これらのオリジナル尺度は、小寺によると、いずれも自由記述による予備調査やディスカッションによって質問項目が検討・設定されてはいるが、そこでは「『インターネット依存』か否かを『インターネット依存』とは何かで判断するというトートロジーが生じている」（小寺，2014，p.55）という問題が発生していることを指摘している。

　小寺のメタ分析から、「インターネット依存」の定義にしても測定にしても、日本においては統一的な見解が得られておらず、その方法は研究によって様々に異なっていることがわかる。このことは、諸研究間の比較を困難にしている。「インターネット依存」が人々の精神的・身体的側面に何らかの問題を引き起こすものであるならば、治療や対策を講じる際の基準を明確にするためにも、その

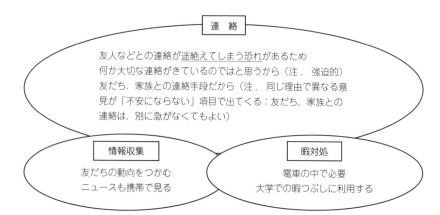

 の中の文字:

連絡

友人などとの連絡が途絶えてしまう恐れがあるため
何か大切な連絡がきているのではと思うから（注．強迫的）
友だち、家族との連絡手段だから（注．同じ理由で異なる意
見が「不安にならない」項目で出てくる：友だち、家族との
連絡は、別に急がなくてもよい）

情報収集

友だちの動向をつかむ
ニュースも携帯で見る

暇対処

電車の中で必要
大学での暇つぶしに利用する

図 17-8 「携帯電話がないと不安になる」理由（岡林，2009，p.127）

定義や測定方法について一定のコンセンサスが必要となるであろう。

携帯電話がない不安

　上述したように、「インターネット依存」「スマホ依存」といった語には、いま
だ統一的な定義が存在していない。とはいえ、一般的に「携帯電話がないと不安
になる」という症状は、依存を示す兆候のひとつであると考える人がほとんどで
はないだろうか。携帯電話を家に忘れると、遅刻をしてでも自宅に取りに帰ると
いう人は少なくない。携帯電話を目に見えるところに置いておかないとそわそわ
して落ち着かないという人もいる。なぜそのような状態に陥ってしまうのだろう
か。

　岡林（2009）は、18歳から22歳の若者に実施したアンケート調査から、「携
帯がないと不安になる理由」を明らかにしている。図 17-8 は、回答者の中で、
「携帯電話がないと不安になる」と答えた人のその理由である。図をみると、不
安になる理由としては、①連絡、②情報収集、③暇対処の3つの側面があるこ
とがわかる。岡林によると、「連絡」とは、「連絡が取れなくなる」という不安で
ある。「情報収集」は、単にマスメディアのニュース情報だけでなく、友だちが
今どのような状況や気持ちなのか、どのような動きをしているのかといった情報
収集も含まれているという。常に友だちの動向を知っておかなければ不安になる
というのは、現代の若者独特の感情であるといえるだろう。「暇対処」というの
は、何もすることがないときに時間を埋めるための対処法であり、「電車の中で
何をしていればよいかわからなくなるとき、とりあえず携帯をいじっていれば安

ヤングのネット依存尺度

1990 年代、心理学者のヤングは、ドラッグ中毒やアルコール中毒が存在するように、「インターネット中毒」というものが存在するという報告に基づいて、インターネットへの依存度を測定するための尺度を開発した（Young, 1996, 1998）。1998 年に開発された「Young20」と呼ばれる判定方法は、人々のネット依存度を測定する目的で世界各国で使用されており、ネット依存度の国際比較などにも活用されている。日本においても、総務省が実施した調査で「Young20」が使用されており、その結果は『情報通信白書』などで公開されている。

「Young20」の具体的な質問項目は表 17-2 に示したとおりである。20 問のインターネット利用状況に関する質問に対し、5 段階（まったくない〔1 点〕、まれにある〔2 点〕、ときどきある〔3 点〕、よくある〔4 点〕、いつもある〔5 点〕）で回答してもらう。合計点数（20 〜 100 点）が 70 点以上の場合はネット依存的傾向高、40〜69 点の場合はネット依存的傾向中、20 点〜39 点の場合はネット依存的傾向低に判定される。なお、『平成 26 年版 情報通信白書』によると、依存傾向が最も高く出た 10〜20 代を国別に比較してみたとき[1]、日本は 1 割強がネット依存傾向が高い結果となったものの、フランスに次いでこの値は低く、日本が特筆してネット依存傾向が高いわけではないことが示されている（総務省, 2014）。

※尺度は表 17-2 に掲載

心するのである（携帯がないと何を見ていればよいのかわからない――他者と目が合ったりするのは嫌）」（岡林, 2009, p.127）という例が挙げられている。岡林はこの「暇対処」について、「『暇』という言葉の裏に、他者にどのように見られているのか心配であり、その不安感をとりあえずごまかす必要に迫られているといった心理があるのではなかろうか」（p.127）と公的自己意識との関連を示唆している。このように、携帯電話は単に「メディア」としての役割だけでなく、人によっては、精神的安定を約束する「お守り」のような役割をも担っているのかもしれない。

---

[1] 日本、アメリカ、イギリス、フランス、韓国、シンガポールの 6 か国での比較である。

友人関係形成におけるモバイルメディアの役割

　「インターネット依存」「スマホ依存」のような状態に対する考察、とりわけ若者たちが携帯電話やインターネットに依存する理由について、それらが彼らの人間関係の形成において重要な役割を担っているからであるという見方がある。ここで、ひとつの参考として、モバイルメディアと友人関係形成についての研究をみてみよう。

　辻（2005）は、若者の友人関係の形成に対して、携帯電話がどのような社会的機能を果たしているのかについて検討している。調査は、2002年に東京都杉並区と兵庫県神戸市灘区・東灘区に在住する16〜29歳の男女2,000名を対象に実施された。調査方法は調査員による訪問留置回収法であり、各地域とも回収率は55.5%（各550名、合計1,100名）であったという。辻の研究の主な分析の指針は、友人関係の形成において、携帯電話が「役に立った」と答えた若者とそうでない若者とを、友人関係形成の形式的側面（例えば人数など）や内容的側面（例えば親友の意味など）において比較検討するというものであった。なお、調査対象者のうち、友人関係を形成するときに役立ったことのあるメディアとして携帯電話の選択率は最も大きく、ほぼ半数であった。次点は「テレビ番組の話題」であった（辻，2005）。

　まず、辻は友人関係の形式的側面として、「親友（恋人を除く）」、「仲のよい友だち」、「知り合い程度の友だち」という親しさの度合いの異なる友人それぞれの人数を尋ね、友人関係の形成に携帯電話が「役に立った若者」群と「役立ってない若者」群とで t 検定を用いて比較している。その結果、表17-3に示したとおり、友人の人数の総合計は、杉並、神戸ともに「役立った若者」の方が多くなっている（ともに $p <.001$）。親しさの度合いに応じて3つに分けると、「親友」については、杉並において有意差がみられ「（携帯電話が）役立った」方が多かったものの（$p <.05$）、神戸では有意差がみられなかった。「仲のよい友だち」については、杉並と神戸いずれも「役立った」若者の方が数が多い傾向がみられた（杉並 $p <.01$；神戸 $p <.05$）。「知り合い程度の友だち」については、杉並と神戸いずれも「役立った」若者の方が10人以上多い結果となっている（いずれも $p <.01$）。このことから、辻は形式的な側面に関して、友人関係の形成に携帯電話が「役立った」若者の方が、総じて友人の人数が多く、かつその中でも「知り合い程度の友だち」のような親しさの度合いの高くない友人の人数が多い傾向があることを指摘している。

　辻はこの結果について以下のような解釈をしている。すなわち、若者は多くの

表 17-3　友人の人数（友人関係の形成に携帯電話が「役立った若者」群と「役立ってない若者」群の比較）（辻，2005 をもとに再構成したもの）

平均値	杉並		神戸	
	役立った	役立ってない	役立った	役立ってない
①〜③の合計（杉 ***，神 ***）	62.4	45.6	57.1	41.9
①親友の人数（杉 *，神 n.s.）	4.3	3.6	4.5	4.1
②仲のよい友だちの人数（杉 **，神 *）	16.8	13.5	16.1	13.2
③知り合い程度の友だちの人数（杉 **，神 **）	42.0	30.1	37.0	26.4

*$p < .05$，**$p < .01$，***$p < .001$

　携帯番号やメールアドレスを集めることで「知り合い程度の友だち」を可能な限り確保し、その中から疎遠になっていくものを削ぎ落としていくことで、「仲のよい友だち」や「親友」を確実に形成しようとしている。それゆえに「役立った若者」の方が親しさの度合いの高くない友人の人数が多くなる、というしくみである。この辻の分析からは、携帯電話が若者の友人関係形成において、一種の新たなパターンを提供していることがわかる。これは、携帯電話というメディアの存在が、社会的ネットワーク形成のあり方に影響を与えている一例としてとらえることができるだろう。

　辻の研究の続きをみていこう。友人関係の内容的側面についての分析である。辻は、この調査以前に、最近の若者の友人関係形成の特徴から、友人の人数が増えたとしても、気の合わない者が除外されることで、友人のもつ意味や社会的機能の多様性が失われたり、あるいは同じ属性のものばかりになる可能性があるのではないかと指摘していた（辻，2001）。調査では、3 つの親友の意味（好感・親密感、尊敬・肯定的評価、劣等感・競争意識）と 3 つの社会化機能（安定化、社会的スキル、モデル）に、その他および満足度を加えた計 13 項目から構成される尺度を用い、それぞれの回答を「役立った」群と「役立ってない」群とでカイ二乗検定を用いて比較している（辻，2005）。結果は表 17-4 のとおりである。

　「一緒にいると楽しい」という好感・親密感にあたる項目が全体的にみて割合が高く、携帯電話が友人形成に「役立った若者」の方が割合が高い。「尊敬している」「自分の弱みをさらけ出せる」といった尊敬・肯定的評価に関しては杉並においてのみ有意な偏りがみられ、いずれも「役立った若者」の方が割合が高い。

　社会化機能に関しては「一緒にいると安心する」という安定化を示す項目で杉並でのみ有意な偏りがみられ、「役立った若者」の方が割合が高い。社会的スキルの項目の中で、杉並、神戸ともに有意な偏りが確認できた項目は「ケンカして

表 17-4　親友の意味・社会化機能（友人関係の形成に携帯電話が「役立った若者」群と「役立ってない若者」群の比較）（辻，2005；一部筆者による追記あり）

あてはまるものの割合（%）（複数回答）	杉並			神戸		
	役立った	役立ってない	合計	役立った	役立ってない	合計
1．一緒にいると楽しい（杉 ***，神 *）	90.9	77.8	84.1	84.2	75.8	80.4
2．親しみを感じる（杉 n.s.，神 n.s.）	76.6	69.0	72.7	71.8	62.8	67.7
3．尊敬している（杉 *，神 n.s）	48.5	38.1	43.1	41.4	42.2	41.7
4．ライバルだと思う（杉 n.s.，神 n.s.）	24.2	20.2	22.2	23.8	23.3	23.6
5．劣等感を感じる（杉 n.s.，神 n.s.）	8.2	6.3	7.2	10.3	5.8	8.3
6．一緒にいると安心する（杉 ***，神 n.s.）	70.1	52.0	60.7	56.8	48.9	53.2
7．真剣に話ができる（杉 *，神 n.s.）	84.0	76.6	80.1	79.9	78.5	79.2
8．親友のおかげで友だちづきあいがうまくなった（杉 n.s.，神 *）	18.2	12.3	15.1	16.8	9.4	13.5
9．自分の弱みをさらけ出せる（杉 *，神 n.s）	64.9	54.8	59.6	62.6	56.5	59.9
10．ケンカをしても仲直りできる（杉 **，神 *）	58.4	43.7	50.7	55.7	44.8	50.8
11．親友のような考え方や生き方をしてみたい（杉 n.s.，神 n.s.）	16.0	11.1	13.5	18.3	12.1	15.5
13．その他（杉 n.s.，神 n.s）	3.0	4.4	3.7	3.3	4.5	3.8
12．親友との関係に満足している（杉 n.s.，神 n.s.）	62.8	56.0	59.2	55.3	48.0	52.0

（親友の意味）好感・親密感…1., 2.；尊敬・肯定的評価…3., 9.；劣等感・競争意識…4., 5.
（親友の社会化機能）安定化…6.；社会的スキル…7., 8., 10.；モデル…11.
（満足度）…12.
$*p <.05$，$**p <.01$，$***p <.001$

も仲直りできる」であり、いずれも「役立った若者」の方が割合が高いという結果であった。

　辻はこの結果に関して、「確かに好感・親密感といった意味や、安定化といった機能の割合が相対的に高いものの、それだけに特化しているとはいいがたいように思われてくる」（辻，2005，p.156）と述べている。その後、満足感を除いた12の項目について、当てはまった個数の平均値を比較した結果、杉並と神戸のいずれにおいても「役立った」若者の方が高かったことから（杉並 $p <.001$；神戸

$p <.01)^{[2]}$、「親友」のもつ意味や社会化機能については、むしろ携帯が「役立った」若者の方が多様性が高いと結論づけている。

　携帯電話と友人関係の関連性についての議論では、友人関係の希薄化や、その閉鎖的特質、すなわち、同じ志向をもったメンバーだけが固まり、他のメンバーを排除するのではないか、といった懸念について危惧する声などが多く挙がっている。しかし、辻の研究結果をみる限り、必ずしもそのような状況が携帯電話によって引き起こされているとはいえないようである。とはいえ、辻の研究が行われてからすでに15年以上が経過しており、その間にデバイスも、提供されるサービスも飛躍的に向上している。人々をとりまくメディア環境が常に変化を遂げている中でその影響を検討するためには、継続的な調査が必要である。

インターネット依存傾向にある人の特性

　これまでに行われた数々の諸研究によって、インターネット依存傾向にある人の特性がいくつか見出されてきた。日本で行われた研究に焦点を当てて、簡単にではあるが紹介していこう。

　まず、中高生およびその母親を対象とした堀川ら（2013）の調査において、インターネット依存者は親子関係評価が低い傾向にあり、非依存者よりも家族凝集性（家族のつながりや結束）の感じ方が低いことが明らかにされている。また、依存者は抑うつ・孤独感・逸脱的価値観といった得点が非依存者よりも高いとされている。高校生・大学生を対象とした青山（2014）の調査では、インターネットや携帯電話への依存傾向の強さとネットいじめの加害経験および被害経験が正の相関にあることがわかっている。また、依存傾向の強さとひきこもり親和性感情との間に負の相関関係があることも示されている。女子中学生を対象とした調査では（山脇ら，2012）、インターネット依存と摂食障害傾向との間でやや弱い正の相関が、自傷傾向との間で中程度の正の相関が存在することが示されている。

　ここに紹介したのは、膨大な研究の中のほんの一部分である。現在もインターネット依存は社会的関心が高く、研究が蓄積されつつある。しかし、インターネット依存を主題とした研究の多くに共有されている、いくつかの克服すべき課題が存在している。まずひとつに、「インターネット依存」が何を示すのか、その定義の統一である。第2に、これまで発表されている研究知見のほとんどが、因果関係の特定までには至っていないということである。これについては、パネ

---

[2]　杉並では「役立った若者」5.6個に対し「役立ってない若者」4.7個、神戸では「役立った若者」5.3個に対し「役立ってない若者」4.8個であった（辻，2005）。

ル研究（コラム 33 参照）等の導入も含め、長期的なスパンで検討していく必要があるだろう。

おわりに——モバイルメディア・コミュニケーションの今後

　冒頭にも述べたように、インターネット、とりわけモバイルメディアを中核とする技術革新はまだ発展の途中にある。これまで紹介してきた、インターネットコミュニケーションに関する諸研究も、いわば「過渡期」の見取り図ともいえる。第 3 世代「3G」の通信技術によってモバイルメディアのネット利用が格段に進んだことは述べたとおりだが、時代は第 5 世代「5G」に突入している。ハイビジョンの映像が、ほぼテレビ放送と遜色なくスマートフォンの画面上で見られたり、タブレットの端末上で編集したりすることも可能になってきている。また、デバイスもモバイルにとどまらず、次世代は「ウェアラブル」なものが主流になるという声もあるほどだ。

　今後の見通しを描くことは容易ではないが、ひとつの方向性を示唆するとすれば、デバイス技術としてもコンテンツとしても、すべてのメディアがひとつのデバイスに集約されていくならば、ユーザーの側からみれば、「テレビを見ている」「CD を聴いている」「新聞を読んでいる」といった、境界的な意識が消滅することになるだろう。新聞社がネット上で提供した動画を見ることも、放送局が提供する文字のニュースを見ることもあるし、音楽プロダクションが作るドキュメンタリーも、映像プロダクションが作る歌番組も変わらなくなる。ユーザーにとっては、「自分が何のデバイスで見ているか」という意識が希薄になるだけでなく、「誰が作ったものか」という意識も遠からず消滅してしまうのかもしれない。

　デバイスの変化自体は過去にもあったことだ。例えば音楽は、蝋管レコードから始まり、SP、LP、さらには CD を経たデバイスの変化という歴史を経て現在に至る。しかし現在起こっている劇的な変化は、デバイスの変化だけでなく、「自分が今何を見ているか、何を聴いているか」という意識の希薄化でもある。

　時代は今後、さらなる技術進展とともに、IoT（Internet of Things）なる情報環境に入っていくといわれている。メディア利用とそれ以外の日常生活の区別も曖昧になるかもしれない時代に、どのようなメディア利用が生まれ、人々の意識にどのような影響を与えるのか。今後最も重要な課題となるかもしれない。

演習問題

1. あなたが最近行った「達成性コミュニケーション」と「コンサマトリー性コ

ミュニケーション」はどのようなものか。

2．辻（2005）の研究を参考に、携帯電話（スマートフォンを含む）が社会的ネットワークに及ぼす影響について、自分に当てはめて考えてみよう。あなたの友人関係の形成に携帯電話は役立っているだろうか。携帯電話がなければ知り合わなかった友だちはいるだろうか。その人は今、あなたにとってどのような存在だろうか。

さらに学ぶための文献・資料案内

有元典文・岡部大介（2013）．増補版 デザインド・リアリティ：集合的達成の心理学　北樹出版

岡林春雄（2009）．メディアと人間：認知的社会臨床心理学からのアプローチ　金子書房

引用文献

American Psychiatric Association（2013）．*Diagnostic and statistical manual of mental disorders*（fifth edition）. Arlington, VA: American Psychiatric Association Publishing.（日本精神神経学会（監修），高橋三郎・大野裕（監訳）（2014）．DSM-5 精神疾患の診断・統計マニュアル　医学書院）

Anderson, C. A., Shibuya, A., Ihori, N., Swing, E. L., Bushman, B. J., Sakamoto, A., Rothstein, H. R., & Saleem, M.（2010）. Violent video game effects on aggression, empathy, and prosocial behavior in eastern and western countries: A meta-analytic review. *Psychological Bulletin*, *136*, 151-173.

Allen, M., Dalessio, D., & Brezgel, K.（1995）. A meta-analysis summarizing the effects of pornography 2: Aggression after exposure. *Human Communication Research, 22*, 258-283.

青山郁子（2014）．高校生・大学生におけるインターネット・携帯電話依存、ネットいじめ経験とひきこもり親和性の関連　教育研究, *56*, 43-49.

有元典文・岡部大介（2008）．デザインド・リアリティ：半径300メートルの文化心理学　北樹出版

有元典文・岡部大介（2013）．増補版 デザインド・リアリティ：集合的達成の心理学　北樹出版

Boulianne, S.（2009）. Does internet use affect engagement? A meta-analysis of research. *Political Communication, 26*, 193-211.

クロス・マーケティング（2019）．読書手段は紙か電子か　紙の書籍で読む派が大多数だが4年間で電子書籍派の微増続く〈読書に関する調査（2019年版）〉　https://www.cross-m.co.jp/file/news_releace_20191024.pdf（2020年11月27日アクセス）

電気通信事業者協会（n.d.）．携帯電話・PHS事業者別契約数（2020年9月現在）https://www.tca.or.jp/database/（2020年11月29日アクセス）

Desmond, R. J., & Garveth, R.（2007）. The effects of advertising on children and adolescents. In R. Preiss, B. Gayle, N. Burrell, M. Allen, & J. Bryant（Eds.）, *Mass media effects research: Advances through meta-analysis*（pp.169-179）. Mahwah, NJ: Lawrence Erlbaum Associates.

Ferguson, C. J., & Kilburn, J.（2009）. The public health risks of media violence: A meta-analytic review. *Journal of Pediatrics, 154*, 759-763.

Griffiths, M.（1998）. Internet addiction: Does it really exist? In J. Gackenbach（Ed.）, *Psychology and the internet: Intrapersonal, interpersonal, and transpersonal implications*（pp.61-75）. San Diego, CA: Academic Press.

萩原滋（2014）．テレビを中心とする首都圏大学生のメディア利用動向（2001-2012 年）メディア・コミュニケーション：慶應義塾大学メディア・コミュニケーション研究所紀要，*64*，99-121.

堀川裕介・橋元良明・千葉直子・関良明・原田悠輔（2013）．スマートフォンによる青少年のインターネット依存および親子関係と依存の関連　社会情報学会（SSI）学会大会研究発表論文集，101-106.

放送倫理・番組向上機構（BPO）（2009）．"デジタル・ネイティブ"はテレビをどう見ているか？：番組視聴実態 300 人調査（2008～2009 年）　http://www.bpo.gr.jp/?p=3864（2016 年 9 月 25 日アクセス）

井田政則（2003）．携帯電話・携帯メール使用度に影響をおよぼす心理的要因　立正大学文学部論叢，*118*, A23-A42.

小林久美子・坂元章・足立にれか・内藤まゆみ・井出久里恵・坂元桂・高比良美詠子・米沢宣義（2001）．大学生のインターネット中毒：中毒症状の分布と関連する要因の検討　日本心理学会第 65 回大会発表論文集，863.

今野裕之・川端美樹・上笹恒（2004）．携帯電話に対する意識と行動：ケータイ依存に関わる個人特性について　目白大学短期大学部女子教育研究所研究レポート，*16*，1-30.

小寺敦之（2013）．「インターネット依存」研究の展開とその問題点　東洋英和女学院大学人文・社会科学論集，*31*，29-46.

小寺敦之（2014）．日本における「インターネット依存」調査のメタ分析　情報通信学会誌，*31*（4），51-59.

Mares, M. L., & Woodard, E.（2005）. Positive effects of television on children's social interactions: A meta-analysis. *Media Psychology, 7*, 301-322.

日本新聞協会（2020）．新聞の発行部数と世帯数の推移　https://www.pressnet.or.jp/data/circulation/circulation01.php（2020 年 11 月 30 日アクセス）

NTT ドコモ（n.d., a）．i モード　NTT ドコモ歴史展示スクエア　http://history-s.nttdocomo.co.jp/list_imode.html（2016 年 9 月 25 日アクセス）

NTT ドコモ（n.d., b）．ショルダーフォン　NTT ドコモ歴史展示スクエア　http://history-s.nttdocomo.co.jp/list_shoulder.html（2016 年 9 月 25 日アクセス）

大野志郎・小室広佐子・橋元良明・小笠原盛浩・堀川祐介（2011）．ネット依存の若者たち、21 人インタビュー調査　東京大学大学院情報学環情報学研究（調査研究編），*27*, 101-139.

岡林春雄（2009）．メディアと人間：認知的社会臨床心理学からのアプローチ　金子書房

Paik, H., & Comstock, G.（1994）. The effects of television violence on antisocial behavior: A meta-analysis. *Communication Research, 21*, 516-546.

Paravi（2018）．キャッチアップ（見逃し）配信とは何ですか？　Paravi ヘルプセンター　https://help.paravi.jp/faq/show/126?category_id=16&site_domain=default（2020 年 11 月 30 日アクセス）

Pearce, L., & Field, A. P.（2016）. The impact of 'scary' TV and film on children's internalizing emotions: A meta-analysis. *Human Communication Research, 42*, 98-121.

渋谷明子（2013）．「好き」を選択的に共有するモバイル世代：中学生へのインタビュー調査　萩原滋（編）テレビという記憶：テレビ視聴の社会史（pp.177-196）新曜社

志岐裕子（2013）．インターネット世代のテレビ・コミュニティ：大学生のテレビ視聴　萩原滋（編）テレビという記憶：テレビ視聴の社会史（pp.158-176）新曜社

新聞通信調査会（2019）．第 12 回メディアに関する世論調査（2019 年）　https://www.chosakai.gr.jp/wp/wp-content/uploads/2019/11/第 12 回メディアに関する全国世論調査（2019 年）報告書_20191128 訂正.pdf（2020 年 11 月 27 日アクセス）

Song, H., Zmyslinski-Seelig, A., Kim, J., Drent, A., Victor, A., Omori, K., & Allen, M.（2014）. Does Facebook make you lonely?: A meta analysis. *Computers in Human Behavior, 36*, 446-452.

総務省（編）（2015）．平成 27 年版情報通信白書　http://www.soumu.go.jp/johotsusintokei/whitepaper/ja/h27/pdf/index.html（2016 年 9 月 25 日アクセス）

総務省（2020a）．令和元年通信利用動向調査の結果　https://www.soumu.go.jp/johotsusintokei/statistics/data/200529_1.pdf（2020 年 11 月 27 日アクセス）

総務省（2020b）．令和 2 年版情報通信白書　https://www.soumu.go.jp/johotsusintokei/whitepaper/ja/r02/pdf/index.html（2020 年 11 月 27 日アクセス）

瀧一世（2013）．インターネット依存とその測定について：インターネット依存傾向尺度作成の試み　奈良大学大学院研究年報, *18*, 83-91.

鄭艶花（2007）．日本の大学生の「インターネット依存傾向測定尺度」作成の試み　心理臨床学研究, *25*(1), 102-107.

鄭艶花（2008）．インターネット依存傾向と日常的精神健康に関する実証的研究　心理臨床学研究, *26*(1), 72-83.

戸田雅裕・門田和之・久保和毅・森本兼曩（2004）．女子大学生を対象とした携帯電話依存傾向に関する調査　日本衛生学雑誌, *59*(4), 383-386.

辻泉（2001）．今日の若者の友人関係における構造、意味、機能：アイドルのファンを事例として　社会学論考, *22*, 81-106.

辻泉（2005）．若者の友人関係形成と携帯電話の社会的機能　松山大学論集, *16*(6), 143-164.

TVer（2020a）．【TVer】累計アプリダウンロード数 3000 万突破！：シルバーウィークに一気見！過去人気番組特集を公開中！　TVer NEWS RELEASE https://tver.jp/pdf/TVer_release_20200918.pdf?target=blank（2020 年 11 月 27 日アクセス）

TVer（2020b）．【TVer】2020 年 7-9 月期　ユーザー利用状況　TVer NEWS RELEASE https://tver.jp/pdf/TVer_release_20201030.pdf?target=blank（2020 年 11 月 27 日アクセス）

TVer（n. d.）．TVer とは　https://tver.jp/info/about.html（2020 年 11 月 30 日アクセス）

Valkenburg, P. M., Peter, J., & Walther, J. B.（2016）. Media effects: Theory and research. *Annual Review of Psychology, 67*, 315-338.

Wellman, R. J., Sugarman, D. B., DiFranza, J. R., & Winickoff, J. P.（2006）. The extent to which tobacco marketing and tobacco use in films contribute to children's use of tobacco: A meta-analysis. *Archives of Pediatrics and Adolescent Medicine, 160*, 1285-1296.

山脇彩・小倉正義・濱田祥子・本城秀次・金子一史（2012）．女子中学生におけるインターネット利用の現状とインターネット依存とメンタルヘルス上の問題との関連　名古屋大学大学院教育発達科学研究科紀要. 心理発達科学, *59*, 53-60.

吉田俊和・高井次郎・元吉忠寛・五十嵐祐（2005）．インターネット依存および携帯メール依存のメカニズムの検討：認知-行動モデルの観点から　電気通信普及財団研究調査報告書, *20*, 176-183.

Young, K. S.（1996）. Internet addiction: The emergence of a new clinical disorder. Paper presented at the 104th annual meeting of the American Psychological Association.

Young, K.（1998）. *Caught in the net: How to recognize the signs of internet addiction, and a winning strategy for recovery*. New York: John Wiley & Sons.（小田嶋由美子（訳）（1998）. インターネット中毒：まじめな警告です　毎日新聞社）

全国出版協会・出版科学研究所（2020）. 2020 年版出版指標年報　全国出版協会・出版科学研究所

人名索引

メッツガー　Metzger, M. J.　325
門奈直樹　173

事項索引

メディア・オーディエンスの社会心理学 改訂版

初版第1刷発行　2021年4月14日
初版第3刷発行　2024年8月14日

編著者　李　光鎬・渋谷明子
著　者　鈴木万希枝・李　津娥・志岐裕子
発行者　塩浦　暲
発行所　株式会社　新曜社
　　　　〒101-0051　東京都千代田区神田神保町3-9
　　　　電話　(03)3264-4973代・Fax　(03)3239-2958
　　　　E-mail：info@shin-yo-sha.co.jp
　　　　URL：https://www.shin-yo-sha.co.jp/
印　刷　メデューム
製　本　積信堂

ISBN978-4-7885-1721-9　C1011